FIGURES III

DU MÊME AUTEUR

AUX MÊMES ÉDITIONS

Figures I
coll. Tel Quel
repris dans la coll. Points

Figures II
coll. Tel Quel
repris dans la coll. Points

Mimologiques
coll. Poétique

Introduction à l'architexte
coll. Poétique

Palimpsestes
coll. Poétique

Nouveau discours du récit
coll. Poétique

Seuils
coll. Poétique

GÉRARD GENETTE

FIGURES III

ÉDITIONS DU SEUIL
27, rue Jacob, Paris VIᵉ

CE LIVRE
EST PUBLIÉ DANS LA COLLECTION
POÉTIQUE
DIRIGÉE PAR GÉRARD GENETTE
ET TZVETAN TODOROV

ISBN 2-02-002039-4

9-12-91

Un autre dira :

— Je parie que c'est encore là une figure.

Le premier répondra :

— Tu as gagné.

Le second dira :

— Oui, mais hélas! sur le seul plan du symbole.

Le premier :

— Non, en réalité; symboliquement, tu as perdu.

Kafka

Critique et poétique

Voici quelques années, la conscience littéraire, en France, semblait s'enfoncer dans un processus d'involution à l'aspect quelque peu inquiétant : querelles entre histoire littéraire et « nouvelle critique », obscurs débats, à l'intérieur de cette nouvelle critique elle-même, entre une « ancienne nouvelle », existentielle et thématique, et une « nouvelle nouvelle » d'inspiration formaliste ou structuraliste, prolifération malsaine d'études et d'enquêtes sur les tendances, les méthodes, les voies et les impasses de la critique. De scission en scission, de réduction en réduction, les études littéraires semblaient vouées sans cesse davantage à retourner sur elles-mêmes l'appareil de leurs prises et à s'enfermer dans un ressassement narcissique, stérile et finalement autodestructeur, réalisant à échéance le pronostic énoncé en 1928 par Valéry : « Où va la critique? A sa perte, j'espère. »

Cette fâcheuse situation pourrait cependant n'être qu'une apparence. En effet, comme le montre bien, par exemple, le mouvement de Proust dans son *Contre Sainte-Beuve*, toute réflexion un peu sérieuse sur la critique engage nécessairement une réflexion sur la littérature elle-même. Une critique peut être purement empirique, naïve, inconsciente, « sauvage »; une *métacritique*, par contre, implique toujours une « certaine idée » de la littérature, et cet implicite ne peut manquer très longtemps d'en venir à l'explicitation. Et voilà peut-être comment d'une sorte de mal peut nous venir une sorte de bien : de quelques années de spéculations ou de ratiocinations sur la critique pourrait sortir ce qui nous a tant manqué, depuis plus d'un siècle, que la conscience même de ce manque semblait nous avoir quittés; une apparente impasse de la critique pourrait en fait conduire à un renouveau de la *théorie littéraire*.

C'est bien de renouveau qu'il faut parler, puisque, sous les noms de *poétique* et de *rhétorique*, la théorie des « genres » et, plus généralement encore, la théorie du discours, remontent comme chacun le sait à la plus haute antiquité, et, d'Aristote à La Harpe, se sont maintenues dans la pensée littéraire de l'Occident jusqu'à l'avènement du romantisme : lequel, en déplaçant l'attention des formes et des genres vers les « individus créateurs », a relégué ce type de réflexion générale au profit d'une *psychologie de l'œuvre* à quoi, depuis Sainte-Beuve et à travers tous ses avatars, s'est toujours tenue ce que l'on nomme aujourd'hui critique. Que cette psychologie s'arme (ou s'altère) plus ou moins de perspective historique, ou de psychanalyse, freudienne, jungienne, bachelardienne ou autre, ou de sociologie, marxiste ou non, qu'elle se déporte davantage vers la personne de l'auteur ou vers celle du lecteur (du critique lui-même), ou qu'elle tente encore de s'enfermer dans la problématique « immanence » de l'œuvre, ces variations d'accent ne modifient jamais fondamentalement la fonction essentielle de la critique, qui reste d'entretenir le dialogue d'un texte et d'une *psyché*, consciente et/ou inconsciente, individuelle et/ou collective, créatrice et/ou réceptrice.

Le projet structuraliste lui-même pouvait fort bien n'introduire finalement dans ce tableau qu'une nuance, du moins en tant qu'il consisterait à étudier « la structure » (ou « les structures ») d'une œuvre, considérée, d'une manière quelque peu fétichiste, comme un « objet » clos, achevé, *absolu :* donc inévitablement à *motiver* (en en « rendant compte » par les procédures de l'analyse structurale) cette clôture, et par là même la décision (peut-être arbitraire) ou la circonstance (peut-être fortuite) qui l'instaure; oubliant cet avertissement de Borges, que l'idée d'œuvre achevée relève « de la fatigue ou de la superstition ». Dans son débat avec l'histoire littéraire, la critique moderne depuis un demi-siècle s'est appliquée à séparer les notions d'*œuvre* et d'*auteur*, dans le dessein tactique fort compréhensible d'opposer la première à la seconde, responsable de tant d'excès et d'activités parfois oiseuses. On commence à percevoir aujourd'hui qu'elles ont partie liée, et que toute forme de critique est nécessairement prise dans le cercle de leur renvoi réciproque.

Or, il apparaît en même temps que son statut d'œuvre n'épuise pas la réalité, ni même la « littérarité » du texte littéraire, et, qui plus est, que le fait de l'œuvre (l'immanence) présuppose un grand nombre de données transcendantes à elle, qui relèvent de la linguistique, de la stylistique, de la sémiologie, de l'analyse des discours, de la logique narrative, de la thématique des genres et des époques, etc. Ces données, la critique est dans l'inconfortable situation de ne pouvoir, *en tant que telle*, ni s'en passer ni les maîtriser. Il lui faut donc bien admettre la nécessité, de plein exercice, d'une discipline assumant ces formes d'études non liées à la singularité de telle ou telle œuvre, et qui ne peut être qu'une théorie générale des formes littéraires — disons une *poétique*.

Qu'une telle discipline doive ou non chercher à se constituer comme une « science » de la littérature, avec les connotations déplaisantes que peut comporter l'usage précipité d'un tel terme en un tel lieu, c'est une question peut-être secondaire ; du moins est-il certain qu'elle seule *peut* y prétendre, puisque, comme chacun le sait (mais comme notre tradition positiviste, adoratrice des « faits » et indifférente aux lois, semble l'avoir oublié depuis longtemps), il n'est de « science » que du « général ». Mais il s'agit moins ici d'une étude des formes et des genres au sens où l'entendaient la rhétorique et la poétique de l'âge classique, toujours portées, depuis Aristote, à ériger en norme la tradition et à canoniser l'acquis, que d'une exploration des divers *possibles du discours*, dont les œuvres déjà écrites et les formes déjà remplies n'apparaissent que comme autant de cas particuliers au-delà desquels se profilent d'autres combinaisons prévisibles, ou déductibles. C'est un des sens que l'on peut donner aux célèbres formules de Roman Jakobson, qui, aux études littéraires, proposent pour objet non la littérature mais la littérarité, non la poésie mais la fonction poétique : plus généralement, l'objet de la théorie serait ici non le seul *réel*, mais la totalité du *virtuel* littéraire. Cette opposition d'une poétique *ouverte* à la poétique fermée des classiques montre bien qu'il ne s'agit pas, comme on pourrait le croire, d'un retour au passé pré-critique : la théorie littéraire, au contraire, sera moderne, et liée à la modernité de la littérature, ou ne sera rien.

En présentant son programme d'enseignement de la poétique, Valéry déclarait avec une insolence salutaire, et somme toute justifiée, que l'objet de cet enseignement, « loin de se substituer ou de s'opposer à celui de l'histoire littéraire, serait de donner à celle-ci à la fois une introduction, un sens et un but ». Les relations entre poétique et critique pourraient être du même ordre, à ceci près — qui est capital — que la poétique valéryenne n'attendait à peu près rien en retour de l'histoire littéraire, qualifiée de « vaste fumisterie », tandis que la théorie littéraire a beaucoup à recevoir des travaux particuliers de la critique. Si l'histoire littéraire n'est en fait nullement une « fumisterie », elle est cependant de manière évidente, comme les techniques philologiques de déchiffrement et d'établissement du texte (et au fond bien davantage) une discipline *annexe* dans l'étude de la littérature, dont elle n'explore (biographie, recherche des sources et des influences, genèse et « fortune » des œuvres, etc.) que les *à côté*. La critique, elle, est et restera une approche fondamentale, et l'on peut présager que l'avenir des études littéraires est essentiellement dans l'échange et le va-et-vient nécessaire entre critique et poétique — dans la conscience et l'exercice de leur *complémentarité*.

Poétique et histoire

On reproche couramment à la critique dite nouvelle (« thématique » ou « formaliste ») son indifférence ou son dédain à l'égard de l'histoire, voire son idéologie antihistoriciste [1]. Ce reproche est négligeable quand il est lui-même formulé au nom d'une idéologie historiciste dont les implications sont très exactement situées par Lévi-Strauss lorsqu'il demande de « reconnaître que l'histoire est une méthode à laquelle ne correspond pas un objet distinct, et, par conséquent, de récuser l'équivalence entre la notion d'histoire et celle d'humanité, qu'on prétend nous imposer dans le but inavoué de faire de l'historicité l'ultime refuge d'un humanisme transcendental [2] ». En revanche, il faut le prendre au sérieux lorsqu'il est formulé par un historien au nom du fait, précisément, que l'histoire est une discipline qui s'applique à toutes sortes d'objets, et par conséquent aussi à la littérature. Je me souviens d'avoir répondu ici même il y a trois ans à Jacques Roger que, du moins en ce qui concerne la critique dite « formaliste », cet apparent refus de l'histoire n'était en fait qu'une mise entre parenthèses provisoire, une suspension méthodique, et que ce type de critique (que l'on appellerait sans doute plus justement *théorie des formes littéraires* — ou, plus brièvement, *poétique*) me paraissait voué, plus qu'aucun autre peut-être, à rencontrer un jour l'histoire sur son chemin. Je voudrais essayer maintenant de dire brièvement pourquoi, et comment.

Il faut d'abord distinguer entre elles plusieurs disciplines, existantes ou hypothétiques, que l'on confond trop souvent sous l'appellation commune d'histoire littéraire ou d'histoire de la littérature.

1. Communication à la décade de Cerisy-la-Salle sur « l'enseignement de la littérature », juillet 1969. Texte corrigé.
2. *La Pensée sauvage*, Plon, 1962, p. 347.

Mettons à part pour n'y plus revenir l' « histoire de la littérature » telle qu'on la pratique, au niveau de l'enseignement secondaire, dans les manuels : il s'agit là, en fait, de suites de monographies disposées dans l'ordre chronologique. Que ces monographies soient en elles-mêmes bonnes ou mauvaises n'a pas d'importance ici, car de toute évidence la meilleure suite de monographies ne saurait constituer une histoire. Lanson, qui en avait écrit une, comme chacun sait, dans sa jeunesse, disait plus tard qu'il y en avait assez et qu'on n'en avait plus besoin. On sait aussi que la source ne s'en est pas pour autant tarie : il est évident qu'elles répondent, tantôt bien, tantôt mal, à une fonction didactique précise, et non négligeable, mais qui n'est pas essentiellement d'ordre historique.

Deuxième espèce à distinguer, celle que précisément Lanson appelait de ses vœux, et qu'il proposait à juste titre d'appeler non pas histoire de la littérature, mais *histoire littéraire* : « On pourrait écrire, disait-il, à côté de cette « Histoire de la littérature française », c'est-à-dire de la production littéraire, dont nous avons assez d'exemplaires, une « Histoire littéraire de la France » qui nous manque et qui est presque impossible à tenter aujourd'hui : j'entends par là... le tableau de la vie littéraire dans la nation, l'histoire de la culture et de l'activité de la foule obscure qui lisait, aussi bien que des individus illustres qui écrivaient [1]. » Il s'agit ici, on le voit, d'une histoire des circonstances, des conditions et des répercussions sociales du fait littéraire. Cette « histoire littéraire » est en fait un secteur de l'histoire sociale, et en tant que telle sa justification est évidente; son seul défaut, mais il est grave, c'est que, depuis que Lanson en a tracé le programme, elle n'a pas réussi à se constituer sur ces bases, et que ce que l'on appelle aujourd'hui l'histoire littéraire en est resté, à quelques exceptions près, à la chronique individuelle, à la biographie des auteurs, de leur famille, de leurs amis et connaissances, bref au niveau d'une histoire anecdotique, événementielle, dépassée et répudiée par l'histoire générale depuis plus de trente ans. En même temps, le propos d'histoire sociale a été le plus souvent abandonné : là où Lanson pensait histoire littéraire *de* telle nation, on pense maintenant *histoire littéraire* tout court, ce qui donne à l'adjectif une tout autre fonction, et un tout autre accent. Rappelons qu'en 1941 Lucien Febvre devait encore déplorer que le programme n'eût jamais été rempli : c'était dans un article intitulé, non sans raison,

---

1. *Programme d'études sur l'histoire provinciale de la vie littéraire en France*, février 1903; in *Essais de méthode, de critique et d'histoire littéraire* rassemblés et présentés par Henri Peyre, Hachette, 1965, p. 81-87.

« De Lanson à Mornet : un renoncement ? » En voici quelques phrases qu'il est bon de rappeler ici, car elles définissent avec plus de précision que celles de Lanson ce que devrait être l'histoire « littéraire » annoncée par celui-ci : « Une histoire historique de la littérature, cela veut dire ou voudrait dire l'histoire d'une littérature, à une époque donnée, dans ses rapports avec la vie sociale de cette époque [...]. Il faudrait pour l'écrire reconstituer le milieu, se demander qui écrivait, et pour qui ; qui lisait, et pour quoi ; il faudrait savoir quelle formation avaient reçue, au collège ou ailleurs, les écrivains, et quelle formation, pareillement, leurs lecteurs [...] il faudrait savoir quel succès obtenaient et ceux-ci et ceux-là, quelle était l'étendue de ce succès et sa profondeur ; il faudrait mettre en liaison les changements d'habitude, de goût, d'écriture et de préoccupation des écrivains avec les vicissitudes de la politique, avec les transformations de la mentalité religieuse, avec les évolutions de la vie sociale, avec les changements de la mode artistique et du goût, etc. [1]. »

Mais il faut rappeler aussi qu'en 1960, dans un article qui s'intitulait « Histoire ou littérature [2] », Roland Barthes réclamait encore l'exécution de ce programme de Lucien Febvre, c'est-à-dire finalement du programme de Lanson : après plus d'un demi-siècle, le chantier n'avait guère avancé. Il en est encore à peu près au même point aujourd'hui, et c'est donc la première critique que l'on peut adresser à l'histoire « littéraire ». Il y en a une autre, sur laquelle nous reviendrons tout à l'heure.

Troisième espèce à distinguer, c'est non plus l'histoire des circonstances, individuelles ou sociales, de la production et de la « consommation » littéraires, mais l'étude des œuvres elles-mêmes, mais des œuvres considérées comme des documents historiques, reflétant ou exprimant l'idéologie et la sensibilité particulières d'une époque. Cela fait évidemment partie de ce que l'on appelle l'histoire des idées ou des sensibilités. Pour des raisons qu'il faudrait déterminer [3], cette histoire-là s'est beaucoup mieux réalisée que la précédente, avec laquelle il ne faudrait pas la confondre : pour ne citer que des Français, rappelons seulement les travaux de Hazard, de Bremond, de Monglond, ou plus récemment ceux de Paul Bénichou sur le classicisme. C'est

1. « Littérature et vie sociale. De Lanson à Daniel Mornet : un renoncement ? » *Annales d'histoire sociale*, III, 1941 ; in *Combats pour l'histoire*, p. 263-268.
2. *Annales ESC*, mai-juin 1960, repris dans *Sur Racine*, Seuil, 1963, p. 147-167.
3. Sans doute entre autres, parce que cette lecture idéologique des textes reste plus à la portée des « littéraires » que le genre d'enquête socio-historique programmée par Lanson et Febvre. Il est caractéristique que l'un des rares travaux répondant à ce programme, *Livre et Société au XVIIIe siècle* (2 vol., Mouton, 1965-1970), ait été dirigé par un historien, F. Furet.

aussi dans cette catégorie que l'on peut ranger, avec ses postulats spécifiques bien connus, la variante marxiste de l'histoire des idées, naguère représentée en France par Lucien Goldmann, et peut-être aujourd'hui par ce que l'on commence à désigner du terme de *socio-critique*. Ce type d'histoire a donc au moins le mérite d'exister, mais il me semble pourtant qu'elle soulève un certain nombre d'objections, ou plutôt, peut-être, qu'elle provoque une certaine insatisfaction.

Il y a tout d'abord ce qui tient aux difficultés d'interprétation en ce sens des textes littéraires, difficultés qui tiennent elles-mêmes à la nature de ces textes. En ce domaine, la notion classique de « reflet » n'est pas satisfaisante : il y a dans le prétendu reflet littéraire des phénomènes de réfraction et de distorsion très difficiles à maîtriser. On s'est demandé par exemple si la littérature présentait de la pensée d'une époque une image en plein ou en creux : c'est une question bien embarrassante, et dont les termes mêmes ne sont pas des plus clairs. Il y a des difficultés qui tiennent à la topique des genres, il y a des phénomènes d'inertie propres à la tradition littéraire, etc., que l'on ne perçoit pas toujours et que l'on méconnaît généralement au nom de ce principe commode et souvent paresseux : « ce n'est pas un hasard si à la même époque... » : suit le relevé d'une analogie quelconque (parfois baptisée *homologie* par l'effet d'on ne sait quelle pudeur), discutable comme toutes les analogies, et dont on ne sait pas bien si elle fait solution ou problème, puisque tout se passe comme si l'idée que « ce n'est pas un hasard » dispensait de chercher sérieusement *ce que c'est*, autrement dit de définir avec précision le rapport dont on se contente d'affirmer l'existence. La rigueur scientifique recommanderait en effet bien souvent de rester en deçà de cette affirmation, et l'on peut observer que l'une des réussites du genre, le *Rabelais* de Lucien Febvre, est essentiellement une démonstration *négative*.

La seconde objection, c'est que, même si l'on suppose un instant ces obstacles surmontés, ce type d'histoire restera nécessairement extérieur à la littérature elle-même. Cette extériorité n'est pas celle de l'histoire littéraire selon Lanson, qui s'en tient explicitement aux circonstances sociales de l'activité littéraire : il s'agit bien ici de considérer la littérature, mais en la traversant aussitôt pour chercher derrière elle des structures mentales qui la dépassent et qui, hypothétiquement, la conditionnent. Jacques Roger disait ici même avec netteté : « L'histoire des idées n'a pas pour objet premier la littérature [1]. »

1. *Les Chemins actuels de la critique*, Plon, 1967, p. 355.

16

Reste donc une dernière espèce, qui aurait, elle, pour objet premier (et dernier) la littérature : une histoire de la littérature prise en elle-même (et non dans ses circonstances extérieures) et pour elle-même (et non comme document historique) : considérée, pour reprendre les termes proposés par Michel Foucault dans l'*Archéologie du savoir*, non plus comme document, mais comme *monument*. Ici se pose immédiatement une question : quel pourrait être l'objet véritable d'une telle histoire ? Il me semble que cela ne peut être les œuvres littéraires elles-mêmes, pour cette raison qu'une œuvre (que l'on entende par là l'ensemble de la « production » d'un auteur, ou, a fortiori, un ouvrage isolé, livre ou poème) est un objet trop singulier, trop ponctuel pour être vraiment objet d'histoire. L' « histoire d'une œuvre », ce peut être soit l'histoire de sa genèse, de son élaboration, ce peut être aussi l'histoire de ce qu'on appelle l'évolution — d'œuvre en œuvre — d'un « auteur » au cours de sa carrière (par exemple, ce que René Girard décrit comme passage du « structurel » au « thématique [1] »). Ce genre de recherche appartient évidemment au domaine de l'histoire littéraire biographique telle qu'on la pratique actuellement, et c'en est même un des aspects critiques les plus positifs, mais cela ne relève pas du type d'histoire que je cherche à définir. Ce peut être également l'histoire de son accueil, de son succès ou de son insuccès, de son influence, de ses interprétations successives au cours des siècles, et cela, bien sûr, appartient pleinement à l'histoire littéraire sociale telle que la définissaient Lanson et Febvre : mais on voit bien qu'ici encore nous ne sommes pas dans ce que j'appelais histoire de la littérature prise en elle-même et pour elle-même.

Des œuvres littéraires considérées dans leur texte, et non dans leur genèse ou dans leur diffusion, on ne peut, diachroniquement, rien dire, si ce n'est qu'elles se succèdent. Or l'histoire, me semble-t-il, dans la mesure où elle dépasse le niveau de la chronique, n'est pas une science des successions, mais une science des transformations : elle ne peut avoir pour objet que des réalités répondant à une double exigence de permanence et de variation. L'œuvre elle-même ne répond pas à cette double exigence, et c'est pourquoi sans doute elle doit en tant que telle rester l'objet de la *critique*. Et la critique, fondamentalement — cela a été montré très fortement par Barthes dans le texte auquel je faisais allusion tout à l'heure —, n'est pas, ne peut pas être historique, parce qu'elle consiste toujours en un rapport direct d'interprétation, je dirais plus volontiers d'imposition du sens, entre le

1. « A propos de Jean-Paul Sartre : Rupture et création littéraire », *ibid.*, p. 393-411.

critique et l'œuvre, et que ce rapport est essentiellement *anachro-nique*, au sens fort (et, pour l'historien, rédhibitoire) de ce terme. Il me semble donc qu'en littérature, l'objet historique, c'est-à-dire à la fois durable et variable, ce n'est pas l'œuvre : ce sont ces éléments transcendants aux œuvres et constitutifs du jeu littéraire que l'on appellera pour aller vite les *formes :* par exemple, les codes rhétoriques, les techniques narratives, les structures poétiques, etc. Il existe une histoire des formes littéraires, comme de toutes les formes esthétiques et comme de toutes les techniques, du seul fait qu'à travers les âges ces formes durent et se modifient. Le malheur, ici encore, c'est que cette histoire, pour l'essentiel, reste à écrire, et il me semble que sa fondation serait une des tâches les plus urgentes aujourd'hui. Il est surprenant qu'il n'existe pas, du moins dans le domaine français, quelque chose comme une histoire de la rime, ou de la métaphore, ou de la description : et je choisis à dessein des « objets littéraires » tout à fait triviaux et traditionnels.

Il faut s'interroger sur les raisons de cette lacune, ou plutôt de cette carence. Elles sont multiples, et la plus déterminante dans le passé a sans doute été le préjugé positiviste qui voulait que l'histoire ne s'occupât que des « faits », et par conséquent négligeât tout ce qui lui apparaissait comme de dangereuses « abstractions ». Mais je voudrais insister sur deux autres raisons, qui sont sans doute plus importantes aujourd'hui. La première, c'est que les objets mêmes de l'histoire des formes ne sont pas encore suffisamment dégagés par la « théorie » littéraire, qui en est encore, du moins en France, à ses balbutiements : à redécouvrir et à redéfinir les catégories formelles héritées d'une tradition très ancienne et pré-scientifique. Le retard de l'histoire reflète ici le retard de la théorie, car dans une large mesure, et contrairement à un préjugé constant, dans ce domaine au moins la théorie doit précéder l'histoire, puisque c'est elle qui dégage ses objets.

Une seconde raison, qui est peut-être un peu plus grave, c'est que dans l'analyse des formes elle-même, telle qu'elle est en train de se constituer (ou reconstituer) aujourd'hui, règne encore un autre préjugé qui est celui — pour reprendre les termes de Saussure — de l'opposition, voire de l'incompatibilité de l'étude synchronique et de l'étude diachronique, l'idée qu'on ne peut théoriser que dans une synchronie que l'on pense en fait, ou du moins que l'on pratique comme une achronie : on théorise trop souvent sur les formes littéraires comme si ces formes étaient des êtres, non pas transhistoriques (ce qui signifierait précisément historiques), mais intemporels. La seule exception notable est celle, on le sait, des formalistes russes, qui ont dégagé très tôt la notion de ce qu'ils nommaient l'*évolution littéraire*. C'est Eichenbaum qui, dans un texte de 1927 où il résume l'histoire du mouvement, écrit à propos de cette étape : « La théorie réclamait le droit de devenir histoire [1]. » Il me semble qu'il y a là un peu plus qu'un droit : une nécessité qui naît du mouvement même et des exigences du travail théorique.

Pour illustrer cette nécessité, je citerai simplement l'exemple d'un des rares ouvrages « théoriques » parus jusqu'à maintenant en France, le livre de Jean Cohen sur la *Structure du langage poétique*. Entre autres choses, Cohen montre qu'il y a, du XVIIe au XXe siècle dans la poésie française, une croissance concomitante de l'agrammaticalité du vers (c'est-à-dire du fait que la pause syntaxique et la pause métrique ne coïncident pas) et de ce qu'il appelle l'impertinence de la prédication, c'est-à-dire principalement l'écart dans le choix des épithètes par rapport à une norme fournie par la prose « neutre » scientifique de la fin du XIXe siècle. Ayant démontré cette croissance, Cohen l'interprète immédiatement, non pas comme une évolution historique, mais comme une « involution » : un passage du virtuel à l'actuel, une réalisation progressive, par le langage poétique, de ce qui de toute éternité se trouvait être son essence cachée. Trois siècles de diachronie se trouvent ainsi versés dans l'intemporel : la poésie française ne se serait pas transformée pendant ces trois siècles, elle aurait simplement mis tout ce temps à devenir ce qu'elle était virtuellement, et avec elle toute poésie, depuis toujours : à se *réduire*, par purifications successives, à son essence. Or, si l'on étend un peu vers le passé la courbe dégagée par Cohen, on observe par exemple que le « taux d'impertinence » qu'il prend au XVIIe siècle comme à son point zéro se trouvait beaucoup plus haut sous la Renaissance et plus haut encore à l'époque baroque, et qu'ainsi la courbe perd de sa belle régularité pour tomber dans un tracé un peu plus complexe, apparemment chaotique, à la suite non prévisible, qui est précisément celui de l'empiricité historique. Ceci est un résumé très grossier du débat [2], mais qui suffira peut-être à illustrer mon propos, à savoir qu'à un certain point de l'analyse formelle le *passage à la diachronie* s'impose, et que le refus de cette diachronie, ou son interprétation en termes non historiques, porte préjudice à la théorie elle-même.

Bien entendu, cette histoire des formes littéraires, que l'on pourrait appeler par excellence *histoire de la littérature*, n'est qu'un pro-

1. « La théorie de la méthode formelle », 1925, in *Théorie de la littérature*, Seuil, 1966, p. 66.
2. Cf. « Langage poétique, poétique du langage », in *Figures II*, Seuil, 1969, p. 123-153.

gramme après bien d'autres, et il pourrait en advenir ce qu'il advint du programme de Lanson. Admettons cependant par hypothèse optimiste qu'il se réalise un jour, et terminons sur deux remarques de pure anticipation.

La première, c'est qu'une fois constituée sur ce terrain, l'histoire de la littérature rencontrera les problèmes de méthode qui sont actuellement ceux de l'histoire générale, c'est-à-dire ceux d'une histoire adulte, par exemple les problèmes de la périodisation, les différences de rythme selon les secteurs ou les niveaux, le jeu complexe et difficile des variances et des invariances, l'établissement des corrélations, ce qui signifie nécessairement échange et va-et-vient entre le diachronique et le synchronique, puisque (ce sont encore les formalistes russes qui ont eu le mérite de dégager cette idée) l'évolution d'un élément du jeu littéraire consiste en la modification de sa fonction dans le système d'ensemble du jeu : d'ailleurs Eichenbaum, dans le passage qui précède immédiatement la phrase que j'ai citée plus haut, écrit que les formalistes ont précisément rencontré l'histoire lorsqu'ils sont passés de la notion de « procédé » à celle de fonction. Ceci, naturellement, n'est pas propre à l'histoire de la littérature, et signifie simplement que, contrairement à une opposition trop répandue, il n'y a de véritable histoire que structurale.

Deuxième et dernière remarque : une fois ainsi constituée, et alors seulement, l'histoire de la littérature pourra se poser sérieusement, et avec quelques chances d'y répondre, la question de ses rapports avec l'histoire générale, c'est-à-dire avec l'ensemble des autres histoires particulières. Je rappellerai simplement à ce propos la déclaration maintenant bien connue de Jakobson et Tynianov, qui date de 1928, mais n'a rien perdu de son actualité : « L'histoire de la littérature (ou de l'art) est intimement liée aux autres séries historiques; chacune de ces séries comporte un faisceau complexe de lois structurales qui lui est propre. Il est impossible d'établir entre la série littéraire et les autres séries une corrélation rigoureuse sans avoir préalablement étudié ces lois [1]. »

1. « Les problèmes des études littéraires et linguistiques », in *Théorie de la littérature*, p. 138.

La rhétorique restreinte

G. C. : Il y a trois ou quatre ans, revues, articles, essais étaient remplis du mot métaphore. La mode a changé. Métonymie remplace métaphore.
J. L. B. : Je ne crois pas qu'on gagne beaucoup à cette différence.
G. C. : Bien entendu.

Georges Charbonnier,
Entretiens avec Jorge Luis Borges.

L'année 1969-70 a vu paraître à peu près simultanément trois textes d'ampleur inégale, mais dont les titres consonnent d'une manière fort symptomatique : il s'agit de la *Rhétorique générale* du groupe de Liège [1], dont on sait que l'intitulé initial était *Rhétorique généralisée;* de l'article de Michel Deguy, « Pour une théorie de la figure généralisée [2] »; et de celui de Jacques Sojcher, « La métaphore généralisée [3] »; Rhétorique-figure-métaphore : sous le couvert dénégatif, ou compensatoire, d'une généralisation pseudo-einsteinienne, voilà tracé dans ses principales étapes le parcours (approximativement) historique d'une discipline qui n'a cessé, au cours des siècles, de voir rétrécir comme peau de chagrin le champ de sa compétence, ou à tout le moins de son action. La *Rhétorique* d'Aristote ne se voulait pas « générale » (encore moins « généralisée ») : elle l'était, et l'était si bien, dans l'amplitude de sa visée, qu'une théorie des figures n'y méritait encore aucune mention particulière; quelques pages seulement sur la comparaison et la métaphore, dans un Livre (sur trois) consacré au style et à la composition, territoire exigu, canton détourné, perdu dans l'immensité d'un Empire. Aujourd'hui, nous [4] en sommes

1. Larousse, Paris, 1970.
2. *Critique*, octobre 1969.
3. *Revue internationale de philosophie*, 23e année, n° 87, f. I.
4. Ce *nous* n'est pas de courtoisie et selon la figure appelée *communication*. Le reproche, si reproche il y a, s'adresse ici tout autant à celui qui l'articule, et qui, dans l'actuel abus relatif de la notion de *figure*, aurait quelque peine à se tenir pour tout à fait innocent. La critique sera ici une forme déguisée (et commode) de l'autocritique.

à intituler rhétorique générale ce qui est en fait un traité des figures. Et si nous avons tant à « généraliser », c'est évidemment pour avoir trop restreint : de Corax à nos jours, l'histoire de la rhétorique est celle d'une *restriction généralisée*.

C'est apparemment dès le début du Moyen Age que commence de se défaire l'équilibre propre à la rhétorique ancienne, dont témoignent les œuvres d'Aristote et, mieux encore, de Quintilien : l'équilibre entre les genres (délibératif, judiciaire, épidictique), d'abord, parce que la mort des institutions républicaines, où déjà Tacite voyait une des causes du déclin de l'éloquence [1], entraîne la disparition du genre délibératif, et aussi, semble-t-il, de l'épidictique, lié aux grandes circonstances de la vie civique : Martianus Capella, puis Isidore de Séville, prennent acte de ces défections : *rhetorica est bene dicendi scientia in civilibus quaestionibus* [2]; l'équilibre entre les « parties » *(inventio, dispositio, elocutio)*, ensuite, parce que la rhétorique du *trivium*, écrasée entre grammaire et dialectique, se voit rapidement confinée dans l'étude de l'*elocutio*, des ornements du discours, *colores rhetorici*. L'époque classique, particulièrement en France, et plus particulièrement encore au XVIIIᵉ siècle, hérite de cette situation qu'elle accentue en privilégiant sans cesse dans ses exemples le corpus littéraire (et spécialement poétique) sur l'oratoire : Homère et Virgile (et bientôt Racine) supplantent Démosthène et Cicéron, la rhétorique tend à devenir pour l'essentiel une étude de la *lexis* poétique.

Il faudrait, pour détailler et corriger [3] cette vue plus que cavalière, une immense enquête historique qui dépasserait largement nos compé-

---

1. *Dialogue des orateurs*, XXXVI-XXXVII.
2. Curtius, *Littérature européenne*, p. 94.
3. A. Kibédi Varga (*Rhétorique et Littérature*, Didier, Paris, 1970, p. 16-17) conteste que la rhétorique française classique soit, comme nous l'avons dit ailleurs, « surtout une rhétorique de l'*elocutio* », et l'ensemble de son livre démontre en effet l'intérêt de certains rhétoriciens des XVIIᵉ et XVIIIᵉ siècles pour les techniques d'argumentation et de composition. C'est là une question d'accent et de proportions relatives, et aussi de choix des références : Varga s'appuie sur Barry, Legras, Crevier, et moi sur Lamy, Dumarsais, Fontanier. Il faudrait dépouiller systématiquement, par exemple, la centaine de titres réunis par P. Kuentz (*XVIIᵉ siècle* nº 80-81). Il me semble aussi que la part consacrée à l'*elocutio*, même quand elle n'est pas la plus grande, est à cette époque déjà la plus vivante, la plus originale par rapport aux modèles antiques, et donc la plus productive (malgré la matière neuve apportée par l'éloquence sacrée). Peut-être est-ce un effet de projection? Mais Varga lui-même apporte de l'eau à ce moulin en relevant que Ramus, dès le XVIᵉ siècle, proposait d'affecter à la dialectique l'*inventio* et la *dispositio*, ne laissant à la rhétorique que l'art de l'*elocutio*.

tences, mais dont Roland Barthes a donné l'esquisse dans un séminaire de l'École pratique des hautes études [1]. On ne voudrait ici qu'insister sur les ultimes étapes de ce mouvement — celles qui marquent le passage de la rhétorique classique à la néo-rhétorique moderne — et s'interroger sur leur signification.

La première de ces étapes est la publication, en 1730, du traité *Des Tropes* de Dumarsais. Cet ouvrage ne prétend certes pas couvrir tout le champ de la rhétorique, et le point de vue adopté par le grammairien de l'*Encyclopédie* n'est pas même exactement celui d'un rhétoricien, mais plutôt d'un linguiste et plus précisément d'un sémanticien (au sens que Bréal donnera plus tard à ce terme), comme le manifeste bien son sous-titre : « ...ou des différents sens dans lesquels on peut prendre un même mot dans une même langue ». Mais par son existence et son prestige, il contribue fortement à placer au centre des études rhétoriques, non plus généralement la théorie des figures, mais, de façon plus spécifique encore, celle des figures de sens, « par lesquelles on fait prendre à un mot une signification qui n'est pas précisément la signification propre de ce mot », et donc à placer au centre de la pensée rhétorique l'opposition du *propre* et du *figuré* (objet des chapitres VI et VII de la première partie), et donc encore à faire de la rhétorique une pensée de la figuration, tourniquet du figuré défini comme l'autre du propre, et du propre défini comme l'autre du figuré — et à l'enfermer pour longtemps dans ce méticuleux vertige.

L'influence de cette *réduction tropologique* sur l'évolution de la rhétorique française, rien ne l'illustre mieux que l'œuvre de celui qui se flattait, près d'un siècle plus tard, à la fois d'assumer et de liquider l'héritage de Dumarsais par une *Aufhebung* qui s'intitule tout d'abord *Commentaire raisonné des Tropes* (1818), puis *Traité général des figures du discours* (1821-1827). La « relève » de Dumarsais par Fontanier est en effet, du point de vue qui nous intéresse ici, d'une remarquable ambiguïté : d'une part, Fontanier élargit de nouveau le champ d'étude à l'ensemble des figures, tropes et non-tropes; mais d'un autre côté, reprenant avec une rigueur accrue (par l'exclusion de la catachrèse, comme trope non-figure parce que non substitutif : *feuille de papier*, par exemple, où *feuille* n'évince aucun propre) le critère de substitution qui régit l'activité tropologique, et l'étendant à la totalité du champ figural (d'où l'exclusion de telle « prétendue

1. « L'ancienne rhétorique », *Communications* 16, décembre 1970.

figure de pensée » comme n'exprimant rien d'autre que ce qu'elle dit),
il tend à faire du trope le modèle de toute figure, et donc à accentuer
encore, en lui donnant un fondement de droit, la restriction de fait
amorcée par son devancier. Dumarsais ne faisait que proposer un
traité des tropes ; Fontanier impose (par son adoption comme manuel
dans l'enseignement public) un traité des figures, tropes et « autres
que tropes » (cette claudication terminologique est assez éloquente en
elle-même), dont l'*objet* est bien toutes les figures, mais dont le *principe* (critère d'admission et d'exclusion) est en son fond purement
tropologique [1].

Voici donc le trope installé au cœur paradigmatique de ce qui n'est
plus qu'une théorie des figures mais, par l'effet d'une carence lexicale
singulière et apparemment universelle, continuera néanmoins de se
nommer rhétorique [2] : bel exemple de synecdoque généralisante.
Mais à ce premier geste de Fontanier s'en ajoute un second par lequel
se confirme son rôle [3] de fondateur de la rhétorique moderne, ou plutôt de l'idée moderne de rhétorique : celui-ci porte sur la classification, ou pour parler comme l'époque, sur la *division* des tropes.

Dumarsais avait établi une liste, quelque peu chaotique et parfois
redondante, de dix-huit tropes, que l'on n'aura pas trop de mal à
raccourcir en réduisant les doublons (ironie-antiphrase) ou les sous-
espèces (antonomase, euphémisme, hypallage) et en rejetant vers
d'autres classes les « prétendus tropes » comme la métalepse, la péri-
phrase ou l'onomatopée. Mais il avait également évoqué, en un
chapitre spécial [4] curieusement sans effet sur la disposition de son
propre inventaire, la possibilité d'une « subordination des tropes »,
c'est-à-dire d'une indication du « rang qu'ils doivent tenir les uns à
l'égard des autres ». Vossius, déjà, proposait une telle hiérarchie,
où tous les tropes se rapportaient, « comme les espèces aux genres »,
à quatre principaux : la métaphore, la métonymie, la synecdoque
et l'ironie. Dumarsais esquisse un nouveau rapprochement, celui
de la synecdoque et de la métonymie, réunies en tant que fondées
toutes deux sur une *relation*, ou *liaison* (avec « dépendance » dans la

---

1. Je renvoie ici à l'Introduction de la réédition des *Figures du discours*,
Flammarion, 1968.
2. Il faut sortir, bien ou mal, de cette carence : aussi proposerai-je de désigner
cette partie de la rhétorique du nom de *figuratique*, qui au moins ne prête pas à
équivoque.
3. Rôle symbolique, faut-il préciser, car si son manuel fut très utilisé, dans les
classes au cours du XIXᵉ siècle, son influence ultérieure semble avoir été à peu près
nulle, jusqu'à sa récente résurrection.
4. II, chap. 21.

synecdoque), qui n'est ni le rapport de *ressemblance* de la métaphore, ni le rapport de *contraste* de l'ironie : c'était implicitement « subordonner » la totalité des tropes aux trois grands principes associatifs de similitude, de contiguïté et d'opposition. Fontanier, lui, restitue toute sa fonction hiérarchique à la distinction métonymie/synecdoque, mais en revanche il exclut l'ironie, comme figure « d'expression » (trope en plusieurs mots, et donc pseudo-trope), et surtout il ne se contente pas de « rapporter » tous les tropes aux trois genres fondamentaux qu'il laisse subsister : il ne reconnaît plus que ces trois-là, tout le reste est confusion, tropes non-figures, figures non-tropes, voire non-figures non-tropes. Les seuls tropes dignes de ce nom sont donc (dans l'ordre) la métonymie, la synecdoque et la métaphore. Comme on a déjà pu s'en aviser, il suffit maintenant d'additionner ces deux soustractions : le rapprochement dumarsien entre métonymie et synecdoque et l'éviction fontanière de l'ironie, pour obtenir le couple figural exemplaire, chiens de faïence irremplaçables de notre propre rhétorique moderne : Métaphore et Métonymie.

Cette nouvelle réduction est acquise, sauf erreur, dans la vulgate du formalisme russe, dès l'ouvrage de Boris Eichenbaum sur Anna Akhmatova, qui date de 1923, y compris l'équivalence métonymie = prose, métaphore = poésie. On la retrouve avec même valeur en 1935 dans l'article de Jakobson sur la prose de Pasternak, et surtout dans son texte de 1956, *Deux aspects du langage et deux types d'aphasie*, où l'opposition classique analogie/contiguïté (qui porte, rappelons-le, sur les *signifiés* en relation de substitution dans la métaphore et la métonymie : l'or et le blé, le fer et l'épée) se voit confirmée par une assimilation peut-être audacieuse aux oppositions proprement linguistiques (qui portent, elles, sur des signifiants) entre paradigme et syntagme, équivalence et succession.

Cet épisode est trop proche de nous et trop bien connu pour qu'on y insiste. Il convient peut-être, en revanche, de s'interroger sur les raisons qui ont pu conduire, à l'intérieur même du domaine figural, à une réduction aussi drastique. Nous avons déjà rappelé le déplacement progressif de l'objet rhétorique de l'éloquence vers la poésie [1], déjà évident chez les classiques, qui conduit l'attention méta-rhétorique à se concentrer de préférence sur les figures à plus forte teneur sémantique (figures de signification en un seul mot), et parmi celles-ci, de préférence encore sur les figures à sémantisme « sensible [2] » (rela-

---

1. Ou vers la prose écrite considérée dans sa fonction esthétique, comme le fait la stylistique moderne.

2. Rappelons encore cette phrase du P. Lamy : « Les métaphores rendent toutes choses sensibles. »

tion spatio-temporelle, relation d'analogie), à l'exclusion des tropes à sémantisme réputé plus intellectuel, comme l'antiphrase, la litote ou l'hyperbole, de plus en plus sévèrement évincés du champ poétique, ou plus généralement de la fonction esthétique du langage. Ce déplacement d'objet, de nature évidemment historique, contribue donc à privilégier les deux relations de contiguïté (et/ou d'inclusion) et de ressemblance. Mais on décèlerait facilement d'autres mouvements convergents, comme celui qui se montre chez Freud traitant, dans *Totem et Tabou*, des « principes de l'association ». Dans son *Esquisse d'une théorie de la magie* (1902), Mauss, conformément à une tradition qui remonte à Tylor, retenait comme lois d'association magique les trois principes associationnistes de contiguïté, de similarité et de contraste ou contrariété. Dans *Totem et Tabou* (1912), Freud, répétant sur un autre terrain le geste de Fontanier excluant l'ironie de la liste des tropes, ne conserve pour principes d'association que les deux premiers, d'ailleurs subsumés ensemble sous le concept « supérieur » de *contact*, la similarité étant définie, assez plaisamment en l'occurrence, comme un « contact au sens figuré du mot [1] ».

Le rapprochement de la synecdoque et de la métonymie était, on l'a vu, déjà indiqué par Dumarsais, mais le concept de « liaison » était chez lui assez vaste (ou assez lâche) pour contenir aussi bien les liaisons sans « dépendance » (c'est-à-dire sans inclusion) qui régissent la métonymie, que les rapports d'inclusion qui définissent la synecdoque. La notion de *contiguïté*, au contraire, révèle ou opère un choix en faveur de la « liaison sans dépendance », et donc une réduction unilatérale de la synecdoque à la métonymie, qui s'explicite d'ailleurs chez Jakobson lorsqu'il écrit par exemple : « Uspensky avait un penchant pour la métonymie, spécialement pour la synecdoque [2]. » La justification de ce geste est donnée entre autres par Mauss dans

---

1. « Les deux principes de l'association, la similitude et la contiguïté, trouvent leur synthèse dans une unité supérieure : le *contact*. L'association par contiguïté équivaut à un contact direct, l'association par similitude est un contact au sens figuré du mot. La possibilité de désigner par le même mot les deux variétés d'association prouve déjà que le même processus psychique préside à l'une et à l'autre » (*Totem et Tabou*, trad. S. Jankélévitch, Petite Collection Payot, p. 100-101). Cette dichotomie reprend évidemment l'opposition établie par Frazer entre *imitation* et *contagion*. On sait pourtant quelle place la *Traumdeutung* (1900) et le *Witz* (1905) faisaient à la « représentation par le contraire » dans le travail du rêve et du mot d'esprit, et comment la figure de l'antiphrase reviendra plus tard dans la rhétorique de la dénégation (*Die Verneinung*, 1925).

2. *Essais de linguistique générale*, p. 65. La réduction s'énonce déjà incidemment, chez Dumarsais, *Tropes*, II, 4 : « La synecdoque est donc une espèce de métonymie par laquelle (...) je prends le *plus* pour le *moins*, ou le *moins* pour le *plus*. »

le texte déjà évoqué : « La forme la plus simple (de l'association par contiguïté), dit-il, est l'identification de la partie au tout [1]. »

Il n'est pourtant pas certain que l'on puisse légitimement faire de l'inclusion, même sous ses formes les plus grossièrement spatiales, un cas particulier de la contiguïté. Cette réduction trouve sans doute sa source dans une confusion presque inévitable entre le rapport de la partie au tout et le rapport de cette même partie aux *autres parties* constitutives du tout : rapport, si l'on préfère, de la partie au *reste*. La voile n'est pas contiguë au navire, mais elle est contiguë au mât et à la vergue et, par extension, à tout le reste du navire, à tout ce qui, du navire, n'est pas elle. La plupart des cas « douteux » tiennent à ce choix toujours ouvert, d'envisager soit le rapport de la partie au tout soit celui de la partie au reste : ainsi de la relation symbolique en son étymon antique, où l'on peut lire à la fois une relation de contiguïté entre les deux moitiés complémentaires du *sumbolon*, et un rapport d'inclusion entre chacune de ces deux moitiés et le tout qu'elles constituent et reconstituent. Chaque demi-symbole, d'un même mouvement, appelle l'autre et évoque leur ensemble commun. De même pourra-t-on lire *ad libitum*, dans la figure par l'attribut (soit « couronne » pour *monarque*), une métonymie ou une synecdoque, selon que l'on considère, par exemple, la couronne comme simplement liée au monarque, ou comme faisant partie de lui, en vertu de l'axiome implicite : pas de monarque sans couronne. On voit alors qu'à la limite toute métonymie est convertible en synecdoque par appel à l'ensemble supérieur, et toute synecdoque en métonymie par recours aux relations entre parties constituantes. Le fait que chaque figure-occurrence puisse s'analyser de deux manières au choix n'implique certes pas que ces deux manières n'en fassent qu'une, non plus qu'Archimède n'est *de la même façon* à la fois prince et géomètre, mais on voit bien comment en fait ce genre de double appartenance peut favoriser la confusion.

Reste évidemment à expliquer pourquoi cette confusion a joué plutôt dans un sens que dans l'autre, au profit de la métonymie et non de la synecdoque. Il se peut qu'ici la notion pseudo-spatiale de contiguïté ait joué un rôle catalyseur en proposant un modèle de relation à la fois plus simple et plus matériel que tout autre. Mais il faut encore observer que si cette notion joue en faveur de la métonymie, ce n'est pas sans opérer, à l'intérieur même du champ de cette figure, une nouvelle réduction; car bien des relations couvertes par la méto-

---

1. *Sociologie et Anthropologie*, p. 57. Voir encore Jakobson, « Remarques sur la prose de Pasternak », trad. fr. in *Poétique* 7, p. 317 : « Le passage de la partie au tout et du tout à la partie n'est qu'un cas particulier du processus (de l'association par contiguïté). »

nymie classique (l'effet pour la cause et réciproquement, le signe pour la chose, l'instrument pour l'action, le physique pour le moral, etc.) ne se laissent pas si facilement, si ce n'est par métaphore, ramener à un effet de contact ou de proximité spatiale : quel genre de « contiguïté » pourraient bien entretenir le cœur et le courage, le cerveau et l'intelligence, les entrailles et la pitié? Rapporter toute métonymie (et a fortiori toute synecdoque) à une pure relation spatiale, c'est évidemment restreindre le jeu de ces figures à leur seul aspect physique ou « sensible », et là encore se décèle le privilège peu à peu conquis par le discours poétique dans le champ des objets rhétoriques, ainsi que le déplacement effectué par ce discours lui-même, à l'époque moderne, vers les formes les plus matérielles de la figuration.

A cette réduction progressive des figures de « liaison » au seul modèle de la métonymie spatiale, répond de l'autre côté — celui des figures de « ressemblance » — une réduction sensiblement symétrique, qui joue ici au profit de la seule métaphore. On sait en effet que le terme de métaphore tend de plus en plus à recouvrir l'ensemble du champ analogique : alors que l'ethos classique voyait dans la métaphore une comparaison implicite [1], la modernité traiterait volontiers la comparaison comme une métaphore explicitée ou motivée. L'exemple le plus caractéristique de cet usage se trouve évidemment chez Proust, qui n'a cessé d'appeler métaphore ce qui dans son œuvre, le plus souvent, est pure comparaison. Ici encore, les mobiles de la réduction apparaissent assez clairement dans la perspective d'une figuratique centrée sur le discours poétique ou à tout le moins (comme chez Proust) sur une poétique du discours : nous n'en sommes plus aux comparaisons homériques, et la concentration sémantique du trope lui assure une supériorité esthétique presque évidente sur la forme développée de la figure. Mallarmé se flattait d'avoir banni le mot « comme » de son vocabulaire. Pourtant, si la comparaison explicite tend à déserter le langage poétique, il n'en va pas de même, remarquons-le en passant, dans l'ensemble du discours littéraire et encore moins dans la langue parlée; d'autant que la comparaison peut racheter le manque d'intensité qui la caractérise par un effet d'anomalie sémantique que la métaphore ne peut guère se permettre sous peine de rester, en l'absence du comparé, totalement inintelligible. Cet effet, c'est en particulier ce que Jean Cohen appelle l'impertinence [2]. Chacun se souvient du vers d'Eluard, « La terre est bleue comme

1. « ... en vertu d'une comparaison qui est dans l'esprit » (Dumarsais, II, 10).
2. « La comparaison poétique: essai de systématique » (*Langages*, 12, décembre 1968).

une orange », ou de la série ducassienne des « beau comme... »;
pensons également au goût du langage populaire pour les comparaisons arbitraires (« ... comme la lune »), ou antiphrastiques (« aimable
comme une porte de prison », « bronzé comme un cachet d'aspirine »,
« frisé comme un œuf dur »), ou plaisamment tirées par les cheveux,
comme celles qui animent la diction d'un Peter Cheyney, d'un San
Antonio ou d'un Pierre Perret : « les cuisses ouvertes comme le missel
d'une dévote ». Une théorie des figures d'analogie trop centrée sur
la forme métaphorique se condamne à négliger de tels effets, et quelques autres.

Ajoutons enfin que la réduction au « pôle métaphorique » de toutes
les figures d'analogie ne lèse pas seulement la comparaison, mais
plusieurs formes de figures dont la diversité ne semble pas avoir été
jusqu'ici totalement prise en compte. On oppose généralement métaphore et comparaison au nom de l'absence dans l'une et de la présence
dans l'autre du terme comparé. Cette opposition ne me paraît pas
très bien formulée en ces termes, car un syntagme du type *pâtre promontoire* ou *soleil cou coupé*, qui contient à la fois comparant et
comparé, n'est pas considéré comme une comparaison, non plus que
d'ailleurs comme une métaphore, et finalement reste pour compte
faute d'une analyse plus complète des éléments constitutifs de la figure
d'analogie. Il faut, pour bien faire, considérer la présence ou l'absence
non seulement du comparant et du comparé (« vehicle » et « tenor »,
dans le vocabulaire de Richards), mais aussi du modalisateur compa-
ratif (*comme, pareil à, ressembler*, etc.), et du *motif* (« ground »)
de la comparaison. On observe alors que ce que nous appelons généralement « comparaison » peut prendre deux formes sensiblement
différentes : comparaison non motivée *(mon amour est comme une
flamme)*, et comparaison motivée *(mon amour brûle comme une
flamme)*, nécessairement plus limitée dans sa portée analogique,
puisqu'un seul sème commun (chaleur) est retenu comme motif, parmi
d'autres *(lumière, légèreté, mobilité)* que la comparaison non motivée
pourrait à tout le moins ne pas exclure; on voit donc que la distinction entre ces deux formes n'est pas tout à fait inutile. Il apparaît
également que la comparaison canonique, sous ses deux espèces, doit
comporter non seulement comparant et comparé, mais aussi le modalisateur, faute duquel on aura plutôt affaire à une *identification*[1], motivée

---

1. J'emprunte ce terme à Danielle Bouverot, « Comparaison et Métaphore »,
Le Français moderne, 1969. L'auteur propose une répartition des « images »
(figures d'analogie) en quatre types : *comparaison* (« La nuit s'épaississait ainsi
qu'une cloison »), qui correspond à notre comparaison motivée; *identification
atténuée* (« Et cette immense nuit semblable au vieux chaos »), qui correspond à

FIGURES D'ANALOGIE	Comparé	Motif	Modalisateur	Comparant	EXEMPLES
Comparaison motivée	+	+	+·	+	*Mon amour brûle comme une flamme*
Comparaison non motivée	+		+	+	*Mon amour ressemble à une flamme*
Comparaison motivée sans comparant*	+	+	+		*Mon amour brûle comme...*
Comparaison motivée sans comparé*		+	+	+	*... brûlant comme une flamme*
Comparaison non motivée sans comparant*	+		+		*Mon amour ressemble à...*
Comparaison non motivée sans comparé*			+	+	*... comme une flamme*
Identification motivée	+	+		+	*Mon amour (est) une flamme ardente*
Identification non motivée	+			+	*Mon amour (est) une flamme*
Identification motivée sans comparé		+		+	*Mon ardente flamme*
Identification non motivée sans comparé (métaphore)				+	*Ma flamme*

notre comparaison non motivée; *identification* (« La nuit, maussade hôtesse »), que je spécifie comme identification non motivée; *métaphore* (« Entends la douce nuit qui marche »). La différence essentielle entre les deux classifications porte sur l'importance accordée à la présence ou à l'absence du modalisateur, qui détermine pour moi la distinction entre comparaison et identification.

ou non, soit du type *mon amour (est) une flamme brûlante*, ou *mon amour brûlant (est) une flamme* (« Vous êtes mon lion superbe et généreux »), soit du type *mon amour (est) une flamme* (« Achille est un lion », « pâtre promontoire » déjà cité). L'ellipse du comparé déterminera encore deux formes d'identification, l'une encore motivée, du type *mon ardente flamme*, et l'autre sans motif, qui est la métaphore proprement dite : *ma flamme*. Le tableau ci-dessus rassemble ces différentes formes, plus quatre états elliptiques moins canoniques mais assez concevables [1], comparaisons motivées ou non avec ellipse du comparant *(mon amour est brûlant comme...* ou *mon amour est comme...)* ou du comparé *(... comme une flamme brûlante*, ou *... comme une flamme)* : ces formes en apparence purement hypothétiques ne sont pas tout à fait à négliger, comme l'a bien vu Jean Cohen : qui par exemple se souvient du comparé des « beau comme ... » de Lautréamont, où la discordance entre le motif et le comparant importe évidemment plus que l'attribution du prédicat total au grand duc de Virginie, au vautour, au scarabée, à Mervyn ou à Maldoror lui-même?

Ce tableau un peu expéditif [2] n'a pas d'autre but que de manifester à quel point la métaphore n'est qu'une forme parmi bien d'autres, et que sa promotion au rang de figure d'analogie par excellence procède d'une sorte de coup de force. Mais il reste à considérer un dernier [3] mouvement réducteur, par lequel la même métaphore, absorbant son ultime adversaire, va se faire, « trope des tropes » (Sojcher), « figure des figures » (Deguy), le noyau, le cœur et finalement l'essence et presque le tout de la rhétorique.

On a rappelé tout à l'heure la façon dont Proust baptisait métaphore toute figure d'analogie : il faut maintenant ajouter qu'il lui arrive, par un lapsus tout à fait significatif, d'étendre cette appellation à toute espèce de trope, même le plus typiquement métonymique, comme la locution « faire cattleya » (pour *faire l'amour* en utilisant comme accessoire, ou à tout le moins comme prétexte, un bouquet

---

1. Marqués ici d'un astérisque.
2. Il néglige en particulier le rôle de la copule et ses différentes formes. Voir à ce sujet Christine Brooke-Rose, *A Grammar of Metaphor*, Londres, 1958.
3. Ce qualificatif n'est évidemment pas à prendre ici en un sens rigoureusement chronologique. Dans le mouvement que nous décrivons, certaines étapes se chevauchent, et Proust, par exemple, représente un stade de restriction plus « avancé » que Jakobson.

de cattleyas [1]). Je tente plus loin de montrer qu'un grand nombre des « métaphores » proustiennes sont en fait des métonymies, ou du moins des métaphores à fondement métonymique. Le fait que ni Proust ni la plupart des critiques ne s'en soient avisés est caractéristique, même si cette confusion, ou impropriété, procède d'une simple carence terminologique : au début du XXᵉ siècle, *métaphore* est un des rares termes survivant du grand naufrage de la rhétorique, et cette survie miraculeuse n'est évidemment ni fortuite ni insignifiante. Pour d'autres, l'alibi terminologique est moins recevable, comme lorsque Gérald Antoine appelle métaphore un slogan publicitaire tel que *Vous pesez dix ans de trop*, où se lit assez clairement la désignation de la cause par l'effet [2], ou lorsque Jean Cohen ne veut voir dans le *bleus angélus* de Mallarmé qu'une synesthésie analogique [3]; et l'on sait de reste que Lacan trouva un jour dans le dictionnaire Quillet cet échantillon de « métaphore » qui ne lui parut pas « suspect d'être sélectionné » : *sa gerbe n'était point avare ni haineuse* [4].

Chez les rhétoriciens aussi avertis que les membres du groupe de

1. « Bien plus tard, quand l'arrangement (ou le simulacre rituel d'arrangement) des cattleyas fut depuis longtemps tombé en désuétude, la métaphore « faire cattleya », devenue un simple vocable qu'ils employaient sans y penser quand ils voulaient signifier l'acte de la possession physique... survécut dans leur langage, où elle le commémorait, à cet usage oublié » (Pléiade, I, p. 234).

2. « Pour une méthode d'analyse stylistique des images », *Langue et Littérature*, Les Belles Lettres, Paris, 1961, p. 154.

3. *Structure du langage poétique*, p. 128-129.

4. *Écrits*, p. 506; confusion notée par J. F. Lyotard, *Discours, Figure*, Klincksieck, 1971, p. 256 : « Il me semble que *sa gerbe n'était point...* est un bon cas de métonymie, *sa gerbe* étant prise comme emblème de Booz. » Lacan propose d'ailleurs (p. 507) pour « formule » de la métaphore : « un mot pour un autre », ce qui est la définition du trope en général. Lyotard déclare cette formule « entièrement convenable », mais lui reproche aussitôt de ne pas dire ce qui est « l'essentiel de la métaphore ». Comment une définition qui omet l'essentiel peut-elle être « entièrement convenable »? A vrai dire, cet essentiel n'est pas pour Lyotard la relation d'analogie entre teneur et véhicule, mais (selon le parti pris surréaliste érigé ici en norme et en critère) la nouveauté, voire l'arbitraire de leur rapprochement, le fait d'une « substitution non autorisée par l'usage » : « La vraie métaphore, le trope, commence avec l'excès dans l'écart, avec la transgression du champ des substituables reçus par l'usage » (p. 254-255). Ainsi, selon Lacan, « gerbe » pour *moissonneur* est une métaphore, et selon Lyotard, « flamme » pour *amour*, étant dans « l'usage », n'en est sans doute pas une. La notion d'*usage*, au défini singulier, comme s'il n'y en avait qu'un, est évidemment ici, comme ailleurs, source de confusion, la rhétorique vivant au contraire de la pluralité des usages. Pourtant, Lyotard n'a sans doute pas tort quand il reproche à Jakobson son extension subreptice du concept (rhétorique) de métaphore à l'ensemble des relations (linguistiques) de sélection — et j'ajouterais : du concept de métonymie à l'ensemble des relations de combinaison.

Liège, on trouve encore une inflation de la métaphore qui ne peut évidemment relever ni de l'ignorance ni de l'étourderie : c'est ainsi que ce groupe choisit pour sigle la lettre μ, « initiale du mot qui désigne, en grec, la plus prestigieuse des métaboles ». Il se trouve que la même initiale, et pour cause, se trouve dans *métonumia*, mais aucune hésitation n'est possible sur l'identité de la prestigieuse métabole, surtout si l'on se rapporte à un autre passage de la *Rhétorique générale*, où l'on peut lire que la métaphore est la « figure *centrale* de toute rhétorique [1] ». *Prestigieuse* pouvait paraître un peu juvénile, mais rendait compte d'une opinion commune [2]. *Centrale*, en revanche, procède d'un mouvement délibéré de valorisation, qui rappelle irrésistiblement la remarque de Bachelard sur les hiérarchies animales de Buffon : « Le lion est le roi des animaux parce qu'il convient à un partisan de l'ordre que tous les êtres, fussent les bêtes, aient un roi [3]. » De même, sans doute, la métaphore est la « figure centrale de toute rhétorique » parce qu'il convient à l'esprit, dans sa faiblesse, que toutes choses, fût-ce les figures, aient un centre.

Ainsi, en vertu d'un *centrocentrisme* apparemment universel et irrépressible, tend à s'installer, au cœur du cœur de la rhétorique — ou de ce qu'il nous en reste — non plus l'opposition polaire métaphore/métonymie, où pouvait encore passer un peu d'air et circuler quelques *débris d'un grand jeu*, mais la seule métaphore, figée dans sa royauté inutile. « Si la poésie, écrit Jacques Sojcher, est un espace qui s'ouvre dans le langage, si par elle les mots reparlent et le sens se resignifie, c'est qu'il y a entre la langue usuelle et la parole retrouvée déplacement de sens, métaphore. La métaphore n'est plus, dans cette perspective, *une* figure parmi d'autres, mais *la* figure, le trope des tropes [4]. » On remarque ici le recours implicite à la preuve étymologique, selon quoi tout « déplacement de sens » est métaphore. Faut-il rappeler que le même argument, s'il pouvait valoir quoi que ce fût, le vaudrait tout aussi bien pour *métonymie*, *métalepse*, *hypallage*, *antonomase* et quelques autres encore ?

Plus imposante (même si l'on fait abstraction du génie poétique de l'auteur) est l'argumentation de Michel Deguy dans l'article, déjà cité, « Pour une théorie de la figure généralisée », qui pourrait bien, et à

---

1. P. 7 et 91. (Souligné par nous.)
2. Rappelons que Tesauro voyait dans la métaphore la « reine des figures » (J. Rousset, *La Littérature de l'âge baroque*, p. 187), et Vico « la plus lumineuse des figures »; et qu'Aristote lui-même y trouvait l'indice d'une sorte de génie (*euphuia*), le don de « voir les ressemblances » (*Poétique*, 1459 a).
3. *Formation de l'esprit scientifique*, p. 45.
4. Art. cit., p. 58.

plus juste titre, s'intituler lui aussi *Métaphore généralisée :* « S'il s'agit de subordonner une des espèces à un genre, c'est la métaphore, ou figure des figures, qui peut jouer le rôle du genre... Il n'y a qu'un genre suprême, celui de la *figure* ou métaphore... Métaphore et métonymie appartiennent, sous leur différence secondaire, à une même dimension — pour laquelle le terme de métaphoricité peut servir en général [1]. » Cette supériorité hiérarchique si vigoureusement affirmée, Deguy la fonde sur l'idée que le système de la tropologie classico-moderne (Fontanier-Jakobson), dans le partage même qu'il effectue entre les figures, obéit à un modèle perceptif spatialisé — contiguïté ou proximité ou juxtaposition pour la métonymie, intersection pour la synecdoque, ressemblance, « qui renvoie à la superposition possible », pour la métaphore —, et par conséquent déjà métaphorique.

Cette description du partage tropologique n'est pas tout à fait exacte, du moins en ce qui concerne l'époque classique. Nous avons déjà constaté que le concept de contiguïté, utilisé par les modernes, réduisait à une seule les diverses modalités du rapport métonymique, auquel Fontanier lui-même laissait une extension bien plus vaste sous l'appellation prudente de « tropes par correspondance ». Le schéma de l'intersection n'a à vrai dire jamais, en aucune tropologie, classique ou moderne, défini la synecdoque : il s'agit en fait d'une inclusion, ou appartenance (Fontanier dit « connexion »), et plutôt de type logique que spatial : l'inclusion de *voile* dans *navire* est spatiale si l'on veut, mais à aucun degré celle de *fer* dans *épée*, ou d'*homme* dans *mortel*. S'il en était ainsi, les rhétoriciens ne définiraient pas la figure « boire un verre » comme ils le font constamment, c'est-à-dire comme une *métonymie du contenant*, mais comme une synecdoque, considérant que le vin est « inclus » dans le verre : bévue qu'ils n'ont jamais commise. De même, le rapport de superposition, vers lequel Deguy pousse celui de ressemblance au nom de la rhétorique, n'a jamais défini la métaphore; les Liégeois l'analysent plutôt, et à juste titre, comme co-possession partielle de sèmes, et donc comme intersection logique : entre *or* et *blé*, il y a un sème commun qui est la couleur, et la *substitution* d'un signifiant à l'autre dans le texte ne signifie nulle part *superposition* des deux signifiés, ou à ce compte toute espèce de trope répondrait à ce schéma.

Ce gauchissement, que Deguy opère sur les concepts de la tropologie pour mieux en dégager l'essence métaphorique, se manifeste encore dans son analyse de la syllepse selon Fontanier. Reprenant l'exemple racinien : « Un père en punissant, Madame, est toujours

1. Art. cit., p. 841, 852, 861.

père », il accuse Fontanier de considérer d'abord comme sens propre « la propriété de copulateur-géniteur », puis comme sens figuré « tout le reste de la paternité, y *compris* une chose aussi *naturelle*[1] que 'les sentiments, le cœur d'un père' », et plus loin il désigne le sentiment paternel comme étant, dans l'esprit de Fontanier, un *ajout* « *métaphorique* »; et de récuser justement une sémantique aussi grossière. L'ennui est que cette sémantique n'est nullement celle de Fontanier, pour qui le second *père* de « un père est toujours père » n'est pas un ajout métaphorique mais, tout au contraire, la réduction synecdochique d'un sens « premier » (celui, justement, du premier *père* dans la phrase) d'abord *total*. Relisons en effet le texte des *Figures du discours*[2] : « Un *père*, c'est-à-dire celui qui a la qualité, le titre de père : *sens propre. Est toujours père*, c'est-à-dire, a toujours, même dans ses rigueurs, les sentiments, le cœur d'un père, est toujours bon et tendre comme un père : *sens figuré*, et à peu près même sorte de *synecdoque* que ci-dessus » — et reportons-nous effectivement au début de cet article sur la « syllepse de synecdoque ». Nous y trouvons ce double exemple : « Le singe est toujours singe, et le loup toujours loup », commenté en ces termes : « Cela veut dire que rien ne peut changer le naturel, les mœurs du singe et du loup, et que ces animaux seront toujours les mêmes à cet égard. Le singe et le loup sont là, d'abord, pour ces animaux mêmes, et dans toute la compréhension des idées que l'un et l'autre mot exprime : *sens propre;* et ensuite ils sont pour quelque chose seulement de ces animaux, pour leurs mœurs, pour leur naturel : *sens figuré*, et *synecdoque* du tout pour la partie. » Le sens premier selon Fontanier n'est donc en l'occurrence, ni pour *singe*, ni pour *loup*, ni pour *père*, ce sens réduit aux propriétés biologiques que Deguy veut y voir, mais au contraire le sens pris *dans toute sa compréhension des idées qu'il exprime*, et c'est ici le « figuré » qui restreint. L'élargissement « métaphorique » dont on accuse Fontanier n'existe donc pas, et lorsque Deguy conclut : « la polysémie est première », il ne réfute pas la rhétorique, il la *répète*[3].

On voit donc que le caractère métaphorique attribué par Deguy aux définitions de la rhétorique classique et, par suite, de leur reprise

---

1. C'est Deguy qui souligne (p. 848).
2. P. 107.
3. Même infléchissement lorsque Deguy récuse la division des métaphores en animé/inanimé comme elle-même métaphorique, « quand le tout de l'être est visé « comme » vie en souffle *(spiritus, anima)* pour qu'il puisse même y avoir une différence telle que de *l'animé* à l'*in-animé*! » (p. 847). Mais *souffle* pour *vie* procède, lui aussi, d'une synecdoque (comme attribut) ou d'une métonymie (comme effet et signe), nullement d'une métaphore.

linguistique, est un peu forcé par sa propre lecture. Au surplus, et peut-être surtout, on voit mal comment il est possible d'invalider les « divisions » tropologiques, et spécialement l'opposition métaphore/métonymie, au nom du fait qu'elles reposent... sur une métaphore. Pourquoi métaphore? L'articulation du grief suppose admis cela même que le grief vise à récuser. L'opposition ne peut être à la fois déconstruite et renvoyée à l'un de ses termes : on peut dire que les partages de la rhétorique sont oiseux, et que toutes les figures n'en font qu'une, mais à condition de ne pas la nommer « métaphore » plutôt qu'antanaclase ou polyptote, sous peine de révéler inévitablement ce que j'appellerai simplement, et sans aucune intention polémique (chacun a les siens), un *parti pris*. Il me semble en effet que le profond désir de toute une poétique moderne est bien à la fois de supprimer les partages et d'établir le règne absolu — sans partage — de la métaphore. Le reste n'est peut-être que *motivation*.

Le mouvement séculaire de réduction de la rhétorique semble donc aboutir à une valorisation absolue de la métaphore, liée à l'idée d'une métaphoricité essentielle du langage poétique — et du langage en général [1]. Avant de nous interroger sur la signification de ce dernier avatar, il n'est peut-être pas inutile de noter deux traits de lexique qui procèdent sans doute de la même tendance, et dont l'action en retour, en tout cas, ne peut manquer de la renforcer. Le premier est l'emploi souvent abusif, dans notre vocabulaire critique, du terme *image* pour désigner, non seulement les figures par ressemblance, mais toute espèce de figure ou d'anomalie sémantique, alors que le mot connote presque inévitablement par son origine un effet d'analogie, voire de mimésis. On sait en particulier quelle fortune a connue ce terme dans le lexique du surréalisme, au point que son emploi dispense généralement de toute autre désignation des procédés propres à l'écriture surréaliste, et plus généralement à la poésie moderne. Il n'est pas certain que des syntagmes comme « j'entends les herbes de ton rire », ou « les barques de tes yeux » (Eluard), ou l'inévaporable « rosée à tête de chatte » (Breton) se laissent réduire sans dommage à un processus purement métaphorique; ce n'est pas ici le lieu d'entamer leur analyse sémantique, peut-être hors des

---

1. Il n'est certes pas question ici de nier cette métaphoricité d'ailleurs évidente. Mais simplement de rappeler que la figurativité essentielle à tout langage ne se *réduit* pas à la métaphore.

prises des instruments à nous légués par la tradition classique : remarquons seulement que l'emploi du mot *image* fait ici écran, sinon obstacle à l'analyse, et induit sans contrôle à une interprétation métaphorique peut-être fautive, et à tout le moins réductrice.

L'autre indice convergent est, en français du moins, le déplacement (lui aussi réducteur) du sens du mot *symbole*. On sait que le grec *sumbolon* désigne originairement, comme nous l'avons rappelé plus haut, un rapport métonymico-synecdochique entre les parties, ou entre chaque partie et l'ensemble, d'un objet coupé en deux pour servir ultérieurement de signe de reconnaissance. Mais laissons l'étymologie, que chacun est toujours enclin à invoquer lorsqu'elle favorise sa thèse : le fait est que l'emploi réel du terme dans la langue française vise n'importe quel rapport sémiotique motivé (et même, en mathématiques, immotivé) — que cette motivation soit d'ordre analogique ou autre, comme l'indique bien cette phrase de Marmontel citée par Littré : « La faucille est le symbole des moissons, la balance est le symbole de la justice », où le second exemple est évidemment métaphorique, et le premier typiquement métonymique. Mais cette variété dans l'emploi de fait n'empêche nullement la « conscience linguistique » commune de définir le symbole comme un signe analogique — ainsi qu'en témoigne éloquemment sa confiscation par le mouvement symboliste, dont l'esthétique se fonde comme on le sait sur l' « universelle analogie », et ainsi que l'exprime en toute quiétude le Dictionnaire philosophique de Lalande (cité dans le Petit Robert), définissant ainsi le symbole : « ce qui représente autre chose en vertu d'une correspondance analogique ». Ici encore, donc, l'analogie tend à masquer — ou à submerger — toute espèce de relation sémantique.

Il serait facile (dans tous les sens du mot) d'interpréter de telles annexions en termes d'idéologie, voire de théologie : on sait, par exemple, ce que le thème baudelairien de la correspondance de la Terre au Ciel doit à une tradition à la fois platonicienne et judéochrétienne. Dans le couple métaphore-métonymie, il est tentant de retrouver l'opposition entre l'esprit de transcendance religieuse et l'esprit terre à terre, voué à l'immanence d'ici-bas. Métonymie et Métaphore, ce sont les deux sœurs de l'Évangile : Marthe, l'active, la ménagère, qui s'affaire, va et vient, passe, chiffon en main, d'un objet à l'autre, etc., et Marie, la contemplative, qui a « choisi la meilleure part » et ira droit au Ciel. Horizontal *versus* vertical. On pourrait ainsi classer les esprits en « matérialistes » (prosaïques), ceux qui — comme Freud — privilégient le « contact [1] » et ne voient dans la similitude que son insipide reflet, et « spiritualistes » (poétiques), portés au contraire à éluder le contact, ou du moins à le sublimer en termes d'analogie. Nous ne pousserons pas plus loin ce jeu d'extrapolations manichéistes, dont les stations terminales ne réservent aucune surprise. Mieux vaut sans doute examiner ici, avant de conclure, l'un des motifs psychologiques — le plus déterminant peut-être — de cette valorisation de l'analogique.

Par définition, tout trope consiste en une substitution de termes, et par conséquent suggère une *équivalence* entre ces deux termes, même si leur rapport n'est nullement analogique : dire *voile* pour *navire*, c'est faire de la voile le substitut, donc l'équivalent du navire. Or, le rapport sémantique le plus proche de l'équivalence, c'est évidemment la similitude, spontanément ressentie comme une quasi-identité, même s'il ne s'agit que d'une ressemblance partielle. Il y a donc, semble-t-il, une confusion presque inévitable, et qu'on serait tenté de considérer comme « naturelle », entre *valoir pour* et *être comme*, au nom de quoi n'importe quel trope peut *passer pour* une métaphore [2]. Toute sémiotique rationnelle doit se constituer en réaction contre cette illusion apparemment première, *illusion symboliste* que Bachelard aurait pu ranger au nombre de ces obstacles

---

1. Il faudrait bien savoir quel mot allemand traduit ici le Dr Jankélévitch, mais pour quelque raison le mot français me paraît décidément irremplaçable.

2. C'est à peu près ce que laisse entendre Fontanier lorsque, critiquant la définition de la métaphore par Dumarsais (transport de signification « en vertu d'une comparaison qui est dans l'esprit »), il écrit : « Si la métaphore a lieu par la comparaison, et par une comparaison mentale, n'a-t-elle pas cela de commun avec les autres tropes ? N'est-ce pas en vertu d'une comparaison mentale que l'on transporte le nom de la cause à l'effet, ou de l'effet à la cause ? le nom de la partie au tout, ou du tout à la partie ? N'est-ce pas enfin une telle sorte de comparaison qui fait saisir tous les rapports quelconques entre les objets et entre les idées ? » (*Commentaire*, p. 161-162). Le mot *comparaison* est évidemment pris ici dans son sens le plus large (perception d'un rapport « quelconque » entre deux objets ou idées), mais cette extension même est caractéristique : comparer, c'est percevoir (ou établir) un rapport quelconque, et *plus particulièrement* un rapport de similitude. Tout se passe « comme si » l'analogie était le rapport par excellence. Rappelons encore que Jakobson (*Essais*, p. 66-67 et *Langage enfantin*, p. 116-117) attribue la réduction, dans les études littéraires, de la « structure bipolaire effective » métaphore/métonymie à un « schéma unipolaire amputé » au fait que par essence la relation entre tout métalangage théorique et son langage-objet est d'ordre métaphorique : la théorie de la métaphore, c'est-à-dire le discours sur la métaphore, est donc plus homogène à son objet — plus « naturel » — que le discours sur la métonymie, ou sur tout autre trope. Ou sur tout autre objet. Quand le « principe d'équivalence » porte sur l'équivalence elle-même, *similitudo similitudinem fricat*. Quoi de plus voluptueux, pour un (hypothétique) *narcissisme de la langue ?*

épistémologiques que la connaissance objective doit surmonter en les « psychanalysant ». La motivation illusoire du signe, par excellence, c'est la motivation analogiste, et l'on dirait volontiers que le premier mouvement de l'esprit, devant un rapport sémantique quelconque, est de le considérer comme analogique, même s'il est d'une autre nature, et même s'il est purement « arbitraire », comme il arrive le plus souvent dans la sémiosis linguistique par exemple : d'où la croyance spontanée en la ressemblance des mots aux choses, qu'illustre l'éternel cratylisme — lequel a toujours fonctionné comme l'idéologie, ou la « théorie indigène » du langage poétique.

Pendant deux siècles (le XVIIᵉ et le XVIIIᵉ), et surtout en France, cette tendance « naturelle » à la valorisation (et parfois à la surestimation) du rapport analogique a été refoulée — ce qui n'était sans doute pas la bonne façon de la « psychanalyser » — par l'objectivisme répressif propre à l'éthos classique, qui considérait a priori toute métaphore comme suspecte d'excès fantasmatique, et tenait soigneusement en lisière l'imagination « symbolique »[1]. On sait comment le romantisme et le symbolisme lui ont rendu la liberté; mais le surréalisme, au moins dans sa doctrine, est resté à cet égard plus fidèle qu'on ne le croit généralement à l'esprit du XIXᵉ siècle, comme le montre assez bien cette déclaration d'André Breton : « (Auprès de la métaphore et de la comparaison) les autres « figures » que persiste à énumérer la rhétorique sont absolument dépourvues d'intérêt. Seul le déclic analogique nous passionne : c'est seulement par lui que nous pouvons agir sur le moteur du monde[2]. » La préférence s'exprime ici sans détour, comme c'est son droit, mais pour le coup c'est la motivation qui nous arrête — et, disons-le, qui nous gêne; car cette action *par analogie* sur le « moteur du monde » ne peut vraiment avoir qu'un sens, qui est : retour à la magie.

Il va de soi, j'espère, que l'on ne propose ici ni à la poésie ni à la poétique de renoncer à l'usage ou à la théorie de la métaphore. Ce qui est vrai en revanche, c'est qu'une métaphorique, une tropologie,

---

1. Voir Jean Rousset, « La querelle de la métaphore », *L'Intérieur et l'Extérieur*, Corti, Paris, 1968. Rousset rapproche le « relatif dépérissement » de la métaphore au cours du XVIIᵉ siècle (qui est une des formes prises par le refoulement de l'esprit baroque par le classicisme) de la substitution de la cosmologie post-galiléenne à « l'ancien cosmos analogique; celui-ci fondait logiquement la validité de l'esprit métaphorique reposant sur les similitudes et les correspondances entre tous les ordres de la réalité, de la pierre à l'homme et de l'homme aux astres » (p. 67).
2. *La Clé des champs*, 1953, p, 114.

une théorie des figures, ne nous laissent pas quittes avec la rhétorique générale, et moins encore avec cette « nouvelle rhétorique » (si l'on veut) qui nous manque (entre autres) pour « agir sur le moteur du monde », et qui serait une sémiotique des discours. De *tous* les discours[1].

Aussi, pour une fois, et d'une certaine manière, pourrions-nous écouter le conseil ambigu du vieil et jeune auteur de *Falstaff* : « *Torniamo all' antico, sara un progresso.* »

1. Il faut toutefois saluer certaines exceptions récentes au mouvement général, ici décrit, de restriction du concept de rhétorique : ainsi, déjà cités, le séminaire de Roland Barthes et le livre de A. Kibédi Varga, où la visée rhétorique est prise à son maximum d'amplitude.

Métonymie chez Proust*

Le rapport métaphorique, fondé sur l'analogie, est si important chez Proust, si manifestement au cœur de sa théorie et de sa pratique esthétiques comme de son expérience spirituelle, que l'on est tout naturellement conduit, comme il l'a été lui-même, à en surestimer l'action au détriment d'autres relations sémantiques. C'est sans doute à Stephen Ullmann que revient le mérite d'avoir le premier, en deux chapitres (v et vi) de son livre sur le Style dans le roman français, relevé la présence dans l' « imagerie » proustienne, à côté des fameuses métaphores, de transpositions typiquement métonymiques : celles qui se fondent, dit-il, « sur la contiguïté de deux sensations, sur leur coexistence dans le même contexte mental [1] », et dont il cite comme exemple des hypallages telles que « sécheresse brune des cheveux » pour sécheresse des cheveux bruns, ou, plus subtilement, « surface azurée » du silence qui règne sous le ciel du dimanche à Combrays. On pourrait sans doute ranger dans la même catégorie d'autres « images » notées par Ullmann, telles que la « fraîcheur dorée des bois », ou encore le célèbre tintement « ovale et doré » de la clochette du jardin, où les qualités visuelles prêtées à des sensations tactiles

---

* L'absence d'article devant Métonymie porte un sens qu'il convient peut-être de déclarer : il s'agit bien ici d'un nom propre, et l'on voit aussitôt de quelle sorte. On dit Métonymie chez Proust comme on dirait Polymnie chez Pindare ou Clio chez Tacite, ou plutôt, Polymnie chez Tacite et Clio chez Pindare, pour autant qu'une déesse puisse se tromper de porte : simple visite, donc, mais non sans conséquence.
1. *Style in the French Novel*, Cambridge, 1957, p. 197. Cf. Id., *The Image in the modern French Novel*, Cambridge, 1960, et « L'Image littéraire », in *Langue et Littérature*, les Belles Lettres, 1961. Mais voir plus loin, p. 63, n. 2.

41

ou auditives procèdent évidemment d'un transfert de la cause à l'effet [1].

Pourtant, les transpositions purement métonymiques restent assez rares dans l'œuvre de Proust, et surtout, aucune d'elles n'est effectivement reçue comme telle par le lecteur : le tintement n'est sans doute ovale et doré que parce que la clochette l'est elle-même, mais ici comme ailleurs l'explication n'emporte pas la compréhension; quelle que soit son origine, le prédicat *ovale* ou *doré* porte sur *tintement*, et, par une confusion presque inévitable, cette qualification est interprétée non comme un transfert, mais comme une « synesthésie » : le glissement métonymique ne s'est pas seulement « déguisé », mais bien transformé en prédication métaphorique. Ainsi, loin d'être antagonistes et incompatibles, métaphore et métonymie se soutiennent et s'interpénètrent, et faire sa part à la seconde ne consistera pas à en dresser une liste concurrente en face de celle des métaphores, mais plutôt à montrer la présence et l'action des relations de « coexistence » à l'intérieur même du rapport d'analogie : le rôle de la métonymie *dans la métaphore*.

Confrontons immédiatement deux passages de la *Recherche du temps perdu*. Le premier appartient au *Côté de chez Swann :* le narrateur contemple la plaine de Méséglise, couverte jusqu'à l'horizon de champs de blé agités par le vent; « sur la droite, ajoute-t-il, on apercevait par-delà les blés les deux clochers ciselés et rustiques de Saint-André-des-champs, eux-mêmes effilés, écailleux, imbriqués d'alvéoles, guillochés, jaunissants et grumeleux, comme deux épis ». Le second se trouve dans *Sodome et Gomorrhe*, lors du deuxième séjour à Balbec; Marcel vient de visiter avec Albertine l'église de Marcou-

---

1. Autres hypallages métonymiques, de facture somme toute aussi classique que le papier *coupable* de Boileau : le bruit *ferrugineux* du grelot (I, 14) la gelée de fruits *industrieuse* (I, 49), l'odeur *médiane* du couvre-lit (I, 50), le son *doré* des cloches (III, 83), ou encore le plissage *dévot* de la madeleine (I, 47) en forme de coquille Saint-Jacques.

On ne poussera pas, toutefois, l'amour de la métonymie jusqu'à suivre George Painter dans cette défense, pour le moins paradoxale, des « vertèbres » frontales de Léonie : « Proust emploie, à raison et avec audace, une figure de style connue sous le nom de métonymie; il appelle les os du front de la tante Léonie des vertèbres, afin de suggérer qu'ils ressemblent à des vertèbres (I, 52) » (*Marcel Proust, les Années de maturité*, p. 236). Si telle est bien l'intention de Proust (mais on peut en douter), cette « figure de style », pour le coup, est une pure métaphore.

ville, et par anticipation il évoque celle de Saint-Mars-le-Vêtu, où ils doivent se rendre ensemble le lendemain : « Saint-Mars, dont, par ces temps ardents où on ne pensait qu'au bain, les deux antiques clochers d'un rose saumon, aux tuiles en losange, légèrement infléchis et comme palpitants, avaient l'air de vieux poissons aigus, imbriqués d'écailles, moussus et roux, qui, sans avoir l'air de bouger, s'élevaient dans une eau transparente et bleue [1]. »

Voilà deux couples de clochers manifestement fort semblables en leurs caractéristiques objectives essentielles : la forme aiguë ou effilée, la couleur jaune-roux, la surface rugueuse, écailleuse ou alvéolée. Sur ces données sensiblement identiques, pourquoi l'imagination du narrateur greffe-t-elle deux comparaisons toutes différentes, là entre les clochers et des épis, ici entre les (mêmes) clochers et des poissons? La raison en est assez évidente, et d'ailleurs, pour le second exemple, Proust l'indique lui-même très clairement en cette incidente à valeur causale : « par ces temps ardents où on ne pensait qu'au bain »; c'est la pensée du bain, la proximité (spatiale, temporelle, psychologique) de la mer qui oriente vers une interprétation aquatique le travail de l'imagination métaphorique. Dans le texte de *Swann*, l'explication est plus discrète, mais également sans équivoque : « les deux clochers, *eux-mêmes* effilés [2] »; les clochers de Saint-André sont ici comme deux épis *parmi d'autres*, et c'est l'entourage qui suggère la ressemblance. Qui la suggère : c'est-à-dire, non qu'il la crée, mais qu'il la choisit et l'actualise parmi les diverses virtualités analogiques contenues dans l'apparence des clochers; mais cette action suffit à illustrer l'influence des relations de contiguïté sur l'exercice du rapport métaphorique. On voit ailleurs (I, p. 184) la même église de Saint-André apparaître, au milieu des blés, « rustique et dorée comme une meule »; le motif chromatique est le même, mais, de l'épi à la meule, la forme diffère sensiblement : c'est que l'essentiel, pour Proust, est d'assimiler Saint-André à son « environnement » rustique; épi, meule, tout lui est bon qui motive le *rapprochement*.

Un clocher pointu, jaune et guilloché peut donc évoquer entre autres, tout aussi bien et *ad libitum*, l'image d'un épi mûr (ou d'une meule) ou celle d'un poisson doré. Entre ces deux « similitudes »

---

1. I, p. 146 et II, p. 1015.
2. Formulation comparable, I, p. 84 : Marcel vient d'évoquer la guérite du jardin où il se réfugie pour lire, et il ajoute : « Ma pensée n'était-elle pas *aussi comme une autre* crèche au fond de laquelle... » (souligné par nous).

virtuelles, Proust choisit en chaque occurrence celle qui s'adapte le mieux à la situation ou (c'est la même chose) au contexte : qualité terrienne de Méséglise, essence marine de Balbec. Un autre clocher (le même, peut-être), celui de Saint-Hilaire à Combray, présente d'ailleurs par trois fois un phénomène de mimétisme tout à fait comparable : « Par un matin brumeux d'automne, on aurait dit, s'élevant au-dessus du violet orageux des vignobles, une ruine de pourpre presque de la couleur de la vigne vierge »; et deux pages plus loin : « Quand après la messe, on entrait dire à Théodore d'apporter une brioche plus grosse que d'habitude... on avait devant soi le clocher qui, doré et cuit lui-même comme une plus grande brioche bénie, avec des écailles et des égouttements gommeux de soleil, piquait sa pointe aiguë dans le ciel bleu. Et le soir, quand je rentrais de promenade et pensais au moment où il faudrait tout à l'heure dire bonsoir à ma mère et ne plus la voir, il était au contraire si doux, dans la journée finissante, qu'il avait l'air d'être posé et enfoncé comme un coussin de velours brun sur le ciel pâli qui avait cédé sous sa pression, s'était creusé légèrement pour lui faire sa place et refluait sur ses bords [1]. » Clocher-épi (ou église-meule) en pleins champs, clocher-poisson à la mer, clocher pourpre au-dessus des vignobles, clocher-brioche à l'heure des pâtisseries, clocher-coussin à la nuit tombante, il y a manifestement chez Proust une sorte de schème stylistique récurrent, presque stéréotypé, qu'on pourrait appeler le *topos du clocher-caméléon*. Presque immédiatement après le dernier exemple, Proust mentionne le cas — paradoxal — d'une « ville de Normandie voisine de Balbec » où la flèche gothique de l'église s'élance en perspective au-dessus de deux hôtels du xviiie siècle dont elle « termine » la façade, mais « d'une manière si différente, si précieuse, si annelée, si rose, si vernie, qu'on voit bien qu'elle n'en fait pas plus partie que de deux beaux galets unis, entre lesquels elle est prise sur la plage, la flèche purpurine et crénelée de quelque coquillage fuselé en tourelle et glacé d'émail [2] ». On voit qu'ici, même la différence s'inscrit dans un système de ressemblance par contagion : le contraste entre flèche et façades est semblable au contraste tout proche entre coquille et galets, et l'homologie compense et *rachète* le contraste. Dans une version antérieure [3], la ville normande évoquée ici est Falaise, et c'est le toit unique d'un hôtel qui s'encastre entre

---

1. I, p. 63 et 65.
2. I, p. 66; *manière* est peut-être une... coquille, pour *matière*.
3. *Contre Sainte-Beuve*, éd. Fallois, p. 275.

les deux flèches « comme sur une plage normande un galet entre deux coquillages ajourés ». Les variations de l'objet « décrit » sous la permanence du schéma stylistique montrent assez l'indifférence à l'égard du *référent*, et donc l'irréductible irréalisme de la description proustienne.

Dans tous ces cas, la proximité commande ou cautionne la ressemblance, dans tous ces exemples, la métaphore trouve son appui et sa motivation dans une métonymie [1] : ainsi en va-t-il bien souvent chez Proust, comme si la *justesse* d'un rapprochement analogique, c'est-à-dire le degré de ressemblance entre les deux termes, lui importait moins que son *authenticité* [2], entendons par là sa fidélité aux relations de voisinage spatio-temporel [3]; ou plutôt, comme si la première lui semblait garantie par la seconde, les objets du monde tendant à se grouper par affinités selon le principe, déjà invoqué par Jean Ricardou à propos des superpositions métonymico-métaphoriques chez Edgar Poe [4] : qui se ressemble s'assemble (et réciproquement). Ainsi certains cuisiniers s'ingénient-ils à assortir tel plat régional d'une sauce ou d'une garniture rigoureusement autochtone, et à l'accompagner d'un vin « de pays », persuadés de la convenance, de l'harmonie gustative des produits d'un même terroir. N'est-ce pas le même respect du « contexte » qui induit Marcel, à Balbec, à « ne laisser tomber (ses) regards sur (sa) table que les jours où y était servi quelque vaste pois-

---

1. En fait, la motivation est réciproque et joue dans les deux sens : la proximité authentifie la ressemblance, qui autrement pourrait sembler gratuite ou forcée, mais en retour la ressemblance justifie la proximité, qui autrement pourrait sembler fortuite ou arbitraire, sauf à supposer (ce qui n'est pas) que Proust décrit tout simplement un paysage qu'il a « sous les yeux ».

2. La distinction entre ces deux qualités n'est pas toujours clairement perçue, et le métalangage rhétorique reflète et entretient cette confusion : par exemple, les théoriciens classiques prescrivaient de ne pas « tirer de trop loin » la métaphore, de ne pas la faire porter sur une « ressemblance trop éloignée »; inversement, Breton recommande dans *Les Vases communicants* de « comparer deux objets aussi éloignés que possible l'un de l'autre » : ni les premiers ni le second ne disent (ni même, peut-être, ne savent) si l' « éloignement » dont ils parlent mesure la *distance* qui sépare les objets ou leur *degré de ressemblance*. Un passage de *Figures*, p. 249, participe encore de la même confusion.

3. Le thème spatial semble presque toujours dominant en fait, mais rien n'interdit en droit une liaison métonymique purement temporelle, comme dans cette comparaison motivée par la proximité d'une *date* : « Ces arbustes que j'avais vus dans le jardin, en les prenant pour des dieux étrangers, ne m'étais-je pas trompé comme Madeleine quand, dans un autre jardin, un jour dont l'anniversaire allait bientôt venir, elle vit une forme humaine et crut que c'était le jardinier? » (II, p. 160).

4. « L'or du Scarabée », *Tel Quel* 34, p. 47.

son », ou encore, à ne souhaiter voir des Titien ou des Carpaccio qu'à Venise, dans leur cadre « naturel », et non pas transplantés dans une salle du Louvre [1], ou même à ne désirer dans les champs de Méséglise qu'une paysanne des environs, et sur les grèves de Balbec qu'une fille de pêcheur? « La passante qu'appelait mon désir me semblait être non un exemplaire quelconque de ce type général : la femme, mais un produit nécessaire et naturel de ce sol... La terre et les êtres, je ne les séparais pas. J'avais le désir d'une paysanne de Méséglise ou de Roussainville, d'une pêcheuse de Balbec, comme j'avais le désir de Méséglise et de Balbec. Le plaisir qu'elles pouvaient me donner m'aurait paru moins vrai, je n'aurais plus cru en lui, si j'en avais modifié à ma guise les conditions. Connaître à Paris une pêcheuse de Balbec ou une paysanne de Méséglise, c'eût été recevoir des coquillages que je n'aurais pas vus sur la plage, une fougère que je n'aurais pas trouvée dans les bois, c'eût été retrancher au plaisir que la femme me donnerait tous ceux au milieu desquels l'avait enveloppée mon imagination. Mais errer ainsi dans les bois de Roussainville sans une paysanne à embrasser, c'était ne pas connaître de ces bois le trésor caché, la beauté profonde. Cette fille que je ne voyais que criblée de feuillages, elle était elle-même pour moi comme une plante locale d'une espèce plus élevée seulement que les autres et dont la structure permet d'approcher de plus près qu'en elles la saveur profonde du pays [2]. » On surprend ici, en quelque sorte, la naissance de l'analogie au moment où celle-ci se dégage à peine de la proximité toute physique qui lui donne le jour : la jeune paysanne est vue (imaginée) « criblée de feuillages » avant de (et *pour*) devenir elle-même « comme une plante ». Aucun autre texte, sans doute, n'illustre mieux ce *fétichisme du lieu* que le narrateur dénoncera plus tard comme une erreur de jeunesse et une « illusion à perdre », mais qui n'en est pas moins, sans doute, une donnée première de la sensibilité proustienne : une de ces données premières *contre* lesquelles, précisément, s'édifie sa pensée dernière.

Cet état mixte de ressemblance et de proximité, rien ne l'incarne mieux, bien sûr, que la relation de *parenté*, et l'on sait avec quelle prédilection Proust a exploité cette situation privilégiée, rapprochant la tante et le neveu, substituant le fils au père et la fille à la mère, poussant jusqu'au vertige le plaisir ambigu de la confusion. On dirait volontiers que l'art de la description consiste pour lui à découvrir,

1. I, p. 694, 440-441.
2. I, p. 156-157.

entre les objets du monde, de telles ressemblances par filiation authentique; voyez quelle complaisance il met à apparier le portrait et le modèle, marines d'Elstir face au paysage de Balbec ou sculptures rustiques de Saint-André à la ressemblance « certifiée » par la juxtaposition de quelque jeune paysanne de Méséglise venue se mettre à couvert, vivante réplique « dont la présence, pareille à celle des feuillages pariétaires qui ont poussé à côté des feuillages sculptés, semblait destinée à permettre, par une confrontation avec la nature, de juger de la vérité de l'œuvre d'art [1] ». Cette confrontation du même au même trouve naturellement sa forme la plus pure et la plus parfaite dans le spectacle redoublé de l'objet et de son reflet, tel que Proust l'organise en une mise en scène particulièrement sophistiquée dans la chambre de Marcel au Grand Hôtel de Balbec, dont les parois ont été couvertes, par les soins d'un tapissier providentiel, de bibliothèques à vitrines en glace où se reflète le spectacle changeant de la mer et du ciel, « déroulant une frise de claires marines qu'interrompaient seuls les pleins de l'acajou », si bien qu'à certains moments ces vitrines juxtaposées, « montrant des nuages semblables mais dans une autre partie de l'horizon et diversement colorés par la lumière, paraissaient offrir comme la répétition, chère à certains maîtres contemporains, d'un seul et même effet, pris toujours à des heures différentes, mais qui maintenant avec l'immobilité de l'art pouvaient être tous vus ensemble dans une même pièce, exécutés au pastel et mis sous verre ». Multiplication du paysage évidemment euphorique, non pas seulement parce qu'elle transforme le spectacle naturel en effet d'art, mais aussi, et réciproquement, parce que l'œuvre ici mimée se trouve, comme les marines d'Elstir auxquelles elle fait écho, accordée à son contexte : Proust compare la chambre de Balbec à « l'un de ces dortoirs modèles qu'on présente dans les expositions « modern style » du mobilier, où ils sont ornés d'œuvres d'art qu'on a supposées capables de réjouir les yeux de celui qui couchera là, et auxquelles on a donné des sujets en rapport avec le genre de site où l'habitation doit se trouver [2] », et il est manifeste que le plaisir du spectacle tient précisément à cette relation harmonique [3].

Les exemples de métaphores à fondement métonymique, ou méta-

1. I, p. 152.
2. I, p. 383, 805, 383.
3. « Pourquoi... ne décrirait-on pas... les lieux où l'on fit la rencontre de telle vérité?... Quelquefois d'ailleurs, il y avait entre le paysage et l'idée une sorte d'*harmonie* » (Cahier 26, fol. 18, cité par Bardèche, *Marcel Proust romancier*, 1971, p. 264; souligné par nous).

phores *diégétiques*[1], se dispersent naturellement dans l'ensemble de la *Recherche*, et il serait fastidieux et inutile d'en produire un recensement exhaustif. Citons cependant, pour illustration, le regard de la duchesse de Guermantes dans l'église de Combray, « bleu comme un rayon de soleil qui aurait traversé le vitrail de Gilbert le Mauvais » — lequel vitrail est justement celui qui orne la chapelle où se tient alors la duchesse [2]; ou cette voûte et ce fond des fresques de Giotto à l'Arena de Padoue, « si bleus qu'il semble que la radieuse journée ait passé le seuil elle aussi avec le visiteur, et soit venue un instant mettre à l'ombre et au frais son ciel pur, son ciel pur à peine un peu plus foncé d'être débarrassé des dorures de la lumière, comme en ces courts répits dont s'interrompent les plus beaux jours, quand, sans qu'on ait vu aucun nuage, le soleil ayant tourné ailleurs son regard pour un moment, l'azur, plus doux encore, s'assombrit [3] » (on remarque ici, comme on avait déjà pu le faire dans le passage cité plus haut sur Saint-André-des-Champs, le redoublement du procédé par insertion dans la première d'une seconde comparaison très légèrement décalée [4]); ou encore, beaucoup plus complexe, le réseau d'ana-

1. Terme emprunté aux théoriciens du langage cinématographique : métaphores diégétiques en ce sens que leur « véhicule » est emprunté à la diégèse, c'est-à-dire à l'univers spatio-temporel du récit. (Hitchcock en décrit lui-même un bel exemple emprunté à *North by northwest* : « Quand Cary Grant s'étend sur Eve Marie Saint dans le wagon-lit, qu'est-ce que je fais? Je montre le train s'engouffrant dans un tunnel. C'est un symbole bien clair », *L'Express*, 16 mars 1970.) L'emploi de ce terme ne doit pas cependant dissimuler, tout d'abord, que le fait même de la métaphore, ou de la comparaison, comme de toute figure, constitue en soi une intervention extradiégétique de « l'auteur »; ensuite, que le véhicule d'une métaphore n'est en fait jamais, de façon absolue, diégétique ou non diégétique, mais toujours, selon les occurrences, *plus* ou *moins* diégétique : les *feux* de la passion sont, comme on le sait, plus diégétiques pour le Pyrrhus d'*Andromaque* que pour le commun des mortels; le véhicule d'une métonymie, lui, est toujours, par définition, fortement diégétique, et c'est sans doute ce qui lui vaut la faveur de l'esthétique classique. On percevra clairement la différence en comparant les situations diégétiques des deux véhicules figuratifs de l'hémistiche de Saint-Amant (déjà analysé ailleurs) : *L'Or tombe sous le fer*. Le métonyme *fer* (pour faucille) est incontestablement diégétique, puisque le fer est présent dans la faucille; le véhicule métaphorique *or* (pour blé) est grossièrement parlant non-diégétique, mais, plus rigoureusement, on doit dire qu'il est diégétique à proportion de la présence (active) de l'or dans la diégèse. Exemple parfait de métaphore diégétique, la dernière strophe de *Booz endormi*, où le matériel métaphorique (Dieu *moissonneur*, lune *faucille*, *champ* des étoiles) est évidemment fourni par la situation.

2. I, p. 177. On trouve un autre effet du même ordre, toujours à propos d'Oriane, II, p. 741, où la duchesse, assise sous une tapisserie nautique, devient par contagion « comme une divinité des eaux ».

3. III, p. 648.

4. Effet étudié par Spitzer (*Études de style*, Gallimard, Paris, 1970, p. 459 s.) et par Ullmann, « L'Image littéraire », p. 47.

logies et de proximités qui se noue dans cet autre passage de *la Fugitive*, où le narrateur évoque ses visites au baptistère de Saint-Marc en compagnie de sa mère : « Une heure est venue pour moi où, quand je me rappelle le baptistère, devant les flots du Jourdain où saint Jean immerge le Christ, tandis que la gondole nous attendait devant la Piazzetta, il ne m'est pas indifférent que dans cette fraîche pénombre, à côté de moi, il y eût une femme drapée dans son deuil avec la ferveur respectueuse et enthousiaste de la femme âgée qu'on voit à Venise dans la *Sainte Ursule* de Carpaccio, et que cette femme aux joues rouges, aux yeux tristes, dans ses voiles noirs, et que rien ne pourra plus jamais faire sortir pour moi de ce sanctuaire doucement éclairé de Saint-Marc où je suis sûr de la retrouver parce qu'elle y a sa place réservée comme une mosaïque, ce soit ma mère [1] » : mosaïque du baptême, « en rapport avec le site », où le Jourdain présente comme un second baptistère *en abyme* à l'intérieur du premier; réplique donnée aux flots du Jourdain par ceux de la lagune devant la Piazzetta, fraîcheur glacée qui tombe sur les visiteurs comme une eau baptismale, femme en deuil semblable à celle, toute proche, du tableau de Carpaccio, lui-même image *en abyme* de Venise dans Venise [2], immobilité hiératique de l'image maternelle dans le souvenir du « sanctuaire », comme d'une des mosaïques qui lui font face, et par là même, suggestion d'une analogie entre la mère du narrateur et celle du Christ... Mais l'exemple le plus spectaculaire est évidemment *Sodome et Gomorrhe I*, ce morceau de trente pages tout entier construit sur le parallèle entre la « conjonction Jupien-Charlus » et la fécondation par un bourdon de l'orchidée de la duchesse : parallèle soigneusement préparé, ménagé, entretenu, réactivé de page en page tout au long de l'épisode (et du discours commentatif qu'il inspire), et dont la fonction symbolique ne cesse de s'alimenter, pour ainsi dire, à la relation de contiguïté qui s'est établie dans la cour de l'hôtel de Guermantes (unité de lieu) au moment où l'insecte et le baron y entraient ensemble (unité de temps) en bourdonnant à l'unisson; il ne suffit donc pas que la rencontre miraculeuse (ou du moins alors jugée telle par le héros) des deux homosexuels soit « comme » la rencontre miraculeuse d'une orchidée et d'un bourdon, que Charlus entre en « sifflant *comme* un bourdon », que Jupien s'immobilise sous son regard et « s'enracine *comme* une plante », etc. : il faut aussi que les deux rencontres aient lieu « au même instant », et au même endroit, l'analogie

1. III, p. 646.
2. Voir, immédiatement après ce passage, la description d'un Carpaccio traité comme un paysage vénitien réel.

n'apparaissant plus alors que comme une sorte d'effet second, et peut-être illusoire, de la *concomitance* [1].

Dans cet effort pour composer grâce à de tels réseaux la cohérence d'un lieu, l'harmonie d'une « heure », l'unité d'un climat, il semble exister dans la *Recherche du temps perdu* quelques points de concentration ou de cristallisation plus intense, qui correspondent à des foyers d'irradiation esthétique. On sait combien certains personnages tirent leur *thème* personnel de la consonance qu'ils entretiennent avec leur paysage ancestral (Oriane avec le pays de Guermantes) ou le cadre de leur première apparition (Albertine et le groupe de ses compagnes en silhouette devant la mer [2], Saint-Loup dans la blondeur éclatante du soleil multipliée par les éclats voltigeants de son monocle); réciproquement, la dominante esthétique d'un personnage peut susciter dans la rêverie du héros l'image d'un site accordé : ainsi, le « teint d'argent et de rose » de Mlle de Stermaria (auquel déjà « s'harmonise » son invariable feutre gris) suggère-t-il de romanesques promenades à deux « dans le crépuscule où luiraient plus doucement au-dessus de l'eau assombrie les fleurs roses des bruyères [3] ». Mais c'est peut-être « autour de Mme Swann », dans les dernières pages de *Swann* et la première partie des *Jeunes Filles en fleurs* qui porte précisément ce titre, que se manifeste avec le plus d'insistance (une insistance peut-être un peu trop sensible, et en cela bien accordée à l'esthétisme appliqué et démonstratif de la nouvelle Odette) ce souci d'harmonie chromatique : « feux orangés », « rouge combustion », « flamme rose et blanche des chrysanthèmes dans le crépuscule de novembre »; « symphonie en blanc majeur » des bouquets de *boules de neige* et des fourrures d'hermine, « qui avaient l'air

1. Si du moins l'on se place à l'intérieur de la situation (fictive ou non) constituée par le texte. Il suffit au contraire de se placer à l'extérieur du texte (devant lui) pour pouvoir dire aussi bien que la concomitance a été ménagée *pour motiver la métaphore*. Seule une situation tenue pour imposée à l'auteur par l'histoire ou par la tradition, et donc pour (de son fait) non fictive (exemple : *Booz endormi*) impose en même temps au lecteur l'hypothèse d'un trajet (génétique) causaliste : métonymie-cause → métaphore-effet, et non du trajet finaliste : métaphore-fin → métonymie-moyen (et donc, selon une autre causalité, métaphore-cause → métonymie-effet), toujours possible dans une fiction hypothétiquement pure. Chez Proust, il va de soi que chaque exemple peut soulever, à ce niveau, un débat infini entre une lecture de la *Recherche* comme fiction et une lecture de la *Recherche* comme autobiographie. Peut-être d'ailleurs faut-il rester *dans* ce tourniquet.

2. I, p. 788, 823, 944, 947. Cette situation originaire entraîne toute une série de comparaisons marines, entre le groupe et une bande de mouettes (p. 788), un madrépore (p. 823-824 et 855), une vague (p. 855); Albertine est changeante comme la mer (p. 947-948); dans *La Prisonnière* encore, transplantée à Paris, son sommeil, « au bord duquel » rêve Marcel, est doux « comme un zéphir marin » (III, p. 70).

3. I, p. 869.

des derniers carrés des neiges de l'hiver », à l'époque des ultimes gelées d'avril[1]; ton sur ton de ses apparitions au Bois, robe et capote mauves, fleur d'iris, bouquet de violettes, large ombrelle « de la même nuance » et versant sur elle comme « le reflet d'un berceau de glycines », toilettes toujours « unies à la saison et à l'heure par un lien nécessaire » (« les fleurs de son flexible chapeau de paille, les petits rubans de sa robe me semblaient naître du mois de mai plus naturellement encore que les fleurs des jardins et des bois »), et en même temps, démarche « tranquille et flâneuse », étudiée pour « indiquer la proximité » de cet appartement dont « on aurait dit qu'elle portait encore autour d'elle l'ombre intérieure et fraîche[2] » : série de tableaux monochromes[3] où s'effectue, par le relais mimétique d'une mise en scène « couleur du temps », le mariage du dehors et du dedans, du jardin et du salon, de l'artifice et de la saison; autour de Mme Swann, tous les contrastes s'effacent, toutes les oppositions disparaissent, toutes les cloisons s'évanouissent dans l'euphorie d'un espace continu.

On a déjà vu par quel procédé, à la fois plus brutal et plus subtilement artificiel (la collection de « marines » disposée autour de la chambre du héros par le reflet du paysage dans les vitrines de la bibliothèque), Proust assure à Balbec cette harmonie de l'intérieur et de l'extérieur. A vrai dire, la contagion du site était déjà suffisamment établie par la mention des murs passés au ripolin et contenant, « comme les parois polies d'une piscine où l'eau bleuit, un air pur, azuré et salin[4] »; avant même d'être envahie par le spectacle multiplié de la mer, la chambre du narrateur est pour ainsi dire substantiellement marinisée par la présence de ces parois luisantes et comme ruisselantes d'eau. A cette chambre piscine, qui deviendra plus loin cabine de navire[5], répond une salle à manger aquarium : « Le soir... les sources

1. I, p. 426, 634.
2. I, p. 426, 636-641.
3. « Comme une de ces affiches, entièrement bleues ou entièrement rouges, dans lesquelles, à cause des limites du procédé employé ou par un caprice du décorateur, sont bleus ou rouges, non seulement le ciel et la mer, mais les barques, l'église, les passants » (I, p. 388).
4. I, p. 383.
5. « Quelle joie... de voir, dans la fenêtre et dans toutes les vitrines des bibliothèques, comme dans les hublots d'une cabine de navire, la mer... » (I, p. 672); « Je me jetais sur mon lit; et, comme si j'avais été sur la couchette d'un de ces bateaux que je voyais assez près de moi et que la nuit on s'étonnerait de voir se déplacer lentement dans l'obscurité, comme des cygnes assombris et silencieux mais qui ne dorment pas, j'étais de tous côtés entouré des images de la mer » (I, p. 804). On remarque ici la concurrence explicite du rapport métaphorique, (comme si) et du rapport métonymique (près de moi); et la seconde métaphore, elle aussi métonymique, insérée dans la première (navires = cygnes).

électriques faisaient sourdre à flots la lumière dans la grande salle à manger, celle-ci devenait comme un immense et merveilleux aquarium devant la paroi de verre duquel la population ouvrière de Balbec, les pêcheurs et aussi les familles de petits bourgeois, invisibles dans l'ombre, s'écrasaient au vitrage pour apercevoir, lentement balancée dans des remous d'or, la vie luxueuse de ces gens, aussi extraordinaire pour les pauvres que celle de poissons et de mollusques étranges[1]. »

On voit qu'ici, contrairement à ce qui se passe dans le Paris de Mme Swann, la confusion du dedans et du dehors ne joue pas dans les deux sens : à Balbec, le terme dominant de la métaphore est presque toujours la mer; partout y éclate, comme le dira Proust à propos des tableaux d'Elstir, la « force de l'élément marin[2] ». C'est évidemment lui qui donne aux deux épisodes de Balbec, et spécialement au premier, leur « multiforme et puissante unité ». Un réseau continu d'analogies, dans le paysage « réel » comme dans sa représentation picturale, s'efforce de « supprimer toute démarcation » entre la mer et tout ce qui la fréquente ou l'avoisine : les poissons qu'elle contient et qu'elle nourrit : « la mer déjà froide et bleue comme le poisson appelé mulet[3] »; le ciel qui la surplombe et se confond avec elle à l'horizon : « il m'était arrivé, grâce à un effet de soleil,... de regarder avec joie une zone bleue et fluide sans savoir si elle appartenait à la mer ou au ciel[4] »; le soleil qui l'éclaire, et qui se pénètre de sa liquidité et de sa fraîcheur tout autant qu'il lui infuse sa lumière, « une lumière humide, hollandaise, où l'on sentait monter dans le soleil même le froid pénétrant de l'eau », jusqu'à cette complète interversion chromatique où la mer devient jaune « comme une topaze... blonde et laiteuse comme de la bière » et le soleil « vert comme l'eau d'une piscine[5] »; et cette liquidité de la lumière marine, trait commun, on le sait, aux sites normand, hollandais et vénitien, est chez Proust, comme chez un Van Goyen, un Guardi, un Turner ou un Monet, le plus puissant agent d'unification du paysage : c'est elle, par exemple, qui « transfigure » de sa patine « aussi belle que celle des siècles », l'église trop neuve ou trop restaurée de Marcouville l'Orgueilleuse : « A travers elle les grands bas-reliefs semblaient n'être vus que sous une couche fluide, moitié liquide, moitié lumineuse;

1. I, p. 681. La métaphore se prolonge encore pendant quelques lignes.
2. I, p. 837.
3. I, p. 803. La comparaison mer-poisson est ici immédiatement doublée d'une autre, complémentaire, ciel-poisson : « Le ciel du même rose qu'un de ces saumons que nous ferions servir tout à l'heure à Rivebelle. »
4. I, p. 835. Cf. p. 805 et 904.
5. I, p. 898, 674. Marcel retrouvera plus tard à Venise ces « éclairs de soleil glauque » (III, p. 626) ou « verdâtre » (p. 645).

la Sainte Vierge, sainte Élisabeth, saint Joachim, nageaient encore dans d'impalpables remous, presque à sec, à fleur d'eau ou à fleur de soleil [1] »; la terre enfin, dont on sait comme Elstir ne cesse de la comparer « tacitement et inlassablement » à la mer, en n'employant pour l'une, et réciproquement, que des « termes » empruntés au lexique de l'autre, et en exploitant systématiquement les effets de lumière et les artifices de perspective. Un peu plus loin, Elstir désignera lui-même le modèle vénitien de ces fantasmagories : « On ne savait plus où finissait la terre, où commençait l'eau, qu'est-ce qui était encore le palais ou déjà le navire [2] »; mais ce modèle n'est pas seulement pictural, c'est bien la réalité du paysage amphibie qui s'impose au peintre proustien devant le port de Carquethuit, comme elle s'imposait ailleurs à Carpaccio, à Véronèse ou à Canaletto. Et le narrateur pourra bien, lors du second séjour à Balbec, attribuer à l'influence du grand impressionniste sa perception tardive de ces analogies, mer devenue « rurale », sillages « poussiéreux » de bateaux de pêche semblables à des clochers villageois, barques moissonnant la surface « boueuse » de l'océan [3], nous savons en réalité que bien avant d'avoir vu une toile d'Elstir, il lui est arrivé « de prendre une partie plus sombre de la mer pour une côte éloignée », que le lendemain de son arrivée à Balbec il découvrait, de la fenêtre de sa chambre, la mer semblable à un paysage de montagne, et même que depuis très longtemps il s'était représenté le clocher de Balbec comme une falaise battue par les flots [4]. Attribuées à Elstir ou directement perçues par Marcel, ces « métaphores » visuelles, qui donnent au paysage de Balbec sa tonalité spécifique, illustrent parfaitement cette tendance fondamentale de l'écriture et de l'imagination proustiennes — « technique » et « vision » — à l'assimilation par voisinage, à la projection du rapport analogique sur la relation de contiguïté, que nous avions déjà trouvée à l'œuvre dans les rêveries toponymiques du jeune héros [5].

De ces assimilations parfois spécieuses, nous emprunterons un dernier exemple au *Côté de chez Swann* : c'est l'évocation des carafes

1. II, p. 1013.
2. I, p. 899.
3. II, p. 783-784.
4. I, p. 835, 672-673, 658.
5. *Figures II*, p. 232-247. L'illusion sémantique (dénoncée plus tard, rappelons-le, par Proust lui-même) consiste bien, en effet, à lire comme analogique la liaison entre signifié et signifiant, qui n'est qu'une association conventionnelle; le cratylisme interprète les signes (les Noms) comme des « images », c'est-à-dire, typiquement, une métonymie comme une métaphore.

plongées dans la Vivonne, « et qui, remplies par la rivière où elles sont à leur tour encloses, à la fois « contenant » aux flancs transparents comme une eau durcie et « contenu » plongé dans un plus grand contenant de cristal liquide et courant, évoquaient l'image de la fraîcheur d'une façon plus délicieuse et plus irritante qu'elles n'eussent fait sur une table servie, en ne la montrant qu'en fuite dans cette allitération perpétuelle entre l'eau sans consistance où les mains ne pouvaient la capter et le verre sans fluidité où le palais ne pourrait en jouir [1] ». Verre = eau durcie, eau = cristal liquide et courant, c'est ici par un artifice typiquement baroque que les substances en contact échangent leurs prédicats pour entrer en cette relation de « métaphore réciproque [2] » que Proust nomme audacieusement *allitération* : audace légitime, car il s'agit bien, comme dans la figure poétique, d'une coïncidence de l'analogue et du contigu; audace révélatrice, car la consonance des choses est ici minutieusement agencée comme celle des mots dans un vers, pur *effet de texte* culminant, précisément, dans ce liquide et transparent syntagme auto-illustratif : *allitération perpétuelle*.

C'est d'ailleurs sur l'ambiguïté même de ces phénomènes de langage que Proust s'appuie souvent pour motiver par une liaison purement verbale celles de ses métaphores qui ne reposent pas sur une contiguïté « réelle ». On sait, par exemple, que la comparaison entre la salle de l'Opéra et les profondeurs sous-marines, au début de *Guermantes*, est tout entière comme accrochée à ce mot de *baignoire* (lui-même métaphore d'usage) qui, par son double sens, met en communication directe les deux univers, et dont le simple énoncé par un contrôleur déclenche à l'instant toute la métamorphose : « Le couloir qu'on lui désigna après avoir prononcé le mot de baignoire, et dans lequel il s'engagea, était humide et lézardé et semblait conduire à des grottes marines, au royaume mythologique des nymphes des eaux [3]. » Mais la longueur même de tels effets (six pages, en l'occurrence) et la façon dont ils s'étendent de proche en proche à un nombre croissant d'objets (déesses des eaux, tritons barbus, galet poli, algue lisse, cloison d'aquarium, etc.) finissent par donner au lecteur l'illusion d'une continuité, et donc d'une proximité, entre comparant et comparé, là où il n'y a que multiplication de leurs points d'analogie et consistance d'un texte qui semble se justifier (se confirmer) par sa

---

1. I, p. 168.
2. B. Migliorini, « La Metafora reciproca », *Saggi linguistici*, Florence, 1957, p. 23-30.
3. II, p. 38.

prolifération même [1]. Ainsi peut-être s'expliquerait la préférence marquée de Proust pour les métaphores ou comparaisons *suivies*. Bien rares sont chez lui ces rapprochements fulgurants suggérés d'un seul mot, auxquels la rhétorique classique réserve exclusivement le terme de métaphore. Tout se passe comme si pour lui la relation d'analogie devait toujours (quoique souvent d'une manière inconsciente) se conforter en prenant appui sur un rapport plus objectif et plus sûr : celui qu'entretiennent, dans la continuité de l'espace — espace du monde, espace du texte — les choses voisines et les mots liés.

C'est pourtant une démarche inverse qui se manifeste dans l'expérience capitale de la mémoire involontaire, dont on sait qu'elle constitue pour Proust le fondement même du recours à la métaphore, en vertu de cette équivalence très simple selon quoi la métaphore est à l'art ce que la réminiscence est à la vie, rapprochement de deux sensations par le « miracle d'une analogie [2] ». En apparence, rien en effet que de purement analogique dans le mécanisme de la réminiscence, qui repose sur l'identité de sensations éprouvées à de très grandes distances l'une de l'autre, dans le temps et/ou dans l'espace. Entre la chambre de Léonie jadis et l'appartement parisien maintenant, entre le baptistère de Saint-Marc naguère et la cour de l'hôtel de Guermantes aujourd'hui, un seul point de contact et de communication : le goût de la madeleine trempée dans du tilleul, la position du pied en porte-à-faux sur des pavés inégaux. Rien, donc, de plus différent des analogies suggérées par une proximité spatio-temporelle que nous avions rencontrées jusqu'à maintenant : la métaphore est ici, apparemment, pure de toute métonymie.

Elle ne le restera pas un instant de plus. Ou plutôt, elle ne l'a jamais été, et ce n'est qu'un travail d'analyse après coup qui permet d'affirmer que la réminiscence a « commencé » par ce que cette analyse désigne comme sa « cause ». En fait, l'expérience réelle commence, non par

---

1. « La succession des métaphores dérivées vérifie, par un exercice répété de la fonction référentielle, la justesse de la métaphore primaire. La métaphore filée donne donc au lecteur qui la décode une impression grandissante de propriété » (Michael Riffaterre, « La métaphore filée dans la poésie surréaliste », *Langue française*, septembre 1969, p. 51). Il faut d'ailleurs noter, dans l'épisode de la soirée à l'Opéra, la présence, sur la chevelure de la princesse, d'un objet effectivement emprunté à l'univers sous-marin, et qui fait donc lui aussi, comme le mot « baignoire », relais entre l'espace comparé et l'espace comparant : « une résille faite de ces coquillages blancs qu'on pêche dans certaines mers australes et qui étaient mêlés à des perles, mosaïque marine à peine sortie des vagues... » (p. 41).
2. III, p. 871.

la saisie d'une identité de sensation, mais par un sentiment de « plaisir », de « félicité » qui apparaît d'abord « sans la notion de sa cause [1] » (et l'on sait que lors de certaines expériences avortées, comme celle des arbres de Hudimesnil, cette notion restera irrémédiablement dans l'ombre). A partir de là, les deux expériences exemplaires divergent quelque peu dans leur déroulement : dans *Swann*, le plaisir reste sans spécification jusqu'au moment où la sensation-source est identifiée : alors seulement, mais « aussitôt », elle s'augmente de toute une suite de sensations connexes, passant de la tasse de tilleul à la chambre, de la chambre à la maison, de la maison au village et à son « pays » tout entier; dans *le Temps retrouvé*, la « félicité » éprouvée porte dès l'abord en elle-même une spécification sensorielle, des « images évoquées », azur profond, fraîcheur, lumière, qui désignent Venise avant même que la sensation commune ait été repérée; et il en sera de même pour le souvenir de la halte en chemin de fer, immédiatement pourvu d'attributs (odeur de fumée, fraîcheur forestière) qui débordent largement les limites de la collusion entre deux bruits; et encore pour la vision de Balbec (azur salin, gonflé en mamelles bleuâtres) provoquée par le contact de la serviette empesée, et pour celle (Balbec le soir) qu'induit un bruit de canalisation d'eau. On voit donc que la relation métaphorique n'est jamais perçue en premier, et que même, le plus souvent, elle n'apparaît qu'à la fin de l'expérience, comme la clé d'un mystère qui s'est tout entier joué sans elle.

Mais quel que soit le moment où se manifeste le rôle de ce que (puisque Proust lui-même parle de la « déflagration du souvenir [2] ») l'on appellerait volontiers le *détonateur* analogique, l'essentiel est ici de noter que cette première explosion s'accompagne toujours, nécessairement et aussitôt d'une sorte de réaction en chaîne qui procède, non plus par analogie, mais bien par contiguïté, et qui est très précisément le moment où la contagion métonymique (ou, pour employer le terme de Proust lui-même, l'*irradiation* [3]) prend le relais de l'évocation métaphorique. « L'intérêt de Proust pour les impressions sensorielles, écrit Ullmann, ne se bornait pas à leur qualité intrinsèque et aux analogies qu'elles suggéraient : il était également fasciné par leur capacité à évoquer d'autres sensations et l'ensemble du contexte d'expérience auquel elles étaient associées. D'où l'importance des sensations dans le processus de la mémoire involontaire [4]. »

1. I, p. 45.
2. III, p. 692.
3. « Il y avait eu en moi, irradiant une petite zone autour de moi, une sensation, etc. » (III, p. 873).
4. *Style in the French Novel*, p. 197.

La façon dont le « contexte d'expérience » nommé Combray, Balbec ou Venise se trouve rappelé à l'être à partir d'une infime sensation, « gouttelette presque impalpable » supportant sans fléchir « l'édifice immense du souvenir », confirme assez la justesse de cette observation. Ajoutons que Proust lui-même, bien qu'il donne l'impression de ne retenir que le moment métaphorique de l'expérience (peut-être parce que ce moment est le seul qu'il sache *nommer*), insiste à plusieurs reprises sur l'importance de cet élargissement par contiguïté. « Dans ce cas-là comme dans tous les cas précédents, la sensation commune, dit-il à propos de la dernière expérience, avait cherché à recréer *autour d'elle* le lieu ancien... Le lieu lointain engendré *autour* de la sensation commune... Ces résurrections du passé sont si *totales* qu'elles n'obligent *pas seulement* nos yeux... elles forcent nos narines... notre volonté... notre personne tout entière... » Il y revient un peu plus loin pour répéter que *non seulement* la vue de la mer, mais l'odeur de la chambre, la vitesse du vent, le désir de déjeuner, l'incertitude entre diverses promenades, tout cela (qui est tout Balbec) est « *attaché* à la sensation du linge » (de la serviette empesée), et ajouter, d'une manière encore plus précieuse pour notre propos, que « l'inégalité des deux pavés avait *prolongé* les images desséchées et minces que j'avais de Venise *dans tous les sens et toutes les dimensions*, de toutes les sensations que j'y avais éprouvées, *raccordant* la place à l'église, le canal à l'embarcadère, et à tout ce que les yeux voient le monde de désirs qui n'est vu que de l'esprit [1] ». Rappelons enfin la façon dont les divers éléments du décor de Combray viennent successivement « s'appliquer » les uns aux autres — pavillon, maison, ville, place, chemins, parc, Vivonne, église et bonnes gens [2]. Si la « gouttelette » initiale de la mémoire involontaire est bien de l'ordre de la méta- phore, l' « édifice du souvenir » est entièrement métonymique. Et, soit dit en passant, il y a tout autant de « miracle » dans la seconde forme d'association que dans la première, et il faut un étrange parti pris « analogiste » pour que l'on se soit tant émerveillé sur l'une, et si peu sur l'autre. Tordons donc un peu le bâton dans l'autre sens : le vrai miracle proustien, ce n'est pas qu'une madeleine trempée dans du

---

1. III, p. 874-876, souligné par nous. Dans *Swann* déjà, à propos des toilettes de Mme Swann, et du décor de sa vie, Proust parlait de la « *solidarité* qu'ont entre elles les différentes parties d'un souvenir et que notre mémoire maintient équi- librées dans un *assemblage* où il ne nous est pas permis de rien distraire ni refuser » (I, p. 426, souligné par nous).

2. I, p. 47. A propos d'autres réminiscences, Proust dit encore sentir au fond de lui « des terres reconquises sur l'oubli qui s'assèchent et se rebâtissent » (I, p. 67).

thé ait le même goût qu'une autre madeleine trempée dans du thé, et en réveille le souvenir; c'est plutôt que cette seconde madeleine ressuscite avec elle une chambre, une maison, une ville entière, et que ce lieu ancien puisse, l'espace d'une seconde, « ébranler la solidité » du lieu actuel, forcer ses portes et faire vaciller ses meubles. Or, il se trouve que c'est ce miracle-là — nous y reviendrons à l'instant — qui fonde, disons mieux, qui *constitue* l' « immense édifice » du récit proustien.

Il peut sembler abusif d'appeler « métonymie », comme pour le plaisir d'une symétrie factice, cette solidarité des souvenirs qui ne comporte aucun effet de substitution, et qui donc ne peut à aucun titre entrer dans la catégorie des tropes étudiés par la rhétorique. Il suffirait sans doute de répondre que c'est la nature du rapport sémantique qui est en cause ici et non la forme de la figure, et de rappeler que Proust lui-même a donné l'exemple d'un tel abus en baptisant métaphore une figure qui n'est chez lui le plus souvent qu'une comparaison explicite et sans substitution; de sorte que les effets de contagion dont nous avons parlé sont à peu près l'équivalent sur l'axe des contiguïtés de ce que sont les « métaphores » proustiennes sur l'axe des analogies — et, donc, sont à la métonymie stricte ce que les métaphores proustiennes sont à la métaphore classique. Mais il faut dire encore que l'évocation par contiguïté est parfois conduite chez Proust aux limites de la substitution. Ullmann cite opportunément une phrase de *Swann :* « Cette fraîcheur obscure de ma chambre... offrait à mon imagination le spectacle total de l'été [1]. » La sensation-signal devient assez vite chez Proust une sorte d'*équivalent* du contexte auquel elle est associée, comme la « petite phrase » de Vinteuil est devenue pour Swann et Odette « comme l'air national de leur amour [2] » : autant dire son emblème. Et il faut observer que les exemples de métaphores « naturelles » cités dans *le Temps retrouvé* sont en fait, typiquement, des substitutions synecdochiques : « La nature... n'était-elle pas commencement d'art elle-même, elle qui ne m'avait permis de connaître, souvent, la beauté d'une chose que dans une autre, midi à Combray que dans le bruit de ses cloches, les matinées de Doncières que dans les hoquets de notre calorifère à eau [3]? » Enfin, le phénomène de *déplacement* métonymique, bien connu de la psychanalyse, joue parfois un rôle important dans la

1. *Loc. cit.* ; cf. I, p. 83.
2. I, p. 218.
3. III, p. 889.

thématique même du récit proustien. On sait comment l'admiration de Marcel pour Bergotte profite à son amour pour Gilberte, ou comment cet amour lui-même se reverse sur les parents de la fillette, leur nom, leur maison, leur quartier; ou encore, comment sa passion pour Odette, qui demeure rue La Pérouse, fait de Swann un habitué du restaurant du même nom : ici donc, homonymie sur métonymie. Telle est la « rhétorique » du désir. Plus massivement, le thème sexuel se trouve originairement lié, dans *Combray*, à celui de l'alcool par une simple consécution temporelle : à chaque fois que le grand-père, au grand désespoir de sa femme, se laisse aller à boire du cognac, Marcel se réfugie dans le « petit cabinet sentant l'iris », lieu privilégié de ses plaisirs coupables; par la suite, la culpabilité sexuelle consciente disparaît presque entièrement chez le héros, remplacée (masquée) par la culpabilité relative aux excès d'alcool, motivés par sa maladie mais si douloureux pour sa grand-mère, évident substitut (lui aussi métaphorico-métonymique) de la mère : douleur et culpabilité qui paraissent tout à fait disproportionnées si l'on ne perçoit pas la valeur emblématique de cette « faiblesse »[1].

Il y a donc chez Proust une collusion très fréquente de la relation métaphorique et de la relation métonymique, soit que la première s'ajoute à la seconde comme une sorte d'interprétation surdéterminante, soit que la seconde, dans les expériences de « mémoire involontaire », prenne le relais de la première pour en élargir l'effet et la portée. Cette situation appelle, me semble-t-il, deux remarques, dont l'une se situe au niveau des micro-structures stylistiques, et l'autre à celui de la macro-structure narrative.

Première remarque : On a rappelé à l'instant que les exemples cités immédiatement après la fameuse phrase à la gloire de la métaphore illustraient plutôt le principe de la métonymie. Mais il faut maintenant considérer de plus près cette phrase elle-même. « On peut, écrit

---

1. Voir en particulier I, p. 12, 497 et 651-652. Ce thème de culpabilité revient encore en II, p. 171-172, où Marcel ivre aperçoit dans une glace son reflet « hideux », image d'un « moi affreux ». Mais la plus forte marque de liaison entre « excès » alcoolique et culpabilité sexuelle (œdipienne) est sans doute dans la phrase où, Marcel lui annonçant son intention d'épouser Albertine, l'air préoccupé de sa mère est comparé à « cet air qu'elle avait eu à Combray pour la première fois quand elle s'était résignée à passer la nuit auprès de moi, cet air qui en ce moment ressemblait extraordinairement à celui de ma grand-mère me permettant de boire du cognac » (II, p. 1131).

Proust, faire se succéder indéfiniment dans une description les objets qui figuraient dans le lieu décrit, la vérité ne commencera qu'au moment où l'écrivain prendra deux objets différents, posera leur rapport, analogue dans le monde de l'art à celui qu'est le rapport unique de la loi causale dans le monde de la science, et les enfermera dans les anneaux nécessaires d'un beau style; même, ainsi que la vie, quand, en rapprochant une qualité commune à deux sensations, il dégagera leur essence commune en les réunissant l'une et l'autre pour les soustraire aux contingences du temps, dans une métaphore. » Il va de soi que le « rapport » à poser entre « deux objets différents » est le rapport d'analogie qui dégage leur « essence commune ». Ce qui est moins évident, mais qui paraît à peu près indispensable pour la cohérence de l'énoncé, c'est que ces deux objets font partie de la collection des objets qui « figuraient » (ensemble) dans le lieu à décrire : autrement dit, que le rapport métaphorique s'établit entre deux termes déjà liés par une relation de contiguïté spatio-temporelle. Ainsi (et ainsi seulement) s'explique que le « beau style », c'est-à-dire le style métaphorique, soit ici caractérisé par un effet de concaténation et de nécessité (« anneaux nécessaires »). La solidité indestructible de l'écriture, dont Proust semble chercher ici la formule magique (« la métaphore seule peut donner une sorte d'*éternité* au style », dira-t-il dans son article sur Flaubert [1]), ne peut résulter de la seule liaison horizontale établie par le trajet métonymique; mais on ne voit pas non plus comment pourrait y pourvoir la seule liaison verticale du rapport métaphorique. Seul le recoupement de l'un par l'autre peut soustraire l'objet de la description, et la description elle-même, aux « contingences du temps », c'est-à-dire à toute contingence; seule la croisée d'une trame métonymique et d'une chaîne métaphorique assure la cohérence, la cohésion « nécessaire » du *texte*. Cette métaphore-là nous est plus qu'à moitié suggérée par celle qu'emploie Proust : « anneaux », maillons, mailles, tissage. Mais l'image à laquelle Proust recourt le plus volontiers lui-même est d'ordre plus substantiel : c'est le motif du « fondu », de l'*homogène*. Ce qui fait pour lui la « beauté absolue » de certaines pages, c'est, rappelons-le, « une espèce de fondu, d'unité transparente, où toutes les choses, perdant leur aspect premier de choses, sont venues se ranger les unes à côté des autres dans une espèce d'ordre, pénétrées de la même lumière, vues les unes dans les autres, sans un seul mot qui reste en dehors, qui soit resté réfractaire à cette assimilation... Je

---

1. *Contre Sainte-Beuve*, Pléiade, p. 586. (Souligné par nous.)

suppose que c'est ce qu'on appelle le Vernis des Maîtres [1] ». On voit qu'ici encore la qualité du style dépend d'une « assimilation » établie entre des objets coprésents, des « choses » qui, pour perdre leur « aspect premier de choses », c'est-à-dire leur contingence et leur dispersion, doivent mutuellement se refléter et s'absorber, à la fois « rangées les unes à côté des autres » (contiguïté) et « vues les unes dans les autres » (analogie). Si l'on veut bien — comme le propose Roman Jakobson [2] — caractériser le parcours métonymique comme la dimension proprement prosaïque du discours, et le parcours métaphorique comme sa dimension poétique, on devra alors considérer l'écriture proustienne comme la tentative la plus extrême en direction de cet état mixte, assumant et activant pleinement les deux axes du langage, qu'il serait certes dérisoire de nommer « poème en prose » ou « prose poétique », et qui constituerait, absolument et au sens plein du terme, le Texte.

Seconde remarque : Si l'on mesure l'importance de la contagion métonymique dans le travail de l'imagination proustienne, et particulièrement dans l'expérience de la mémoire involontaire, l'on est conduit à déplacer quelque peu la question inévitable à laquelle Maurice Blanchot fait écho dans *le Livre à venir* [3] : comment Proust est-il passé de son « dessein originaire, qui était d'écrire un roman d'instants poétiques », à ce récit (presque) continu qu'est *A la recherche du temps perdu?* Blanchot répondait aussitôt que l'essence de ces instants « n'est pas d'être ponctuels », et peut-être savons-nous maintenant un peu mieux pourquoi. En vérité, le dessein de Proust n'a peut-être jamais été d'écrire un livre fait d'une collection d'extases poétiques. *Jean Santeuil* est déjà tout autre chose, et même la page célèbre où le narrateur, se substituant d'une manière si impérieuse à son héros (et toute la *Recherche* est déjà dans ce mouvement), affirme

---

1. *Correspondance*, Plon, II, p. 86. Rappelons encore cette autre formulation du même idéal : « Dans le style de Flaubert, par exemple, toutes les parties de la réalité sont converties en une même substance, aux vastes surfaces, d'un miroitement monotone. Aucune impureté n'est restée. Les surfaces sont devenues réfléchissantes. Toutes les choses s'y peignent, mais par reflet, sans en altérer la substance homogène. Tout ce qui était différent a été converti et absorbé » (*Contre Sainte-Beuve*, Pléiade, p. 269). Même effet d'unification substantielle, en peinture cette fois, dans cette variante des *Jeunes Filles en fleurs* : « Comme dans les tableaux d'Elstir... où la plus moderne maison de Chartres est *consubstantialisée*, par la même lumière qui la pénètre, par la même « impression », avec la cathédrale... » (I, p. 968, souligné par nous).
2. *Essais de linguistique générale*, p. 66-67.
3. « L'Expérience de Proust », p. 18-34.

n'avoir écrit « que quand un passé ressuscitait soudain dans une odeur, dans une vue qu'il faisait éclater et au-dessus duquel palpitait l'imagination et quand cette joie me donnait l'inspiration [1] », même cette page n'autorise pas à en juger ainsi : le passé « ressuscité » par une rencontre de sensations n'est pas aussi « ponctuel » que cette rencontre elle-même, et il peut suffire d'une seule — et infime — réminiscence pour déclencher, grâce à l'irradiation métonymique dont elle s'accompagne, un mouvement d'anamnèse d'une amplitude incommensurable. Or, c'est là, très précisément, ce qui se passe dans la *Recherche du temps perdu*.

Il y a en effet une coupure très forte, dans la première partie de *Swann* (« Combray »), entre le premier chapitre, presque exclusivement consacré à cette scène originaire et obsédante que Proust appelle « le théâtre et le drame de mon coucher », scène longtemps demeurée dans la mémoire du narrateur comme le seul souvenir de Combray qui n'ait jamais sombré dans l'oubli, scène *immobile* et d'une certaine façon « ponctuelle » dans laquelle la narration s'enferme et s'enlise comme sans espoir de pouvoir jamais s'en dégager —, et le deuxième chapitre, où, à ce Combray vertical de l'obsession répétitive et de la « fixation » (« pan lumineux découpé au milieu d'indistinctes ténèbres » réduit au petit salon et à la salle à manger où l'on reçoit M. Swann, à l'escalier « détesté », à la chambre où Marcel attend désespérément le baiser maternel), se substitue enfin, avec son espace extensible, ses « deux côtés », ses promenades alternées, le Combray horizontal de la géographie enfantine et du calendrier familial, point de départ et amorce du véritable mouvement narratif. Cette coupure, ce changement de registre et de régime sans lequel le roman proustien n'aurait tout simplement pas *lieu*, c'est évidemment la « résurrection » de Combray par la mémoire involontaire, c'est-à-dire, indissolublement, par le « miracle d'une analogie », et par cet autre miracle qui voit (qui *fait*) sortir toute une enfance — « ville et jardins », espace et temps —, et à sa suite, « par association de souvenirs », toute une vie (et quelques autres), d'une tasse de thé. Cet effet paradoxal de la réminiscence, qui est tout à la fois d'immobilisation et d'impulsion, arrêt brusque, béance traumatique (quoique « délicieuse ») du temps vécu (c'est l'extase métaphorique) et épanchement aussitôt irrépressible et continu du temps « retrouvé », c'est-à-dire revécu (c'est la contagion métonymique) s'indiquait déjà d'une manière décisive dans une phrase qui sert d'épigraphe à *Jean Santeuil* : « Puis-je

1. Pléiade, p. 401.

appeler ce livre un roman ? C'est moins peut-être et bien plus, l'essence même de ma vie, recueillie sans y rien mêler, dans *ces heures de déchirure où elle découle* [1]. » Blessure du présent, effusion du passé, c'est-à-dire encore (puisque les « temps » sont aussi des *formes*) : suspens du discours et naissance du récit. Sans métaphore, dit (à peu près) Proust, pas de véritables souvenirs ; nous ajoutons pour lui (et pour tous) : sans métonymie, pas d'enchaînement de souvenirs, pas d'*histoire*, pas de roman. Car c'est la métaphore qui retrouve le Temps perdu, mais c'est la métonymie qui le ranime, et le remet en marche : qui le rend à lui-même et à sa véritable « essence », qui est sa propre fuite et sa propre Recherche. Ici donc, ici seulement — par la métaphore, mais *dans* la métonymie —, ici commence le Récit [2].

1. Pléiade, p. 181. (Souligné par nous.)
2. C'est Jean Pommier qui, dès 1939, notait le rôle de la contiguïté dans certaines métaphores proustiennes : « Ce qui semble commander le rapport des sensations, c'est la contiguïté des qualités correspondantes dans l'objet. Le toit ne lisserait pas ses ardoises sans les pigeons qui s'y posent, — qui s'y posent l'un à côté de l'autre : de là vient que leur roucoulement dessine " une ligne horizontale ", à la différence du coq, dont le chant monte vers le ciel. Lorsque le narrateur applique les épithètes " ovale et doré " non à la clochette mais à son tintement, il fait une hypallage. Pourquoi le son des cloches est-il associé à la saveur des confitures ? pour s'être attardé " comme une guêpe " sur la table de Combray. Quant aux murs neufs, leur cri " déchirant " prolonge sans doute ceux que la scie, dont ils portent la marque, a dû arracher aux pierres. » (*La Mystique de Marcel Proust* (1939), Droz 1968, p. 54.)

Discours du récit

essai de méthode

Avant-propos

L'objet spécifique de cette étude est le récit dans A la recherche du temps perdu. *Cette précision appelle immédiatement deux remarques d'inégale importance. La première porte sur la définition du corpus : chacun sait aujourd'hui que l'ouvrage ainsi dénommé, et dont le texte canonique est établi depuis 1954 par l'édition Clarac-Ferré, n'est que le dernier état d'une œuvre à laquelle Proust a travaillé pour ainsi dire toute sa vie, et dont les versions antérieures se dispersent, pour l'essentiel, entre* les Plaisirs et les Jours *(1896)*, Pastiches et Mélanges *(1919), les divers recueils ou inédits posthumes intitulés* Chroniques *(1927)*, Jean Santeuil *(1952) et* Contre Sainte-Beuve *(1954[1]), et les quelque quatre-vingts cahiers déposés depuis 1962 au cabinet des manuscrits de la Bibliothèque nationale. Pour cette raison, à quoi s'ajoute l'interruption forcée du 18 novembre 1922, la* Recherche, *moins qu'aucune autre, ne peut être considérée comme une œuvre* close, *et il est donc toujours légitime et parfois nécessaire d'en appeler pour comparaison du texte « définitif » à telle ou telle de ses variantes. Cela est vrai aussi pour la tenue du récit, et l'on ne peut méconnaître, par exemple, ce que la découverte du texte « à la troisième personne » de* Santeuil *apporte de perspective et de signification au système narratif adopté dans la* Recherche. *Notre travail portera donc essentiellement sur l'œuvre ultime, mais non sans parfois tenir compte de ses antécédents, considérés non pas pour eux-mêmes, ce qui n'a guère de sens, mais pour la lumière qu'ils peuvent ajouter.*

La seconde remarque concerne la méthode, ou plutôt la démarche adoptée ici. On a pu déjà observer que ni le titre ni le sous-titre de cette

---

1. Les dates rappelées ici sont celles des premières publications, mais nos références renvoient naturellement à l'édition Clarac-Sandre en deux volumes *(Jean Santeuil précédé des Plaisirs et les Jours; Contre Sainte-Beuve précédé de Pastiches et Mélanges et suivi de Essais et Articles)*, Pléiade, 1971, qui contient de nombreux inédits. Encore faut-il parfois, en attendant l'édition critique de la *Recherche*, continuer de recourir à l'édition Fallois du *Contre Sainte-Beuve* pour certaines pages empruntées aux *Cahiers*.

étude ne mentionnent ce que je viens de désigner comme son objet spécifique. Ce n'est ni par coquetterie ni par inflation délibérée du sujet. Le fait est que bien souvent, et d'une manière peut-être exaspérante pour certains, le récit proustien semblera ici oublié au profit de considérations plus générales : ou, comme on dit aujourd'hui, la critique s'effacer devant la « théorie littéraire », et plus précisément ici la théorie du récit ou narratologie. *Je pourrais justifier et clarifier cette situation ambiguë de deux façons très différentes : soit en mettant franchement, comme d'autres l'ont fait ailleurs, l'objet spécifique au service de la visée générale, et l'analyse critique au service de la théorie : la* Recherche *ne serait plus ici qu'un prétexte, réservoir d'exemples et lieu d'illustration pour une poétique narrative où ses traits spécifiques se perdraient dans la transcendance des « lois du genre »; soit en subordonnant au contraire la poétique à la critique, et en faisant des concepts, des classifications et des procédures proposés ici autant d'instruments* ad hoc *exclusivement destinés à permettre une description plus exacte ou plus précise du récit proustien dans sa singularité, le détour « théorique » étant à chaque fois imposé par les nécessités d'une mise au point méthodologique.*

J'avoue ma répugnance, ou mon incapacité, à choisir entre ces deux systèmes de défense apparemment incompatibles. Il me paraît impossible de traiter la Recherche du temps perdu *comme un simple exemple de ce qui serait le récit en général, ou le récit romanesque, ou le récit de forme autobiographique, ou Dieu sait quelle autre classe, espèce ou variété : la spécificité de la narration proustienne prise dans son ensemble est* irréductible, *et toute extrapolation serait ici une faute de méthode; la* Recherche *n'illustre qu'elle-même. Mais d'un autre côté, cette spécificité n'est pas* indécomposable, *et chacun des traits qu'y dégage l'analyse se prête à quelque rapprochement, comparaison ou mise en perspective. Comme toute œuvre, comme tout organisme, la* Recherche *est faite d'éléments universels, ou du moins transindividuels, qu'elle assemble en une synthèse spécifique, en une totalité singulière. L'analyser, c'est aller non du général au particulier, mais bien du particulier au général : de cet être incomparable qu'est la* Recherche *à ces éléments fort communs, figures et procédés d'utilité publique et de circulation courante que j'appelle anachronies, itératif, focalisations, paralepses et autres. Ce que je propose ici est essentiellement une méthode d'analyse : il me faut donc bien reconnaître qu'en cherchant le spécifique je trouve de l'universel, et qu'en voulant mettre la théorie au service de la critique je mets malgré moi la critique au service de la théorie. Ce paradoxe est celui de toute poétique, sans doute aussi de toute activité de connaissance, toujours écartelée entre ces deux lieux communs incontournables, qu'il n'est d'objets que singuliers, et de science que du général; toujours cependant réconfortée, et comme aimantée, par cette autre vérité un peu moins répandue, que le général est au cœur du singulier, et donc — contrairement au préjugé commun — le connaissable au cœur du mystère.*

Mais cautionner en scientificité un vertige, voire un strabisme méthodologique, ne va peut-être pas sans imposture. Je plaiderai donc autrement la même cause : peut-être la véritable relation entre l'aridité « théorique » et la minutie critique est-elle ici d'alternance récréative et de distraction réciproque. Puisse le lecteur à son tour y trouver une sorte de diversion périodique, comme l'insomniaque à changer de mauvais côté : amant alterna Camenae.

Introduction

Nous employons couramment le mot (français) *récit* sans nous soucier de son ambiguïté, parfois sans la percevoir, et certaines difficultés de la narratologie tiennent peut-être à cette confusion. Il me semble que si l'on veut commencer d'y voir plus clair en ce domaine, il faut discerner nettement sous ce terme trois notions distinctes.

Dans un premier sens — qui est aujourd'hui, dans l'usage commun, le plus évident et le plus central —, *récit* désigne l'énoncé narratif, le discours oral ou écrit qui assume la relation d'un événement ou d'une série d'événements : ainsi appellera-t-on *récit d'Ulysse* le discours tenu par le héros devant les Phéaciens aux chants IX à XII de l'*Odyssée*, et donc ces quatre chants eux-mêmes, c'est-à-dire le segment du texte homérique qui prétend en être la transcription fidèle.

Dans un second sens, moins répandu, mais aujourd'hui courant chez les analystes et théoriciens du contenu narratif, *récit* désigne la succession d'événements, réels ou fictifs, qui font l'objet de ce discours, et leurs diverses relations d'enchaînement, d'opposition, de répétition, etc. « Analyse du récit » signifie alors étude d'un ensemble d'actions et de situations considérées en elles-mêmes, abstraction faite du médium, linguistique ou autre, qui nous en donne connaissance : soit ici les aventures vécues par Ulysse depuis la chute de Troie jusqu'à son arrivée chez Calypso.

En un troisième sens qui est apparemment le plus ancien, *récit* désigne encore un événement : non plus toutefois celui que l'on raconte, mais celui qui consiste en ce que quelqu'un raconte quelque chose : l'acte de narrer pris en lui-même. On dira ainsi que les chants IX à XII de l'*Odyssée* sont consacrés au récit d'Ulysse, comme on dit que le chant XXII est consacré au massacre des prétendants : raconter ses aventures est une action tout comme massacrer les prétendants de sa femme, et s'il va de soi que l'existence de ces aventures (à supposer qu'on les tienne, comme Ulysse, pour réelles) ne dépend en rien de cette action, il est tout aussi évident que le discours narratif, lui (récit d'Ulysse au sens 1), en dépend absolument, puisqu'il en est le *produit*, comme tout énoncé est le produit d'un acte d'énonciation. Si au contraire on tient Ulysse pour un menteur, et pour fictives les aventures qu'il raconte, l'importance de l'acte narratif ne fait que s'en accroître, puisque de lui dépendent non seulement l'existence du discours, mais la fiction d'existence des actions qu'il « rapporte ». On en dira évidemment autant de l'acte narratif d'Homère lui-même partout où celui-ci assume directement la relation des aventures d'Ulysse. Sans acte narratif, donc, pas d'énoncé, et parfois même pas de contenu narratif. Aussi est-il surprenant que la théorie du récit se soit jusqu'ici assez peu souciée des problèmes de l'énonciation narrative, concentrant presque toute son attention sur l'énoncé et son contenu, comme s'il était tout à fait secondaire, par exemple, que les aventures d'Ulysse fussent racontées tantôt par Homère, tantôt par Ulysse lui-même. On sait pourtant, et nous y reviendrons plus loin, que Platon, jadis, n'avait pas trouvé ce sujet indigne de son attention.

Comme son titre l'indique, ou presque, notre étude porte essentiellement sur le récit au sens le plus courant, c'est-à-dire le discours narratif, qui se trouve être en littérature, et particulièrement dans le cas qui nous intéresse, un *texte* narratif. Mais, comme on le verra, l'analyse du discours narratif telle que je l'entends implique constamment l'étude des relations, d'une part entre ce discours et les événements qu'il relate (récit au sens 2), d'autre part entre ce même discours et l'acte qui le produit, réellement (Homère) ou fictivement (Ulysse) : récit au sens 3. Il nous faut donc dès maintenant, pour éviter toute confusion et tout embarras de langage, désigner par des termes univoques chacun de ces trois aspects de la réalité narrative. Je propose, sans insister sur les raisons d'ailleurs évidentes du choix des termes, de nommer *histoire* le signifié ou contenu narratif (même si ce contenu se trouve être, en l'occurrence, d'une faible intensité dramatique ou teneur événementielle), *récit* proprement dit le signifiant, énoncé, discours ou texte narratif lui-même, et *narration* l'acte narratif producteur et, par extension, l'ensemble de la situation réelle ou fictive dans laquelle il prend place [1].

---

1. *Récit* et *narration* se passent de justification. Pour *histoire*, et malgré un inconvénient évident, j'invoquerai l'usage courant (on dit : « raconter une histoire »), et un usage technique, certes plus restreint, mais assez bien admis depuis que Tzvetan Todorov a proposé de distinguer le « récit comme discours » (sens 1) et le « récit comme histoire » (sens 2). J'emploierai encore dans le même sens le terme *diégèse*, qui nous vient des théoriciens du récit cinématographique.

Notre objet est donc ici le *récit*, au sens restreint que nous assignons désormais à ce terme. Il est assez évident, je pense, que des trois niveaux distingués à l'instant, celui du discours narratif est le seul qui s'offre directement à l'analyse textuelle, qui est elle-même le seul instrument d'étude dont nous disposions dans le champ du récit littéraire, et spécialement du récit de fiction. Si nous voulions étudier pour eux-mêmes, disons les événements racontés par Michelet dans son *Histoire de France,* nous pourrions recourir à toutes sortes de documents extérieurs à cette œuvre et concernant l'histoire de France; si nous voulions étudier pour elle-même la rédaction de cette œuvre, nous pourrions utiliser d'autres documents, tout aussi extérieurs au texte de Michelet, concernant sa vie et son travail pendant les années qu'il lui a consacrées. Telle n'est pas la ressource de qui s'intéresse, d'une part, aux événements racontés par le récit que constitue la *Recherche du temps perdu,* et d'autre part à l'acte narratif dont il procède : aucun document extérieur à la *Recherche,* et spécialement pas une bonne biographie de Marcel Proust, s'il en existait [1], ne pourrait le renseigner ni sur ces événements ni sur cet acte, puisque les uns et les autres sont fictifs et mettent en scène non Marcel Proust, mais le héros et narrateur supposé de son roman. Non pas certes que le contenu narratif de la *Recherche* soit pour moi sans aucun rapport avec la vie de son auteur : mais simplement ce rapport n'est pas tel que l'on puisse utiliser la seconde pour une analyse rigoureuse du premier (non plus que l'inverse). Quant à la narration productrice de ce récit, l'acte de Marcel [2] racontant sa vie passée, on se gardera dès maintenant de le confondre avec l'acte de Proust écrivant la *Recherche du temps perdu;* nous reviendrons plus loin sur ce sujet, qu'il suffise pour l'instant de rappeler que les cinq cent vingt et une pages de *Du côté de chez Swann* (édition Grasset) publiées en novembre 1913 et rédigées par Proust pendant quelques années avant cette date, sont supposées (dans l'état actuel de la fiction) être écrites par le narrateur bien après la guerre. C'est donc le récit, et lui seul, qui nous informe ici, d'une part sur les événements qu'il relate, et d'autre part sur l'activité qui est censée le mettre au jour : autrement dit, notre connaissance des uns et de l'autre ne peut

1. Les mauvaises ne présentent ici aucun inconvénient, puisque leur principal défaut consiste à attribuer froidement à Proust ce que Proust dit de Marcel, à Illiers ce qu'il dit de Combray, à Cabourg ce qu'il dit de Balbec, et ainsi de suite : procédé contestable en lui-même, mais sans danger pour nous : aux noms près, on ne sort pas de la *Recherche.*
2. On conserve ici, pour désigner à la fois le héros et le narrateur de la *Recherche,* ce prénom controversé. Je m'en expliquerai au dernier chapitre.

être qu'indirecte, inévitablement médiatisée par le discours du récit, en tant que les uns sont l'objet même de ce discours et que l'autre y laisse des traces, marques ou indices repérables et interprétables, tels que la présence d'un pronom personnel à la première personne qui dénote l'identité du personnage et du narrateur, ou celle d'un verbe au passé qui dénote l'antériorité de l'action racontée sur l'action narrative, sans préjudice d'indications plus directes et plus explicites.

Histoire et narration n'existent donc pour nous que par le truchement du récit. Mais réciproquement le récit, le discours narratif ne peut être tel qu'en tant qu'il raconte une histoire, faute de quoi il ne serait pas narratif (comme, disons, l'*Éthique* de Spinoza), et en tant qu'il est proféré par quelqu'un, faute de quoi (comme par exemple une collection de documents archéologiques) il ne serait pas en lui-même un discours. Comme narratif, il vit de son rapport à l'histoire qu'il raconte; comme discours, il vit de son rapport à la narration qui le profère.

L'analyse du discours narratif sera donc pour nous, essentiellement, l'étude des relations entre récit et histoire, entre récit et narration, et (en tant qu'elles s'inscrivent dans le discours du récit) entre histoire et narration. Cette position me conduit à proposer un nouveau partage du champ d'étude. Je prendrai comme point de départ la division avancée en 1966 par Tzvetan Todorov [1]. Cette division classait les problèmes du récit en trois catégories : celle du *temps*, « où s'exprime le rapport entre le temps de l'histoire et celui du discours »; celle de l'*aspect*, « ou la manière dont l'histoire est perçue par le narrateur »; celle du *mode*, c'est-à-dire « le type de discours utilisé par le narrateur ». J'adopte sans aucun amendement la première catégorie dans sa définition que je viens de citer, et que Todorov illustrait par des remarques sur les « déformations temporelles », c'est-à-dire les infidélités à l'ordre chronologique des événements, et sur les relations d'enchaînement, d'alternance ou d' « enchâssement » entre les différentes lignes d'action constitutives de l'histoire; mais il y ajoutait des considérations sur le « temps de l'énonciation » et celui de la « perception » narratives (assimilées par lui aux temps de l'*écriture* et de la *lecture*) qui me paraissent excéder les limites de sa propre définition, et que je réserverai quant à moi pour un autre ordre de problèmes, évidemment liés aux rapports entre récit et narration. La catégorie de l'aspect [2] recouvrait essentiellement les questions du

---

1. « Les catégories du récit littéraire », *Communications* 8.
2. Rebaptisée « vision » dans *Littérature et Signification* (1967) et dans *Qu'est-ce que le structuralisme?* (1968).

« point de vue » narratif, et celle du mode [1] rassemblait les problèmes de « distance » que la critique américaine de tradition jamesienne traite généralement en termes d'opposition entre *showing* (« représentation » dans le vocabulaire de Todorov) et *telling* (« narration »), résurgence des catégories platoniciennes de *mimésis* (imitation parfaite) et de *diégésis* (récit pur), les divers types de représentation du discours de personnage, les modes de présence explicite ou implicite du narrateur et du lecteur dans le récit. Comme tout à l'heure pour le « temps de l'énonciation », je crois nécessaire de dissocier cette dernière série de problèmes, en tant qu'elle met en cause l'acte de narration et ses protagonistes ; en revanche, il faut réunir en une seule grande catégorie, qui est celle, disons provisoirement des modalités de représentation ou degrés de mimésis, tout le reste de ce que Todorov répartissait entre aspect et mode. Cette redistribution aboutit donc à une division sensiblement différente de celle dont elle s'inspire, et que je formulerai maintenant pour elle-même, en recourant pour le choix des termes à une sorte de métaphore linguistique qu'on voudra bien ne pas prendre de façon trop littérale.

Puisque tout récit — fût-il aussi étendu et aussi complexe que la *Recherche du temps perdu* [2] — est une production linguistique assumant la relation d'un ou plusieurs événement(s), il est peut-être légitime de le traiter comme le développement, aussi monstrueux qu'on voudra, donné à une forme *verbale*, au sens grammatical du terme : l'expansion d'un verbe. *Je marche, Pierre est venu*, sont pour moi des formes minimales de récit, et inversement *l'Odyssée* ou la *Recherche* ne font d'une certaine manière qu'amplifier (au sens rhétorique) des énoncés tels qu'*Ulysse rentre à Ithaque* ou *Marcel devient écrivain*. Ceci nous autorise peut-être à organiser, ou du moins à formuler les problèmes d'analyse du discours narratif selon des catégories empruntées à la grammaire du verbe, et qui se réduiront ici à trois classes fondamentales de déterminations : celles qui tiennent aux relations temporelles entre récit et diégèse, et que nous rangerons sous la catégorie du *temps;* celles qui tiennent aux modalités (formes et degrés) de la « représentation » narrative, donc aux *modes* [3] du récit ; celles enfin

1. Rebaptisée « registre » en 1967 et 1968.
2. Faut-il préciser qu'en traitant ici cette œuvre comme un récit on ne prétend nullement la réduire à cet aspect ? Aspect trop souvent négligé par la critique, mais que Proust lui-même n'a jamais perdu de vue. Ainsi parle-t-il de « la vocation invisible dont cet ouvrage est l'*histoire* » (Pléiade, II, p. 397, souligné par moi).
3. Le terme est pris ici tout près de son sens linguistique, si l'on se réfère par exemple à cette définition de Littré : « Nom donné aux différentes formes du verbe employées pour affirmer plus ou moins la chose dont il s'agit, et pour exprimer... les différents points de vue auxquels on considère l'existence ou l'action. »

qui tiennent à la façon dont se trouve impliquée dans le récit la narration elle-même au sens où nous l'avons définie, c'est-à-dire la situation ou instance [1] narrative, et avec elle ses deux protagonistes : le narrateur et son destinataire, réel ou virtuel; on pourrait être tenté de ranger cette troisième détermination sous le titre de la « personne », mais pour des raisons qui apparaîtront clairement plus loin il me semble préférable d'adopter un terme aux connotations psychologiques un peu (très peu, hélas) moins marquées, et auquel nous donnerons une extension conceptuelle sensiblement plus large, dont la « personne » (référant à l'opposition traditionnelle entre récit « à la première » et récit « à la troisième personne ») ne sera qu'un aspect parmi d'autres : ce terme est celui de *voix*, que Vendryès par exemple [2] définissait ainsi en son sens grammatical : « Aspect de l'action verbale dans ses rapports avec le sujet... » Bien entendu, le sujet dont il s'agit ici est celui de l'énoncé, alors que pour nous la *voix* désignera un rapport avec le sujet (et plus généralement l'instance) de l'énonciation : encore une fois, il ne s'agit là que d'emprunts de termes, qui ne prétendent pas se fonder sur des homologies rigoureuses [3].

Comme on le voit, les trois classes proposées ici, qui désignent des champs d'étude et déterminent la disposition des chapitres qui suivent [4], ne recouvrent pas mais recoupent de façon complexe les trois catégories définies plus haut, qui désignaient des niveaux de définition du récit : le *temps* et le *mode* jouent tous les deux au niveau des rapports entre *histoire* et *récit*, tandis que la *voix* désigne à la fois les rapports entre *narration* et *récit*, et entre *narration* et *histoire*. On se gardera toutefois d'hypostasier ces termes, et de convertir en substance ce qui n'est à chaque fois qu'un ordre de relations.

1. Au sens où Benveniste parle d' « instance de discours » (*Problèmes de linguistique générale*, V^e partie).
2. Cité dans le *Petit Robert*, s. v. *Voix*.
3. Autre justification, purement proustologique, de l'emploi de ce terme, l'existence du précieux livre de Marcel Muller intitulé *Les Voix narratives dans « A la recherche du temps perdu »* (Droz, 1965).
4. Les trois premiers (*Ordre, Durée, Fréquence*) traitent du temps, le quatrième du mode, le cinquième et dernier de la voix.

1. Ordre

Temps du récit?

« Le récit est une séquence deux fois temporelle... : il y a le temps de la chose-racontée et le temps du récit (temps du signifié et temps du signifiant). Cette dualité n'est pas seulement ce qui rend possibles toutes les distorsions temporelles qu'il est banal de relever dans les récits (trois ans de la vie du héros résumés en deux phrases d'un roman, ou en quelques plans d'un montage « fréquentatif » de cinéma, etc.); plus fondamentalement, elle nous invite à constater que l'une des fonctions du récit est de monnayer un temps dans un autre temps [1]. »

La dualité temporelle si vivement accentuée ici, et que les théoriciens allemands désignent par l'opposition entre *erzählte Zeit* (temps de l'histoire) et *Erzählzeit* (temps du récit) [2], est un trait caractéristique non seulement du récit cinématographique, mais aussi du récit oral, à tous ses niveaux d'élaboration esthétique, y compris ce niveau pleinement « littéraire » qu'est celui de la récitation épique ou de la narration dramatique (récit de Théramène...). Elle est moins pertinente peut-être en d'autres formes d'expression narrative telles que le « roman-photo » ou la bande dessinée (ou picturale, comme la prédelle d'Urbino, ou brodée, comme la « tapisserie » de la reine Mathilde), qui, tout en constituant des séquences d'images, et donc exigeant une lecture successive ou diachronique, se prêtent aussi, et même invitent, à une sorte de regard global et synchronique — ou, du moins, un regard dont le parcours n'est plus commandé par la succession des images. Le récit littéraire écrit est à cet égard d'un statut encore plus difficile à cerner. Comme le récit oral ou filmique, il ne peut être « consommé », donc actualisé, que dans un *temps* qui

1. Christian Metz, *Essais sur la signification au cinéma*, Klincksieck, Paris, 1968, p. 27.
2. Voir Gunther Müller, « Erzählzeit und erzählte Zeit », *Festschrift für Kluckhorn*, 1948, repris dans *Morphologische Poetik*, Tübingen, 1968.

est évidemment celui de la lecture, et si la successivité de ses éléments peut être déjouée par une lecture capricieuse, répétitive ou sélective, cela ne peut même pas aller jusqu'à l'analexie parfaite : on peut passer un film à l'envers, image par image; on ne peut, sans qu'il cesse d'être un texte, lire un texte à l'envers, lettre par lettre, ni même mot par mot; ni même toujours phrase par phrase. Le livre est un peu plus tenu qu'on ne le dit souvent aujourd'hui par la fameuse *linéarité* du signifiant linguistique, plus facile à nier en théorie qu'à évacuer en fait. Pourtant, il n'est pas question d'identifier ici le statut du récit écrit (littéraire ou non) à celui du récit oral : sa temporalité est en quelque sorte conditionnelle ou instrumentale; produit, comme toute chose, dans le temps, il existe dans l'espace et comme espace, et le temps qu'il faut pour le « consommer » est celui qu'il faut pour le *parcourir* ou le *traverser*, comme une route ou un champ. Le texte narratif, comme tout autre texte, n'a pas d'autre temporalité que celle qu'il emprunte, métonymiquement, à sa propre lecture.

Cet état de choses, nous le verrons plus loin, n'est pas toujours sans conséquences pour notre propos, et il faudra parfois corriger, ou tenter de corriger les effets du déplacement métonymique; mais nous devons d'abord l'assumer, puisqu'il fait partie du jeu narratif, et donc prendre au mot la quasi-fiction de l'*Erzählzeit*, ce faux temps qui vaut pour un vrai et que nous traiterons, avec ce que cela comporte à la fois de réserve et d'acquiescement, comme un *pseudo-temps*.

Ces précautions prises, nous étudierons les relations entre temps de l'histoire et (pseudo-)temps du récit selon ce qui m'en paraît être les trois déterminations essentielles : les rapports entre l'*ordre* temporel de succession des événements dans la diégèse et l'ordre pseudo-temporel de leur disposition dans le récit, qui feront l'objet de ce premier chapitre; les rapports entre la *durée* variable de ces événements, ou segments diégétiques, et la pseudo-durée (en fait, longueur de texte) de leur relation dans le récit : rapports, donc, de vitesse, qui feront l'objet du second; rapports enfin de *fréquence*, c'est-à-dire, pour nous en tenir ici à une formule encore approximative, relations entre les capacités de répétition de l'histoire et celles du récit : relations auxquelles sera consacré le troisième chapitre.

Anachronies.

Étudier l'ordre temporel d'un récit, c'est confronter l'ordre de disposition des événements ou segments temporels dans le discours narratif à l'ordre de succession de ces mêmes événements ou segments temporels dans l'histoire, en tant qu'il est explicitement indiqué par le récit lui-même, ou qu'on peut l'inférer de tel ou tel indice indirect. Il est évident que cette reconstitution n'est pas toujours possible, et qu'elle devient oiseuse pour certaines œuvres-limites comme les romans de Robbe-Grillet, où la référence temporelle se trouve à dessein pervertie. Il est tout aussi évident que dans le récit classique, au contraire, elle est non seulement le plus souvent possible, parce que le discours narratif n'y intervertit jamais l'ordre des événements sans le dire, mais encore nécessaire, et précisément pour la même raison : lorsqu'un segment narratif commence par une indication telle que : « Trois mois plus tôt, etc. », il faut tenir compte à la fois de ce que cette scène vient *après* dans le récit, et de ce qu'elle est censée être venue *avant* dans la diégèse : l'un et l'autre, ou pour mieux dire le rapport (de contraste, ou de discordance) entre l'un et l'autre, est essentiel au texte narratif, et supprimer ce rapport en éliminant un de ses termes, ce n'est pas s'en tenir au texte, c'est tout bonnement le tuer.

Le repérage et la mesure de ces *anachronies* narratives (comme j'appellerai ici les différentes formes de discordance entre l'ordre de l'histoire et celui du récit) postulent implicitement l'existence d'une sorte de degré zéro qui serait un état de parfaite coïncidence temporelle entre récit et histoire. Cet état de référence est plus hypothétique que réel. Il semble que le récit folklorique ait pour habitude de se conformer, dans ses grandes articulations du moins, à l'ordre chronologique, mais notre tradition littéraire (occidentale) s'inaugure au contraire par un effet d'anachronie caractérisé, puisque, dès le huitième vers de l'*Iliade*, le narrateur, après avoir évoqué la querelle entre Achille et Agamemnon, point de départ déclaré de son récit *(ex hou de ta prôta)*, revient une dizaine de jours en arrière pour en exposer la cause en quelque cent quarante vers rétrospectifs (affront à Chrysès — colère d'Apollon — peste). On sait que ce début *in medias res* suivi d'un retour en arrière explicatif deviendra l'un des *topoï* formels du genre épique, et aussi combien le style de la narration romanesque est resté sur ce point fidèle à celui de son lointain ancêtre [1], et ce jusqu'en plein XIXᵉ siècle « réaliste » : il suffit pour s'en convaincre de songer à certaines ouvertures balzaciennes comme celles de *César Birotteau* ou de *la Duchesse de Langeais*. D'Arthez

---

1. Témoin a contrario cette appréciation de Huet sur les *Babyloniques* de Jamblique : « L'ordonnance de son dessein manque d'art. Il a suivi grossièrement l'ordre du temps, et n'a pas jeté d'abord le lecteur dans le milieu du sujet suivant l'exemple d'Homère » (*Traité de l'origine des romans*, 1670, p. 157).

en fait un principe à l'usage de Lucien de Rubempré [1], et Balzac lui-même reprochera à Stendhal de n'avoir pas commencé la *Chartreuse* par l'épisode de Waterloo en réduisant « tout ce qui précède à quelque récit fait par Fabrice ou sur Fabrice pendant qu'il gît dans le village de Flandre où il est blessé [2] ». On ne se donnera donc pas le ridicule de présenter l'anachronie comme une rareté ou comme une invention moderne : c'est au contraire l'une des ressources traditionnelles de la narration littéraire.

Au reste, si l'on considère d'un peu plus près les premiers vers de l'*Iliade* évoqués à l'instant, on voit que leur mouvement temporel est plus complexe que je ne l'ai dit. Les voici dans la traduction de Paul Mazon :

> Chante, déesse, la colère d'Achille, le fils de Pélée; détestable colère, qui aux Achéens valut des souffrances sans nombre et jeta en pâture à Hadès tant d'âmes fières de héros, tandis que de ces héros mêmes elle faisait la proie des chiens et de tous les oiseaux du ciel — pour l'achèvement du dessein de Zeus. Pars du jour où une querelle tout d'abord divisa le fils d'Atrée, protecteur de son peuple, et le divin Achille. Qui des dieux les mit donc aux prises en telle querelle et bataille? Le fils de Létô et de Zeus. C'est lui qui, courroucé contre le roi, fit par toute l'armée grandir un mal cruel, dont les hommes allaient mourant; cela, parce que le fils d'Atrée avait fait affront à Chrysès, son prêtre [3].

Ainsi, le premier objet narratif désigné par Homère est la *colère d'Achille;* le second, les *malheurs des Achéens,* qui en sont effectivement la conséquence; mais le troisième est la *querelle entre Achille et Agamemnon,* qui en est la cause immédiate et qui lui est donc antérieure; puis, continuant de remonter explicitement de cause en cause : la *peste,* cause de la querelle, et enfin l'*affront à Chrysès,* cause de la peste. Les cinq éléments constitutifs de cette ouverture, que je nommerai A, B, C, D et E d'après l'ordre de leur apparition dans le récit, occupent respectivement dans l'histoire les positions chronologiques 4, 5, 3, 2 et 1 : d'où cette formule qui synthétisera tant bien que mal les rapports de succession : A4-B5-C3-D2-E1. Nous sommes assez près d'un mouvement régulièrement rétrograde [4].

---

1. « Entrez tout d'abord dans l'action. Prenez-moi votre sujet tantôt en travers, tantôt par la queue; enfin variez vos plans, pour n'être jamais le même » (*Illusions perdues,* éd. Garnier, p. 230).

2. *Études sur M. Beyle,* Skira, Genève, 1943, p. 69.

3. Les Belles Lettres, p. 3.

4. Et davantage encore si l'on tient compte du premier segment, non narratif, au présent de l'instance de narration, donc au moment le plus tardif possible : « Chante, déesse ».

Il faut maintenant entrer plus en détail dans l'analyse des ana-chronies. J'emprunte à *Jean Santeuil* un exemple assez typique. La situation, qui se retrouvera sous diverses formes dans la *Recherche*, est celle de l'avenir devenu présent et qui ne ressemble pas à l'idée qu'on s'en était faite dans le passé. Jean, après plusieurs années, retrouve l'hôtel où habite Marie Kossichef, qu'il a aimée autrefois, et compare ses impressions d'aujourd'hui à celles qu'il croyait autre-fois devoir éprouver aujourd'hui :

> Quelquefois en passant devant l'hôtel il se rappelait les jours de pluie où il emmenait jusque-là sa bonne, en pèlerinage. Mais il se les rappelait sans la mélancolie qu'il pensait alors devoir goûter un jour dans le sentiment de ne plus l'aimer. Car cette mélancolie, ce qui la projetait ainsi d'avance sur son indifférence à venir, c'était son amour. Et cet amour n'était plus [1].

L'analyse temporelle d'un tel texte consiste d'abord à en dénombrer les segments selon les changements de position dans le temps de l'histoire. On repère ici, sommairement, neuf segments répartis sur deux positions temporelles que nous désignerons par 2 *(maintenant)* et 1 *(autrefois)*, en faisant abstraction ici de leur caractère itératif (« quelquefois ») : segment A sur position 2 (« quelquefois en passant devant l'hôtel il se rappelait »), B sur position 1 (« les jours de pluie où il emmenait jusque-là sa bonne en pèlerinage »), C sur 2 (« Mais il se les rappelait sans »), D sur 1 (« la mélancolie qu'il pensait alors »), E sur 2 (« devoir goûter un jour dans le sentiment de ne plus l'aimer »), F sur 1 (« Car cette mélancolie, ce qui la projetait ainsi d'avance »), G sur 2 (« sur son indifférence à venir »), H sur 1 (« c'était son amour »), I sur 2 (« Et cet amour n'était plus »). La formule des positions temporelles est donc ici :

$$A2\text{-}B1\text{-}C2\text{-}D1\text{-}E2\text{-}F1\text{-}G2\text{-}H1\text{-}I2,$$

soit un parfait zigzag. On remarquera au passage que la difficulté de ce texte à première lecture tient à la façon, apparemment systé-matique, dont Proust élimine ici les points de repère temporels les plus élémentaires (autrefois, maintenant), que le lecteur doit suppléer mentalement pour s'y reconnaître. Mais le simple relevé des positions n'épuise pas l'analyse temporelle, même réduite aux questions d'ordre, et ne permet pas de déterminer le statut des anachronies : il faut encore définir les relations qui unissent les segments entre eux.

Si l'on considère le segment A comme le point de départ narratif, et donc en position autonome, le segment B se définit évidemment comme *rétrospectif :* une rétrospection que l'on peut qualifier de

---

1. Pléiade, p. 674.

subjective, en ce sens qu'elle est assumée par le personnage lui-même, dont le récit ne fait que rapporter les pensées présentes (« il se rappelait... »); B est donc temporellement subordonné à A : il se définit comme rétrospectif *par rapport* à A. C procède d'un simple retour à la position initiale, sans subordination. D fait de nouveau rétrospection, mais cette fois-ci directement assumée par le récit : c'est apparemment le narrateur qui mentionne l'absence de mélancolie, même si elle est remarquée par le héros. E nous ramène au présent, mais d'une manière toute différente de C, car cette fois le présent est envisagé à partir du passé, et « du point de vue » de ce passé : ce n'est pas un simple retour au présent, mais une *anticipation* (évidemment subjective) du présent dans le passé; E est donc subordonné à D comme D à C, alors que C était autonome comme A. F nous ramène à la position 1 (le passé) par-dessus l'anticipation E : simple retour de nouveau, mais retour à 1, c'est-à-dire à une position subordonnée. G est de nouveau une anticipation, mais objective celle-là, car le Jean d'autrefois ne prévoyait précisément pas la fin à venir de son amour comme indifférence, mais comme mélancolie de ne plus aimer. H, comme F, est simple retour à 1. I, enfin, est (comme C) simple retour à 2, c'est-à-dire au point de départ.

Ce bref fragment offre donc en raccourci un échantillon très varié des diverses relations temporelles possibles : rétrospections subjectives et objectives, anticipations subjectives et objectives, simples retours à chacune des deux positions. Comme la distinction entre anachronies subjectives et objectives n'est pas d'ordre temporel, mais relève d'autres catégories que l'on retrouvera au chapitre du mode, nous allons pour l'instant la neutraliser; d'autre part, pour éviter les connotations psychologiques attachées à l'emploi de termes comme « anticipation » ou « rétrospection », qui évoquent spontanément des phénomènes subjectifs, nous les éliminerons le plus souvent au profit de deux termes plus neutres : désignant par *prolepse* toute manœuvre narrative consistant à raconter ou évoquer d'avance un événement ultérieur, et par *analepse* toute évocation après coup d'un événement antérieur au point de l'histoire où l'on se trouve, et réservant le terme général d'*anachronie* pour désigner toutes les formes de discordance entre les deux ordres temporels, dont nous verrons qu'elles ne se réduisent pas entièrement à l'analepse et à la prolepse [1].

1. Nous entrons ici dans les embarras (et les disgrâces) de la terminologie. *Prolepse* et *analepse* présentent l'avantage d'entrer par leur radical dans une famille grammatico-rhétorique dont quelques autres membres nous serviront plus tard, et d'autre part nous aurons à jouer de l'opposition entre ce radical -*lepse*, qui désigne en grec le fait de prendre d'où, narrativement, de prendre en charge et

L'analyse des rapports syntaxiques (subordination et coordination) entre les segments nous permet maintenant de substituer à notre première formule, qui ne relevait que les positions, une seconde, qui fait apparaître les relations et les emboîtements :

$$A2 \; [B1] \; C2 \; [D1 \; (E2) \; F1 \; (G2) \; H1] \; I2$$

On voit ici clairement la différence de statut entre les segments A, C et I d'une part, E et G de l'autre, qui occupent tous la même position temporelle, mais non pas au même niveau hiérarchique. On voit aussi que les rapports dynamiques (analepses et prolepses) se situent aux ouvertures de crochets ou de parenthèses, les fermetures répondant à de simples retours. On observe enfin que le fragment étudié ici est parfaitement clos, les positions de départ étant à chaque niveau scrupuleusement réintégrées : nous verrons que ce n'est pas toujours le cas. Bien entendu, les relations numériques permettent de distinguer les analepses et les prolepses, mais on peut expliciter davantage la formule, comme ceci par exemple :

$$A2 \begin{bmatrix} A \\ B1 \end{bmatrix} C2 \begin{bmatrix} \overset{A}{\overbrace{\quad\quad\quad}} \\ D1 \; (E2) \; F1 \; (G2) \; H1 \\ \quad\;\; P \quad\quad\;\; P \end{bmatrix} I2$$

Ce fragment présentait l'avantage (didactique) évident d'une structure temporelle réduite à deux positions : c'est là une situation assez rare, et avant d'abandonner le niveau micro-narratif nous emprunterons à *Sodome et Gomorrhe*[1] un texte beaucoup plus complexe (même si on le réduit, comme nous allons le faire, à ses positions temporelles les plus massives, en laissant de côté quelques nuances), et qui illustre bien l'ubiquité temporelle caractéristique du récit proustien. Nous sommes à la soirée chez le prince de Guermantes, Swann vient de raconter à Marcel la conversion du Prince au dreyfusisme, où, avec une naïve partialité, il voit une preuve d'intelligence.

---

d'assumer (prolepse : prendre d'avance, analepse : prendre après coup), et le radical -*lipse* (comme dans *ellipse* ou *paralipse*) qui désigne au contraire le fait de laisser, de passer sous silence. Mais aucun préfixe emprunté au grec ne nous permet de surplomber l'opposition *pro/ana*. D'où le recours à *anachronie*, qui est parfaitement clair, mais qui sort du système, et dont l'interférence de préfixe avec *analepse* est fâcheuse. Fâcheuse, mais significative.

1. II, p. 712-713.

Voici comment enchaîne le récit de Marcel (je marque d'une lettre le début de chaque segment distingué) :

> (A) Swann trouvait maintenant indistinctement intelligents ceux qui étaient de son opinion, son vieil ami le prince de Guermantes, et mon camarade Bloch (B) qu'il avait tenu à l'écart jusque-là, (C) et qu'il invita à déjeuner. (D) Swann intéressa beaucoup Bloch en lui disant que le prince de Guermantes était dreyfusard. « Il faudrait lui demander de signer nos listes pour Picquart; avec un nom comme le sien, cela ferait un effet formidable. » Mais Swann, mêlant à son ardente conviction d'Israélite la modération diplomatique du mondain, (E) dont il avait trop pris les habitudes (F) pour pouvoir si tardivement s'en défaire, refusa d'autoriser Bloch à envoyer au Prince, même comme spontanément, une circulaire à signer. « Il ne peut faire cela, il ne faut pas demander l'impossible, répétait Swann. Voilà un homme charmant qui a fait des milliers de lieues pour venir jusqu'à nous. Il peut nous être très utile. S'il signait votre liste, il se compromettrait simplement auprès des siens, serait châtié à cause de nous, peut-être se repentirait-il de ses confidences et n'en ferait-il plus. » Bien plus, Swann refusa son propre nom. Il le trouvait trop hébraïque pour ne pas faire mauvais effet. Et puis, s'il approuvait tout ce qui touchait à la révision, il ne voulait être mêlé en rien à la campagne antimilitariste. Il portait (G) ce qu'il n'avait jamais fait jusque-là, la décoration (H) qu'il avait gagnée comme tout jeune mobile, en 70, (I) et ajouta à son testament un codicille pour demander que, (J) contrairement à ses dispositions précédentes, (K) des honneurs militaires fussent rendus à son grade de chevalier de la Légion d'honneur. Ce qui assembla autour de l'église de Combray tout un escadron de (L) ces cavaliers sur l'avenir desquels pleurait autrefois Françoise, quand elle envisageait (M) la perspective d'une guerre. (N) Bref Swann refusa de signer la circulaire de Bloch, de sorte que, s'il passait pour un dreyfusard enragé aux yeux de beaucoup, mon camarade le trouva tiède, infecté de nationalisme, et cocardier. (O) Swann me quitta sans me serrer la main pour ne pas être obligé de faire des adieux, etc.

On a donc distingué ici (encore une fois très grossièrement et à titre purement démonstratif) quinze segments narratifs, qui se répartissent sur neuf positions temporelles. Ces positions sont les suivantes, dans l'ordre chronologique : 1⁰ la guerre de 70; 2⁰ l'enfance de Marcel à Combray; 3⁰ avant la soirée Guermantes; 4⁰ la soirée Guermantes, que l'on peut situer en 1898; 5⁰ l'invitation de Bloch (nécessairement postérieure à cette soirée, d'où Bloch est absent); 6⁰ le déjeuner Swann-Bloch; 7⁰ la rédaction du codicille; 8⁰ les obsèques de Swann; 9⁰ la guerre dont Françoise « envisage la perspective », qui en toute rigueur n'occupe aucune position définie, puisqu'elle est purement hypothétique, mais que l'on peut identifier, pour la situer dans le temps et simplifier les choses, à la guerre de 14-18. La formule des positions sera donc celle-ci :

A4-B3-C5-D6-E3-F6-G3-H1-I7-J3-K8-L2-M9-N6-O4

Si l'on compare la structure temporelle de ce fragment à celle du précédent, on remarque, outre le plus grand nombre de positions, un emboîtement hiérarchique beaucoup plus complexe, puisque, par exemple, M dépend de L, qui dépend de K, qui dépend de I, qui dépend de la grande prolepse D-N. D'autre part, certaines anachronies, comme B et C, se juxtaposent sans retour explicite à la position de base : elles sont donc au même niveau de subordination, et simplement coordonnées entre elles. Enfin, le passage de C5 à D6 ne fait pas véritablement prolepse, puisqu'on ne reviendra jamais à la position 5 : il constitue donc une simple ellipse du temps écoulé entre 5 (l'invitation) et 6 (le déjeuner); l'ellipse, ou bond en avant sans retour, n'est évidemment pas une anachronie, mais une simple accélération du récit que nous étudierons au chapitre de la durée : elle affecte bien le *temps*, mais non pas sous les espèces de l'*ordre*, qui seul nous intéresse ici; nous ne marquerons donc pas ce passage de C à D par un crochet, mais par un simple tiret, qui indiquera ici une pure succession. Voici donc la formule complète :

A4 [B3] [C5-D6 (E3) F6 (G3) (H1) (I7<J3> <K8 (L2<M9>)>)>)N6] O4

Nous abandonnerons maintenant le niveau micro-narratif pour considérer la structure temporelle de la *Recherche* prise dans ses grandes articulations. Il va de soi qu'une analyse à ce niveau ne peut tenir compte des détails qui relèvent d'une autre échelle, et qu'elle procède donc d'une simplification des plus grossières : nous passons ici de la micro-structure à la macro-structure.

Le premier segment temporel de la *Recherche*, auquel sont consacrées les six premières pages du livre, évoque un moment impossible à dater avec précision, mais qui se situe assez tard dans la vie du héros [1], à l'époque où, se couchant de bonne heure et souffrant

---

1. En effet, l'une des chambres évoquées est celle de Tansonville, où Marcel n'a dormi qu'au cours du séjour raconté à la fin de *La Fugitive* et au début du *Temps retrouvé*. La période des insomnies, nécessairement postérieure à ce séjour, pourrait coïncider avec l'une et/ou l'autre des cures en maison de santé qui font suite, et qui encadrent l'épisode Paris en guerre (1916).

d'insomnies, il passait une grande partie de ses nuits à se remémorer son passé. Ce premier temps dans l'ordre narratif est donc loin d'être le premier dans l'ordre diégétique. Anticipant sur la suite de l'analyse, affectons-lui dès maintenant la position 5 dans l'histoire. Donc : A 5

Le deuxième segment (p. 9 à 43), c'est le récit fait par le narrateur, mais manifestement inspiré par les souvenirs du héros insomniaque (qui remplit ici la fonction de ce que Marcel Muller [1] appelle le *sujet intermédiaire*), d'un épisode très circonscrit mais très important de son enfance à Combray : la fameuse scène de ce qu'il nomme « le drame de (son) coucher », au cours de laquelle sa mère, empêchée par la visite de Swann de lui accorder son rituel baiser du soir, finira — « première abdication » décisive — par céder à ses instances et passer la nuit auprès de lui : B2.

Le troisième segment (p. 43-44) nous ramène très brièvement sur la position 5, celle des insomnies : C5. Le quatrième se situe probablement quelque part à l'intérieur de cette période, puisqu'il détermine une modification dans le contenu des insomnies [2] : c'est l'épisode de la madeleine (p. 44 à 48), au cours duquel le héros se voit restituer tout un versant de son enfance (« de Combray, tout ce qui n'était pas le théâtre et le drame de mon coucher ») qui jusque-là était resté enfoui (et conservé) dans un apparent oubli : D5'. Lui succède donc un cinquième segment, second retour à Combray, mais beaucoup plus vaste que le premier dans son amplitude temporelle, puisqu'il couvre cette fois (non sans ellipses) la totalité de l'enfance combraysienne. *Combray II* (p. 48 à 186) sera donc pour nous E2', contemporain de B2, mais le débordant largement, comme C5 déborde et inclut D5'.

Le sixième segment (p. 186-187) fait retour à la position 5 (insomnies) : F5, donc, qui sert encore de tremplin pour une nouvelle analepse mémorielle, dont la position est la plus ancienne de toutes, puisque antérieure à la naissance du héros : *Un amour de Swann* (p. 188 à 382), septième segment : G1.

Huitième segment, très bref retour (p. 383) à la position des insomnies, donc H5, qui de nouveau ouvre une analepse, avortée cette fois mais dont la fonction d'annonce ou de pierre d'attente est manifeste pour le lecteur attentif : l'évocation en une demi-page (toujours

1. *Les Voix narratives*, première partie, chap. II, et *passim*. Sur la distinction entre héros et narrateur, je reviendrai au dernier chapitre.
2. Après la madeleine, le Combray « total » sera intégré aux souvenirs de l'insomniaque.

p. 383) de la chambre de Marcel à Balbec : neuvième segment I4, à quoi se coordonne immédiatement, cette fois sans retour perceptible au relais des insomnies, le récit (lui aussi rétrospectif par rapport au point de départ) des rêveries de voyage du héros à Paris, plusieurs années avant son séjour à Balbec ; le dixième segment sera donc J3 : adolescence parisienne, amours avec Gilberte, fréquentation de Mme Swann, puis, après une ellipse, premier séjour à Balbec, retour à Paris, entrée dans le milieu Guermantes, etc. : désormais, le mouvement est acquis, et le récit, dans ses grandes articulations, devient à peu près régulier et conforme à l'ordre chronologique — si bien que l'on peut considérer, au niveau d'analyse où nous nous situons ici, que le segment J3 est extensif à toute la suite (et fin) de la *Recherche*.

La formule de ce début est donc, selon nos conventions antérieures :

A5 [B2] C5 [D5'(E2')] F5 [G1] H5 [I4] [J3...

Ainsi, la *Recherche du temps perdu* s'inaugure par un vaste mouvement de va-et-vient à partir d'une position-clé, stratégiquement dominante, qui est évidemment la position 5 (insomnies), avec sa variante 5' (madeleine), positions du « sujet intermédiaire », insomniaque ou miraculé de la mémoire involontaire, dont les souvenirs commandent la totalité du récit, ce qui donne au point 5-5' la fonction d'une sorte de relais obligé, ou — si l'on ose dire — de *dispatching* narratif : pour passer de *Combray I* à *Combray II*, de *Combray II* à *Un amour de Swann*, d'*Un amour de Swann* à Balbec, il faut sans cesse revenir à cette position, centrale quoique excentrique (puisque ultérieure), dont la contrainte ne se desserre qu'au passage de Balbec à Paris, bien que ce dernier segment (J3) soit lui aussi (en tant que coordonné au précédent) subordonné à l'activité mémorielle du sujet intermédiaire, et donc lui aussi analeptique. La différence — certes capitale — entre cette analepse et toutes les précédentes est que celle-ci reste *ouverte*, et que son amplitude se confond avec la *Recherche* presque entière : ce qui signifie entre autres choses qu'elle rejoindra et dépassera, sans le dire et comme sans le voir, son point d'émission mémoriel, apparemment englouti dans une de ses ellipses. Nous reviendrons plus loin sur cette particularité. Retenons seulement pour l'instant ce mouvement de zigzag, ce bégaiement initial, et comme initiatique, ou propitiatoire : 5-2-5-5'-2'-5-1-5-4-3..., lui-même déjà contenu, comme tout le reste, dans la cellule embryonnaire des six premières pages, qui nous promènent de chambre en chambre et d'âge en âge, de Paris à Combray, de Doncières à Balbec, de Venise à Tansonville. Piétinement non pas immobile, au reste, malgré ses incessants retours, puisque, grâce à lui, au *Combray I* ponctuel succède un *Combray II* plus vaste, un *Amour de Swann* plus ancien mais au mouvement déjà irréversible, un *Nom de pays : le Nom*, enfin, à partir de quoi le récit, définitivement, assure sa marche et trouve son régime.

Ces ouvertures à structure complexe, et comme mimant pour mieux l'exorciser l'inévitable *difficulté du commencement*, sont apparemment dans la tradition narrative la plus ancienne et la plus constante : nous avons déjà noté le départ en crabe de l'*Iliade*, et il faut rappeler ici qu'à la convention du début *in medias res* s'est ajoutée ou superposée pendant toute l'époque classique celle des emboîtements narratifs (X raconte qu'Y raconte que...), qui fonctionne encore, nous y reviendrons plus tard, dans *Jean Santeuil*, et qui laisse au narrateur le temps de *placer sa voix*. Ce qui fait la particularité de l'exorde de la *Recherche*, c'est évidemment la multiplication des instances mémorielles, et par suite la *multiplication des débuts*, dont chacun (sauf le dernier) peut apparaître après coup comme un prologue introductif. Premier début (début absolu) : « Longtemps je me suis couché de bonne heure... » Second début (début apparent de l'autobiographie), six pages plus loin : « A Combray, tous les jours dès la fin de l'après-midi... » Troisième début (entrée en scène de la mémoire involontaire), trente-quatre pages plus loin : « C'est ainsi que, pendant longtemps, quand, réveillé la nuit, je me ressouvenais de Combray...» Quatrième début (reprise après madeleine, véritable début de l'autobiographie), cinq pages plus loin : « Combray, de loin, à dix lieues à la ronde... » Cinquième début, cent quarante pages plus loin : *ab ovo*, amour de Swann (nouvelle *exemplaire* s'il en fut, archétype de toutes les amours proustiennes), naissances conjointes (et occultées) de Marcel et de Gilberte (« Nous avouerons, dirait ici Stendhal, que, suivant l'exemple de beaucoup de graves auteurs, nous avons commencé l'histoire de notre héros une année avant sa naissance » — Swann n'est-il pas à Marcel, *mutatis mutandis* et, j'espère, en tout bien tout honneur[1], ce que le lieutenant Robert est à Fabrice del Dongo?) Cinquième début, donc : « Pour faire partie du 'petit noyau', du 'petit groupe', du 'petit clan' des Verdurin... » Sixième début, cent quatre-vingt-quinze pages plus loin : « Parmi les chambres

---

1. Mais le rôle de Swann dans la scène du coucher n'est-il pas typiquement *paternel?* Après tout, c'est lui qui prive l'enfant de la présence de sa mère. Le père légal, au contraire, se montre ici d'un laxisme coupable, d'une complaisance goguenarde et suspecte : « Va avec le petit. » Que conclure de ce faisceau?

dont j'évoquais le plus souvent l'image dans mes nuits d'insomnie... »,
immédiatement suivi d'un septième et donc, comme il se doit, dernier
début : « mais rien ne ressemblait moins non plus à ce Balbec réel
que celui dont j'avais souvent rêvé... » Cette fois, le mouvement est
lancé : il ne s'arrêtera plus.

Portée, amplitude.

J'ai dit que la suite de la *Recherche* adoptait dans ses grandes
articulations une disposition conforme à l'ordre chronologique,
mais ce parti d'ensemble n'exclut pas la présence d'un grand nombre
d'anachronies de détail : analepses et prolepses, mais aussi d'autres
formes plus complexes ou plus subtiles, peut-être plus spécifiques
du récit proustien, en tout cas plus éloignées à la fois de la chronologie « réelle » et de la temporalité narrative classique. Avant d'aborder
l'analyse de ces anachronies, précisons bien qu'il ne s'agit là que
d'une analyse temporelle, et encore réduite aux seules questions
d'ordre, abstraction faite pour l'instant de la vitesse et de la fréquence,
et a fortiori des caractéristiques de mode et de voix qui peuvent
affecter les anachronies comme toute autre sorte de segments narratifs.
On négligera ici, en particulier, une distinction capitale qui oppose
les anachronies directement prises en charge par le récit, et qui restent
donc au même niveau narratif que ce qui les entoure (exemple,
les vers 7 à 12 de l'*Iliade* ou le deuxième chapitre de *César Birotteau*),
et celles qu'assume un des personnages du récit premier, et qui se
trouvent donc à un niveau narratif second : exemple, les chants IX
à XII de l'*Odyssée* (récit d'Ulysse), ou l'autobiographie de Raphaël
de Valentin dans la deuxième partie de *la Peau de chagrin*. Nous
retrouverons évidemment cette question, qui n'est pas spécifique des
anachronies bien qu'elle les concerne au premier chef, au chapitre de
la voix narrative.

Une anachronie peut se porter, dans le passé ou dans l'avenir, plus
ou moins loin du moment « présent », c'est-à-dire du moment de
l'histoire où le récit s'est interrompu pour lui faire place : nous appellerons *portée* de l'anachronie cette distance temporelle. Elle peut aussi
couvrir elle-même une durée d'histoire plus ou moins longue : c'est
ce que nous appellerons son *amplitude*. Ainsi, lorsque Homère, au
chant XIX de l'*Odyssée*, évoque les circonstances dans lesquelles
Ulysse, adolescent, a reçu jadis la blessure dont il porte encore la
cicatrice au moment où Euryclée s'apprête à lui laver les pieds, cette

analepse, qui occupe les vers 394 à 466, a une portée de plusieurs dizaines d'années et une amplitude de quelques jours. Ainsi défini, le statut des anachronies semble n'être qu'une question de plus ou de moins, affaire de mesure à chaque fois spécifique, travail de chronométreur sans intérêt théorique. Il est toutefois possible (et, selon moi, utile) de répartir les caractéristiques de portée et d'amplitude de façon *discrète* par rapport à certains moments pertinents du récit. Cette répartition s'applique de façon sensiblement identique aux deux grandes classes d'anachronies, mais pour la commodité de l'exposé et pour éviter le risque d'une trop grande abstraction, nous opérerons d'abord exclusivement sur les analepses, quitte à élargir ensuite la procédure.

Analepses.

Toute anachronie constitue par rapport au récit dans lequel elle s'insère — sur lequel elle se greffe — un récit temporellement second, subordonné au premier dans cette sorte de syntaxe narrative que nous avons rencontrée dès l'analyse, tentée plus haut, d'un très court fragment de *Jean Santeuil*. Nous appellerons désormais « récit premier » le niveau temporel de récit par rapport auquel une anachronie se définit comme telle. Bien entendu — et nous l'avons déjà vérifié — les emboîtements peuvent être plus complexes, et une anachronie peut faire figure de récit premier par rapport à une autre qu'elle supporte, et plus généralement, par rapport à une anachronie, l'ensemble du contexte peut être considéré comme récit premier.

Le récit de la blessure d'Ulysse porte sur un épisode bien évidemment antérieur au point de départ temporel du « récit premier » de l'*Odyssée*, même si, selon ce principe, on englobe dans cette notion le récit rétrospectif d'Ulysse chez les Phéaciens, qui remonte jusqu'à la chute de Troie. Nous pouvons donc qualifier d'*externe* cette analepse dont toute l'amplitude reste extérieure à celle du récit premier. On en dira autant, par exemple, du deuxième chapitre de *César Birotteau*, dont l'histoire, comme l'indique clairement son titre (« Les antécédents de César Birotteau »), précède le drame ouvert par la scène nocturne du premier chapitre. Inversement, nous qualifierons d'analepse *interne* le chapitre six de *Madame Bovary*, consacré aux années de couvent d'Emma, évidemment postérieures à l'entrée de Charles au lycée, qui est le point de départ du roman; ou encore, le début des *Souffrances de l'inventeur* [1], qui, après le récit des aventures parisiennes

1. *Illusions perdues*, Garnier, p. 550-643.

de Lucien de Rubempré, sert à informer le lecteur de ce que fut pendant ce temps la vie de David Séchard à Angoulême. On peut aussi concevoir, et l'on rencontre parfois, des analepses *mixtes*, dont le point de portée est antérieur et le point d'amplitude postérieur au début du récit premier : ainsi l'histoire de des Grieux dans *Manon Lescaut*, qui remonte à plusieurs années avant la première rencontre avec l'Homme de Qualité, et se poursuit jusqu'au moment de la seconde rencontre, qui est aussi celui de la narration.

Cette distinction n'est pas aussi futile qu'elle peut le paraître au premier abord. En effet, les analepses externes et les analepses internes (ou mixtes, dans leur partie interne) se présentent de façon tout à fait différente à l'analyse narrative, au moins sur un point qui me semble capital. Les analepses externes, du seul fait qu'elles sont externes, ne risquent à aucun moment d'interférer avec le récit premier, qu'elles ont seulement pour fonction de compléter en éclairant le lecteur sur tel ou tel « antécédent » : c'est évidemment le cas des quelques exemples déjà cités, et c'est encore, et tout aussi typiquement, celui d'*Un amour de Swann* dans la *Recherche du temps perdu*. Il n'en va pas de même des analepses internes, dont le champ temporel est compris dans celui du récit premier, et qui présentent un risque évident de redondance ou de collision. Il nous faut donc considérer de plus près ces problèmes d'interférence.

On mettra tout d'abord hors de cause les analepses internes que je propose d'appeler *hétérodiégétiques* [1], c'est-à-dire portant sur une ligne d'histoire, et donc un contenu diégétique différent de celui (ou ceux) du récit premier : soit, très classiquement, sur un personnage nouvellement introduit et dont le narrateur veut éclairer les « antécédents », comme Flaubert pour Emma dans le chapitre déjà cité; ou sur un personnage perdu de vue depuis quelque temps et dont il faut ressaisir le passé récent, comme c'est le cas pour David au début des *Souffrances de l'inventeur*. Ce sont là, peut-être, les fonctions les plus traditionnelles de l'analepse, et il est évident que la coïncidence temporelle n'entraîne pas ici de véritable interférence narrative : ainsi, lorsque à l'entrée du prince de Faffenheim dans le salon Villeparisis une digression rétrospective de quelques pages [2] nous apprend les raisons de cette présence, c'est-à-dire les péripéties de la candidature du prince à l'Académie des Sciences morales; ou lorsque, retrouvant Gilberte Swann devenue Mlle de Forcheville, Marcel se fait expliquer les raisons de ce changement de nom [3]. Le mariage de Swann, ceux de Saint-Loup et du « petit Cambremer », la mort de

1. *Figures II*, p. 202. — 2. II, p. 257-263. — 3. III, p. 574-582.

Bergotte [1] viennent ainsi rejoindre après coup la ligne principale de l'histoire, qui est l'autobiographie de Marcel, sans aucunement inquiéter le privilège du récit premier.

Bien différente est la situation des analepses internes *homodiégétiques*, c'est-à-dire qui portent sur la même ligne d'action que le récit premier. Ici, le risque d'interférence est évident, et même apparemment inévitable. En fait, nous devons ici encore distinguer deux catégories.

La première, que j'appellerai analepses *complétives*, ou « renvois », comprend les segments rétrospectifs qui viennent combler après coup une lacune antérieure du récit, lequel s'organise ainsi par omissions provisoires et réparations plus ou moins tardives, selon une logique narrative partiellement indépendante de l'écoulement du temps. Ces lacunes antérieures peuvent être des ellipses pures et simples, c'est-à-dire des failles dans la continuité temporelle. Ainsi, le séjour de Marcel à Paris en 1914, raconté à l'occasion d'un autre séjour, en 1916 celui-là, vient-il combler partiellement l'ellipse de plusieurs « longues années » passées par le héros dans une maison de santé [2]; la rencontre de la Dame en rose dans l'appartement de l'oncle Adolphe [3] ouvre au milieu du récit combraysien une porte sur la face parisienne de l'enfance de Marcel, totalement occultée, à cette exception près, jusqu'à la troisième partie de *Swann*. C'est évidemment dans des lacunes temporelles de ce genre qu'il faut (hypothétiquement) placer certains événements de la vie de Marcel qui ne nous sont connus que par de brèves allusions rétrospectives : un voyage en Allemagne avec sa grand-mère, antérieur au premier à Balbec, un séjour dans les Alpes antérieur à l'épisode de Doncières, un voyage en Hollande antérieur au dîner Guermantes, ou encore — sensiblement plus difficiles à loger, étant donné la durée du service à cette époque — les années de service militaire évoquées en incise au cours de la dernière promenade avec Charlus [4]. Mais il est une autre sorte de lacunes, d'ordre moins strictement temporel, qui consistent non plus en l'élision d'un segment diachronique, mais en l'omission d'un des éléments constitutifs de la situation, dans une période en principe couverte par le

1. I, p. 467-471; III, p. 664-673; III, p. 182-188.
2. III, p. 737-755, cf. p. 723.
3. I, p. 72-80.
4. I, p. 718; II, p. 83; II, p. 523; III, p. 808. A supposer, bien entendu, que l'on prenne intégralement au sérieux ces informations rétrospectives, ce qui est la loi de l'analyse narrative. Le critique, lui, peut aussi bien considérer de telles allusions comme des lapsus de l'auteur, où peut-être la biographie de Proust se projette momentanément sur celle de Marcel.

récit : soit le fait, par exemple, de raconter son enfance en occultant systématiquement l'existence de l'un des membres de sa famille (ce qui serait l'attitude de Proust envers son frère Robert si l'on tenait la *Recherche* pour une véritable autobiographie). Ici, le récit ne saute pas, comme dans l'ellipse, par-dessus un moment, il passe *à côté* d'une donnée. Ce genre d'ellipse latérale, nous l'appellerons, conformément à l'étymologie et sans trop d'entorse à l'usage rhétorique, une *paralipse* [1]. Comme l'ellipse temporelle, la paralipse se prête évidemment fort bien au comblement rétrospectif. Ainsi, la mort de Swann, ou plus précisément son effet sur Marcel (car cette mort en elle-même pourrait être tenue pour extérieure à l'autobiographie du héros, et donc ici pour hétérodiégétique) n'a pas été raconté en son temps, et cependant aucune ellipse temporelle ne peut en principe trouver place entre la dernière apparition de Swann (à la soirée Guermantes) et le jour du concert Charlus-Verdurin où s'insère la nouvelle rétrospective de sa mort [2] : il faut donc supposer que cet événement très important dans la vie affective de Marcel (« La mort de Swann m'avait à l'époque bouleversé ») a été omis latéralement, en paralipse. Exemple plus net encore : la fin de la passion de Marcel pour la duchesse de Guermantes, grâce à l'intervention quasi miraculeuse de sa mère, fait l'objet [3] d'un récit rétrospectif sans précision de date (« Un certain jour... »); mais comme il est question de la grand-mère souffrante au cours de cette scène, il faut évidemment la placer avant le deuxième chapitre de *Guermantes II* (p. 345); mais aussi, bien sûr, après la page 204, où l'on voit qu'Oriane ne lui est pas encore « devenue indifférente ». Il n'y a là nulle ellipse temporelle repérable; Marcel a donc omis de nous rapporter en son temps cet aspect pourtant capital de sa vie intérieure. Mais le cas le plus remarquable, quoique rarement relevé par les critiques, peut-être parce qu'ils refusent de la prendre au sérieux, est celui de cette mystérieuse « petite cousine » dont nous apprenons, au moment où Marcel donne à une entremetteuse le canapé de la tante Léonie [4], qu'il a connu avec elle, sur ce même canapé, « pour la première fois les plaisirs de l'amour »; et ce, nulle part ailleurs qu'à Combray, et à une date assez ancienne,

---

1. La paralipse des rhétoriciens est plutôt une fausse omission, autrement dite prétérition. Ici, la paralipse en tant que figure narrative s'oppose à l'ellipse comme *laisser de côté* s'oppose à *laisser sur place*. Nous retrouverons plus loin la paralipse comme fait de *mode*.
2. III, p. 199-201; à moins que l'on ne considère comme ellipse le traitement itératif des premiers mois de vie commune avec Albertine au début de la Prisonnière.
3 II, p. 371.
4. I, p. 578.

puisqu'il est précisé que la scène d' « initiation [1] » s'est passée « une heure où ma tante Léonie était levée », et que l'on sait par ailleurs que dans les dernières années Léonie ne quittait plus la chambre [2]. Laissons de côté la valeur thématique probable de cette confidence tardive, et admettons même que l'omission de l'événement dans le récit de *Combray* relève d'une pure ellipse temporelle : l'omission du *personnage* dans le tableau de famille ne peut se définir, lui, que comme une paralipse, et la valeur de censure en est peut-être encore plus forte. Cette petite cousine sur canapé sera donc pour nous — chaque âge a ses plaisirs — : analepse sur paralipse.

Nous avons jusqu'ici considéré la localisation (rétroactive) des analepses comme s'il s'agissait toujours d'un événement unique à placer en un seul point de l'histoire passée, et éventuellement du récit antérieur. En fait, certaines rétrospections, quoique consacrées à des événements singuliers, peuvent renvoyer à des ellipses itératives [3], c'est-à-dire portant non sur une seule fraction du temps écoulé, mais sur plusieurs fractions considérées comme semblables et en quelque sorte répétitives : ainsi, la rencontre avec la Dame en rose peut renvoyer à n'importe quel jour des mois d'hiver où Marcel et ses parents vivaient à Paris, en n'importe quelle année antérieure à la brouille avec l'oncle Adolphe : événement singulier, certes, mais dont la localisation est pour nous de l'ordre de l'espèce ou de la classe (un hiver) et non de l'individu (tel hiver). Il en est ainsi a fortiori quand l'événement raconté par analepse est lui-même d'ordre itératif. Ainsi, dans les *Jeunes Filles en fleurs*, le jour de la première apparition de la « petite bande » se termine par un dîner à Rivebelle qui n'est pas le premier; ce dîner est pour le narrateur l'occasion d'un retour en arrière sur la série précédente, rédigé pour l'essentiel à l'imparfait de répétition, et qui raconte en une seule fois tous les dîners antérieurs [4] : il est clair que l'ellipse remplie par cette rétrospection ne peut être elle-même qu'itérative. De même, l'analepse qui

1. « Cousine (une petite). Mon initiatrice : I, p. 578 », note, imperturbable et précis, l'Index des noms de personnes de Clarac et Ferré.
2. Il est vrai qu'elle a deux chambres, contiguës, passant dans l'une pendant qu'on aère l'autre (I, p. 49). Mais s'il en est ainsi, la scène devient des plus risquées. D'autre part, la relation n'est pas claire entre ce « canapé » et le lit décrit p. 50, avec son couvre-lit à fleurs à « l'odeur médiane, poisseuse, fade, indigeste et fruitée » où le très jeune Marcel, « avec une convoitise inavouée », revenait toujours s' « engluer ». Laissons ce problème aux spécialistes, et rappelons que dans la « Confession d'une Jeune Fille » des *Plaisirs et les Jours* l' « initiation » met aux prises l'héroïne de quatorze ans et un « petit cousin » de quinze, « déjà très vicieux » (Pléiade, p. 87).
3. Sur l'itératif en général, nous reviendrons au chap. III.
4. I, p. 808-823.

ferme les *Jeunes Filles,* dernier regard sur Balbec après le retour à Paris [1], porte d'une manière synthétique sur toute la série des siestes que Marcel, pendant tout son séjour, sur l'ordre du médecin, avait dû faire chaque matin jusqu'à midi pendant que ses jeunes amies se promenaient sur la digue ensoleillée, et qu'éclatait sous ses fenêtres le concert matinal : ici encore, une analepse itérative vient combler une ellipse itérative — permettant ainsi à cette partie de la *Recherche* de s'achever, non sur la grisaille d'un triste retour, mais sur le glorieux point d'orgue — point d'or — d'un inaltérable soleil d'été.

Avec le second type d'analepses (internes) homodiégétiques, que nous appellerons précisément analepses *répétitives,* ou « rappels », nous n'échapperons plus à la redondance, car le récit y revient ouvertement, parfois explicitement, sur ses propres traces. Bien entendu, ces analepses en rappel peuvent rarement atteindre des dimensions textuelles très vastes : ce sont plutôt des allusions du récit à son propre passé, de ce que Lämmert [2] appelle *Ruckgriffe,* ou « rétroceptions ». Mais leur importance dans l'économie du récit, surtout chez Proust, compense largement leur faible extension narrative.

Il faut évidemment ranger parmi ces rappels les trois réminiscences dues à la mémoire involontaire au cours de la matinée Guermantes, et qui (contrairement à celle de la madeleine) renvoient toutes à un moment antérieur du récit : le séjour à Venise, la halte en chemin de fer devant une rangée d'arbres, la première matinée devant la mer à Balbec [3]. Ce sont là des rappels à l'état pur, volontairement choisis ou inventés pour leur caractère fortuit et banal; mais en même temps s'y esquisse une comparaison du présent au passé : comparaison pour une fois réconfortante, puisque le moment de la réminiscence est toujours euphorique, même s'il ressuscite un passé en lui-même douloureux : « Je reconnus que ce qui me paraissait si agréable était la même rangée d'arbres que j'avais trouvée ennuyeuse à observer et à décrire [4]. » C'est encore la comparaison de deux situations à la fois semblables et différentes qui motive souvent des rappels où la mémoire involontaire ne joue aucun rôle : ainsi, lorsque les paroles du duc de Guermantes à propos de la princesse de Parme, « Elle vous trouve charmant », rappellent au héros — et donnent au narrateur l'occasion de nous rappeler — celles, identiques, de Mme de Villeparisis à propos

1. I, p. 953-955.
2. *Bauformen des Erzählens,* Stuttgart, 1955, 2e partie.
3. III, p. 866-869; cf. III, p. 623-655, III, p. 855 et I, p. 672-674.
4. Rappelons que le sentiment d'ennui devant la rangée d'arbres avait été pour Marcel le signe de la vocation littéraire manquée, et donc de l'échec de sa vie.

d'une autre « altesse », la princesse de Luxembourg [1]. L'accent est ici sur l'analogie; il est au contraire sur l'opposition lorsque Saint-Loup présente à Marcel son égérie Rachel, et que celui-ci reconnaît aussitôt en elle la petite prostituée d'autrefois, « celle qui, il y a quelques années (...), disait à la maquerelle : ' Alors, demain soir, si vous avez besoin de moi pour quelqu'un, vous me ferez chercher [2] ' » — phrase qui reproduit en effet presque textuellement celle que prononçait « Rachel quand du Seigneur » dans les *Jeunes Filles en fleurs* [3] : « Alors, c'est entendu, demain je suis libre, si vous avez quelqu'un vous n'oublierez pas de me faire chercher », la variante de *Guermantes* étant pour ainsi dire déjà prévue en ces termes : « Elle variait seulement la forme de sa phrase en disant : ' si vous avez besoin de moi ' ou ' si vous avez besoin de quelqu'un '. » Le rappel est ici d'une précision manifestement obsessionnelle, et met les deux segments en communication directe : d'où l'interpolation dans le second segment du paragraphe sur la conduite passée de Rachel, qui semble comme arraché au texte du premier. Exemple saisissant de migration, ou si l'on veut de dissémination narrative.

Comparaison encore, dans *la Prisonnière* [4], entre la lâcheté présente de Marcel envers Albertine et le courage qu'il avait eu autrefois en face de Gilberte, alors qu'il avait « encore assez de force pour renoncer à elle » : ce retour sur soi confère rétroactivement à l'épisode passé un sens qu'il n'avait pas encore en son temps. C'est en effet la fonction la plus constante des rappels, dans la *Recherche*, que de venir modifier après coup la signification des événements passés, soit en rendant signifiant ce qui ne l'était pas, soit en réfutant une première interprétation et en la remplaçant par une nouvelle.

La première modalité est désignée de façon très précise par le narrateur lui-même lorsqu'il écrit à propos de l'incident des seringas [5] : « Au moment même, je ne trouvai à tout cela rien que de très naturel, tout au plus d'un peu confus, en tout cas d'*insignifiant* », et encore : « incident dont la cruelle *signification* m'échappa entièrement et ne fut comprise par moi que longtemps après ». Cette signification sera livrée par Andrée après la mort d'Albertine [6], et ce cas d'interpré-

---

1. II, p. 425; cf. I, p. 700.
2. II, p. 158.
3. I, p. 577.
4. III, p. 344.
5. III, p. 54-55 : rentrant chez lui avec des seringas, Marcel se heurte à Andrée qui, prétextant quelque allergie, l'empêche d'entrer tout de suite. En fait, elle était ce jour-là en situation coupable avec Albertine.
6. III, p. 600-601.

tation différée nous vaut un exemple à peu près parfait de récit double, d'abord du point de vue (naïf) de Marcel, puis du point de vue (éclairé) d'Andrée et d'Albertine, où la clef enfin donnée dissipe toute espèce de « confusion ». Avec beaucoup plus d'ampleur, la rencontre tardive de Mlle de Saint-Loup [1], fille de Gilberte et de Robert, sera pour Marcel l'occasion d'une « reprise » générale des principaux épisodes de son existence, jusqu'alors perdus dans l'insignifiance de la dispersion, et soudain rassemblés, rendus significatifs d'être tous reliés entre eux, parce que tous reliés à l'existence de cette enfant née Swann et Guermantes, petite-fille de la Dame en rose, petite-nièce de Charlus, évocatrice à la fois des « deux côtés » de Combray, mais aussi de Balbec, des Champs-Elysées, de la Raspelière, d'Oriane, de Legrandin, de Morel, de Jupien... : hasard, contingence, arbitraire soudain abolis, biographie soudain « prise » dans le réseau d'une structure et la cohésion d'un sens.

Ce principe de la signification différée ou suspendue [2] joue évidemment à plein dans la mécanique de l'*énigme*, analysée par Barthes dans *S/Z*, et dont une œuvre aussi sophistiquée que la *Recherche* fait un usage peut-être surprenant pour ceux qui placent cette œuvre aux antipodes du roman populaire — ce qui est vrai, sans doute, de sa signification et de sa valeur esthétique, mais non pas toujours de ses procédés. Il y a du « c'était Milady » dans la *Recherche*, ne serait-ce que sous la forme humoristique du « c'était mon camarade Bloch » des *Jeunes Filles*, quand l'antisémite tonitruant sort de sa tente [3]. Le lecteur attendra plus de mille pages avant d'apprendre, en même temps que le héros [4], s'il ne l'a déjà devinée de lui-même, l'identité de la Dame en rose. Après la publication de son article dans *le Figaro*, Marcel reçoit une lettre de félicitations signée Sanilon, écrite dans un style populaire et charmant : « je fus navré de ne pouvoir découvrir qui m'avait écrit »; il saura, et nous saurons avec lui plus tard, qu'il s'agit de Théodore, l'ex-garçon épicier et enfant de chœur de Combray [5]. Entrant dans la bibliothèque du duc de Guermantes, il croise un petit bourgeois provincial, timide et râpé : c'était le duc de Bouillon [6]! Une grande femme lui fait des avances dans la rue : ce sera Mme d'Orvilliers [7]! Dans le petit train de la Raspelière, une

1. III, p. 1029-1030.
2. Voir Jean-Yves Tadié, *Proust et le Roman*, Gallimard, 1971, p. 124.
3. I, p. 738.
4. II, p. 267.
5. III, p. 591 et 701.
6. II, p. 573 et 681.
7. II, p. 373 et 721.

grosse dame vulgaire à tête de maquerelle lit la *Revue des deux mondes* : ce sera la princesse Sherbatoff [1]! Quelque temps après la mort d'Albertine, une jeune fille blonde aperçue au Bois, puis dans la rue, lui jette un coup d'œil qui l'enflamme : retrouvée dans le salon Guermantes, ce sera Gilberte [2]! Le procédé est si fréquent, il fait si manifestement contexte et norme, que l'on peut jouer parfois, en contraste ou écart, de son exceptionnelle absence ou degré zéro : dans le petit train de la Raspelière, une splendide jeune fille aux yeux noirs, à la chair de magnolia, aux manières libres, à la voix rapide, fraîche et rieuse : « Je voudrais tant la retrouver, m'écriai-je. — Tranquillisez-vous, on se retrouve toujours, répondit Albertine. Dans le cas particulier, elle se trompait; je n'ai jamais retrouvé ni identifié la belle jeune fille à la cigarette [3]. »

Mais l'usage le plus typique du rappel est sans doute, chez Proust, celui par lequel un événement déjà pourvu en son temps d'une signification voit après coup cette première interprétation remplacée par une autre (qui n'est pas nécessairement meilleure). Ce procédé est évidemment l'un des moyens les plus efficaces de la circulation du sens dans le roman, et de ce perpétuel « renversement du pour au contre » qui caractérise l'apprentissage proustien de la vérité. Saint-Loup, à Doncières, rencontrant Marcel dans une rue, ne le reconnaît apparemment pas, et le salue froidement comme un soldat : nous apprendrons plus loin qu'il l'avait reconnu mais ne voulait pas s'arrêter [4]. La grand-mère, à Balbec, insiste avec une irritante futilité pour que Saint-Loup la photographie avec son beau chapeau : elle se savait condamnée et voulait laisser à son petit-fils un souvenir où ne se vît pas sa mauvaise mine [5]. L'amie de Mlle Vinteuil, la profanatrice de Montjouvain, se consacrait pieusement, à la même époque, à reconstituer note par note les indéchiffrables brouillons du septuor [6], etc. On connaît la longue série de révélations et d'aveux par laquelle se décompose et se recompose l'image rétrospective, ou même posthume, d'Odette, de Gilberte, d'Albertine ou de Saint-Loup : ainsi, le jeune homme qui accompagnait Gilberte un certain soir sur les Champs-Élysées, « c'était Léa habillée en homme [7] »; dès le jour de la promenade en banlieue et de la gifle au journaliste, Rachel n'était pour Saint-Loup qu'un « paravent », et dès Balbec il s'enfermait avec le liftier du Grand Hôtel [8]; le soir des cattleyas,

1. II, p. 868 et 892. — 2. III, p. 563 et 574. — 3. II, p. 883. — 4. II, p. 138 et 176. — 5. I, p. 786 et II, p. 776. — 6. I, p. 160-165 et III, p. 261. — 7. I, p. 623 et III, p. 695. — 8. I, p. 155-180 et III, p. 681.

Odette sortait de chez Forcheville [1]; et toute la série de rectifications tardives sur les rapports d'Albertine avec Andrée, avec Morel, avec diverses jeunes filles de Balbec et d'ailleurs [2]; mais en revanche, et par une ironie plus cruelle encore, la liaison coupable entre Albertine et l'amie de Mlle Vinteuil, dont l'aveu involontaire a cristallisé la passion de Marcel, était pure invention : « J'ai cru bêtement me rendre intéressante à vos yeux en inventant que j'avais beaucoup connu ces jeunes filles [3] » : le but est atteint, mais par une autre voie (la jalousie, et non le snobisme artistique), et avec l'issue que l'on sait.

Ces révélations sur les mœurs érotiques de l'ami ou de la femme aimée sont évidemment capitales. Je serais tenté de trouver encore plus capitale — « capitalissime », pour parler proustien —, parce que touchant aux assises mêmes de la *Weltanschauung* du héros (l'univers de Combray, l'opposition des deux côtés, « gisements profonds de mon sol mental [4] »), la série de réinterprétations dont le séjour tardif à Tansonville sera l'occasion, et Gilberte de Saint-Loup le médium involontaire. J'ai déjà tenté ailleurs [5] de montrer l'importance, sur divers plans, de la « vérification » — qui est une réfutation — que Gilberte fait subir au système de pensée de Marcel en lui révélant, non seulement que les sources de la Vivonne, qu'il se représentait « comme quelque chose d'aussi extraterrestre que l'Entrée des Enfers » n'étaient « qu'une espèce de lavoir carré où montaient des bulles », mais encore que Guermantes et Méséglise ne sont pas si éloignés, si « inconciliables » qu'il l'avait cru, puisqu'on peut en une seule promenade « aller à Guermantes en prenant par Méséglise ». L'autre versant de ces « nouvelles révélations de l'être », c'est cette information stupéfiante, que du temps du raidillon de Tansonville et des aubépines en fleur, Gilberte était amoureuse de lui, et que le geste insolent qu'elle lui avait adressé alors était en fait une avance trop explicite [6]. Marcel comprend alors qu'il n'avait encore rien compris, et — vérité suprême — « que la vraie Gilberte, la vraie Albertine, c'étaient peut-être celles qui s'étaient au premier instant livrées dans leur regard, l'une devant la haie d'épines roses, l'autre sur la plage », et qu'il les avait ainsi, par incompréhension — par excès de réflexion — « ratées » dès ce premier instant.

Avec le geste méconnu de Gilberte, c'est encore une fois toute la géographie profonde de Combray qui se recompose : Gilberte aurait voulu emmener Marcel avec elle (et d'autres garnements des environs,

---

1. I, p. 231 et 371. — 2. III, p. 515, 525, 599-601. — 3. II, p. 1120 et III, p. 337. — 4. I, p. 184. — 5. *Figures*, p. 60 et *Figures II*, p. 242. — 6. I, p. 141 et III, p. 694.

dont Théodore et sa sœur — future femme de chambre de la baronne Putbus et symbole même de la fascination érotique —) dans les ruines du donjon de Roussainville-le-Pin : ce même donjon phallique, « confident » vertical, à l'horizon, des plaisirs solitaires de Marcel dans le cabinet à l'iris et de ses frénésies vagabondes dans la campagne de Méséglise [1], et dont il ne se doutait pas alors qu'il était plus que cela encore : le lieu réel, offert, accessible et méconnu, « en réalité si près de moi [2] », des plaisirs interdits. Roussainville, et par métonymie tout le côté de Méséglise [3], ce sont déjà les Cités de la Plaine, « terre promise (et) maudite [4] ». « Roussainville, dans les murs duquel je n'ai jamais pénétré » : quelle occasion manquée, quel regret! Ou quelle dénégation? Oui, comme le dit Bardèche [5], la géographie de Combray, apparemment si innocente, est « un paysage qui a besoin, comme beaucoup d'autres, d'être décrypté ». Mais ce décryptage est déjà à l'œuvre, avec quelques autres, dans le *Temps retrouvé*, et il procède d'une dialectique subtile entre le récit « innocent » et sa « vérification » rétrospective : telles sont, pour une part, la fonction et l'importance des analepses proustiennes.

On a vu comment la détermination de la *portée* permettait de diviser les analepses en deux classes, externes et internes, selon que leur point de portée se situe à l'extérieur ou à l'intérieur du champ temporel

1. I, p. 12 et 158.
2. III, p. 697.
3. Que le côté de Méséglise incarne la sexualité, c'est ce que montre clairement cette phrase : « Ce que je souhaitais si fiévreusement alors, elle avait failli, si j'eusse seulement su le comprendre et le retrouver, me le faire goûter dès mon adolescence. Plus complètement encore que je n'avais cru, Gilberte était à cette époque-là vraiment du côté de Méséglise » (III, p. 697).
4. Roussainville sous l'orage, c'est évidemment (comme plus tard Paris sous le feu de l'ennemi), Sodome et Gomorrhe sous la foudre divine : « Devant nous, dans le lointain, terre promise ou maudite, Roussainville, dans les murs duquel je n'ai jamais pénétré, Roussainville, tantôt, quand la pluie avait déjà cessé pour nous, continuait à être châtié comme un village de la Bible par toutes les lances de l'orage qui flagellaient obliquement les demeures de ses habitants, ou bien était déjà pardonné par Dieu le Père qui faisait descendre vers lui, inégalement longues, comme les rayons d'un ostensoir d'autel, les tiges d'or effrangées de son soleil reparu » (I, 152). On notera la présence du verbe *flageller*, sourd redoublement du lien qui unit — d'avance — cette scène à l'épisode de *M. de Charlus pendant la guerre*, la flagellation fonctionnant à la fois comme « vice » (« péché ») et comme châtiment.
5. *Marcel Proust romancier*, p. 269.

du récit premier. La classe mixte, d'ailleurs peu fréquentée, est en fait déterminée par une caractéristique d'*amplitude*, puisqu'il s'agit d'analepses externes qui se prolongent jusqu'à rejoindre et dépasser le point de départ du récit premier. C'est encore un fait d'amplitude qui commande la distinction dont nous allons dire un mot maintenant, en revenant pour les comparer sur deux exemples déjà rencontrés dans l'*Odyssée*.

Le premier est l'épisode de la blessure d'Ulysse. Comme on l'a déjà noté, son amplitude est très inférieure à sa portée, très inférieure même à la distance qui sépare le moment de la blessure du point de départ de l'*Odyssée* (la chute de Troie) : une fois racontée la chasse sur le Parnasse, le combat contre le sanglier, la blessure, la guérison, le retour à Ithaque, le récit interrompt net sa digression rétrospective [1] et, sautant par-dessus quelques décennies, revient à la scène présente. Le « retour en arrière » est donc suivi d'un bond en avant, c'est-à-dire d'une ellipse, qui laisse dans l'ombre toute une longue fraction de la vie du héros : l'analepse est ici en quelque sorte ponctuelle, elle raconte un moment du passé qui reste isolé dans son éloignement, et qu'elle ne cherche pas à raccorder au moment présent en couvrant un entre-deux non pertinent pour l'épopée, puisque le sujet de l'*Odyssée*, comme le remarquait déjà Aristote, n'est pas la vie d'Ulysse, mais seulement son retour de Troie. J'appellerai simplement analepses *partielles* ce type de rétrospections qui s'achèvent en ellipse, sans rejoindre le récit premier.

Le second exemple est constitué par le récit d'Ulysse devant les Phéaciens. Cette fois au contraire, étant remonté jusqu'au point où la Renommée l'a en quelque sorte perdu de vue, c'est-à-dire la chute de Troie, Ulysse conduit son récit jusqu'à ce qu'il ait rejoint le récit premier, couvrant toute la durée qui s'étend de la chute de Troie à l'arrivée chez Calypso : analepse *complète*, cette fois, qui vient se raccorder au récit premier, sans solution de continuité entre les deux segments de l'histoire.

Il est inutile de s'attarder ici sur les différences évidentes de fonction entre ces deux types d'analepse : le premier sert uniquement à apporter au lecteur une information isolée, nécessaire à l'intelligence d'un élément précis de l'action, le second, lié à la pratique du début *in medias res*, vise à récupérer la totalité de l' « antécédent »

---

1. Rappelons que cette page, contestée par certains, sans grandes preuves et malgré le témoignage de Platon (*Resp.* I, 334 b), a fait l'objet d'un commentaire d'Auerbach (*Mimesis*, chap. I).

narratif; il constitue généralement une part importante du récit, parfois même, comme dans la *Duchesse de Langeais* ou *la Mort d'Ivan Ilitch*, il en présente l'essentiel, le récit premier faisant figure de dénouement anticipé.

Nous n'avons jusqu'à maintenant considéré de ce point de vue que des analepses externes, que nous avons décrétées complètes en tant qu'elles rejoignent le récit premier à son point de départ temporel. Mais une analepse « mixte » comme le récit de des Grieux peut être dite complète en un tout autre sens, puisque, comme nous l'avons déjà noté, elle rejoint le récit premier non pas en son début, mais au point même (la rencontre à Calais) où il s'était interrompu pour lui céder la place : c'est-à-dire que son amplitude est rigoureusement égale à sa portée, et que le mouvement narratif accomplit un parfait aller-retour. C'est également en ce sens que l'on peut parler d'analepses internes complètes, comme dans *les Souffrances de l'inventeur*, où le récit rétrospectif est conduit jusqu'au moment où les destinées de David et de Lucien se rejoignent de nouveau.

Par définition, les analepses partielles ne posent aucun problème de jointure ou de raccord narratif : le récit analeptique s'interrompt franchement sur une ellipse, et le récit premier reprend là où il s'était arrêté, soit de manière implicite et comme si rien ne l'avait suspendu, comme dans l'*Odyssée* (« Or, du plat de ses mains, la vieille en le palpant reconnut la blessure... »), soit de manière explicite, en prenant acte de l'interruption et, comme Balzac aime à le faire, en soulignant la fonction explicative déjà indiquée en tête de l'analepse par le fameux « voici pourquoi », ou quelqu'une de ses variantes. Ainsi, le grand retour en arrière de *la Duchesse de Langeais*, introduit par cette formule des plus expresses : « Voici maintenant l'aventure qui avait déterminé la situation respective où se trouvaient alors les deux personnages de cette scène », se termine de manière non moins déclarée : « Les sentiments qui animèrent les deux amants quand ils se retrouvèrent à la grille des Carmélites et en présence d'une mère supérieure doivent être maintenant compris dans toute leur étendue, et leur violence, réveillée de part et d'autre, expliquera sans doute le dénoûment de cette aventure [1]. » Proust, qui a raillé le « voici pourquoi » balzacien dans *Contre Sainte-Beuve*, mais qui n'a pas dédaigné de l'imiter au moins une fois dans la *Recherche* [2], est également capable de reprises de ce genre, comme celle-ci, après le récit des négo-

---

1. Garnier, p. 214 et 341.
2. *Contre Sainte-Beuve*, Pléiade, p. 271 et *Recherche*, I, p. 208.

ciations académiques entre Faffenheim et Norpois : « C'est ainsi
que le prince de Faffenheim avait été amené à venir voir Mme de Villeparisis [1] », ou du moins assez explicites pour que la transition soit
immédiatement perceptible : « Et maintenant, à mon second séjour
à Paris... », ou : « Tout en me rappelant ainsi la visite de Saint-
Loup [2]... ». Mais le plus souvent chez lui la reprise est beaucoup
plus discrète : l'évocation du mariage de Swann, provoquée par une
réplique de Norpois au cours d'un dîner, est brusquement inter-
rompue par un retour à la conversation présente (« Je me mis à parler
du comte de Paris... »), comme celle, plus tard, de la mort du même
Swann, intercalée sans transition entre deux phrases de Brichot :
« Mais non, reprit Brichot [3]... » Elle est parfois si elliptique que l'on
éprouve quelque peine à déceler à première lecture le point où s'opère
le saut temporel : ainsi, lorsque l'audition chez les Verdurin de la
sonate de Vinteuil rappelle à Swann une audition antérieure, l'analepse, pourtant introduite de la façon balzacienne que l'on a dite
(« Voici pourquoi »), se termine au contraire sans aucune autre marque
de retour qu'un simple alinéa : « Puis il cessa d'y penser. / Or,
quelques minutes à peine après que le petit pianiste avait commencé
de jouer chez Mme Verdurin... » De même, pendant la matinée Villeparisis, lorsque l'arrivée de Mme Swann rappelle à Marcel une récente
visite de Morel, le récit premier s'enchaîne à l'analepse d'une manière
particulièrement désinvolte : « Moi, en lui serrant la main, je pensais
à Mme Swann, et je me disais avec étonnement, tant elles étaient
séparées et différentes dans mon souvenir, que j'aurais désormais à
l'identifier avec la « Dame en rose ». M. de Charlus fut bientôt
assis à côté de Mme Swann [4]... »

Comme on le voit, le caractère elliptique de ces reprises, en fin
d'analepse partielle, ne fait pour le lecteur attentif que souligner par
asyndète la rupture temporelle. La difficulté des analepses complètes
est inverse : elle tient non à la solution de continuité, mais au contraire
à la jonction nécessaire entre le récit analeptique et le récit premier,
jonction qui ne peut guère aller sans un certain chevauchement,
et donc sans une apparence de maladresse, à moins que le narrateur
n'ait l'habileté de tirer du défaut une sorte d'agrément ludique. Voici,
dans *César Birotteau*, un exemple de chevauchement non assumé —
peut-être non perçu du romancier lui-même. Le deuxième chapitre (analeptique) se termine ainsi : « Quelques instants après, Constance et César
ronflèrent paisiblement » ; le troisième commence en ces termes : « En

1. II, p. 263. — 2. III, p. 755 et 762. — 3. I, p. 471 et III, p. 201. — 4. I, p. 211
et II, p. 267.

s'endormant, César craignit que le lendemain sa femme ne lui fît quelques objections péremptoires, et s'ordonna de se lever de grand matin pour tout résoudre » : on voit qu'ici la reprise ne va pas sans un soupçon d'incohérence. Le raccord des *Souffrances de l'inventeur* est plus réussi, parce que ici le tapissier a su tirer de la difficulté même un élément décoratif. Voici comment s'ouvre l'analepse : « Pendant que le vénérable ecclésiastique monte les rampes d'Angoulême, il n'est pas inutile d'expliquer le lacis d'intérêts dans lequel il allait mettre le pied. / Après le départ de Lucien, David Séchard... » Voici maintenant comment reprend le récit premier, plus de cent pages plus loin : « Au moment où le vieux curé de Marsac montait les rampes d'Angoulême pour aller instruire Ève de l'état où était son frère, David était caché depuis onze jours à deux portes de celle que le digne prêtre venait de quitter [1]. » Ce jeu entre le temps de l'histoire et celui de la narration (raconter les malheurs de David « pendant que » le curé de Marsac monte l'escalier), nous le retrouverons pour lui-même au chapitre de la voix; on voit comme il transforme en plaisanterie ce qui était une servitude.

L'attitude typique du récit proustien semble consister ici, tout au contraire, à *éluder* le raccord, soit en dissimulant le terme de l'analepse dans cette sorte de dispersion temporelle que procure le récit itératif (c'est le cas de deux rétrospections concernant Gilberte dans *la Fugitive*, l'une sur son adoption par Forcheville, l'autre sur son mariage avec Saint-Loup [2]), soit en feignant d'ignorer que le point d'histoire où s'achève l'analepse avait déjà été atteint par le récit : ainsi, dans *Combray*, Marcel commence par mentionner « l'interruption et le commentaire qui furent apportés une fois par une visite de Swann à la lecture que j'étais en train de faire d'un auteur tout nouveau pour moi, Bergotte », puis revient en arrière pour raconter comment il avait découvert cet auteur; sept pages plus loin, reprenant le fil de son récit, il enchaîne en ces termes, comme s'il n'avait pas déjà nommé Swann et signalé sa visite : « Un dimanche pourtant, pendant ma lecture au jardin, je fus dérangé par Swann qui venait voir mes parents. — Qu'est-ce que vous lisez, on peut regarder? Tiens, du Bergotte [3]... » Ruse, inadvertance ou désinvolture, le récit évite ainsi de *reconnaître* ses propres traces. Mais l'élusion la plus audacieuse (même si l'audace est ici pure négligence) consiste à oublier le caractère analeptique du segment narratif dans lequel on se trouve, et à prolonger ce segment en quelque sorte indéfiniment pour lui-

---

1. Garnier, p. 550 et 643. — 2. III, p. 582 et 676. — 3. I, p. 90 et 97.

même sans se soucier du point où il vient rejoindre le récit premier. C'est ce qui se passe dans l'épisode, célèbre pour d'autres raisons, de la mort de la grand-mère. Il s'ouvre par une évidente amorce d'analepse : « Je remontai et trouvai ma grand-mère plus souffrante. Depuis quelque temps, sans trop savoir ce qu'elle avait, elle se plaignait de sa santé... », puis le récit ainsi entamé sur le mode rétrospectif se poursuit de manière continue jusqu'à la mort, sans que soit jamais reconnu et signalé le moment (pourtant bien nécessairement rejoint et dépassé) où Marcel, rentrant de chez Mme de Villeparisis, avait trouvé sa grand-mère « plus souffrante » : sans donc que nous puissions jamais situer de manière exacte la mort de la grand-mère par rapport à la matinée Villeparisis, ni décider où finit l'analepse et où reprend le récit premier [1]. Il en va évidemment de même, mais à une bien plus vaste échelle, de l'analepse ouverte à *Noms de pays : le Pays*, dont nous avons déjà vu qu'elle se poursuivra jusqu'à la dernière ligne de la *Recherche* sans saluer au passage le moment des insomnies tardives, qui fut pourtant sa source mémorielle et comme sa matrice narrative : autre rétrospection plus-que-complète, d'amplitude bien supérieure à sa portée, et qui en un point indéterminé de sa course se transforme secrètement en anticipation. A sa manière — c'est-à-dire sans le proclamer, et probablement sans même s'en aviser — Proust ébranle ici les normes les plus fondamentales de la narration, et anticipe les plus troublantes démarches du roman moderne.

Prolepses.

L'anticipation, ou prolepse temporelle, est manifestement beaucoup moins fréquente que la figure inverse, au moins dans la tradition narrative occidentale; encore que chacune des trois grandes épopées anciennes, l'*Iliade*, l'*Odyssée* et l'*Énéide*, commence par une sorte de sommaire anticipé qui justifie dans une certaine mesure la formule appliquée par Todorov au récit homérique : « intrigue de prédestination [2] ». Le souci de suspens narratif propre à la conception « classique » du roman (au sens large, et dont le centre de gravité se trouve plutôt au XIXe siècle) s'accommode mal d'une telle pratique, non plus d'ailleurs que la fiction traditionnelle d'un narrateur qui

---

1. II, p. 298-345.
2. *Poétique de la prose*, Seuil, 1971, p. 77.

doit sembler découvrir en quelque sorte l'histoire en même temps qu'il la raconte. Aussi trouvera-t-on fort peu de prolepses chez un Balzac, un Dickens ou un Tolstoï, même si la pratique courante, on l'a vu, du début *in medias res* (quand ce n'est pas, si j'ose ainsi dire, *in ultimas res*), en donne parfois l'illusion : il va de soi qu'un certain poids de « prédestination » pèse sur la plus grande partie du récit dans *Manon Lescaut* (où nous savons, avant même que des Grieux n'entame son histoire, qu'elle se termine par une déportation), ou a fortiori dans *la Mort d'Ivan Ilitch*, qui commence par son épilogue.

Le récit « à la première personne » se prête mieux qu'aucun autre à l'anticipation, du fait même de son caractère rétrospectif déclaré, qui autorise le narrateur à des allusions à l'avenir, et particulièrement à sa situation présente, qui font en quelque sorte partie de son rôle. Robinson Crusoe peut nous dire presque dès l'abord que le discours tenu par son père pour le détourner des aventures maritimes était « véritablement prophétique », bien qu'il n'en ait eu aucune idée sur le moment, et Rousseau ne manque pas, dès l'épisode des peignes, d'attester non seulement son innocence passée, mais aussi la vigueur de son indignation rétrospective : « Je sens en écrivant ceci que mon pouls s'élève encore [1]. » Reste que la *Recherche du temps perdu* fait de la prolepse un usage probablement sans équivalent dans toute l'histoire du récit, même de forme autobiographique [2], et qu'elle est donc un terrain privilégié pour l'étude de ce type d'anachronies narratives.

Ici encore, on distinguera sans peine prolepses *internes* et *externes*. La limite du champ temporel du récit premier est clairement marquée par la dernière scène non proleptique, soit, pour la *Recherche* (si l'on fait entrer dans le « récit premier » cette énorme anachronie qui s'ouvre sur les Champs-Élysées et qui ne se refermera plus), sans hésitation possible, la matinée Guermantes. Or, il est bien connu qu'un certain nombre d'épisodes de la *Recherche* se situent en un

---

1. *Confessions*, Pléiade, p. 20.
2. La *Recherche* contient plus de vingt segments proleptiques de quelque ampleur narrative, sans compter les simples allusions en cours de phrase. Les analepses de même définition ne sont pas plus nombreuses, mais il est vrai qu'elles occupent, par leur ampleur, la quasi-totalité du texte, et que c'est sur cette première couche rétrospective que viennent se disposer analepses et prolepses au second degré.

point de l'histoire postérieur à cette matinée [1] (la plupart sont d'ailleurs racontées en digression au cours de cette même scène) : ce seront donc pour nous des prolepses externes. Leur fonction est le plus souvent d'épilogue : elles servent à conduire jusqu'à son terme logique telle ou telle ligne de l'action, même si ce terme est postérieur au jour où le héros décide de quitter le monde et de se retirer dans son œuvre : allusion rapide à la mort de Charlus, allusion encore, mais plus circonstanciée, dans sa portée hautement symbolique, au mariage de Mlle de Saint-Loup : « cette fille, dont le nom et la fortune pouvaient faire espérer à sa mère qu'elle épouserait un prince royal et couronnerait toute l'œuvre ascendante de Swann et de sa femme, choisit plus tard comme mari un homme de lettres obscur, et fit redescendre cette famille plus bas que le niveau d'où elle était partie [2] »; ultime apparition d'Odette, « un peu ramollie », près de trois ans après la matinée Guermantes [3]; future expérience d'écrivain de Marcel, avec ses angoisses devant la mort et les empiétements de la vie sociale, les premières réactions de lecteurs, les premiers malentendus, etc. [4]. La plus tardive de ces anticipations est celle, spécialement improvisée à cet effet en 1913, qui clôt le *Côté de chez Swann :* ce tableau du bois de Boulogne « aujourd'hui », en antithèse à celui des années d'adolescence, est évidemment très proche du moment de la narration, puisque cette dernière promenade a eu lieu, nous dit Marcel, « cette année », « un des premiers matins de ce mois de novembre », soit en principe à moins de deux mois de ce moment [5].

Un pas de plus, donc, et nous voici dans le présent du narrateur. Les prolepses de ce type, très fréquentes dans la *Recherche*, se rapportent presque toutes au modèle rousseauiste évoqué plus haut : ce sont des témoignages sur l'intensité du souvenir actuel, qui viennent en quelque sorte authentifier le récit du passé. Par exemple, à propos d'Albertine : « C'est ainsi, faisant halte, les yeux brillants sous son « polo », que je la revois encore maintenant, silhouettée sur l'écran que lui fait, au fond, la mer... »; de l'église de Combray : « Et aujourd'hui encore, si, dans une grande ville de province ou dans un quartier de Paris que je connais mal, un passant qui m'a « mis dans mon chemin » me montre au loin, comme un point de repère, tel beffroi

1. Voir Tadié, *Proust et le Roman*, p. 376.
2. III, p. 804 et 1028.
3. III, p. 951-952.
4. III, p. 1039-1043.
5. I, p. 421-427. Je reviendrai plus loin sur les difficultés que soulève cette page écrite en 1913 mais fictivement (diégétiquement) contemporaine de la narration finale, et donc postérieure à la guerre.

d'hôpital, tel clocher de couvent, etc. »; du baptistère de Saint-Marc : « Une heure est venue pour moi où, quand je me rappelle le baptistère... »; fin de la soirée Guermantes : « Je revois toute cette sortie, je revois, si ce n'est pas à tort que je le place sur cet escalier, le prince de Sagan [1]... ». Et surtout, bien sûr, à propos de la scène du coucher, cette poignante attestation déjà commentée dans *Mimesis* et qu'on ne peut pas ici ne pas citer tout entière, parfaite illustration de ce qu'Auerbach appelle l' « omnitemporalité symbolique » de la « conscience réminiscente », mais aussi parfait exemple de fusion, quasi miraculeuse, entre l'événement raconté et l'instance de narration, à la fois tardive (ultime) et « omnitemporelle » :

> Il y a bien des années de cela. La muraille de l'escalier où je vis monter le reflet de sa bougie n'existe plus depuis longtemps. En moi aussi bien des choses ont été détruites que je croyais devoir durer toujours et de nouvelles se sont édifiées donnant naissance à des peines et à des joies nouvelles que je n'aurais pu prévoir alors, de même que les anciennes me sont devenues difficiles à comprendre. Il y a bien longtemps aussi que mon père a cessé de pouvoir dire à maman : « Va avec le petit. » La possibilité de telles heures ne renaî-tra jamais pour moi. Mais depuis peu de temps, je recommence à très bien percevoir, si je prête l'oreille, les sanglots que j'eus la force de contenir devant mon père et qui n'éclatèrent que quand je me retrouvai seul avec maman. En réalité ils n'ont jamais cessé; et c'est seulement parce que la vie se tait maintenant davantage autour de moi que je les entends de nouveau, comme ces cloches de couvents que couvrent si bien les bruits de la ville pendant le jour qu'on les croirait arrêtées mais qui se remettent à sonner dans le silence du soir [2].

Dans la mesure où elles mettent directement en jeu l'instance narrative elle-même, ces anticipations au présent ne constituent pas seulement des faits de temporalité narrative, mais aussi des faits de *voix* : nous les retrouverons plus loin à ce titre.

1. I, p. 829; I, p. 67; III, p. 646; II, p. 720; cf. I, p. 165 (sur le village de Combray), I, p. 185 (sur le paysage de Guermantes), I, 186 (sur les « deux côtés »), I, p. 641 (sur Mme Swann), II, p. 883 (sur la jeune fille du train de la Raspelière), III, p. 625 (sur Venise), etc.
2. I, p. 37. Commentaire d'Auerbach, *Mimesis*, p. 539. On ne peut manquer ici de songer à Rousseau : « Près de trente ans se sont passés depuis ma sortie de Bossey sans que je m'en sois rappelé le séjour d'une manière agréable par des souvenirs un peu liés : mais depuis qu'ayant passé l'âge mûr je décline vers la vieillesse, je sens que ces mêmes souvenirs renaissent tandis que les autres s'effacent, et se gravent dans ma mémoire avec des traits dont le charme et la force augmentent de jour en jour; comme si, sentant déjà la vie qui s'échappe, je cherchais à la ressaisir par ses commencements » (*Confessions*, Pléiade, p. 21).

Les prolepses *internes* posent le même genre de problème que les analepses du même type : celui de l'interférence, de l'éventuel double emploi entre le récit premier et celui qu'assume le segment proleptique. On négligera donc ici, de nouveau, les prolepses hétérodiégétiques, pour lesquelles ce risque est nul, que l'anticipation soit interne ou externe [1], et parmi les autres, on distinguera encore celles qui viennent combler par avance une lacune ultérieure (prolepses complétives), et celles qui, toujours par avance, doublent, si peu que ce soit, un segment narratif à venir (prolepses répétitives).

Prolepses complétives, par exemple, l'évocation rapide, dans *Combray*, des futures années de collège de Marcel; la dernière scène entre le père et Legrandin; l'évocation, à propos de la scène des cattleyas, de la suite des rapports érotiques entre Swann et Odette; les descriptions anticipées du spectacle changeant de la mer à Balbec; l'annonce, au milieu du premier dîner chez les Guermantes, de la longue série de dîners semblables, etc [2]. Toutes ces anticipations compensent de futures ellipses ou paralipses. Plus subtile est la situation de la dernière scène de *Guermantes* (visite de Swann et Marcel chez la duchesse), qui est, on le sait [3], intervertie avec la première de *Sodome* (« conjonction » Charlus-Jupien), si bien que l'on doit considérer à la fois la première comme une prolepse comblant l'ellipse ouverte, par son anticipation même, entre *Sodome I* et *Sodome II*, et la seconde comme une analepse comblant l'ellipse ouverte dans

1. Voici la liste des principales, dans l'ordre de succession dans le texte : II, p. 630, pendant la rencontre Jupien-Charlus : suite des relations entre les deux hommes, avantages tirés par Jupien de la faveur de Charlus, estime de Françoise pour les qualités morales des deux invertis; II, p. 739-741, au retour de la soirée Guermantes : conversion ultérieure du duc au dreyfusisme; III, p. 214-216, avant le concert Verdurin : découverte ultérieure par Charlus des rapports de Morel avec Léa; III, p. 322-324, à la fin du concert : maladie de Charlus et oubli de sa rancune envers les Verdurin; III, p. 779-781, pendant la promenade avec Charlus : suite de ses relations avec Morel épris d'une femme. On voit qu'elles ont toutes pour fonction d'anticiper une évolution paradoxale, un de ces renversements inattendus dont le récit proustien fait ses délices.

2. I, p. 74; I, p. 129-133; I, p. 233-234; I, p. 673 et p. 802-896; II, p. 512-514; cf. II, p. 82-83 (sur la chambre de Doncières), III, p. 804 (rencontre avec Morel, deux ans après la promenade avec Charlus), III, p. 703-704 (rencontre de Saint-Loup dans le monde)...

3. « Or cette attente devait avoir pour moi des conséquences si considérables et me découvrir un paysage, non plus turnérien mais moral, si important, qu'il est préférable d'en retarder le récit de quelques instants, en le faisant précéder d'abord par celui de ma visite aux Guermantes quand je sus qu'ils étaient rentrés » (II, p. 573).

Guermantes par son retardement : chassé-croisé d'interpolations évidemment motivé par le désir qu'éprouve le narrateur d'en finir avec l'aspect proprement mondain du « côté de Guermantes » avant d'aborder ce qu'il appelle le « paysage moral » de Sodome et Gomorrhe.

On aura peut-être remarqué ici la présence de prolepses itératives qui, tout comme les analepses du même genre, nous renvoient à la question de la *fréquence* narrative. Sans traiter ici cette question pour elle-même, je noterai simplement l'attitude caractéristique, qui consiste, à l'occasion d'une *première fois* (premier baiser de Swann et d'Odette, première vue de la mer à Balbec, premier soir à l'hôtel de Doncières, premier dîner chez les Guermantes), à envisager d'avance toute la série d'occurrences qu'elle inaugure. Nous verrons au chapitre suivant que la plupart des grandes scènes typiques de la *Recherche* concernent une initiation de ce genre (« débuts » de Swann chez les Verdurin, de Marcel chez Mme de Villeparisis, chez la duchesse, chez la princesse), la première rencontre étant évidemment la meilleure occasion pour décrire un spectacle ou un milieu, et valant d'ailleurs comme paradigme des suivantes. Les prolepses généralisantes explicitent en quelque sorte cette fonction paradigmatique en amorçant une perspective sur la série ultérieure : « fenêtre à laquelle je devais ensuite me mettre chaque matin... » Elles sont donc, comme toute anticipation, une marque d'impatience narrative. Mais elles ont aussi, me semble-t-il, une valeur inverse, peut-être plus spécifiquement proustienne, et qui marque un sentiment plutôt nostalgique de ce que Vladimir Jankélévitch a nommé un jour la « primultimité » de la première fois, c'est-à-dire le fait que la première fois, dans la mesure même où l'on éprouve intensément sa valeur inaugurale, est en même temps toujours (déjà) une dernière fois — ne serait-ce que parce qu'elle est à jamais la dernière à avoir été la première, et qu'après elle, inévitablement, commence le règne de la répétition et de l'habitude. Avant de l'embrasser pour la première fois, Swann retient un instant le visage d'Odette « à quelque distance, entre ses deux mains » : c'est, dit le narrateur, pour laisser à sa pensée le temps d'accourir et d'assister à la réalisation du rêve qu'elle avait si longtemps caressé. Mais il y a une autre raison : « Peut-être aussi Swann attachait-il sur ce visage d'Odette non encore possédée, ni même encore embrassée par lui, qu'il voyait *pour la dernière fois*, ce regard avec lequel, un jour de départ, on voudrait emporter un paysage que l'on va quitter pour toujours. » Posséder Odette, embrasser Albertine pour la première fois, c'est apercevoir pour la dernière fois l'Odette non encore possédée, l'Albertine non encore embrassée : tant il est vrai que chez Proust l'événement — tout événement — n'est que le passage, fugitif et *irréparable* (au sens virgilien), d'une habitude à l'autre.

Comme les analepses du même type, et pour des raisons tout aussi évidentes, les prolepses répétitives ne se trouvent guère qu'à l'état de brèves allusions : elles réfèrent d'avance à un événement qui sera en son temps raconté tout au long. Comme les analepses répétitives remplissent à l'égard du destinataire du récit une fonction de rappel, les prolepses répétitives jouent un rôle d'*annonce*, et je les désignerai aussi bien par ce terme. La formule canonique en est généralement un « nous verrons », ou « on verra plus tard », et le paradigme, ou prototype, cet avertissement à propos de la scène de sacrilège de Montjouvain : « On verra plus tard que, pour de tout autres raisons, le souvenir de cette impression devait jouer un rôle important dans ma vie. » Allusion, bien entendu, à la jalousie que provoquera chez Marcel la révélation (fausse) des relations entre Albertine et Mlle Vinteuil [1]. Le rôle de ces annonces dans l'organisation et ce que Barthes appelle le « tressage » du récit est assez évident, par l'attente qu'elles créent dans l'esprit du lecteur. Attente qui peut être aussitôt résolue, dans le cas de ces annonces à très courte portée, ou échéance, qui servent par exemple, à la fin d'un chapitre, à indiquer en l'entamant le sujet du chapitre suivant, comme il arrive fréquemment dans *Madame Bovary* [2]. La structure plus continue de la *Recherche* exclut en principe ce genre d'effets, mais qui se souvient de la fin du chapitre II-4 de *Bovary* (« Elle ne savait pas que, sur la terrasse des maisons, la pluie fait des lacs quand les gouttières sont bouchées, et elle fût ainsi demeurée en sa sécurité, lorsqu'elle découvrit subitement une lézarde dans le mur ») n'aura pas de mal à retrouver ce modèle de présentation métaphorisée dans la phrase d'ouverture de la dernière scène du *Temps retrouvé* : « Mais c'est quelquefois au moment où tout nous semble perdu que l'avertissement arrive qui peut nous sauver; on a frappé à toutes les portes qui ne donnent sur rien, et la seule par où on peut entrer et qu'on aurait cherchée en vain pendant cent ans, on y heurte sans le savoir, et elle s'ouvre [3]. »

1. I, p. 159 et II, p. 1114. Mais il faut rappeler que lorsqu'il écrit cette phrase avant 1913 Proust n'a pas encore « inventé » le personnage d'Albertine, qui s'élaborera entre 1914 et 1917. Il a cependant à l'esprit, de toute évidence, pour la scène de Montjouvain, une « retombée » de cet ordre, qui s'est seulement précisée par la suite : *annonce*, donc, doublement prophétique.
2. Chap. i-3, ii-4, ii-5, ii-10, ii-13, iii-2.
3. III, p. 866. Cf., sans métaphore cette fois, les résumés anticipés du dîner Verdurin (I, p. 251) ou de la soirée Sainte-Euverte (I, p. 322).

Mais le plus souvent, l'annonce est de beaucoup plus longue portée. On sait combien Proust tenait à la cohésion et à l'architecture de son œuvre, et combien il souffrait de voir méconnus tant d'effets de symétrie lointaine et de correspondances « télescopiques ». La publication séparée des différents volumes ne pouvait qu'aggraver le malentendu, et il est certain que les annonces à longue distance, comme pour la scène de Montjouvain, devaient servir à l'atténuer en donnant une justification provisionnelle à des épisodes dont la présence pouvait autrement sembler adventice et gratuite. En voici encore quelques occurrences, dans l'ordre de leur disposition : « Quant au professeur Cottard, *on le reverra longuement, beaucoup plus loin*, chez la Patronne, au château de la Raspelière »; « *on verra* comment cette seule ambition mondaine que (Swann) avait souhaitée pour sa femme et sa fille fut justement celle dont la réalisation se trouva lui être interdite, et par un veto si absolu que Swann mourut sans supposer que la duchesse pourrait jamais les connaître. *On verra aussi* qu'au contraire la duchesse de Guermantes se lia avec Odette et Gilberte après la mort de Swann »; « Quant à un chagrin aussi profond que celui de ma mère, je devais le connaître un jour, *on le verra* dans la suite de ce récit » (ce chagrin, c'est évidemment celui que provoqueront la fuite et la mort d'Albertine); « (Charlus) s'était rétabli avant de tomber plus tard dans l'état où *nous le verrons* le jour d'une matinée chez la princesse de Guermantes [1] ».

On ne confondra pas ces annonces, par définition explicites, avec ce que l'on doit plutôt appeler des *amorces* [2], simples pierres d'attente sans anticipation, même allusive, qui ne trouveront leur signification que plus tard et qui relèvent de l'art tout classique de la « préparation » (par exemple, faire apparaître dès le début un personnage qui n'interviendra vraiment que beaucoup plus tard, comme le marquis de la Môle au troisième chapitre du *Rouge et le Noir*). On peut considérer comme telles la première apparition de Charlus et de Gilberte à Tansonville, d'Odette en Dame en rose, ou la première mention de Mme de Villeparisis dès la vingtième page de *Swann*, ou encore, plus manifestement fonctionnelle, la description du talus de Montjouvain, « de plain-pied avec le salon du second étage, à cinquante centimètres *(sic)* de la fenêtre », qui prépare la situation de Marcel au cours de la scène de profanation [3]; ou, plus ironiquement, l'idée

---

1. I, p. 433 et II, p. 866 s.; I, p. 471 et III, p. 575 s.; II, p. 768 et III, p. 415 s; III, p. 805 et 859. (Je souligne.)
2. Cf. Raymonde Debray, « Les figures du récit dans *Un cœur simple* », *Poétique* 3.
3. I, p. 141; I, p. 76; I, p. 20; I, p. 113 et 159.

refoulée par Marcel de citer devant M. de Crécy ce qu'il croit être l'ancien « nom de guerre » d'Odette, qui prépare la révélation ultérieure (par Charlus) de l'authenticité de ce nom, et de la relation réelle entre les deux personnages [1]. La différence entre annonce et amorce est clairement perceptible dans la façon dont Proust prépare, en plusieurs étapes, l'entrée d'Albertine. Première mention, au cours d'une conversation chez les Swann : Albertine est nommée comme nièce des Bontemps, et jugée d'une « drôle de touche » par Gilberte : simple amorce; deuxième mention, nouvelle amorce, par Mme Bontemps elle-même, qui qualifie sa nièce d' « effrontée », de « petite masque... rusée comme un singe » : elle a publiquement rappelé à une femme de ministre que son père était marmiton; ce portrait sera explicitement rappelé beaucoup plus tard, après la mort d'Albertine, et désigné comme « germe insignifiant (qui) se développerait et s'étendrait un jour sur toute ma vie »; troisième mention, véritable annonce cette fois : « Il y eut une scène à la maison parce que je n'accompagnai pas mon père à un dîner officiel où il devait y avoir les Bontemps avec leur nièce Albertine, petite jeune fille presque encore enfant. Les différentes périodes de notre vie se chevauchent ainsi l'une l'autre. On refuse dédaigneusement, à cause de ce qu'on aime et qui vous sera un jour si égal, de voir ce qui vous est égal aujourd'hui, qu'on aimera demain, qu'on aurait peut-être pu, si on avait consenti à le voir, aimer plus tôt, et qui eût ainsi abrégé vos souffrances actuelles, pour les remplacer, il est vrai, par d'autres [2]. » A la différence de l'annonce, l'amorce n'est donc en principe, à sa place dans le texte, qu'un « germe insignifiant », et même imperceptible, dont la valeur de germe ne sera reconnue que plus tard, et de façon rétrospective [3]. Encore faut-il tenir compte de l'éventuelle (ou plutôt variable) *compétence* narrative du lecteur, née de l'habitude, qui permet de déchiffrer de plus en plus vite le code narratif en général, ou propre à tel genre, ou à telle œuvre, et d'identifier les « germes » dès leur apparition. Ainsi, aucun lecteur d'*Ivan Ilitch* (aidé il est vrai par l'anticipation du dénouement, et par le titre même) ne peut manquer d'identifier la chute d'Ivan sur l'espagnolette comme l'instrument du destin, comme l'amorce de l'agonie. C'est d'ailleurs sur cette

---

1. II, p. 1085 et III, p. 301.
2. I, p. 512; 598, cf. III, p. 904; I, p. 626.
3. « L'âme de toute fonction, c'est, si l'on peut dire, son germe, ce qui lui permet d'ensemencer le récit d'un élément qui mûrira plus tard » (Roland Barthes, « Introduction à l'analyse structurale des récits », *Communications* 8, p. 7).

compétence même que l'auteur se fonde pour tromper le lecteur en lui proposant parfois de fausses amorces, ou *leurres* [1] — bien connus des amateurs de romans policiers — quitte, une fois acquise chez le lecteur cette compétence au second degré qu'est l'aptitude à détecter, et donc à déjouer le leurre, à lui proposer de *faux leurres* (qui sont de véritables amorces) et ainsi de suite. On sait combien le vraisemblable proustien — fondé, selon le mot de Jean-Pierre Richard, sur la « logique de l'inconséquence [2] » — joue, particulièrement en ce qui concerne l'homosexualité (et sa variante subtile : l'hétérosexualité), sur ce système complexe d'attentes frustrées, de soupçons déçus, de surprises attendues et finalement d'autant plus surprenantes d'être attendues et de se produire quand même — en vertu de ce principe à toutes fins, que « le travail de la causalité... finit par produire à peu près tous les effets possibles, et par conséquent aussi ceux qu'on avait cru l'être le moins [3] » : avis aux amateurs de « lois psychologiques » et de *motivations* réalistes.

Reste, avant de quitter les prolepses narratives, à dire un mot de leur amplitude, et de la distinction possible, ici encore, entre prolepses partielles et complètes, si l'on veut bien accorder cette dernière qualité à celles qui se prolongent dans le temps de l'histoire jusqu'au « dénouement » (pour les prolepses internes) ou jusqu'au moment narratif lui-même (pour les prolepses externes ou mixtes) : je n'en trouve guère d'exemples, et il semble qu'en fait toutes les prolepses soient du type *partiel*, souvent interrompues de façon aussi franche qu'elles ont été ouvertes. Marques de prolepse : « *Pour anticiper*, puisque je viens seulement de finir ma lettre à Gilberte... »; « *pour anticiper* de quelques semaines sur le récit que nous reprendrons aussitôt après cette *parenthèse*... »; « *pour anticiper un peu*, puisque je suis encore à Tansonville... »; « dès le lendemain matin, *disons-le pour anticiper*... »; « *j'anticipe* de beaucoup d'années... » [4]. Marques de fin de prolepse et retour au récit premier : « *Pour revenir en arrière* et à cette première soirée chez la princesse de Guermantes... »; « *mais il est temps de rattraper* le baron qui s'avance, avec Brichot et moi, vers la porte des Verdurin... »; « *pour revenir en arrière*, à la soirée Verdurin... »; « mais il faut *revenir en arrière*... »; « *mais après cette anticipation, revenons trois ans en arrière*, c'est-à-dire à la soirée où nous sommes

---

1. Voir Roland Barthes, *S/Z*, p. 39.
2. *Proust et le monde sensible*, p. 153.
3. I, p. 471.
4. II, 739; III, p. 214, 703, 779, 803. (Je souligne.)

chez la princesse de Guermantes... [1] ». On voit que Proust ne recule pas toujours devant le poids de l'explicite.

L'importance du récit « anachronique » dans la *Recherche du temps perdu* est évidemment liée au caractère rétrospectivement synthétique du récit proustien, à chaque instant tout entier présent à lui-même dans l'esprit du narrateur, qui — depuis le jour où il en a perçu dans une extase la signification unifiante — ne cesse d'en tenir tous les fils à la fois, d'en percevoir à la fois tous les lieux et tous les moments, entre lesquels il est constamment à même d'établir une multitude de relations « télescopiques » : ubiquité spatiale, mais aussi temporelle, « omnitemporalité » qu'illustre parfaitement la page du *Temps retrouvé* où, devant Mlle de Saint-Loup, le héros reconstitue en un éclair le « réseau de souvenirs » enchevêtrés qu'est devenue sa vie, et qui va devenir le tissu de son œuvre [2].

Mais les notions mêmes de rétrospection ou d'anticipation, qui fondent en « psychologie » les catégories narratives de l'analepse et de la prolepse, supposent une conscience temporelle parfaitement claire et des relations sans ambiguïté entre le présent, le passé et l'avenir. Ce n'est que pour les besoins de l'exposé, et au prix d'une schématisation abusive, que j'ai postulé jusqu'à maintenant qu'il en était toujours ainsi. En fait, la fréquence même des interpolations et leur enchevêtrement réciproque brouillent fréquemment les choses d'une manière qui reste parfois sans issue pour le « simple » lecteur, et même pour l'analyste le plus résolu. Nous allons, pour terminer ce chapitre, considérer quelques-unes de ces structures ambiguës, qui nous mènent au seuil de l'*achronie* pure et simple.

Vers l'achronie.

Dès nos premières micro-analyses, nous avons rencontré des exemples d'anachronies complexes : prolepses au second degré dans le segment emprunté à *Sodome et Gomorrhe* (anticipation de la mort de Swann sur anticipation de son déjeuner avec Bloch), mais aussi ana-

1. II, p. 716; III, p. 216, 806, 952. (Je souligne.) Bien entendu, ces signes d'organisation du récit sont en eux-mêmes des marques de l'instance narrative, que nous retrouverons comme telles au chapitre de la voix.
2. III, p. 1030.

lepses sur prolepses (rétrospection de Françoise à Combray sur cette même anticipation des obsèques de Swann), ou au contraire prolepses sur analepses (par deux fois dans l'extrait de *Jean Santeuil*, rappels de projets passés). De tels effets au second ou troisième degré sont fréquents dans la *Recherche* aussi bien au niveau des grandes ou moyennes structures narratives, même si l'on ne tient pas compte de ce premier degré d'anachronie qui est celui de la quasi-totalité du récit.

La situation typique évoquée dans notre fragment de *Jean Santeuil* (souvenirs d'anticipations) a essaimé dans la *Recherche* sur les deux personnages issus par scissiparité du héros primitif. Le retour sur le mariage de Swann, dans les *Jeunes Filles*, comporte une évocation rétrospective des projets d'ambition mondaine pour sa fille et sa (future) femme : « Quand Swann dans ses heures de rêverie voyait Odette devenue sa femme, il se représentait invariablement le moment où il l'amènerait, elle et surtout sa fille, chez la princesse des Laumes, devenue bientôt duchesse de Guermantes... il s'attendrissait quand il inventait, en énonçant les mots eux-mêmes, tout ce que la duchesse dirait de lui à Odette, et Odette à Mme de Guermantes... Il se jouait à lui-même la scène de la présentation avec la même précision dans le détail imaginaire qu'ont les gens qui examinent comment ils emploieraient, s'ils le gagnaient, un lot dont ils fixent arbitrairement le chiffre [1]. » Cette « rêverie éveillée » est proleptique en tant que fantasme entretenu par Swann avant son mariage, analeptique en tant qu'elle est rappelée par Marcel après ce mariage, et les deux mouvements se composent pour s'annuler, plaçant ainsi le fantasme en coïncidence parfaite avec sa cruelle réfutation par les faits, puisque voici Swann marié depuis plusieurs années avec une Odette toujours indésirable au salon Guermantes. Il est vrai qu'il a lui-même épousé Odette alors qu'il ne l'aimait plus, et que « l'être qui en (lui) avait tant souhaité et tant désespéré de vivre toute sa vie avec Odette, ... cet être-là était mort ». Voici donc maintenant confrontées, dans leur contradiction ironique, les anciennes résolutions et les réalités présentes : résolution d'élucider un jour les mystérieux rapports d'Odette avec Forcheville, remplacée par une totale incuriosité : « Autrefois, pendant qu'il souffrait tant, il s'était juré que, dès qu'il n'aimerait plus Odette, et ne craindrait plus de la fâcher ou de lui faire croire qu'il l'aimait trop, il se donnerait la satisfaction d'élucider avec elle, par simple amour de la vérité et comme un point d'histoire, si oui ou non Forcheville avait couché avec elle le jour où il avait sonné et

1. I. p. 470

frappé au carreau sans qu'on lui ouvrît, et où elle avait écrit à Forcheville que c'était un oncle à elle qui était venu. Mais le problème si
intéressant qu'il attendait seulement la fin de sa jalousie pour tirer
au clair, avait précisément perdu tout intérêt aux yeux de Swann,
quand il avait cessé d'être jaloux. » Résolution de manifester un jour
son indifférence à venir, remplacée par la discrétion de la véritable
indifférence : « Alors qu'autrefois, il avait fait le serment, si jamais
il cessait d'aimer celle qu'il ne devinait pas devoir être un jour sa
femme, de lui manifester implacablement son indifférence, enfin
sincère, pour venger son orgueil longtemps humilié, ces représailles
qu'il pouvait exercer maintenant sans risques..., ces représailles, il n'y
tenait plus; avec l'amour avait disparu le désir de montrer qu'il n'avait
plus d'amour. » Même confrontation, *via* le passé, entre le présent
escompté et le présent réel, chez Marcel enfin « guéri » de sa passion
pour Gilberte : « Je n'avais plus envie de la voir, ni même cette envie
de lui montrer que je ne tenais pas à la voir et que chaque jour, quand
je l'aimais, je me promettais de lui témoigner quand je ne l'aimerais
plus »; ou, avec une signification psychologique légèrement différente,
lorsque le même Marcel devenu le « grand crack » auprès de Gilberte
et le familier de la salle à manger Swann, s'efforce en vain de retrouver, pour mesurer le progrès accompli, le sentiment qu'il avait autrefois de l'inaccessibilité de ce « lieu inconcevable » — non sans prêter
à Swann lui-même des pensées analogues quant à sa vie avec Odette,
ancien « paradis inespéré » qu'il n'aurait pu imaginer sans trouble,
devenu réalité prosaïque et sans aucun charme [1]. Ce qu'on avait pro-
jeté n'a pas lieu, ce qu'on n'osait espérer se réalise, mais au moment
où on ne le désire plus : dans les deux cas le présent vient se superposer
à l'ancien futur dont il a pris la place, réfutation rétrospective d'une
anticipation erronée.

Mouvement inverse, rappel anticipé, détour non plus par le passé
mais par l'avenir, à chaque fois que le narrateur expose d'avance
comment il sera plus tard informé après coup d'un événement actuel
(ou de sa signification): ainsi lorsque, racontant une scène entre
M. et Mme Verdurin, il précise qu'elle lui sera rapportée par Cottard
« quelques années plus tard ». Le va-et-vient s'accélère dans cette
indication de *Combray* : « Bien des années plus tard, nous apprîmes
que si cet été-là nous avions mangé presque tous les jours des asperges,
c'était parce que leur odeur donnait à la pauvre fille de cuisine chargée
de les éplucher des crises d'asthme d'une telle violence qu'elle fut

1. I, p. 471, 523, 525; II, p. 713; I, p. 537-538.

obligée de finir par s'en aller [1]. » Il devient presque instantané dans cette phrase de la Prisonnière : « J'appris que ce jour-là avait eu lieu une mort qui me fit beaucoup de peine, celle de Bergotte », si elliptique, si discrètement anomique que le lecteur croit d'abord lire : « j'appris ce jour-là qu'avait eu lieu [2]... ». Même aller-retour en zigzag lorsque le narrateur introduit un événement présent, ou même passé, par le truchement anticipé du souvenir qu'il en aura plus tard, comme nous l'avons déjà vu pour les dernières pages des Jeunes Filles en fleurs, qui nous reportent aux premières semaines de Balbec en passant par les futurs souvenirs de Marcel à Paris; de même, lorsque Marcel vend à une entremetteuse le canapé de tante Léonie, nous apprenons que c'est seulement « beaucoup plus tard » qu'il se rappellera avoir, beaucoup plus tôt, usé de ce canapé avec l'énigmatique cousine que l'on sait : analepse sur paralipse, disions-nous, mais il faut maintenant compléter cette formule en ajoutant : via prolepse. Ces contorsions narratives suffiraient sans doute à attirer sur l'hypothétique jeune personne le regard soupçonneux, quoique bienveillant, de l'herméneute.

Autre effet de structure double, une première anachronie peut inverser, inverse nécessairement, le rapport entre une anachronie seconde et l'ordre de disposition des événements dans le texte. Ainsi, le statut analeptique d'Un amour de Swann fait qu'une anticipation (dans le temps de l'histoire) peut y renvoyer à un événement déjà couvert par le récit : lorsque le narrateur compare l'angoisse vespérale de Swann privé d'Odette à celle qu'il éprouvera lui-même « quelques années plus tard » les soirs où ce même Swann viendra dîner à Combray, cette annonce diégétique est en même temps pour le lecteur un rappel narratif, puisqu'il a déjà lu le récit de cette scène quelque deux cent cinquante pages « plus tôt »; inversement et pour la même raison, la référence à l'angoisse passée de Swann, dans le récit de Combray, est pour le lecteur une annonce du récit à venir d'Un amour de Swann [3]. La formule explicite de telles anachronies doubles serait donc quelque chose comme ceci : « Il devait arriver plus tard, comme nous l'avons déjà vu... », ou : « Il était déjà arrivé, comme nous le verrons plus tard... » Annonces rétrospectives? Rappels anticipatoires? Quand l'arrière est devant et l'avant derrière, définir le sens de la marche devient une tâche délicate.

---

1. III, p. 326; I, p. 124.
2. III, p. 182. Le résumé Clarac-Ferré (III, p. 1155) traduit ainsi : « j'apprends ce jour-là la mort de Bergotte ».
3. I, p. 297 et p. 30-31.

Autant d'anachronies complexes, analepses proleptiques et prolepses analeptiques, qui perturbent quelque peu les notions rassurantes de rétrospection et d'anticipation. Rappelons encore l'existence de ces analepses ouvertes, dont la terminaison n'est pas localisable, ce qui entraîne inévitablement l'existence de segments narratifs temporellement indéfinis. Mais on trouve aussi dans la *Recherche* quelques événements dépourvus de toute référence temporelle, et que l'on ne peut situer d'aucune manière par rapport à ceux qui les entourent : il suffit pour cela qu'ils soient rattachés non pas à un autre événement (ce qui obligerait le récit à les définir comme antérieurs ou postérieurs), mais au discours commentatif (intemporel) qui les accompagne — et dont on sait quelle part il prend dans cette œuvre. Au cours du dîner Guermantes, à propos de l'obstination de Mme de Varambon à l'apparenter à l'amiral Jurien de la Gravière, et donc, par extension, des erreurs analogues si fréquentes dans le monde, le narrateur évoque celle d'un ami des Guermantes qui se recommandait auprès de lui de sa cousine Mme de Chaussegros, personne totalement inconnue de lui : on peut supposer que cette anecdote, qui implique un certain avancement de la carrière mondaine de Marcel, est postérieure au dîner Guermantes, mais rien ne permet de l'affirmer. Après la scène de la présentation manquée à Albertine, dans les *Jeunes Filles en fleurs*, le narrateur propose quelques réflexions sur la subjectivité du sentiment amoureux, puis il illustre cette théorie par l'exemple de ce professeur de dessin qui n'avait jamais su la couleur des cheveux d'une maîtresse qu'il avait passionnément aimée, et qui lui avait laissé une fille (« Je ne l'ai jamais vue qu'en chapeau [1] »). Ici, aucune inférence du contenu ne peut aider l'analyste à définir le statut d'une anachronie privée de toute relation temporelle, et que nous devons donc bien considérer comme un événement sans date et sans âge : comme une achronie.

Or, ce n'est pas seulement tel événement isolé qui manifeste ainsi la capacité du récit à dégager sa disposition de toute dépendance, même inverse, à l'égard de l'ordre chronologique de l'histoire qu'il raconte. La *Recherche* présente, au moins en deux points, de véritables *structures achroniques*. A la fin de *Sodome*, l'itinéraire du « Transatlantique » et la succession de ses arrêts (Doncières, Maineville, Grattevast, Hermenonville) déterminent une courte séquence narrative [2] dont l'ordre de succession (mésaventure de Morel au bordel de Maineville — rencontre de M. de Crécy à Grattevast) ne doit rien au

1. II, p. 498 ; I, p. 858-859.
2. II, p. 1075-1086.

rapport temporel entre les deux événements qui la composent, et tout au fait (d'ailleurs lui-même diachronique, mais d'une diachronie qui n'est pas celle des événements racontés) que le petit train passe d'abord à Maineville, puis à Grattevast, et que ces stations évoquent à l'esprit du narrateur, dans cet ordre, des anecdotes qui s'y rattachent [1]. Or, comme l'a bien noté J. P. Houston dans son étude sur les structures temporelles de la *Recherche* [2], cette disposition « géographique » ne fait que répéter et manifester celle, plus implicite mais plus importante à tous égards, des cinquante dernières pages de *Combray*, où la séquence narrative est commandée par l'opposition côté de Méséglise / côté de Guermantes, et par l'éloignement croissant des sites par rapport à la maison familiale au cours d'une promenade intemporelle et synthétique [3]. La succession : première apparition de Gilberte — adieu aux aubépines — rencontre de Swann et de Vinteuil — mort de Léonie — scène de profanation chez Vinteuil — apparition de la duchesse — vue des clochers de Martinville, cette succession n'a aucun rapport avec l'ordre temporel des événements qui la composent, ou seulement un rapport de coïncidence partielle. Elle dépend essentiellement de l'emplacement des sites (Tansonville — plaine de Méséglise — Montjouvain — retour à Combray — côté de Guermantes), et donc d'une temporalité tout autre : opposition entre les jours de promenade à Méséglise et les jours de promenade vers Guermantes, et à l'intérieur de chacune des deux séries, ordre approximatif des « stations » de la promenade. Il faut confondre naïvement l'ordre syntagmatique du récit et l'ordre temporel de l'histoire pour imaginer, comme le font des lecteurs pressés, que la rencontre avec la duchesse ou l'épisode des clochers est postérieur à la scène de Montjouvain. La vérité, c'est que le narrateur avait les raisons les plus évidentes pour grouper ensemble, au mépris de toute chronologie, des événements en relation de proximité spatiale, d'identité de climat (les promenades à Méséglise ont toujours lieu par mauvais temps, celles à Guermantes par beau temps), ou de parenté thématique (le côté de Méséglise représente le versant érotico-affectif, celui de Guermantes est le versant esthétique du monde de

---

1. « Je me contente ici, au fur et à mesure que le tortillard s'arrête et que l'employé crie Doncières, Grattevast, Maineville, etc., de noter ce que la petite plage ou la garnison m'évoquent » (p. 1076).

2. « Temporal patterns in *A la recherche...* », *French Studies*, janvier 1962.

3. La majeure partie de cette séquence appartient de ce fait à l'ordre de l'itératif. Je néglige pour l'instant cet aspect pour ne considérer que l'ordre de succession des événements singuliers.

l'enfance), manifestant ainsi, plus et mieux que quiconque avant lui, la capacité d'*autonomie temporelle* du récit [1].

Mais il serait tout à fait vain de prétendre tirer des conclusions définitives de la seule analyse des anachronies, qui n'illustrent qu'un seul des traits constitutifs de la temporalité narrative. Il est assez évident, par exemple, que les distorsions de la durée contribuent tout autant que les transgressions de l'ordre chronologique à l'émancipation de cette temporalité. Ce sont elles qui vont nous retenir maintenant.

1. Ayant baptisé *analepses* et *prolepses* les anachronies par rétrospection ou anticipation, on pourrait nommer *syllepses* (fait de prendre ensemble) *temporelles* ces groupements anachroniques commandés par telle ou telle parenté, spatiale, thématique ou autre. La syllepse géographique est par exemple le principe de groupement narratif des récits de voyage enrichis d'anecdotes tels que les *Mémoires d'un touriste* ou *le Rhin*. La syllepse thématique commande dans le roman classique à tiroirs de nombreuses insertions d' « histoires », justifiées par des relations d'analogie ou de contraste. Nous retrouverons la notion de syllepse à propos du récit itératif, qui en est une autre variété.

2. Durée

Anisochronies.

J'ai rappelé au début du chapitre précédent à quelles difficultés se heurte en littérature écrite la notion même de « temps du récit ». C'est évidemment à propos de la durée que ces difficultés se font le plus lourdement sentir, car les faits d'ordre, ou de fréquence, se laissent transposer sans dommage du plan temporel de l'histoire au plan spatial du texte : dire qu'un épisode A vient « après » un épisode B dans la disposition syntagmatique d'un texte narratif, ou qu'un événement C y est raconté « deux fois » sont des propositions dont le sens est obvie, et que l'on peut clairement confronter à d'autres assertions telles que « l'événement A est antérieur à l'événement B dans le temps de l'histoire » ou « l'événement C ne s'y produit qu'une fois ». La comparaison entre les deux plans est donc ici légitime et pertinente. En revanche, confronter la « durée » d'un récit à celle de l'histoire qu'il raconte est une opération plus scabreuse, pour cette simple raison que nul ne peut mesurer la durée d'un récit. Ce que l'on nomme spontanément ainsi ne peut être, nous l'avons dit, que le temps qu'il faut pour le lire, mais il est trop évident que les temps de lecture varient selon les occurrences singulières, et que, contrairement à ce qui se passe au cinéma, ou même en musique, rien ne permet ici de fixer une vitesse « normale » à l'exécution.

Le point de référence, ou degré zéro, qui en matière d'ordre était la coïncidence entre succession diégétique et succession narrative, et qui serait ici l'isochronie rigoureuse entre récit et histoire, nous fait donc maintenant défaut, même s'il est vrai, comme le note Jean Ricardou, qu'une scène de dialogue (à la supposer pure de toute intervention du narrateur et sans aucune ellipse) nous donne « une *espèce* d'égalité entre le segment narratif et le segment fictif [1] ». C'est moi

---

1. *Problèmes du nouveau roman*, Seuil, Paris, 1967, p. 164. On sait que Ricardou oppose *narration* à *fiction* dans le sens où j'oppose ici *récit* (et parfois *narration*) à *histoire* (ou *diégèse):* « la narration est la manière de conter, la fiction ce qui est conté » (*ibid.*, p. 11).

qui souligne « espèce », pour insister sur le caractère non rigoureux,
et surtout non rigoureusement temporel, de cette égalité : tout ce
que l'on peut affirmer d'un tel segment narratif (ou dramatique) est
qu'il rapporte tout ce qui a été dit, réellement ou fictivement, sans
rien y ajouter; mais il ne restitue pas la vitesse à laquelle ces paroles
ont été prononcées, ni les éventuels temps morts de la conversation.
Il ne peut donc nullement jouer un rôle d'indicateur temporel, et le
jouerait-il que ses indications ne pourraient servir à mesurer la
« durée de récit » des segments d'allure différente qui l'entourent. Il
n'y a donc dans la scène dialoguée qu'une sorte d'égalité *conventionnelle* entre temps du récit et temps de l'histoire, et c'est ainsi que nous
l'utiliserons plus loin dans une typologie des formes traditionnelles
de durée narrative, mais elle ne peut nous servir de point de référence
pour une comparaison rigoureuse des durées réelles.

Il faut donc renoncer à mesurer les variations de durée par rapport
à une inaccessible, parce que invérifiable, égalité de durée entre récit
et histoire. Mais l'isochronisme d'un récit peut aussi se définir, comme
celui d'un pendule par exemple, non plus relativement, par comparaison entre sa durée et celle de l'histoire qu'il raconte, mais de manière
en quelque sorte absolue et autonome, comme *constance de vitesse*.
On entend par vitesse le rapport entre une mesure temporelle et une
mesure spatiale (tant de mètres à la seconde, tant de secondes par
mètre) : la vitesse du récit se définira par le rapport entre une durée,
celle de l'histoire, mesurée en secondes, minutes, heures, jours, mois
et années, et une longueur : celle du texte, mesurée en lignes et en
pages [1]. Le récit isochrone, notre hypothétique degré zéro de référence, serait donc ici un récit à vitesse égale, sans accélérations ni
ralentissements, où le rapport durée d'histoire/longueur de récit
resterait toujours constant. Il est sans doute inutile de préciser qu'un
tel récit n'existe pas, et ne peut exister qu'à titre d'expérience de
laboratoire : à quelque niveau d'élaboration esthétique que ce soit,
on imagine mal l'existence d'un récit qui n'admettrait aucune variation de vitesse, et cette observation banale est déjà de quelque importance : un récit peut se passer d'anachronies, il ne peut aller sans
anisochronies, ou, si l'on préfère (comme c'est probable), sans effets de
rythme.

L'analyse détaillée de ces effets serait à la fois harassante et dépourvue de toute véritable rigueur, puisque le temps diégétique n'est presque
jamais indiqué (ou inférable) avec la précision qui y serait nécessaire.

---

1. Cette procédure est proposée par G. Müller, art. cit., 1948, et R. Barthes,
« Le discours de l'histoire », *Information sur les sciences sociales*, août 1967.

L'étude ne trouve donc ici quelque pertinence qu'au niveau macroscopique, celui des grandes unités narratives [1], étant admis que pour chaque unité la mesure ne recouvre qu'une approximation statistique.

Si l'on veut dresser un tableau de ces variations pour la *Recherche du temps perdu*, il faut tout d'abord déterminer ce que l'on considérera comme grandes articulations narratives, et ensuite disposer, pour la mesure de leur temps d'histoire, d'une chronologie interne approximativement claire et cohérente. Si la première donnée est assez facile à constituer, il n'en va pas de même pour la seconde.

En ce qui concerne les articulations narratives, il faut d'abord observer qu'elles ne coïncident pas avec les divisions apparentes de l'œuvre en parties et chapitres pourvus de titres et de numéros [2]. Si l'on adopte comme critère démarcatif la présence d'une rupture temporelle et/ou spatiale importante, le découpage s'établit pourtant, sans trop d'hésitation, comme suit (je donne à certaines de ces unités des titres de mon cru, purement indicatifs) :

(1) I, p. 3-186, en négligeant les analepses mémorielles étudiées au chapitre précédent, c'est l'unité consacrée à l'enfance à Combray, que nous appellerons évidemment, comme Proust lui-même, *Combray*.

(2) Après une rupture temporelle et spatiale, *Un amour de Swann*, I, p. 188-382.

(3) Après une rupture temporelle, l'unité consacrée à l'adolescence parisienne et dominée par les amours avec Gilberte et la découverte du milieu Swann, qui occupe la troisième partie de *Du côté de chez Swann* (« Noms de pays : le Nom ») et la première des *Jeunes Filles en fleurs* (« Autour de Mme Swann »), I, p. 383-641 : nous l'appellerons *Gilberte*.

(4) Après une rupture temporelle (deux ans) et spatiale (passage de Paris à Balbec), l'épisode du premier séjour à Balbec, qui correspond à la deuxième partie des *Jeunes Filles* (« Noms de Pays : le Pays ») I, p. 642-955 : *Balbec I*.

(5) Après une rupture spatiale (retour à Paris), nous considérerons comme une seule et même unité tout ce qui sépare les deux séjours

1. C'est ce que Ch. Metz (*op. cit.*, p. 122 s.) nomme la « grande syntagmatique » narrative.
2. On sait d'ailleurs que la contrainte extérieure est seule responsable de la coupure actuelle entre *Swann* et les *Jeunes Filles en fleurs*. Les relations entre divisions extérieures (parties, chapitres, etc.) et articulations narratives internes n'ont pas suscité jusqu'à maintenant, d'une façon générale et à ma connaissance, toute l'attention qu'elles méritent. Ces relations déterminent pourtant en grande partie le rythme d'un récit.

à Balbec, et qui se passe presque totalement à Paris (exception faite du court séjour à Doncières), en milieu Guermantes, donc *le Côté de Guermantes* en entier et le début de *Sodome et Gomorrhe*, soit le volume II jusqu'à sa page 751 : *Guermantes*.

(6) Le second séjour à Balbec, après une nouvelle rupture spatiale, c'est-à-dire toute la fin de *Sodome et Gomorrhe* et du volume II; nous baptiserons cette unité *Balbec II*.

(7) Après un nouveau déplacement (retour à Paris), l'histoire de la séquestration, de la fuite et de la mort d'Albertine, jusqu'à la page 623 du volume III, c'est-à-dire toute *la Prisonnière* et la plus grande partie de *la Fugitive*, jusqu'au départ pour Venise : *Albertine*.

(8) P. 623-675, le séjour à Venise et le voyage de retour : *Venise*.

(9) P. 675-723, à cheval sur *la Fugitive* et *le Temps retrouvé*, le séjour à *Tansonville*.

(10) Après une rupture temporelle (séjour en maison de santé) et spatiale (retour à Paris), p. 723-854 : *la Guerre*.

(11) Après une dernière rupture temporelle (nouveau séjour en maison de santé), la dernière unité narrative est celle, p. 854-1048, de la *Matinée Guermantes* [1].

En ce qui concerne la chronologie, la tâche est un peu plus délicate, celle de la *Recherche* n'étant dans le détail ni claire ni cohérente. Nous n'avons pas à entrer ici dans un débat déjà ancien, et apparemment insoluble, dont les principales pièces sont trois articles de Willy Hachez, le livre de Hans Robert Jauss et celui de Georges Daniel, auxquels je renvoie pour le détail de la discussion [2]. Rappelons seulement que les deux principaux embarras sont, d'une part l'impossibilité de raccorder la chronologie externe d'*Un amour de Swann* (références à des événements historiques qui obligent à dater l'épisode aux environs de 1882-1884) à la chronologie générale de la *Recherche* (qui porte ce même épisode vers 1877-1878 [3]), et d'autre part la discordance

---

1. On voit que les deux seules coïncidences entre articulations narratives et divisions extérieures sont les deux fins de séjour à Balbec (fin *Jeunes Filles* et fin *Sodome*); on peut y ajouter les coïncidences entre articulations et sous-divisions : fin « Combray », fin « Amour de Swann » et fin « Autour de Mme Swann ». Tout le reste est chevauchement. Mais bien entendu, mon découpage n'échappe pas à toute discussion, et il ne prétend pas à une valeur autre qu'opératoire.

2. W. Hachez, « La chronologie et l'âge des personnages de A.L.R.T.P. », *Bulletin de la société des amis de Marcel Proust*, 6, 1956; « Retouches à une chronologie », *ibid.*, 11, 1961; « Fiches biographiques de personnages de Proust », *ibid.*, 15, 1965. H.-R. Jauss, *Zeit und Erinnerung in A.L.R.T.P.*, Carl Winter, Heidelberg 1955. G. Daniel, *Temps et Mystification dans A.L.R.T.P.*, Nizet, Paris, 1963.

3. A cette discordance chronologique s'ajoute celle qui tient à l'absence de toute mention (et de toute vraisemblance) de la naissance de Gilberte dans *Un amour de Swann*, qu'impose pourtant la chronologie générale.

entre la chronologie externe des épisodes *Balbec II* et *Albertine* (références à des événements historiques situés entre 1906 et 1913) et la chronologie interne générale, qui les reporte entre 1900 et 1902 [1]. On ne peut donc établir une chronologie approximativement cohérente qu'à la condition d'éliminer ces deux séries externes, et de s'en tenir à la série principale dont les deux points de repère fondamentaux sont : automne 1897-printemps 1899 pour *Guermantes* (à cause de l'affaire Dreyfus), et naturellement 1916 pour *la Guerre*. A partir de ces deux repères, on établit une série à peu près homogène, mais non sans quelques obscurités partielles qui tiennent particulièrement : *a*) au caractère flou de la chronologie de *Combray* et à son rapport mal défini avec celle de *Gilberte*, *b*) à l'obscurité de celle de *Gilberte*, qui ne permet pas de déterminer s'il se passe une ou deux années entre les deux « premier de l'an » mentionnés [2], *c*) à la durée indéterminée des deux séjours en maison de santé [3]. Je trancherai dans ces incertitudes pour établir une chronologie purement indicative, puisque notre propos est seulement de nous faire une idée d'ensemble des grands rythmes du récit proustien. Notre *hypothèse* chronologique, dans les limites de pertinence ainsi fixées, est donc la suivante :

> *Un amour de Swann* : 1877-1878.
> (naissance de Marcel et de Gilberte : 1878)
> *Combray* : 1883-1892.
> *Gilberte* : 1893-printemps 1895.
> *Balbec I* : été 1897.
> *Guermantes* : automne 1897-été 1899.
> *Balbec II* : été 1900.
> *Albertine* : automne 1900-début 1902.
> *Venise* : printemps 1902.
> *Tansonville* : 1903?
> *La Guerre* : 1914 et 1916.
> *Matinée Guermantes* : vers 1925.

1. On sait que ces deux contradictions tiennent à des circonstances extérieures : la rédaction séparée d'*Un amour de Swann*, intégré après coup à l'ensemble, et la projection tardive sur le personnage d'Albertine de faits rattachés aux relations entre Proust et Alfred Agostinelli.

2. P. 486 et 608.

3. La durée du premier, entre *Tansonville* et *La Guerre* (III, 723), n'est pas précisée par le texte (« les *longues années* que je passai à me soigner, loin de Paris, dans une maison de santé, jusqu'à ce que celle-ci ne pût plus trouver de personnel médical, au commencement de 1916 »), mais elle est assez précisément déterminée par le contexte, le *terminus ante* étant 1902 ou 1903, et le *terminus ad* la date explicite de 1916, le voyage de deux mois à Paris en 1914 (p. 737-762) n'étant qu'un entracte dans ce séjour. La durée du deuxième (entre *La Guerre* et *Matinée*

Selon cette hypothèse, et quelques autres données temporelles de détail, les grandes variations de la vitesse du récit s'établissent à peu près comme suit :

Combray : 180 pages pour environ 10 ans.
Un amour de Swann : 200 pages pour quelque 2 ans.
Gilberte : 160 pages pour environ 2 ans.
(Ici, ellipse de 2 ans).
Balbec I : 300 pages pour 3 ou 4 mois.
Guermantes : 750 pages pour 2 ans 1/2. Mais il faut préciser que cette séquence contient elle-même de très fortes variations, puisque 110 pages y racontent la réception Villeparisis, qui doit durer 2 ou 3 heures, 150 pages le dîner, à peu près d'égale durée, chez la duchesse de Guermantes, et 100 pages la soirée chez la princesse : soit presque la moitié de la séquence pour moins de 10 heures de réception mondaine.
Balbec II : 380 pages pour à peu près 6 mois, dont 125 pour une soirée à la Raspelière.
Albertine : 630 pages pour quelque 18 mois, dont 300 consacrées à seulement 2 journées, dont 135 à la seule soirée musicale Charlus-Verdurin.
Venise : 35 pages pour quelques semaines.
(Ellipse indéterminée : au moins quelques semaines).
Tansonville : 40 pages pour « quelques jours ».
(Ellipse d'environ 12 ans).
La Guerre : 130 pages pour quelques semaines, dont l'essentiel pour une seule soirée (promenade dans Paris et maison Jupien).
(Ellipse de « beaucoup d'années »).
Matinée Guermantes : 190 pages pour 2 ou 3 heures.

Il me semble que, de ce relevé fort sommaire, on peut tirer au moins deux conclusions. Tout d'abord, l'amplitude des variations, qui va de 190 pages pour trois heures à 3 lignes pour 12 ans, soit (très grossièrement) d'une page pour une minute à une page pour un siècle. Ensuite, l'évolution interne du récit à mesure qu'il s'avance vers sa fin, évolution que l'on peut décrire sommairement en disant que l'on observe d'une part un ralentissement progressif du récit, par l'importance croissante de scènes très longues couvrant une très petite durée d'his-

---

Guermantes, III, p. 854), qui peut s'ouvrir dès 1916, est aussi indéterminée, mais la formule employée (« beaucoup d'années passèrent ») empêche qu'on le considère comme beaucoup plus bref que le premier, et oblige à placer le second retour, et donc la matinée Guermantes (et a fortiori le moment de la narration, qui lui est postérieur d'au moins trois ans) *après 1922*, date de la mort de Proust : ce qui est sans inconvénient tant que l'on ne prétend pas identifier le héros à l'auteur. C'est évidemment cette volonté qui oblige W. Hachez (1965, p. 290) à raccourcir à trois ans au plus, au mépris du texte, le second séjour.

toire; et d'autre part, compensant d'une certaine manière ce ralentissement, une présence de plus en plus massive des ellipses : deux aspects que l'on peut aisément synthétiser ainsi : *discontinuité croissante* du récit. Le récit proustien tend à devenir de plus en plus discontinu, syncopé, fait de scènes énormes séparées par d'immenses lacunes, et donc à s'écarter de plus en plus de la « norme » hypothétique de l'isochronie narrative. Rappelons qu'il ne s'agit nullement ici d'une évolution dans le temps qui renverrait à une transformation psychologique de l'auteur, puisque la *Recherche* n'a nullement été écrite dans l'ordre où elle est aujourd'hui disposée. En revanche, il est vrai que Proust, dont on sait combien il tendait à gonfler sans cesse son texte par des additions, a eu plus de temps pour augmenter les derniers volumes que les premiers; l'alourdissement des dernières scènes participe donc de ce déséquilibre bien connu qu'a apporté à la *Recherche* le délai de publication imposé par la guerre. Mais les circonstances, si elles expliquent les « farcissures » de détail, ne peuvent rendre compte de la composition d'ensemble. Il semble bien que Proust ait voulu, et dès le début, ce rythme de plus en plus heurté, d'une massivité et d'une brutalité beethoveniennes, qui contraste si vivement avec la fluidité presque insaisissable des premières parties, comme pour opposer la texture temporelle des événements les plus anciens et celle des plus récents : comme si la mémoire du narrateur, à mesure que les faits se rapprochent, devenait à la fois plus sélective et plus monstrueusement grossissante.

Ce changement de rythme ne peut être correctement défini et interprété qu'une fois mis en relation avec d'autres traitements temporels que nous étudierons au chapitre suivant. Mais nous pouvons et devons dès maintenant considérer de plus près comment se répartit et s'organise en fait la diversité en principe infinie des vitesses narratives.

Théoriquement, en effet, il existe une gradation continue depuis cette vitesse infinie qui est celle de l'ellipse, où un segment nul de récit correspond à une durée quelconque d'histoire, jusqu'à cette lenteur absolue qui est celle de la pause descriptive, où un segment quelconque du discours narratif correspond à une durée diégétique nulle [1]. En fait,

1. Cette formulation peut donner lieu à deux malentendus que je veux dissiper tout de suite : *1)* le fait qu'un segment de discours corresponde à une durée nulle de l'histoire ne caractérise pas en propre la description : il se retrouve aussi bien dans ces excursus commentatifs au présent que l'on nomme couramment, depuis Blin et Brombert, *intrusions* ou *interventions d'auteur,* et que nous retrouverons

il se trouve que la tradition narrative, et en particulier la tradition romanesque, a réduit cette liberté, ou du moins l'a ordonnée en opérant un choix entre tous les possibles, celui de quatre rapports fondamentaux qui sont devenus, au cours d'une évolution dont l'étude reviendra un jour à l'*histoire* (encore à naître) *de la littérature*, les formes canoniques du *tempo* romanesque : un peu comme la tradition musicale classique avait distingué dans l'infinité des vitesses d'exécution possibles quelques mouvements canoniques, *andante, allegro, presto*, etc., dont les rapports de succession et d'alternance ont commandé pendant quelque deux siècles des structures comme celles de la sonate, de la symphonie ou du concerto. Ces quatre formes fondamentales du mouvement narratif, que nous appellerons désormais les quatre *mouvements* narratifs, sont les deux extrêmes que je viens d'évoquer (*ellipse* et *pause* descriptive), et deux intermédiaires : la *scène*, le plus souvent « dialoguée », dont nous avons déjà vu qu'elle réalise conventionnellement l'égalité de temps entre récit et histoire, et ce que la critique de langue anglaise appelle le « *summary* », terme qui n'a pas d'équivalent en français et que nous traduirons par *récit sommaire* ou, par abréviation, *sommaire :* forme à mouvement variable (alors que les trois autres ont un mouvement déterminé, du moins en principe), qui couvre avec une grande souplesse de régime tout le champ compris entre la scène et l'ellipse. On pourrait assez bien schématiser les valeurs temporelles de ces quatre mouvements par les formules suivantes, où TH désigne le temps d'histoire et TR le pseudo-temps, ou temps conventionnel, de récit :

pause   : $TR = n$, $TH = 0$. Donc : $TR \infty\rangle TH$ [1]
scène   : $TR = TH$
sommaire : $TR < TH$
ellipse   : $TR = 0$, $TH = n$. Donc : $TR \langle \infty TH$.

---

au dernier chapitre. Mais le propre de ces excursus est de n'être pas à proprement parler narratifs. Les descriptions en revanche sont *diégétiques*, puisque constitutives de l'univers spatio-temporel de l'histoire, et c'est donc bien avec elles le discours *narratif* qui est en cause. 2) toute description ne fait pas nécessairement pause dans le récit, nous allons le constater chez Proust lui-même : aussi n'est-il pas question ici de la description, mais de la *pause descriptive*, qui ne se confond donc ni avec toute pause, ni avec toute description.

1. Ce signe $\infty\rangle$ (infiniment plus grand), ainsi que l'inverse $\langle\infty$ (infiniment plus petit), ne sont pas, me dit-on, mathématiquement orthodoxes. Je les maintiens cependant parce qu'ils me semblent, dans ce contexte et pour l'honnête homme, les plus transparents possible, pour désigner une notion elle-même mathématiquement suspecte, mais ici fort claire.

La simple lecture de ce tableau fait apparaître une asymétrie, qui est l'absence d'une forme à mouvement variable symétrique du sommaire, et dont la formule serait TR > TH : ce serait évidemment une sorte de scène ralentie, et l'on pense immédiatement aux longues scènes proustiennes, qui paraissent souvent déborder à la lecture, et de beaucoup, le temps diégétique qu'elles sont supposées recouvrir. Mais, comme nous allons le voir, les grandes scènes romanesques, et spécialement chez Proust, sont essentiellement allongées par des éléments extra-narratifs, ou interrompues par des pauses descriptives, mais non pas exactement ralenties. Il va de soi d'ailleurs que le dialogue pur ne peut être ralenti. Reste la narration détaillée d'actes ou d'événements racontés plus lentement qu'ils n'ont été accomplis ou subis : la chose est sans doute réalisable en tant qu'expérience délibérée [1], mais il ne s'agit pas là d'une forme canonique, ni même vraiment réalisée dans la tradition littéraire : les formes canoniques se réduisent bien, en fait, aux quatre mouvements énumérés.

Sommaire.

Or, si l'on considère de ce point de vue le régime narratif de la *Recherche*, la première observation qui s'impose est l'absence à peu près totale du récit sommaire sous la forme qui fut la sienne dans toute l'histoire antérieure du roman, c'est-à-dire la narration en quelques paragraphes ou quelques pages de plusieurs journées, mois ou années d'existence, sans détails d'actions ou de paroles. Borges en cite un exemple emprunté au *Quichotte*, qui me paraît assez caractéristique :

> Finalement, Lothaire jugea qu'il fallait, dans le temps et l'occasion que lui donnait l'absence d'Anselme, presser le siège de cette place forte. Il attaque donc son arrogance par des louanges à sa beauté, car rien ne désarme et ne réduit les forteresses de la vanité des belles plus aisément que cette même vanité flattée par le langage de l'adulation. Ainsi donc, il mina si diligemment le rocher de sa vertu, et avec de telles munitions, que, même si Camille avait été de bronze, elle devait succomber. Il pleura, supplia, offrit, flatta, pressa et

---

1. C'est un peu le cas de *L'Agrandissement* de Claude Mauriac (1963), qui consacre quelque 200 pages à une durée de deux minutes. Mais là encore l'allongement du texte ne procède pas d'une véritable dilatation de la durée, mais d'insertions diverses (analepses mémorielles, etc.).

simula, avec tant de marques de désespoir, avec tant de démonstra-
tions, une passion véritable, qu'il l'emporta sur l'honnêteté de
Camille et, contre toute attente, obtint le triomphe qu'il désirait
le plus [1].

« Des chapitres comme (celui-ci), commente Borges, forment l'écra-
sante majorité de la littérature mondiale, et non le plus indigne. »
Il pense d'ailleurs moins ici aux rapports de vitesse proprement dits
qu'à l'opposition entre l'*abstraction* classique (ici, malgré les métaphores, ou peut-être à cause d'elles) et l'*expressivité* « moderne ».
Si l'on vise davantage l'opposition entre scène et sommaire [2], on
ne peut évidemment pas soutenir que ce genre de textes « forment
l'immense majorité de la littérature mondiale », pour cette simple
raison que la brièveté même du sommaire lui donne presque partout
une infériorité quantitative évidente sur les chapitres descriptifs et
dramatiques, et donc que le sommaire occupe probablement une
place réduite dans la somme du corpus narratif, même classique. En
revanche, il est évident que le sommaire est resté, jusqu'à la fin du
XIXᵉ siècle, la transition la plus ordinaire entre deux scènes, le « fond »
sur lequel elles se détachent, et donc le tissu conjonctif par excellence
du récit romanesque, dont le rythme fondamental se définit par l'alternance du sommaire et de la scène. Il faut ajouter que la plupart
des segments rétrospectifs, et particulièrement dans ce que nous avons
appelé des analepses complètes, ressortissent à ce type de narration,
comme le deuxième chapitre de *Birotteau* en donne un exemple aussi
typique qu'admirable :

> Un closier des environs de Chinon, nommé Jacques Birotteau,
> épousa la femme de chambre d'une dame chez laquelle il faisait les
> vignes; il eut trois garçons, sa femme mourut en couches du dernier,
> et le pauvre homme ne lui survécut pas longtemps. La maîtresse
> affectionnait sa femme de chambre; elle fit élever avec ses fils l'aîné
> des enfants de son closier, nommé François, et le plaça dans un
> séminaire. Ordonné prêtre, François Birotteau se cacha pendant la

---

1. *Quichotte*, I, chap. 34, cité in *Discussion*, p. 51-52. Le rapprochement s'impose
avec un sommaire plus désinvolte (mais motivé) sur un sujet analogue, chez
Fielding : « Nous ne fatiguerons pas le lecteur de tout le détail de ce manège
amoureux. Si, dans l'opinion d'un auteur célèbre, il compose la scène la plus amu-
sante de la vie pour l'acteur, le récit en est peut-être le plus insipide et le plus
ennuyeux qu'on puisse imaginer pour le lecteur. Bornons-nous donc au point
essentiel. Le capitaine conduisit son attaque dans les règles, la citadelle se défendit
dans les règles, et, toujours dans les règles, elle finit par se rendre à discrétion »
(*Tom Jones*, trad. La Bédoyère, I, p. 11).
2. Voir Percy Lubbock, *The Craft of Fiction*, Londres, 1921.

Révolution et mena la vie errante des prêtres non assermentés, traqués comme des bêtes fauves, et pour le moins guillotinés [1] ...

Rien de tel chez Proust. La réduction du récit ne passe jamais chez lui par ce genre d'accélérations, même dans les anachronies, qui sont presque toujours dans la *Recherche* de véritables scènes, antérieures ou ultérieures, et non des vues cavalières du passé ou de l'avenir : ou bien elle procède d'un tout autre type de synthèse, que nous étudierons de plus près au chapitre suivant sous le nom de récit itératif [2], ou bien elle pousse l'accélération jusqu'à franchir les limites qui séparent le récit sommaire de l'ellipse pure et simple : ainsi de la façon dont il résume les années de retraite qui précèdent et qui suivent le retour de Marcel à Paris pendant la guerre [3]. La confusion entre accélération et ellipse est d'ailleurs presque manifeste dans le célèbre commentaire que Proust a consacré à une page de l'*Éducation sentimentale* : « Ici un « *blanc* », un énorme « blanc » [4] et, sans l'ombre d'une transition [5], soudain la mesure du temps devenant au lieu de quarts d'heure, des années, des décades, (...) extraordinaire *changement de vitesse*, sans préparation [6]. » Or, Proust vient de présenter ce passage en ces termes : « A mon avis, la chose la plus belle de l'*Éduca-*

1. Garnier, p. 30. A la suite de Lubbock, la relation fonctionnelle entre sommaire et analepse a été clairement indiquée par Phyllis Bentley : « L'une des fonctions les plus importantes et les plus fréquentes du récit sommaire est de relater rapidement une période du *passé*. Le romancier, après nous avoir intéressés à ses personnages en nous racontant une scène, fait soudain marche arrière, puis avant, pour nous donner un bref résumé de leur histoire passée, un sommaire rétrospectif *(retrospect)* » (« Use of summary », in *Some observations on the art of narrative*, 1947, repris dans Ph. Stevick, ed., *The Theory of the Novel*, New York 1967).
2. Que le récit classique, qui ne l'ignorait nullement, intégrait au sommaire; exemple, *Birotteau*, p. 31-32 : « Le soir, il pleurait en pensant à la Touraine où le paysan travaille à son aise, où le maçon pose sa pierre en douze temps, où la paresse est sagement mêlée au bonheur; mais il s'endormait sans avoir le temps de penser à s'enfuir, car il avait des courses pour la matinée et obéissait à son devoir avec l'instinct d'un chien de garde. »
3. III, p. 723 : « Ces idées, tendant, les unes à diminuer, les autres à accroître mon regret de ne pas avoir de dons pour la littérature, ne se présentèrent jamais à ma pensée pendant les longues années où d'ailleurs j'avais tout à fait renoncé au projet d'écrire et que je passai à me soigner, loin de Paris, dans une maison de santé, jusqu'à ce que celle-ci ne pût plus trouver de personnel médical, au commencement de 1916 », et p. 854 : « La nouvelle maison de santé dans laquelle je me retirai ne me guérit pas plus que la première; et beaucoup d'années passèrent avant que je la quittasse. »
4. C'est le changement de chapitre, entre « ... et Frédéric, béant, reconnut Sénéchal » (III, chap. 5) et « Il voyagea... » (III, chap. 6).
5. Comme si le changement de chapitre n'était pas, précisément, une transition. Mais il est probable que Proust, qui cite de mémoire, a oublié ce détail.
6. Pléiade, *Contre Sainte-Beuve*, p. 595.

tion sentimentale, ce n'est pas une phrase, mais un *blanc* », et il enchaî-
nera ainsi : « (Chez Balzac), ces *changements de temps* ont un caractère actif ou documentaire... » On ne sait donc si l'admirable est
ici pour lui le *blanc*, c'est-à-dire l'ellipse qui sépare les deux chapitres,
ou le *changement de vitesse*, c'est-à-dire le récit sommaire des premières lignes du chapitre VI : la vérité est sans doute que la distinction lui importe peu, tant il est vrai qu'adonné à une sorte de « tout
ou rien » narratif, il ne sait lui-même accélérer, selon sa propre expression, que « follement [1] », fût-ce au risque (dédions cette métaphore mécanique aux mânes du malheureux Agostinelli) de *dé-
coller* [2].

Pause.

Une seconde constatation négative concerne les pauses descriptives. Proust passe ordinairement pour un romancier prodigue en
descriptions, et il doit sans doute cette réputation à une connaissance
volontiers anthologique de son œuvre, où s'isolent inévitablement
d'apparents excursus comme les aubépines de Tansonville, les marines
d'Elstir, le jet d'eau de la princesse, etc. En fait, les passages descriptifs caractérisés ne sont, relativement à l'ampleur de l'œuvre, ni très
nombreux (guère plus d'une trentaine) ni très longs (la plupart ne
dépassent pas quatre pages) : la proportion est probablement plus
faible que dans certains romans de Balzac. D'autre part, un grand
nombre de ces descriptions (sans doute plus d'un tiers [3]) sont de type
itératif, c'est-à-dire qu'elles ne se rapportent pas à un moment particulier de l'histoire, mais à une série de moments analogues, et par
conséquent ne peuvent en aucune façon contribuer à ralentir le récit,

---

1. « Pour rendre (la fuite du Temps) sensible, les romanciers sont obligés, en
accélérant follement les battements de l'aiguille, de faire franchir au lecteur dix,
vingt, trente ans, en deux minutes » (I, p. 482).
2. Le *Contre Sainte-Beuve* contient cette critique, très allusive, de la pratique
balzacienne du sommaire : « Il a des résumés où il affirme tout ce que nous devons
savoir, sans donner d'air, de place » (Pléiade, p. 271).
3. Ces chiffres peuvent sembler vagues : c'est qu'il serait absurde de chercher
la précision à propos d'un corpus dont les frontières elles-mêmes sont fort indécises,
puisque de toute évidence la description pure (de toute narration) et la narration
pure (de toute description) n'existent pas, et que le recensement des « passages
descriptifs » ne peut que négliger des milliers de phrases, membres de phrases ou
mots descriptifs perdus dans des scènes à dominante narrative. Sur cette question,
voir *Figures II*, p. 56-61.

bien au contraire : ainsi la chambre de Léonie, l'église de Combray, les « vues de mer » à Balbec, l'auberge de Doncières, le paysage de Venise [1], autant de pages dont chacune synthétise en un seul segment descriptif plusieurs occurrences du même spectacle. Mais le plus important est ceci : même quand l'objet décrit n'a été rencontré qu'une fois (comme les arbres de Hudimesnil [2]), ou que la description ne concerne qu'une seule de ses apparitions (généralement la première, comme pour l'église de Balbec, le jet d'eau Guermantes, la mer à la Raspelière [3]), cette description ne détermine jamais une pause du récit, une suspension de l'histoire ou, selon le terme traditionnel, de l' « action » : en effet, jamais le récit proustien ne s'arrête sur un objet ou un spectacle sans que cette station corresponde à un arrêt contemplatif du héros lui-même (Swann dans *Un amour de Swann*, Marcel partout ailleurs), et donc jamais le morceau descriptif ne s'évade de la temporalité de l'histoire.

Bien entendu, un tel traitement de la description n'est pas en lui-même une innovation, et lorsque par exemple, dans l'*Astrée* [4], le récit décrit longuement les tableaux exposés dans la chambre de Céladon au château d'Isoure, nous pouvons considérer que cette description accompagne en quelque sorte le regard de Céladon découvrant ces tableaux à son réveil. Mais on sait que le roman balzacien, au contraire, a fixé un canon descriptif (d'ailleurs plus conforme au modèle de l'*ekphrasis* épique [5]) typiquement extra-temporel, où le narrateur, abandonnant le cours de l'histoire (ou, comme dans *le Père Goriot* ou *la Recherche de l'absolu*, avant de l'aborder), se charge, en son propre nom et pour la seule information de son lecteur, de décrire un spectacle qu'à proprement parler, en ce point de l'histoire, personne ne regarde : comme l'indique bien, par exemple, la phrase par laquelle s'ouvre, dans la *Vieille Fille*, le tableau de l'hôtel Cormon : « Maintenant il est nécessaire d'entrer chez cette vieille fille vers laquelle tant d'intérêts convergeaient, et chez qui les acteurs de cette scène devaient se rencontrer tous le soir même [6]... » Cette « entrée » est évidemment le fait du narrateur et du lecteur seuls, qui vont parcourir la maison et le jardin tandis que les vrais « acteurs de cette scène » continuent, ailleurs, de vaquer à leurs occupations, ou plutôt

1. I, p. 49-50, 59-67, 672-673 et 802-806; II, p. 98-99; III, 623-625.
2. I, p. 717-719.
3. I, p. 658-660; II, p. 656-657, 897.
4. Éd. Vaganay, I, p. 40-43.
5. Exception faite pour le bouclier d'Achille (*Iliade*, XVIII), décrit, comme on sait, dans le temps de sa fabrication par Héphaïstos.
6. Garnier, p. 67.

attendent pour les reprendre que le récit veuille bien revenir à eux et les rendre à la vie [1].

On sait que Stendhal s'était toujours soustrait à ce canon en pulvérisant les descriptions, et en intégrant presque systématiquement ce qu'il en laissait subsister à la perspective d'action — ou de rêverie — de ses personnages; mais la position de Stendhal, ici comme ailleurs, reste marginale et sans influence directe. Si l'on veut trouver dans le roman moderne un modèle ou un précurseur à la description proustienne, c'est bien davantage à Flaubert qu'il faut penser. Non que le type balzacien lui soit tout à fait étranger : voyez le tableau d'Yonville qui ouvre la deuxième Partie de *Bovary;* mais la plupart du temps, et même dans les pages descriptives d'une certaine ampleur, le mouvement général du texte [2] est commandé par la démarche ou le regard d'un (ou plusieurs) personnage(s), et son déroulement épouse la durée de ce parcours (découverte de la maison de Tostes par Emma, promenade de Frédéric et Rosanette en forêt [3]) ou de cette contemplation immobile (scène au jardin de Tostes, pavillon aux verres colorés de la Vaubyessard, vue de Rouen [4]).

Le récit proustien semble s'être fait une règle de ce principe de coïncidence. On sait à quelle habitude caractéristique de l'auteur lui-même renvoie cette capacité du héros à tomber de longues minutes en arrêt devant un objet (aubépines de Tansonville, mare de Montjouvain, arbres d'Hudimesnil, pommiers en fleur, vues de la mer, etc.) dont la puissance de fascination tient à la présence d'un secret non dévoilé, message encore indéchiffrable mais insistant, ébauche et promesse voilée de la révélation finale. Ces stations contemplatives sont généralement d'une durée que ne risque pas d'excéder celle de

1. Gautier poussera ce procédé jusqu'à une désinvolture qui le « dénude », comme disaient les formalistes : « La marquise habitait un appartement séparé, où le marquis n'entrait pas sans se faire annoncer. Nous commettrons cette incongruité dont les auteurs de tous les temps ne se sont pas fait faute, et sans rien dire au petit laquais qui serait allé prévenir la camériste, nous pénétrerons dans la chambre à coucher, sûrs de ne déranger personne. L'écrivain qui fait un roman porte naturellement au doigt l'anneau de Gygès, lequel rend invisible » (*Le Capitaine Fracasse*, Garnier, p. 103). Nous retrouverons plus loin cette figure, la *métalepse*, par laquelle le narrateur feint d'entrer (avec ou sans son lecteur) dans l'univers diégétique.

2. Abstraction faite de certaines *intrusions descriptives* du narrateur, généralement au présent, fort brèves, et comme involontaires : voir *Figures*, p. 223-243.

3. *Bovary*, Garnier (Gothot-Mersch), p. 32-34; *L'Éducation*, éd. Dumesnil, II, p. 154-160.

4. *Bovary*, version Pommier-Leleu, p. 196-197 et 216; Garnier, p. 268-269. La dernière est d'ailleurs itérative.

la lecture (même fort lente) du texte qui les « relate » : ainsi de la galerie des Elstir chez le duc de Guermantes, dont l'évocation n'occupe pas quatre pages [1], et dont Marcel s'aperçoit après coup qu'elle l'a retenu pendant trois quarts d'heure, tandis que le duc mourant de faim faisait patienter quelques invités respectueux, dont la princesse de Parme. En fait, la « description » proustienne est moins une description de l'objet contemplé qu'un récit et une analyse de l'activité perceptive du personnage contemplant, de ses impressions, découvertes progressives, changements de distance et de perspective, erreurs et corrections, enthousiasmes ou déceptions, etc. Contemplation fort active en vérité, et qui contient « toute une histoire ». C'est cette histoire que raconte la description proustienne. Qu'on relise par exemple les quelques pages consacrées aux marines d'Elstir à Balbec [2] : on verra combien s'y pressent les termes désignant non pas ce qu'*est* la peinture d'Elstir, mais les « illusions d'optique » qu'elle « recrée », et les impressions mensongères qu'elle suscite et dissipe tour à tour : *sembler, apparaître, avoir l'air, comme si, on sentait, on aurait dit, on pensait, on comprenait, on voyait reparaître, on courait parmi les champs ensoleillés*, etc. : l'activité esthétique n'est pas ici de tout repos, mais ce trait ne tient pas seulement aux « métaphores » en trompe l'œil du peintre impressionniste. Le même *travail* de la perception, le même combat, ou jeu, avec les apparences se retrouve devant le moindre objet ou paysage. Voici le (très) jeune Marcel aux prises avec la poignée de tilleul séché de tante Léonie [3] : *comme si un peintre*, les feuilles *avaient l'air* des choses les plus disparates, mais mille détails me donnaient le plaisir de *comprendre que c'était bien des tiges de vrais tilleuls*, je *reconnaissais*, l'éclat rose *me montrait* que ces pétales étaient bien ceux qui, etc. : toute une précoce éducation de l'art de voir, de dépasser les faux semblants, de discerner les vraies identités, qui donne à cette description (d'ailleurs itérative) une durée d'histoire bien remplie. Même travail de discernement devant le jet d'eau d'Hubert Robert, dont je reproduis intégralement la description en soulignant simplement les termes qui marquent la durée du spectacle et l'activité du héros, ici masquée par un pronom impersonnel faussement généralisant (c'est un peu le « on » de Brichot) qui multiplie sa présence sans l'abolir :

> Dans une clairière réservée par de beaux arbres dont plusieurs étaient aussi anciens que lui, planté à l'écart, *on le voyait de loin*, svelte, immobile, durci, ne laissant agiter par la brise que la retombée plus légère de son panache pâle et frémissant. Le XVIIIe siècle avait

1. II, p. 419-422. — 2. I, p. 836-840. — 3. I, p. 51.

épuré l'élégance de ses lignes, mais, fixant le style du jet, *semblait* en avoir arrêté la vie; *à cette distance on avait l'impression* de l'art *plutôt que la sensation* de l'eau. Le nuage humide lui-même qui s'amoncelait *perpétuellement* à son faîte gardait le caractère de l'époque comme ceux qui dans le ciel s'assemblent autour des palais de Versailles. Mais *de près on se rendait compte* que tout en respectant, comme les pierres d'un palais antique, le dessin préalablement tracé, c'était *des eaux toujours nouvelles* qui, s'élançant et voulant obéir aux ordres anciens de l'architecte, ne les accomplissaient exactement qu'en *paraissant* les violer, leurs mille bonds épars pouvant seuls *donner à distance l'impression* d'un unique élan. Celui-ci était en réalité aussi *souvent* interrompu que l'éparpillement de la chute, alors que, *de loin, il m'avait paru* infléchissable, dense, d'une continuité sans lacune. *D'un peu près, on voyait* que cette continuité, *en apparence* toute linéaire, était assurée à tous les points de l'ascension du jet, partout où il aurait dû se briser, par l'entrée en ligne, par la reprise latérale d'un jet parallèle qui montait plus haut que le premier et était lui-même, à une plus grande hauteur, mais *déjà* fatigante pour lui, relevé par un troisième. *De près*, des gouttes sans force retombaient de la colonne d'eau en croisant au passage leurs sœurs montantes, et *parfois*, déchirées, saisies dans un remous de l'air troublé par ce jaillissement *sans trêve*, flottaient *avant* d'être chavirées dans le bassin. Elles contrariaient de leurs *hésitations*, de leur *trajet* en sens inverse, et estompaient de leur molle vapeur la rectitude et la tension de cette tige, portant au-dessus de soi un nuage oblong fait de mille gouttelettes, mais *en apparence* peint en brun doré et immuable, qui montait, infrangible, immobile, élancé et rapide, s'ajouter aux nuages du ciel. Malheureusement un coup de vent suffisait à l'envoyer obliquement sur la terre; *parfois* même un simple jet désobéissant divergeait et, si elle ne s'était pas tenue à une distance respectueuse, aurait mouillé jusqu'aux moelles la foule imprudente et contemplative [1].

On retrouve encore cette situation, beaucoup plus largement développée, au cours de la matinée Guermantes, dont les trente premières pages au moins [2] reposent sur cette activité de reconnaissance et d'identification qu'impose au héros le vieillissement de toute une « société ». A première vue ces trente pages sont purement descriptives : tableau du salon Guermantes après dix ans d'absence. En fait, il s'agit bien plutôt d'un récit : comment le héros, passant de l'un à l'autre (ou des uns aux autres), doit faire à chaque fois l'effort

1. II, p. 656.
2. Il s'agit ici des trente premières pages de la réception proprement dite (p. 920-952), une fois Marcel entré dans le salon, après la méditation dans la bibliothèque (p. 866-920).

— parfois infructueux — de reconnaître en ce petit vieillard le duc de Châtellerault, sous sa barbe M. d'Argencourt, le prince d'Agrigente ennobli par l'âge, le jeune comte de ... en vieux colonel, Bloch en père Bloch, etc., laissant voir à chaque rencontre « le travail d'esprit qui (le) faisait hésiter entre trois ou quatre personnes », et cet autre « travail d'esprit », plus troublant encore, qui est celui de l'identification elle-même : « En effet, « reconnaître » quelqu'un, et plus encore, après n'avoir pas pu le reconnaître, l'identifier, c'est penser sous une seule dénomination deux choses contradictoires, c'est admettre que ce qui était ici, l'être qu'on se rappelle n'est plus, et que ce qui y est, c'est un être qu'on ne connaissait pas; c'est avoir à penser un mystère presque aussi troublant que celui de la mort dont il est, du reste, comme la préface et l'annonciateur [1]. » Substitution douloureuse, comme celle qu'il faut opérer, devant l'église de Balbec, du réel à l'imaginaire : « mon esprit... s'étonnait de voir la statue qu'il avait mille fois sculptée, réduite maintenant à sa propre apparence de pierre »... œuvre d'art « métamorphosée, ainsi que l'église elle-même, en une petite vieille de pierre dont je pouvais mesurer la hauteur et compter les rides [2] ». Superposition euphorique, au contraire, celle qui donne à comparer le souvenir de Combray au paysage de Venise, « impressions analogues... mais transposées selon un mode entièrement différent et plus riche [3] ». Juxtaposition difficile enfin, presque acrobatique, des morceaux du « paysage au lever de soleil » alternativement aperçus par les deux carreaux opposés du wagon de chemin de fer entre Paris et Balbec, et qui oblige le héros à « courir d'une fenêtre à l'autre pour rapprocher, pour rentoiler les fragments intermittents et opposites de (son) beau matin écarlate et versatile et en avoir une vue totale et un tableau continu [4] ».

On le voit, la contemplation chez Proust n'est ni une fulguration instantanée (comme la réminiscence) ni un moment d'extase passive et reposante : c'est une activité intense, intellectuelle et souvent physique, dont la relation, somme toute, est un récit comme un autre. Une conclusion s'impose donc : c'est que la description, chez Proust, se résorbe en narration, et que le second type canonique de mouvement — celui de la pause descriptive — n'y existe pas, pour cette évidente raison que la description y est tout sauf une pause du récit.

1. III, p. 939. — 2. I, p. 659-660. — 3. III, p. 623. — 4. I, p. 654-655.

Ellipse.

Absence du récit sommaire, absence de la pause descriptive : il ne subsiste donc plus au tableau du récit proustien que deux des mouvements traditionnels : la scène et l'ellipse. Avant de considérer le régime temporel et la fonction de la scène proustienne, disons quelques mots de l'ellipse. Il ne s'agit évidemment ici que de l'ellipse proprement dite, ou ellipse *temporelle*, en laissant de côté ces omissions latérales auxquelles nous avons réservé le nom de *paralipse*.

Du point de vue temporel, l'analyse des ellipses se ramène à la considération du temps d'histoire élidé, et la première question est ici de savoir si cette durée est indiquée (ellipses *déterminées*) ou non (ellipses *indéterminées*). Ainsi, entre la fin de *Gilberte* et le début de *Balbec*, se place une ellipse de deux ans clairement déterminée : « J'étais arrivé à une presque complète indifférence à l'égard de Gilberte, quand *deux ans plus tard* je partis avec ma grand-mère pour Balbec [1] »; en revanche, on s'en souvient, les deux ellipses relatives aux séjours du héros en maison de santé sont (presque) également indéterminées (« longues années », « beaucoup d'années »), et l'analyste en est réduit à des inférences parfois difficiles.

Du point de vue formel, on distinguera :

a) Les ellipses *explicites*, comme celles que je viens de citer, qui procèdent soit par indication (déterminée ou non) du laps de temps qu'elles élident, ce qui les assimile à des sommaires très rapides, de type « quelques années passèrent » : c'est alors cette indication qui *constitue* l'ellipse en tant que segment textuel, alors non tout à fait égal à zéro; soit par élision pure et simple (degré zéro du texte elliptique) et indication du temps écoulé à la reprise du récit : type, « deux ans plus tard », cité tout à l'heure; cette forme est évidemment plus rigoureusement elliptique, quoique tout aussi explicite, et non nécessairement plus brève : mais le sentiment du vide narratif, de la lacune, y est mimé par le texte d'une manière plus analogique, plus « iconique », au sens de Peirce et de Jakobson [2]. L'une et l'autre de ces formes, d'ailleurs, peut ajouter à l'indication purement temporelle une information de contenu diégétique, du genre : « quelques années *de bonheur* se passèrent », ou : « après quelques années *de bonheur* ». Ces ellipses *qualifiées* sont une des ressources de la nar-

1. I, p. 642.
2. Voir R. Jakobson, « A la recherche de l'essence du langage », in *Problèmes du langage* (*Diogène* 51), Paris, 1965.

ration romanesque : Stendhal en donne dans la *Chartreuse* un exemple mémorable, et d'ailleurs ingénument contradictoire, après les retrouvailles nocturnes de Fabrice et de Clélia : « Ici, nous demandons la permission de passer, *sans en dire un seul mot*, sur un espace de trois années (...) Après ces trois années *de bonheur divin* [1]... » Ajoutons que la qualification négative est une qualification comme une autre : ainsi lorsque Fielding, qui se flatte avec quelque exagération d'être le premier à varier le rythme du récit et à élider les temps morts de l'action [2], saute par-dessus douze années de la vie de Tom Jones en arguant que cette époque « n'offre rien qui (lui) ait paru digne d'entrer dans son histoire [3] »; on sait combien Stendhal admirait et imitait cette manière désinvolte. Les deux ellipses qui encadrent, dans la *Recherche*, l'épisode de la guerre, sont évidemment des ellipses qualifiées, puisque nous apprenons que Marcel a passé ces années en maison de santé, à se soigner sans guérir, et sans écrire. Mais presque autant, quoique de façon rétrospective, celle qui ouvre *Balbec I*, car dire « j'étais arrivé à une presque complète indifférence à l'égard de Gilberte quand deux ans plus tard... » équivaut à dire « pendant deux ans, je me détachai peu à peu de Gilberte ».

b) Les ellipses *implicites*, c'est-à-dire celles dont la présence même n'est pas déclarée dans le texte, et que le lecteur peut seulement inférer de quelque lacune chronologique ou solutions de continuité narrative. C'est le cas du temps indéterminé qui s'écoule entre la fin des *Jeunes Filles en fleurs* et le début de *Guermantes* : nous savons que Marcel était rentré à Paris, où il avait retrouvé son « ancienne chambre, basse de plafond [4] »; nous le retrouvons dans un nouvel appartement dépendant de l'hôtel de Guermantes, ce qui suppose au moins l'élision de quelques jours, et peut-être sensiblement plus. C'est le cas aussi, et de façon plus embarrassante, des quelques mois qui font suite à la mort de la grand-mère [5]. Cette ellipse est parfaitement

---

1. Garnier (Martineau), p. 474.
2. Voir le chapitre I de la deuxième partie de *Tom Jones*, où il s'en prend aux plats historiens qui « ne consacrent pas moins de temps au détail de mois et d'années dépourvus d'intérêt qu'au tableau des époques rendues fameuses par de grands et mémorables événements », et dont il compare les livres aux « voitures publiques qui, vides ou pleines, font constamment le même trajet ». Contre cette tradition quelque peu imaginaire, il se vante d'inaugurer un « système tout opposé », n'épargnant rien pour « tracer une peinture fidèle » des situations extraordinaires, passant au contraire sous silence les « intervalles de stérilité » — comme les « judicieux receveurs » de la loterie de Londres, qui n'annoncent que les numéros gagnants (I, p. 81-82).
3. I, p. 126.
4. I, p. 953.
5. Entre les chapitres I et II de *Guermantes II*, II, p. 345.

muette : nous avons laissé la grand-mère sur son lit funèbre, très probablement au début de l'été; le récit reprend en ces termes : « Bien que ce fût simplement un dimanche d'automne... » Elle est apparemment déterminée grâce à cette indication de date, mais de façon fort imprécise, et qui deviendra ensuite plutôt confuse [1]; elle est surtout non qualifiée, et le restera : nous ne saurons jamais rien, même rétrospectivement, de ce qu'a été la vie du héros pendant ces quelques mois. C'est peut-être là le silence le plus opaque de toute la *Recherche*, et cette réticence, si l'on se rappelle que la mort de la grand-mère transpose en grande partie celle de la mère de l'auteur, n'est sans doute pas dépourvue de signification [2].

c) Enfin, la forme la plus implicite de l'ellipse est l'ellipse purement *hypothétique*, impossible à localiser, parfois même à placer en quelque lieu que ce soit, que révèle après coup une analepse telle que celles que nous avons déjà rencontrées au chapitre précédent [3] : voyages en Allemagne, dans les Alpes, en Hollande, service militaire : nous sommes évidemment là aux limites de la cohérence du récit, et par là même aux limites de la validité de l'analyse temporelle. Mais la *désignation des limites* n'est pas la tâche la plus oiseuse d'une méthode d'analyse; et, pour le dire en passant, l'étude d'une œuvre comme la *Recherche du temps perdu* selon les critères du récit traditionnel a peut-être au contraire pour justification essentielle de permettre de déterminer avec précision les points sur lesquels, délibérément ou non, une telle œuvre excède de tels critères.

Scène.

Si l'on considère le fait que les ellipses, quels que soient leur nombre et leur puissance d'élision, représentent une part du texte pratiquement nulle, il faut bien en venir à cette conclusion que la totalité du texte narratif proustien peut se définir comme *scène*, au sens temporel par

1. « C'est d'abord un dimanche d'automne indéterminé (p. 345) et bientôt c'est la fin de l'automne (p. 385). Cependant, peu après, Françoise dit : « On est déjà à la fin de septembre... » En tout cas ce n'est pas dans une atmosphère de septembre, mais de novembre ou même de décembre qu'est plongé le restaurant où le narrateur dîne la veille de la première invitation chez la duchesse de Guermantes. Et en quittant la réception de celle-ci, le narrateur demande ses *snow-boots*... » (G. Daniel, *Temps et Mystification*, p. 92-93).
2. Rappelons que Marcel lui-même a coutume d'interpréter certaines paroles « à la façon d'un silence subit » (III, p. 88). L'herméneutique du récit doit aussi prendre en charge ses silences subits, en tenant compte de leur « durée », de leur intensité, et naturellement de leur *place*.
3. P. 92.

lequel nous définissons ici ce terme, et abstraction faite pour l'instant du caractère itératif de certaines d'entre elles [1]. C'en est donc fini de l'alternance traditionnelle sommaire/scène, que nous verrons plus loin remplacée par une autre alternance. Mais il faut dès maintenant noter un changement de fonction qui modifie de toute façon le rôle structural de la scène.

Dans le récit romanesque tel qu'il fonctionnait avant la *Recherche*, l'opposition de mouvement entre scène détaillée et récit sommaire renvoyait presque toujours à une opposition de contenu entre dramatique et non dramatique, les temps forts de l'action coïncidant avec les moments les plus intenses du récit tandis que les temps faibles étaient résumés à grands traits et comme de très loin, selon le principe que nous avons vu exposé par Fielding. Le vrai rythme du canon romanesque, encore très perceptible dans *Bovary*, est donc alternance de sommaires non dramatiques à fonction d'attente et de liaison, et de scènes dramatiques dont le rôle dans l'action est décisif [2].

On peut encore reconnaître ce statut à quelques-unes des scènes de la *Recherche*, comme le « drame du coucher », la profanation de Montjouvain, la soirée des cattleyas, la grande colère de Charlus contre Marcel, la mort de la grand-mère, l'exclusion de Charlus, et naturellement (bien qu'il s'agisse là d'une « action » tout intérieur) la révélation finale [3], qui toutes marquent des étapes irréversibles dans l'accomplissement d'une destinée. Mais, de toute évidence, telle n'est pas la fonction des plus longues et des plus typiquement proustiennes, ces cinq énormes scènes qui occupent à elles seules quelque six cents pages : la matinée Villeparisis, le dîner Guermantes, la soirée chez la princesse, la soirée à la Raspelière, la matinée Guermantes [4]. Comme nous l'avons déjà noté, chacune d'elles a valeur inaugurale : elle marque l'entrée du héros dans un nouveau (mi)lieu, et vaut pour toute la série, qu'elle ouvre, de scènes semblables qui ne seront pas rapportées : autres réceptions chez Mme de Villeparisis et dans le milieu Guermantes, autres dîners chez Oriane, autres réceptions chez la princesse, autres soirées à la Raspelière. Aucune de ces séances mondaines ne mérite davantage l'attention que toutes celles analogues qui lui font suite et qu'elle représente, sinon par le fait d'être la pre-

1. Sur la dominance de la scène, voir Tadié, *Proust et le Roman*, p. 387 s.
2. Cette affirmation n'est évidemment pas à recevoir sans nuances : ainsi, dans les *Souffrances de l'inventeur*, les pages les plus dramatiques sont peut-être celles où Balzac résume avec une sécheresse d'historien militaire les batailles de procédure livrées à David Séchard.
3. I, p. 21-48, 159-165, 226-233; II, p. 552-565, 335-345; III, p. 226-324, 865-869.
4. II, p. 183-284, 416-547, 633-722, 866-979; III, p. 866-1048.

mière de sa série, et de susciter comme telle une curiosité que l'habitude commencera d'émousser aussitôt après [1]. Il ne s'agit donc pas ici de scènes dramatiques, mais plutôt de scènes *typiques*, ou exemplaires, où l'action (même au sens très large qu'il faut donner à ce terme dans l'univers proustien) s'efface presque complètement au profit de la caractérisation psychologique et sociale [2].

Ce changement de fonction entraîne une modification très sensible dans la texture temporelle : contrairement à la tradition antérieure, qui faisait de la scène un lieu de concentration dramatique, presque entièrement dégagé des impedimenta descriptifs ou discursifs, et plus encore des interférences anachroniques, la scène proustienne — comme l'a bien remarqué J. P. Houston [3] — joue dans le roman un rôle de « foyer temporel » ou de pôle magnétique pour toutes sortes d'informations et de circonstances annexes : presque toujours gonflée, voire encombrée de digressions de toutes sortes, rétrospections, anticipations, parenthèses itératives et descriptives, interventions didactiques du narrateur, etc., toutes destinées à regrouper en syllepse autour de la séance-prétexte un faisceau d'événements et de considérations capables de lui donner une valeur pleinement paradigmatique. Un décompte très approximatif portant sur les cinq grandes scènes en question fait assez bien apparaître le poids relatif de ces éléments extérieurs à la séance racontée, mais thématiquement essentiels à ce que Proust appelait sa « surnourriture » : dans la matinée Villeparisis, 34 pages sur 100; dans le dîner Guermantes, 63 sur 130; dans la soirée Guermantes, 25 sur 90; dans la dernière matinée Guermantes enfin, dont les 55 premières pages sont occupées par un mélange presque indiscernable de monologue intérieur du héros et de discours théorique du narrateur, et dont le reste est traité (comme on le verra plus loin) sur un mode essentiellement itératif, la proportion se renverse et ce sont les moments proprement

1. Le statut de la dernière scène (matinée Guermantes) est plus complexe, parce qu'il s'agit autant (et même davantage) d'un adieu au monde que d'une initiation. Mais le thème de la *découverte* y est cependant présent, sous la forme, que l'on sait, d'une redécouverte, reconnaissance difficile sous le masque du vieillissement et de la métamorphose : motif à curiosité, aussi puissant, sinon plus, que celui qui animait les précédentes scènes d'entrée dans le monde.

2. B. G. Rogers (*Proust's narrative Techniques*, Droz, Genève, 1965, p. 143 s.) voit dans le déroulement de la *Recherche* une disparition progressive des scènes dramatiques, selon lui plus nombreuses dans les premières parties. Son argument essentiel est que la mort d'Albertine ne donne pas lieu à une scène. Démonstration peu convaincante : la proportion ne varie guère au cours de l'œuvre, et le trait pertinent est bien plutôt la prédominance constante des scènes non dramatiques.

3. « Temporal Patterns », p. 33-34.

narratifs (à peine 50 pages sur 180) qui semblent émerger d'une sorte de magma descriptivo-discursif fort éloigné des critères habituels de la temporalité « scénique » et même de toute temporalité narrative — comme ces bribes mélodiques que l'on perçoit dans les premières mesures de la *Valse,* à travers un brouillard de rythme et d'harmonie. Mais ici la nébuleuse n'est pas inchoative, comme celle de Ravel ou celle des premières pages de *Swann,* au contraire : comme si dans cette dernière scène le récit voulait, pour finir, progressivement se dissoudre et donner en spectacle l'image délibérément confuse et subtilement chaotique de sa propre disparition.

On voit donc que le récit proustien ne laisse intact aucun des mouvements narratifs traditionnels, et que l'ensemble du système rythmique de la narration romanesque s'en trouve profondément altéré. Mais il nous reste à connaître une dernière modification, la plus décisive sans doute, dont l'émergence et la généralisation vont donner à la temporalité narrative de la *Recherche* une cadence toute nouvelle — un rythme proprement inouï.

3. Fréquence

Singulatif/itératif.

Ce que j'appelle la *fréquence narrative*, c'est-à-dire les relations de fréquence (ou plus simplement de répétition) entre récit et diégèse, a été jusqu'ici fort peu étudié par les critiques et les théoriciens du roman. C'est pourtant là un des aspects essentiels de la temporalité narrative, et qui est d'ailleurs, au niveau de la langue commune, bien connu des grammairiens sous la catégorie, précisément, de l'*aspect*.

Un événement n'est pas seulement capable de se produire : il peut aussi se reproduire, ou se répéter : le soleil se lève tous les jours. Bien entendu, l'*identité* de ces multiples occurrences est en toute rigueur contestable : « le soleil » qui « se lève » chaque matin n'est pas exactement le même d'un jour à l'autre — pas plus que le « Genève-Paris de 8 h 45 », cher à Ferdinand de Saussure, ne se compose chaque soir des mêmes wagons accrochés à la même locomotive[1]. La « répétition » est en fait une construction de l'esprit, qui élimine de chaque occurrence tout ce qui lui appartient en propre pour n'en conserver que ce qu'elle partage avec toutes les autres de la même classe, et qui est une abstraction : « le soleil », « le matin », « se lever ». Cela est bien connu, et je ne le rappelle que pour préciser une fois pour toutes que l'on nommera ici « événements identiques », ou « récurrence du même événement » une série de plusieurs événements semblables et *considérés dans leur seule ressemblance*.

Symétriquement, un énoncé narratif n'est pas seulement produit, il peut être reproduit, répété une ou plusieurs fois dans le même texte : rien ne m'empêche de dire ou d'écrire : « Pierre est venu hier soir, Pierre est venu hier soir, Pierre est venu hier soir. » Ici encore, l'identité et donc la répétition sont des faits d'abstraction, aucune des occurrences n'est matériellement (phoniquement ou graphique-

---

1. *Cours de linguistique générale*, p. 151.

ment) tout à fait identique aux autres, ni même idéalement (linguistiquement), du seul fait de leur co-présence et de leur succession qui diversifie ces trois énoncés en un premier, un suivant et un dernier. Ici encore on peut se reporter aux pages célèbres du *Cours de linguistique générale* sur le « problème des identités ». Il y a là une nouvelle abstraction à assumer, et que nous assumerons.

Entre ces capacités de « répétition » des événements narrés (de l'histoire) et des énoncés narratifs (du récit) s'établit un système de relations que l'on peut a priori ramener à quatre types virtuels, par simple produit des deux possibilités offertes de part et d'autre : événement répété ou non, énoncé répété ou non. Très schématiquement, on peut dire qu'un récit, quel qu'il soit, peut raconter une fois ce qui s'est passé une fois, n fois ce qui s'est passé n fois, n fois ce qui s'est passé une fois, une fois ce qui s'est passé n fois. Revenons un peu plus longuement sur ces quatre types de relations de fréquence.

Raconter une fois ce qui s'est passé une fois (soit, si l'on veut abréger en une formule pseudo-mathématique : 1R/1H). Soit un énoncé tel que : « Hier, je me suis couché de bonne heure ». Cette forme de récit, où la singularité de l'énoncé narratif répond à la singularité de l'événement narré, est évidemment de loin la plus courante. Si courante, et apparemment considérée comme si « normale », qu'elle ne porte pas de nom, au moins dans notre langue. Pour bien manifester toutefois qu'il ne s'agit que d'une possibilité parmi d'autres, je propose de lui en donner un : je l'appellerai désormais récit *singulatif* — néologisme transparent j'espère, que l'on allégera parfois en employant dans le même sens technique l'adjectif « singulier » : scène singulative ou singulière.

Raconter n fois ce qui s'est passé n fois (nR/nH). Soit l'énoncé : « Lundi, je me suis couché de bonne heure, mardi je me suis couché de bonne heure, mercredi je me suis couché de bonne heure, etc. » Du point de vue qui nous intéresse ici, c'est-à-dire des relations de fréquence entre récit et histoire, ce type anaphorique reste en fait singulatif et se ramène donc au précédent, puisque les répétitions du récit ne font qu'y répondre, selon une correspondance que Jakobson qualifierait d'iconique, aux répétitions de l'histoire. Le singulatif se définit donc, non par le nombre des occurrences de part et d'autre, mais par l'égalité de ce nombre [1].

---

1. C'est-à-dire que la formule nR/nH définit également les deux premiers types, étant admis que le plus souvent n = 1. A vrai dire, cette grille ne tient pas compte d'une cinquième relation possible (mais à ma connaissance sans exemple), où l'on raconterait plusieurs fois ce qui s'est passé plusieurs fois aussi, mais un nombre différent (supérieur ou inférieur) de fois : nR/mH.

Raconter n fois ce qui s'est passé une fois (nR/1H). Soit un énoncé comme celui-ci : « Hier je me suis couché de bonne heure, hier je me suis couché de bonne heure, hier je me suis couché de bonne heure, etc. [1] » Cette forme peut sembler purement hypothétique, rejeton mal formé de l'esprit combinatoire, sans aucune pertinence littéraire. Rappelons cependant que certains textes modernes reposent sur cette capacité de répétition du récit : que l'on songe par exemple à un épisode récurrent comme la mort du mille-pattes dans *la Jalousie*. D'autre part, le même événement peut être raconté plusieurs fois non seulement avec des variantes stylistiques, comme c'est générale-ment le cas chez Robbe-Grillet, mais encore avec des variations de « point de vue », comme dans *Rashômon* ou *le Bruit et la Fureur* [2]. Le roman épistolaire du XVIIIe siècle connaissait déjà ce genre de confrontations, et bien entendu les anachronies « répétitives » que nous avons rencontrées au chapitre I *(annonces* et *rappels)* relèvent de ce type narratif, qu'elles réalisent de manière plus ou moins fugitive. Songeons aussi (ce qui n'est pas aussi étranger qu'on peut le croire à la fonction littéraire) que les enfants aiment qu'on leur raconte plu-sieurs fois — voire plusieurs fois de suite — la même histoire, ou relire le même livre, et que ce goût n'est pas tout à fait le privilège de l'enfance : nous considérerons plus loin avec quelque détail la scène du « déjeuner du samedi à Combray », qui s'achève sur un exemple typique de récit rituel. J'appelle évidemment ce type de récit, où les récurrences de l'énoncé ne répondent à aucune récurrence d'évé-nements, récit *répétitif*.

Enfin, *raconter une seule fois* (ou plutôt : *en une seule fois) ce qui s'est passé n fois* (1R/nH). Revenons à notre deuxième type, ou singulatif anaphorique : « Lundi je me suis couché de bonne heure, mardi, etc. » De toute évidence, lorsqu'il se produit dans l'histoire de tels phénomènes de répétition, le récit n'est nullement condamné à les reproduire dans son discours comme s'il était incapable du moin-dre effort d'abstraction et de synthèse : en fait, et sauf effet stylis-tique délibéré, le récit dans ce cas, et même le plus fruste, trouvera une formulation sylleptique [3] telle que : « tous les jours », ou « toute la semaine », ou « tous les jours de la semaine je me suis couché de bonne heure ». Chacun sait au moins quelle variante de ce tour ouvre

---

1. Avec ou sans variantes stylistiques, telles que : « Hier je me suis couché de bonne heure, hier je me suis couché tôt, hier je me suis mis au lit de bonne heure, etc. »
2. Nous reviendrons sur cette question au chapitre suivant.
3. Au sens où nous avons défini plus haut (p. 121) la syllepse narrative.

la *Recherche du temps perdu*. Ce type de récit, où une seule émission narrative assume ensemble [1] plusieurs occurrences du même événement (c'est-à-dire, encore une fois, plusieurs événements considérés dans leur seule analogie), nous le nommerons récit *itératif*. Il s'agit là d'un procédé linguistique tout à fait courant, et probablement universel ou quasi universel, dans la variété de ses tours [2], bien connu des grammairiens, qui lui ont donné son nom[3]. Son investissement littéraire, en revanche, ne semble pas avoir suscité jusqu'ici une très vive attention [4]. C'est pourtant là une forme tout à fait traditionnelle, dont on peut trouver des exemples dès l'épopée homérique, et tout au long de l'histoire du roman classique et moderne.

Mais dans le récit classique et encore jusque chez Balzac, les segments itératifs sont presque toujours en état de subordination fonctionnelle par rapport aux scènes singulatives, auxquelles ils donnent une sorte de cadre ou d'arrière-plan informatif, sur un mode qu'illustre assez bien, par exemple, dans *Eugénie Grandet*, le tableau préliminaire de la vie quotidienne dans la famille Grandet, qui ne fait que préparer l'ouverture du récit proprement dit : « En 1819, vers le commencement de la soirée, au milieu du mois de novembre, la Grande Nanon alluma du feu pour la première fois [5]... » La fonction classique du récit itératif est donc assez proche de celle de la description, avec laquelle il entretient d'ailleurs des rapports très étroits : le « portrait moral », par exemple, qui est l'une des variétés du genre descriptif, procède le plus souvent (voyez La Bruyère) par accumulation de traits itératifs. Comme la description, le récit itératif est, dans le roman traditionnel, *au service* du récit « proprement dit », qui est le récit singulatif. Le premier romancier qui ait entrepris de l'émanciper de cette dépendance fonctionnelle est évidemment Flaubert dans *Madame Bovary*, où des pages comme celles qui racontent la vie d'Emma au couvent, à Tostes avant et après le bal à la Vaubyessard, ou ses jeudis à Rouen avec Léon [6], prennent une amplitude et une autonomie tout à fait inusitées. Mais aucune œuvre romanesque, apparemment, n'a jamais

---

1. Il s'agit bien de les assumer *ensemble*, synthétiquement, et non d'en raconter une seule qui tienne lieu de toutes les autres, ce qui est un usage *paradigmatique* du récit singulatif : « Je raconte un de ces repas, qui peut donner une idée des autres » (III, p. 1006).

2. Ainsi, la forme « itérative » ou « fréquentative » du verbe anglais, ou l'imparfait de répétition français.

3. En concurrence, donc, avec « fréquentatif ».

4. Citons cependant l'article de J. P. Houston, déjà mentionné, et celui de Wolfgang Raible, « Linguistik und Literaturkritik », *Linguistik und Didaktik*, 8, 1971.

5. Garnier, p. 34.

6. I-VI, I-VII, I-IX, III-V.

fait de l'itératif un usage comparable — par l'extension textuelle, par l'importance thématique, par le degré d'élaboration technique — à celui qu'en fait Proust dans la *Recherche du temps perdu.*

Les trois premières grandes sections de la *Recherche*, c'est-à-dire *Combray, Un amour de ʼSwann* et « *Gilberte* » (*Noms de Pays : le Nom* et *Autour de Madame Swann*) peuvent être considérées sans exagération comme essentiellement itératives. A part quelques scènes singulatives, d'ailleurs dramatiquement très importantes, comme la visite de Swann, la rencontre avec la Dame en Rose, les épisodes Legrandin, la profanation de Montjouvain, l'apparition de la duchesse à l'église et la promenade aux clochers de Martinville, le texte de *Combray* raconte, à l'imparfait de répétition, non ce qui *s'est passé*, mais ce qui *se passait* à Combray, régulièrement, rituellement, tous les jours, ou tous les dimanches, ou tous les samedis, etc. Le récit des amours de Swann et d'Odette sera encore conduit, pour l'essentiel, sur ce mode de l'habitude et de la répétition (exceptions majeures : les deux soirées Verdurin, la scène des cattleyas, le concert Sainte-Euverte), de même que celui des amours de Marcel et Gilberte (scènes singulatives notables : la Berma, le dîner avec Bergotte). Un relevé approximatif (la précision n'aurait ici aucune pertinence) fait apparaître quelque chose comme 115 pages itératives contre 70 singulatives dans *Combray*, 91 contre 103 dans *Un amour de Swann*, 145 contre 113 dans *Gilberte*, soit à peu près 350 contre 285 pour l'ensemble de ces trois sections. Ce n'est qu'à partir du premier séjour à Balbec que s'établit (ou se *rétablit*, si l'on songe à ce qu'était la proportion dans le récit traditionnel [1]) la prédominance du singulatif. Encore relève-t-on jusqu'à la fin de nombreux segments itératifs, comme les promenades à Balbec avec Mme de Villeparisis dans les *Jeunes Filles en fleurs*, les manèges du héros, au début de *Guermantes*, pour rencontrer tous les matins la duchesse, les tableaux de Doncières, les voyages dans le petit train de la Raspelière, la vie avec Albertine à Paris, les promenades dans Venise [2].

Il faut encore noter la présence de passages itératifs à l'intérieur de scènes singulières : ainsi, au début du dîner chez la duchesse, la longue parenthèse consacrée à l'esprit des Guermantes [3]. Dans ce cas, le champ temporel couvert par le segment itératif déborde évidem-

---

1. Il faudrait une statistique colossale pour établir cette proportion de manière précise; mais il est probable que la part de l'itératif n'y atteindrait pas, et de loin, le taux de 10 %.
2. I, p. 704-723; II, p. 58-69, 96-100, 1034-1112; III, p. 9-81, 623-630.
3. II, p. 438-483.

ment de beaucoup celui de la scène où il s'insère : l'itératif ouvre en quelque sorte une fenêtre sur la durée extérieure. Aussi qualifierons-nous ce type de parenthèse d'*itérations généralisantes*, ou *itérations externes*. Un autre type, beaucoup moins classique, de passage à l'itératif au cours d'une scène singulière, consiste à traiter partiellement de façon itérative la durée de cette scène elle-même, dès lors synthé-tisée par une sorte de classement paradigmatique des événements qui la composent. Exemple très net d'un tel traitement, encore qu'il s'exerce sur une durée nécessairement très brève, ce passage de la rencontre entre Charlus et Jupien où l'on voit le baron relever « par moments » les yeux et jeter sur le giletier un regard attentif : « *Chaque fois* que M. de Charlus regardait Jupien, il s'arrangeait pour que son regard fût accompagné d'une parole... Telle, *toutes les deux minutes*, la même question semblait intensément posée à Jupien... » Le carac-tère itératif de l'action est confirmé ici par l'indication de fréquence, d'une précision tout hyperbolique [1]. On retrouve le même effet, à une échelle beaucoup plus vaste, dans la dernière scène du *Temps retrouvé*, qui est presque constamment traitée sur le mode itératif : ce n'est pas le déroulement diachronique de la réception chez la princesse, dans la succession des événements qui la remplissent, qui commande la composition du texte, mais plutôt l'énumération d'un certain nombre de classes d'occurrences, dont chacune synthétise plusieurs événements dispersés en fait tout au long de la « matinée » : « En plusieurs (des invités), je finissais par reconnaître... En contraste avec ceux-ci, j'eus la surprise de causer avec des hommes et des femmes qui avaient... Certains hommes boitaient... Certaines figures... semblaient marmonner la prière des agonisants... Cette blancheur des cheveux impressionnait chez les femmes... Pour les vieillards... Il y avait des hommes que je savais parents... Les femmes trop belles... Les trop laides... Certains hommes, certaines femmes... Même chez les hommes... Plus d'une des personnes... Parfois... Mais pour d'autres êtres, etc. [2] » J'appellerai ce second type *itération interne* ou *synthé-tisante*, en ce sens que la syllepse itérative s'y exerce non sur une durée extérieure plus vaste, mais sur la durée de la scène elle-même.

La même scène peut d'ailleurs contenir les deux types de syllepse : au cours de cette même matinée Guermantes, Marcel évoque en itéra-tion externe les relations amoureuses du duc et d'Odette : « Il était

---

1. II, p. 605. Sans indication de fréquence, mais d'une manière tout aussi hyperbolique, cf. II, p. 157 : tandis que Saint-Loup est allé chercher Rachel, Marcel fait « quelques pas » devant des jardins; pendant ces quelques minutes, « si je levais la tête, je voyais *quelquefois* des jeunes filles aux fenêtres ».
2. III, p. 936-976.

toujours chez elle... Il passait ses journées et ses soirées avec elle...
Il la laissait recevoir des amis... Par moments... la Dame en Rose
l'interrompait d'une jacasserie... D'ailleurs Odette trompait M. de
Guermantes [1]... » : il est évident qu'ici l'itératif synthétise plusieurs
mois ou même plusieurs années de relations entre Odette et Basin,
et donc une durée beaucoup plus vaste que celle de la matinée Guermantes. Mais il arrive que les deux types d'itération se confondent au
point que le lecteur ne puisse plus les distinguer, ou les démêler. Ainsi,
dans la scène du dîner chez les Guermantes, nous rencontrons au
début de la page 534 une itération interne sans ambiguïté : « Je ne
peux pas dire combien de fois pendant cette soirée j'entendis les mots
de cousin et cousine. » Mais la phrase suivante, toujours itérative,
peut déjà porter sur une durée plus vaste : « D'une part, M. de Guermantes, presque à chaque nom qu'on prononçait [au cours de ce dîner,
bien sûr, mais peut-être aussi de façon plus habituelle], s'écriait :
Mais c'est un cousin d'Oriane ! » Une troisième phrase nous ramène
peut-être à la durée scénique : « D'autre part, ces mots cousin et
cousine étaient employés dans une intention tout autre... par l'ambassadrice de Turquie, laquelle était venue après le dîner. » Mais la suite
est d'un itératif manifestement extérieur à la scène, puisqu'elle
enchaîne sur une sorte de portrait général de l'ambassadrice : « Dévo-
rée d'ambition mondaine et douée d'une réelle intelligence assimi-
latrice, elle apprenait avec la même facilité l'histoire de la retraite des
Dix mille ou la perversion sexuelle chez les oiseaux... C'était du reste
une femme dangereuse à écouter... Elle était, à cette époque, peu
reçue ... », si bien que lorsque le récit revient à la conversation entre
le duc et l'ambassadrice, nous ne pouvons savoir s'il s'agit de *cette*
conversation (au cours de *ce* dîner) ou de toute autre : « Elle espérait
avoir l'air tout à fait du monde en citant les plus grands noms de
gens peu reçus qui étaient ses amis. Aussitôt M. de Guermantes,
croyant qu'il s'agissait de gens qui dînaient souvent chez lui, fré-
missait joyeusement de se retrouver en pays de connaissance et poussait un cri de ralliement : Mais c'est un cousin d'Oriane ! » De même,
une page plus loin, le traitement itératif que Proust impose aux conversations généalogiques entre le duc et M. de Beauserfeuil efface toute
démarcation entre ce premier dîner chez les Guermantes, objet de
la scène présente, et l'ensemble de la série qu'il inaugure.

La scène singulative elle-même n'est donc pas chez Proust à l'abri
d'une sorte de contamination de l'itératif. L'importance de ce mode,
ou plutôt de cet *aspect* narratif est encore accentuée par la présence,

---

1. III, p. 1015-1020.

très caractéristique, de ce que je nommerai le *pseudo-itératif*, c'est-à-dire de scènes présentées, en particulier par leur rédaction à l'imparfait, comme itératives, alors que la richesse et la précision des détails font qu'aucun lecteur ne peut croire sérieusement qu'elles se sont produites et reproduites ainsi, plusieurs fois, sans aucune variation [1] : ainsi de certaines longues conversations entre Léonie et Françoise (tous les dimanches à Combray!), entre Swann et Odette, à Balbec avec Mme de Villeparisis, à Paris chez Mme Swann, à l'office entre Françoise et « son » valet de chambre, ou de la scène du calembour d'Oriane, « Taquin le Superbe [2] ». Dans tous ces cas et quelques autres encore, une scène singulière a été comme arbitrairement, et sans aucune modification si ce n'est dans l'emploi des temps, convertie en scène itérative. Il y a là évidemment une convention littéraire, je dirais volontiers une *licence narrative*, comme on dit licence poétique, qui suppose chez le lecteur une grande complaisance, ou pour parler comme Coleridge une « suspension volontaire de l'incrédulité ». Cette convention est d'ailleurs fort ancienne : j'en relève au hasard un exemple dans *Eugénie Grandet* (dialogue entre Mme Grandet et son mari, Garnier p. 205-206) et un autre dans *Lucien Leuwen* (conversation entre Leuwen et Gauthier au chapitre VII de la première partie), mais aussi bien dans le *Quichotte* : ainsi le monologue du vieux Carrizales dans le « Jaloux d'Estramadoure » [3], dont Cervantes nous dit qu'il a été tenu « non pas une, mais bien cent fois », ce que tout lecteur interprète naturellement comme une hyperbole, non seulement pour l'indication de nombre, mais aussi pour l'assertion d'identité stricte entre plusieurs soliloques à peu près semblables dont celui-ci présente une sorte d'échantillon; bref, le pseudo-itératif constitue typiquement dans le récit classique une *figure* de rhétorique narrative, qui n'exige pas d'être prise à la lettre, bien au contraire : le récit affirmant littéralement « ceci se passait tous les jours » pour faire entendre figurément : « tous les jours il se passait quelque chose de ce genre, dont ceci est une réalisation parmi d'autres ».

Il est évidemment possible de traiter ainsi les quelques exemples de pseudo-itération relevés chez Proust [4]. Il me semble pourtant que leur ampleur, surtout quand on·la réfère à l'importance, déjà notée, de l'itératif en général, interdit une telle réduction. La convention du pseudo-itératif ne fonctionne pas chez Proust sur le mode

1. Cf. J. P. Houston, art. cit., p. 39.
2. I, p. 100-109, 243, 721-723, 596-599; II, p. 22-26, 464-467.
3. Pléiade, p. 1303-1304.
4. Voir Pierre Guiraud, *Essais de stylistique*, Klincksieck, 1971, p. 142.

délibéré et purement figuratif qui est le sien dans le récit classique : il y a vraiment dans le récit proustien une tendance propre, et très marquée, à l'inflation de l'itératif, qui est à prendre ici dans son impossible littéralité.

La meilleure preuve (quoique paradoxale) en est peut-être donnée par les trois ou quatre moments d'inadvertance où Proust laisse échapper au milieu d'une scène donnée comme itérative un passé simple nécessairement singulatif : « Et encore cela tombera pendant mon déjeuner! *ajouta-t-elle* à mi-voix pour elle-même... Au nom de Vigny, (Mme de Villeparisis) se *mit* à rire... La duchesse doit être alliancée avec tout ça, *dit* Françoise[1]... » — ou enchaîne à une scène itérative une conséquence par définition singulière, comme en cette page des *Jeunes Filles en fleurs* où l'on apprend de la bouche de Mme Cottard qu'à *chacun* des « mercredis » d'Odette, le héros a fait « d'emblée, de prime abord, la conquête de Mme Verdurin », ce qui suppose à cette action une capacité de répétition et de renouvellement tout à fait contraire à sa nature[2]. On peut sans doute voir dans ces étourderies apparentes les traces d'une première rédaction singulative dont Proust aurait oublié ou négligé de convertir certains verbes, mais il me semble plus juste de lire ces lapsus comme autant de signes que l'écrivain en vient parfois lui-même à « vivre » de telles scènes avec une intensité qui lui fait oublier la distinction des aspects — et qui exclut de sa part l'attitude délibérée du romancier classique utilisant en toute conscience une figure de pure convention. Ces confusions, me semble-t-il, dénotent plutôt chez Proust une sorte d'*ivresse de l'itération*.

Il est tentant de rapporter cette caractéristique à ce qui serait l'un des traits dominants de la psychologie proustienne, à savoir un sens très vif de l'habitude et de la répétition, le sentiment de l'analogie entre les moments. Le caractère itératif du récit n'est pas toujours, comme c'est le cas pour *Combray*, fondé sur l'aspect effectivement

---

1. I, p. 57, 722 ; II, p. 22. Un autre passé simple dissonant (« Je suis sûre... *dit* mollement ma tante ») se trouve dans l'édition Clarac-Ferré (I, p. 104), comme dans l'édition NRF de 1919, mais l'originale (Grasset 1913, p. 128) donnait la forme « correcte » : « *disait* ». Cette variante semble avoir échappé à Clarac-Ferré, qui ne la signalent pas. La correction de 1919 est difficilement explicable mais le principe de la *lectio difficilior* lui donne le pas en raison même de son improbabilité.
2. I, p. 608.

répétitif et routinier d'une vie provinciale et petite-bourgeoise comme celle de la tante Léonie : cette motivation ne vaut pas pour le milieu parisien, ni pour les séjours à Balbec et à Venise. En fait, et contrairement à ce que l'on est souvent porté à croire, l'être proustien est aussi peu sensible à l'individualité des moments qu'il l'est au contraire, spontanément, à celle des lieux. Les instants ont chez lui une forte tendance à se ressembler et à se confondre, et cette capacité est évidemment la condition même de l'expérience de la « mémoire involontaire ». Cette opposition entre le « singularisme » de sa sensibilité spatiale et l'*itératisme* de sa sensibilité temporelle se marque bien, par exemple, dans une phrase de *Swann* où il parle du paysage de Guermantes, paysage « dont *parfois*, la nuit dans mes rêves, l'*individualité* m'étreint avec une puissance presque fantastique [1] » : individualité du lieu, récursivité indéterminée, quasi erratique (« parfois »), du moment. Ainsi encore cette page de *la Prisonnière* où la singularité d'une matinée réelle s'efface au profit de la « matinée idéale » qu'elle suscite et représente : « ... pour avoir refusé de goûter avec mes sens cette matinée-là, je jouissais en imagination de toutes les matinées pareilles, passées ou possibles, plus exactement d'un certain type de matinées dont toutes celles du même genre n'étaient que l'intermittente apparition et que j'avais vite reconnu; car l'air vif tournait de lui-même les pages qu'il fallait, et je trouvais tout indiqué devant moi, pour que je pusse le suivre de mon lit, l'évangile du jour. Cette matinée idéale comblait mon esprit de réalité permanente, identique à toutes les matinées semblables, et me communiquait une allégresse [2]... »

Mais le seul fait de la récurrence ne définit pas l'itération sous sa forme la plus rigoureuse, et, apparemment, la plus satisfaisante pour l'esprit — ou la plus apaisante pour la sensibilité proustienne : il faut encore que la répétition soit régulière, qu'elle obéisse à une loi de fréquence, et que cette loi soit décelable et formulable, et donc prévisible en ses effets. Lors du premier séjour à Balbec, à un moment où il n'est pas encore devenu l'intime de la « petite bande », Marcel oppose ces jeunes filles, dont les habitudes lui sont inconnues, aux petites marchandes de la plage, qu'il connaît déjà assez pour savoir

---

1. I, p. 185. (Je souligne.)
2. III, p. 26. Que ces « identités » soient une construction de l'esprit n'échappe évidemment pas à Proust, qui écrit plus loin (p. 82) : « Chaque jour était pour moi un pays *différent* », et déjà à propos de la mer à Balbec : « Chacune de ces Mers ne restait jamais plus d'un jour. Le lendemain il y en avait une autre qui parfois lui ressemblait. Mais je ne vis *jamais deux fois la même* » (I, p. 705. Mais « deux fois » signifie peut-être ici « deux fois de suite »).

« où, à quelles heures on peut les retrouver ». Les jeunes filles, au contraire, sont absentes « certains jours » apparemment indéterminés :

> Ignorant la cause de leur absence, je cherchais si celle-ci était quelque chose de *fixe*, si on ne les voyait que *tous les deux jours*, ou *quand il faisait tel temps*, ou s'il y avait *des jours où on ne les voyait jamais*. Je me figurais d'avance ami avec elles et leur disant : « Mais vous n'étiez pas là tel jour? — Ah! oui, c'est parce que c'était un samedi, *le samedi* nous ne venons *jamais* parce que... » Encore si c'était aussi simple que de savoir que, le triste samedi, il est inutile de s'acharner, qu'on pourrait parcourir la plage en tous sens, s'asseoir à la devanture du pâtissier, faire semblant de manger un éclair, entrer chez le marchand de curiosités, attendre l'heure du bain, le concert, l'arrivée de la marée, le coucher du soleil, la nuit, sans voir la petite bande désirée! Mais le *jour fatal* ne revenait peut-être pas *une fois par semaine*. Il ne tombait peut-être pas forcément un samedi. Peut-être certaines *conditions atmosphériques* influaient-elles sur lui ou lui étaient-elles entièrement étrangères. Combien d'observations patientes, mais non point sereines, il faut recueillir sur les mouvements en apparence irréguliers de ces mondes inconnus avant de pouvoir être sûr qu'on ne s'est pas laissé abuser par des coïncidences, que nos prévisions ne seront pas trompées, avant de dégager les *lois certaines*, acquises au prix d'expériences cruelles, de cette astronomie passionnée [1] !

J'ai souligné ici les marques les plus évidentes de cette recherche angoissée d'une loi de récurrence. Certaines d'entre elles, *une fois par semaine, tous les deux jours, quand il faisait tel temps*, nous reviendront en mémoire un peu plus loin. Notons pour l'instant la plus forte, en apparence peut-être la plus arbitraire : le *samedi*. Elle nous renvoie sans hésitation possible à une page de *Swann* [2] où s'exprime déjà le caractère spécifique du samedi. A Combray, c'est le jour où, pour laisser à Françoise le temps d'aller l'après-midi au marché de Roussainville, le déjeuner est avancé d'une heure : « dérogation hebdomadaire » aux habitudes, qui est évidemment elle-même une habitude au second degré, une de ces variations qui, « se répétant toujours identiques à des intervalles réguliers, n'introduisaient au sein de l'uniformité qu'une sorte d'uniformité secondaire », à quoi Léonie, et avec elle toute sa maisonnée, tient « autant qu'aux autres » — et cela d'autant plus que l' « asymétrie » régulière du samedi, contrairement à celle du dimanche, est spécifique et originale, propre à la famille du héros et presque incompréhensible aux autres. D'où le caractère « civique », « national », « patriotique », « chauvin »

---

1. I, p. 831.
2. I, p. 110-111.

de l'événement, et le climat de rituel dont il s'entoure. Mais le plus caractéristique peut-être dans ce texte est l'idée (exprimée par le narrateur) que cette habitude, devenant « le thème favori des conversations, des plaisanteries, des récits exagérés à plaisir... eût été le noyau tout prêt pour un cycle légendaire, si l'un de nous avait eu la tête épique » : passage classique du rite au mythe explicatif ou illustratif. Le lecteur de la *Recherche* sait bien qui, dans cette famille, a la « tête épique » et en écrira un jour le « cycle légendaire », mais l'essentiel est ici la liaison spontanément établie entre l'inspiration narrative et l'événement répétitif, c'est-à-dire en un sens l'absence d'événement. Nous assistons en quelque sorte à la naissance d'une vocation, qui est proprement celle du récit itératif. Mais ce n'est pas tout : le rituel s'est trouvé une fois (ou peut-être plusieurs, mais à coup sûr un petit nombre, et non tous les samedis) légèrement transgressé (et donc confirmé) par la visite d'un « barbare » qui, interloqué de trouver si tôt la famille à table, s'entendit répondre par le paterfamilias, gardien de la tradition : « Mais voyons, c'est samedi! » Cet événement irrégulier, peut-être singulier, se trouve immédiatement intégré à l'habitude sous la forme d'un récit de Françoise qui sera pieusement répété dès lors, sans doute tous les samedis, à la satisfaction générale : « ... et pour accroître le plaisir qu'elle éprouvait, elle prolongeait le dialogue, inventait ce qu'avait répondu le visiteur à qui ce « samedi » n'expliquait rien. Et bien loin de nous plaindre de ses additions, elles ne nous suffisaient pas encore et nous disions : ' Mais il me semblait qu'il avait dit aussi autre chose. C'était plus long la première fois quand vous l'avez raconté. ' Ma grand-tante elle-même laissait son ouvrage, levait la tête et regardait par-dessus son lorgnon. » Telle est en fait la première manifestation du génie « épique ». Il ne reste plus au narrateur qu'à traiter cet élément du rituel sabbatique comme les autres, c'est-à-dire sur le mode itératif, pour itérativiser (si j'ose dire) à son tour l'événement déviant, selon ce processus irrésistible : événement singulier — narration répétitive — récit itératif (de cette narration). Marcel raconte (en) une fois comment Françoise racontait souvent ce qui ne s'était sans doute passé qu'une fois : ou comment faire d'un événement unique l'objet d'un récit itératif [1].

---

1. Dans une version antérieure (*Contre Sainte-Beuve*, éd. Fallois, p. 106-107) — version qui, notons-le en passant, se situe à Paris, et où la cause de l'asymétrie sabbatique n'est donc pas le marché de Roussainville, mais un cours donné au début de l'après-midi au père du héros — la commémoration de l'incident n'est pas seulement narrative; c'est un rituel mimétique qui consiste à « provoquer la scène » (c'est-à-dire sa répétition) en « invitant exprès » des barbares.

Détermination, spécification, extension.

Tout récit itératif est narration synthétique des événements produits et reproduits au cours d'une *série* itérative composée d'un certain nombre d'*unités* singulières. Soit la série : les dimanches de l'été 1890. Elle se compose d'une douzaine d'unités réelles. La série est définie, d'abord, par ses limites diachroniques (entre fin juin et fin septembre de l'année 1890), et ensuite par le rythme de récurrence de ses unités constitutives : un jour sur sept. Nous appellerons *détermination* le premier trait distinctif, et *spécification* le second. Enfin, nous appellerons *extension* l'amplitude diachronique de chacune des unités constitutives, et par conséquent de l'unité synthétique constituée : ainsi, le récit d'un dimanche d'été porte sur une durée synthétique qui pourrait être de vingt-quatre heures, mais qui peut tout aussi bien (c'est le cas dans *Combray*) se réduire à une dizaine d'heures : du lever au coucher.

Détermination. L'indication des limites diachroniques d'une série peut rester implicite, surtout quand il s'agit d'une récurrence que l'on peut tenir en pratique pour illimitée : si je dis « le soleil se lève tous les matins », il n'y aura que ridicule à vouloir préciser depuis quand et jusqu'à quand. Les événements dont s'occupe la narration de type romanesque sont évidemment d'une moins grande stabilité, aussi les séries y sont-elles généralement déterminées par l'indication de leur début et de leur fin. Mais cette détermination peut fort bien rester *indéfinie*, comme lorsque Proust écrit : « A partir d'*une certaine année*, on ne rencontra plus seule (Mlle Vinteuil) [1] ». Elle est parfois définie, soit par une date absolue : « Quand *le printemps* approcha... il m'arrivait souvent de voir (Mme Swann) recevant dans des fourrures, etc. [2] », soit (plus souvent) par référence à un événement singulier. Ainsi, la rupture entre Swann et les Verdurin met fin à une série (rencontres entre Swann et Odette chez les Verdurin) et du même coup en inaugure une autre (obstacles mis par les Verdurin aux amours de Swann et Odette) : « Alors ce salon qui avait réuni Swann et Odette devint un obstacle à leurs rendez-vous. Elle ne lui disait plus comme au premier temps de leur amour, etc. [3]. »

Spécification. Elle aussi peut être indéfinie, c'est-à-dire marquée par un adverbe du type : *parfois, certains jours, souvent*, etc. Elle

1. I, p. 147. — 2. I, p. 634. — 3. I, p. 289.

peut être au contraire définie, soit d'une manière absolue (c'est la *fréquence* proprement dite) : *tous les jours, tous les dimanches*, etc., soit d'une manière plus relative et plus irrégulière, quoique exprimant une loi de concomitance fort stricte, comme celle qui préside au choix des promenades à Combray, du côté de Méséglise *les jours de temps incertain*, du côté de Guermantes *les jours de beau temps* [1]. Ce sont là, définies ou non, des spécifications simples, ou plutôt que j'ai présentées comme telles. Il existe aussi des spécifications complexes, où deux (ou plusieurs) lois de récurrence se superposent, ce qui est toujours possible dès lors que des unités itératives peuvent s'emboîter les unes dans les autres : soit la spécification simple *tous les mois de mai* et la spécification simple *tous les samedis*, qui se conjuguent dans la spécification complexe : *tous les samedis du mois de mai* [2]. Et l'on sait que toutes les spécifications itératives de *Combray* (tous les jours, tous les samedis, tous les dimanches, tous les jours de beau ou de mauvais temps) sont elles-mêmes commandées par la sur-spécification : *tous les ans entre Pâques et octobre* — et aussi par la détermination : *pendant mes années d'enfance*. On peut évidemment produire des définitions beaucoup plus complexes, telles que par exemple : « toutes les heures des après-midi de dimanches d'été où il ne pleuvait pas, entre ma cinquième et ma quinzième année » : c'est à peu près la loi de récurrence qui régit le morceau sur le passage des heures pendant les lectures au jardin [3].

Extension. Une unité itérative peut être d'une durée si faible qu'elle ne donne prise à aucune expansion narrative : soit un énoncé tel que « tous les soirs je me couche de bonne heure », ou « tous les matins mon réveil sonne à sept heures ». Il s'agit là d'itérations en quelque sorte *ponctuelles.* Par contre, une unité itérative telle que *nuit d'insomnie* ou *dimanche à Combray* possède assez d'amplitude pour faire l'objet d'un récit développé (respectivement six et soixante pages dans le texte de la *Recherche*). C'est donc ici qu'apparaissent les problèmes spécifiques du récit itératif. En effet, si l'on ne voulait retenir dans un tel récit que les traits invariants communs à toutes les unités de la série, on se condamnerait à la sécheresse schématique d'un emploi du temps stéréotypé, du genre « coucher à 9 heures, une heure de lecture, plusieurs heures d'insomnie, sommeil au petit jour », ou « lever à 9 heures, petit déjeuner à 9 heures et demie, messe à 11 heures, déjeuner à 1 heure, lecture de 2 à 5, etc. » : abstraction qui tient évidemment au caractère synthétique de l'itératif, mais qui ne peut satisfaire ni le narrateur ni le lecteur. C'est alors qu'inter-

1. I, p. 150 et 165. — 2. I, p. 112. — 3. I, p. 87-88.

viennent, pour « concrétiser » le récit, les moyens de diversification (de variation) qu'offrent les *déterminations et spécifications internes* de la série itérative.

En effet, comme nous l'avons déjà entrevu, la détermination ne marque pas seulement les limites extérieures d'une série itérative : elle peut tout aussi bien en scander les étapes, et la diviser en sous-séries. Ainsi, j'ai dit que la rupture entre Swann et les Verdurin mettait fin à une série et en inaugurait une autre; mais on dirait aussi bien, en passant à l'unité supérieure, que cet événement singulier détermine dans la série « rencontre entre Swann et Odette » deux sous-séries : avant la rupture / après la rupture, dont chacune fonctionne comme une *variante* de l'unité synthétique : rencontres chez les Verdurin / rencontres hors-Verdurin. D'une manière plus nette encore, on peut considérer comme détermination interne l'interposition, dans la série des dimanches après-midi à Combray, de la rencontre avec la Dame en rose chez l'oncle Adolphe [1], rencontre qui aura pour conséquences la brouille entre l'oncle et les parents de Marcel, et la condamnation de son « cabinet de repos »; d'où cette variation simple : avant la Dame en rose, l'emploi du temps de Marcel comporte une station dans le cabinet de l'oncle; après la Dame en rose, ce rite disparaît et le garçon monte directement dans sa chambre [2]. De même, une visite de Swann [3] déterminera un changement dans l'objet (ou du moins dans le décor) des rêveries amoureuses de Marcel : avant cette visite, et sous l'influence d'une lecture antérieure, elles se situaient sur fond de mur décoré de fleurs violettes pendant sur l'eau en quenouilles; après cette visite et la révélation par Swann des relations amicales entre Gilberte et Bergotte, ces rêveries se détacheront « sur un fond tout autre, devant le portail d'une cathédrale gothique » (comme celles que Gilberte et Bergotte visitent ensemble). Mais déjà ces fantasmes avaient été modifiés par une information, due au docteur Percepied, sur les fleurs et les eaux vives du parc de Guermantes [4] : la région érotico-fluviatile s'était identifiée à Guermantes, et son héroïne avait pris les traits de la duchesse. Nous avons donc ici une série itérative *rêveries amoureuses*, que trois événements singuliers (lecture, information Percepied, information Swann) subdivisent en quatre segments déterminés : avant lecture, entre lecture et Percepied, entre Percepied et Swann, après Swann, qui constituent autant de variantes : rêveries sans décor marqué / dans décor fluviatile / dans le même décor identifié à

1. I, p. 72-80. — 2. I, p. 80. — 3. I, p. 90-100. — 4. I, p. 172.

Guermantes et avec la duchesse / dans décor gothique avec Gilberte et Bergotte. Mais cette série se trouve disloquée, dans le texte de Combray, par le système des anachronies : le troisième segment, dont la position chronologique est évidente, ne sera mentionné que quelque quatre-vingts pages plus loin, à l'occasion des promenades du côté de Guermantes. L'analyse doit donc ici la reconstituer en dépit de l'ordre réel du texte, comme une structure sous-jacente et dissimulée [1].

Il ne faudrait pas cependant, de cette notion de détermination interne, inférer trop vite que l'interposition d'un événement singulier a toujours pour effet de déterminer la série itérative. Comme nous le verrons plus loin, l'événement peut être une simple illustration, ou au contraire une exception sans lendemain qui n'entraîne aucune modification : ainsi l'épisode des clochers de Martinville, après lequel le héros reprendra comme si rien ne s'était passé (« Je ne repensai jamais à cette page [2] ») son habitude antérieure de promenades insouciantes et (apparemment) sans profit spirituel. Il faut donc distinguer, parmi les épisodes singulatifs intercalés dans un segment itératif, ceux qui ont une fonction déterminative et ceux qui n'en ont pas.

A côté de ces déterminations internes définies, on en trouve d'indéfinies, du type, déjà rencontré : « à partir d'une certaine année... » Les promenades du côté de Guermantes en présentent un exemple remarquable par la concision et l'apparente confusion de son écriture : « *Puis il arriva que* sur le côté de Guermantes *je passai parfois* devant de petits enclos humides où montaient des grappes de fleurs sombres. Je m'arrêtais, croyant acquérir une notion précieuse, car il me semblait, etc. [3]. » Il s'agit bien d'une détermination interne : à partir d'une certaine date, les promenades au bord de la Vivonne comportent cet élément qui leur manquait jusque-là. La difficulté du texte tient en partie à la présence paradoxale d'un itératif au passé simple (« je passai parfois ») : paradoxale, mais parfaitement grammaticale, tout comme le passé composé itératif de la phrase-incipit de la *Recherche*, qui pourrait d'ailleurs elle aussi s'écrire au passé simple (« * Longtemps je me couchai de bonne heure »), mais non à l'imparfait qui n'a pas assez d'autonomie syntaxique pour *ouvrir* une itération.

---

1. Une autre série, d'ailleurs très proche, celle des rêveries d'ambition littéraire, subit une modification du même ordre après l'apparition de la duchesse à l'église : « Combien, depuis ce jour, dans mes promenades du côté de Guermantes, il me parut plus affligeant encore qu'auparavant de n'avoir pas de dispositions pour les lettres » (I, p. 178).
2. I, p. 182.
3. I, p. 172.

Le même tour se retrouve ailleurs après une détermination définie : « *Une fois que nous connûmes* cette vieille route, pour changer, nous *revînmes*, à moins que nous ne l'eussions prise à l'aller, par une autre qui traversait les bois de Chantepie et de Canteloup [1]. »

Les variantes obtenues par détermination interne sont encore, j'y insiste, d'ordre itératif : il y a plusieurs rêveries à décor gothique, comme il y a plusieurs rêveries à décor fluviatile; mais la relation qu'elles entretiennent est d'ordre diachronique, et donc singulatif, comme l'événement unique qui les sépare : une sous-série vient *après* l'autre. La détermination interne procède donc par sections singulatives dans une série itérative. La *spécification interne*, au contraire, est un procédé de diversification purement itératif, puisqu'il consiste simplement à subdiviser la récurrence pour obtenir deux variantes en relation (nécessairement itérative) d'alternance. Ainsi, la spécification *tous les jours* peut-elle être divisée en deux moitiés non plus successives (comme dans *tous les jours avant / après tel événement*), mais alternées, dans la sous-spécification *un jour sur deux*. Nous avons déjà rencontré une forme, à vrai dire moins rigoureuse, de ce principe, dans l'opposition *beau temps / mauvais temps*, qui articule la règle de récurrence des promenades à Combray (laquelle est apparemment *tous les après-midi sauf le dimanche*). On sait qu'une notable partie du texte de *Combray* est composée selon cette spécification interne, qui commande l'alternance *promenades vers Méséglise / promenades vers Guermantes :* « cette habitude que nous avions de n'aller jamais vers les deux côtés un même jour, dans une seule promenade, mais *une fois* du côté de Méséglise, *une fois* du côté de Guermantes [2] ». Alternance dans la temporalité de l'histoire, que la disposition du récit, comme nous l'avons déjà vu [3], se garde bien de respecter, consacrant une section (p. 134 à 165) au côté de Méséglise, puis une autre (p. 165 à 183) au côté de Guermantes [4]. Si bien que la totalité de *Combray II* (après le détour par la madeleine) se trouve à peu près composée selon ces spécifications itératives: *1) tous les dimanches,*

---

1. I, p. 720.
2. I, p. 135. Le terme d'*alternance*, et la propre expression de Proust : *une fois* vers Méséglise, *une fois* vers Guermantes, ne doivent pas faire croire à une succession aussi régulière, qui supposerait qu'il fait beau à Combray rigoureusement un jour sur deux; en fait, il semble que les promenades du côté de Guermantes soient beaucoup plus rares (v. I, p. 133).
3. P. 120.
4. Il s'agit en fait d'une spécification à trois termes (jours de beau temps / de temps douteux / de mauvais temps), dont le troisième n'entraîne aucune expansion narrative : « Si le temps était mauvais dès le matin, mes parents renonçaient à la promenade et je ne sortais pas » (I, p. 153).

p. 48-134 (avec une parenthèse *tous les samedis*, p. 110-115); *2) tous les jours* (de semaine) *de temps douteux*, p. 135-165; *3) tous les jours de beau temps*, p. 165-183 [1].

Il s'agissait là d'une spécification définie. On trouve d'autres occurrences de ce procédé dans la *Recherche*, mais jamais exploitées de manière aussi systématique [2]. Le plus souvent, en effet, le récit itératif s'articule en spécifications indéfinies du type *tantôt / tantôt*, qui autorise un système de variations très souple et une diversification très poussée sans jamais sortir du mode itératif. Ainsi, les angoisses littéraires du héros pendant ses promenades à Guermantes se divisent en deux classes *(parfois... mais d'autres fois)* selon qu'il se rassure sur son avenir en comptant sur l'intervention miraculeuse de son père, ou qu'il se voit désespérément seul face au « néant de sa pensée [3] ». Les variations des promenades à Méséglise selon les degrés de « mauvais temps » occupent, ou plutôt engendrent un texte de trois pages [4] composé selon ce système : *souvent* (temps menaçant) / *d'autres fois* (averse en cours de promenade, refuge dans les bois de Roussainville) / *souvent aussi* (refuge sous le porche de Saint-André-des-Champs) / *quelquefois* (temps si gâté qu'on rentre à la maison). Système d'ailleurs un peu plus complexe que ne l'indique cette énumération au fil du texte, car les variantes 2 et 3 sont en fait des sous-classes d'une même classe : averse. La véritable structure est donc :

1. Temps menaçant mais sans averse.
2. Averse :
   a) refuge dans les bois,
   b) refuge sous le porche.
3. Temps définitivement gâté [5].

1. La composition de *Combray I*, si l'on met à part l'ouverture mémorielle des p. 3 à 9 et de la transition (madeleine) des p. 43 à 48, est commandée par la succession d'un segment itératif (*tous les soirs*, p. 9-21) et d'un segment singulatif (*le soir de la visite de Swann*, p. 21-43).
2. Ainsi, les visites dominicales d'Eulalie, tantôt avec, tantôt sans le curé de Combray (I, p. 108).
3. I, p. 173-174.
4. I, p. 150-153.
5. Autre système complexe de spécifications internes, les rencontres (et non-rencontres) avec Gilberte aux Champs-Élysées, qui s'articulent ainsi (I, p. 395-396) :
1) jours de présence de Gilberte
2) jours d'absence
   a) annoncée
      — pour études
      — pour sortie
   b) improvisée
   c) improvisée mais prévisible (mauvais temps).

Mais l'exemple le plus caractéristique de construction d'un texte sur les seules ressources de la spécification interne est sans doute le portrait d'Albertine qui se trouve vers la fin des *Jeunes Filles en fleurs*. Le thème en est, on le sait, la diversité du visage d'Albertine, qui symbolise le caractère mobile et insaisissable de la jeune fille, « être de fuite » par excellence. Mais si diverse soit-elle, et bien que Proust emploie l'expression « *chacune* de ces Albertine », la description traite « chacune » de ces variantes non comme un individu, mais comme un type, une classe d'occurrences : *certains jours / d'autres jours / d'autres fois / quelquefois / souvent / le plus souvent / il arrivait / parfois même...* : autant qu'une collection de visages, ce portrait est un répertoire de locutions fréquentatives :

> Il en était d'Albertine comme de ses amies. *Certains jours*, mince, le teint gris, l'air maussade, une transparence violette descendant obliquement au fond de ses yeux comme il arrive *quelquefois* pour la mer, elle semblait éprouver une tristesse d'exilée. *D'autres jours*, sa figure plus lisse engluait les désirs à sa surface vernie et les empêchait d'aller au-delà; *à moins que* je ne la visse tout à coup de côté, car ses joues mates comme une blanche cire à la surface étaient roses par transparence, ce qui donnait tellement envie de les embrasser, d'atteindre ce teint différent qui se dérobait. *D'autres fois*, le bonheur baignait ces joues d'une clarté si mobile que la peau, devenue fluide et vague, laissait passer comme des regards sous-jacents qui la faisaient paraître d'une autre couleur, mais non d'une autre matière, que les yeux; *quelquefois*, sans y penser, quand on regardait sa figure ponctuée de petits points bruns et où flottaient seulement deux taches plus bleues, c'était comme on eût fait d'un œuf de chardonneret, *souvent* comme d'une agate opaline travaillée et polie à deux places seulement où, au milieu de la pierre brune, luisaient, comme les ailes transparentes d'un papillon d'azur, les yeux où la chair devient miroir et nous donne l'illusion de nous laisser, plus qu'en les autres parties du corps, approcher de l'âme. Mais *le plus souvent* aussi elle était plus colorée, et alors plus animée; *quelquefois* seul était rose, dans sa figure blanche, le bout de son nez, fin comme celui d'une petite chatte sournoise avec qui l'on aurait eu envie de jouer; *quelquefois* ses joues étaient si lisses que le regard glissait comme sur celui d'une miniature sur leur émail rose, que faisait encore paraître plus délicat, plus intérieur, le couvercle entrouvert et superposé de ses cheveux noirs; *il arrivait que* le teint de ses joues atteignît le rose violacé du cyclamen, et *parfois même*, quand elle était congestionnée ou fiévreuse, et donnant alors l'idée d'une complexion maladive qui rabaissait mon désir à quelque chose de plus sensuel et faisait exprimer à son regard quelque chose de plus pervers et de plus malsain, la sombre pourpre de certaines roses

d'un rouge presque noir; et *chacune de ces Albertine* était différente, comme est différente chacune des apparitions de la danseuse dont sont transmutés les couleurs, la forme, le caractère, selon les jeux innombrablement variés d'un projecteur lumineux [1].

Bien entendu, les deux moyens, détermination et spécification internes, peuvent jouer ensemble dans le même segment. C'est ce qui se produit d'une façon très claire, et très heureuse, dans le paragraphe qui ouvre la section de *Combray* consacrée aux « deux côtés » en évoquant par anticipation les retours de promenade :

> Nous rentrions *toujours* de bonne heure de nos promenades, pour pouvoir faire une visite à ma tante Léonie avant le dîner. *Au commencement de la saison*, où le jour finit tôt, quand nous arrivions rue du Saint-Esprit, il y avait encore un reflet du couchant sur les vitres de la maison et un bandeau de pourpre au fond des bois du Calvaire, qui se reflétait plus loin dans l'étang, rougeur qui, accompagnée *souvent* d'un froid assez vif, s'associait, dans mon esprit, à la rougeur du feu au-dessus duquel rôtissait le poulet qui ferait succéder pour moi au plaisir poétique donné par la promenade, le plaisir de la gourmandise, de la chaleur et du repos. *Dans l'été, au contraire*, quand nous rentrions le soleil ne se couchait pas encore; et pendant la visite que nous faisions chez ma tante Léonie, sa lumière qui s'abaissait et touchait la fenêtre, était arrêtée entre les grands rideaux et les embrasses, divisée, ramifiée, filtrée, et, incrustant de petits morceaux d'or le bois de citronnier de la commode, illuminait obliquement la chambre avec la délicatesse qu'elle prend dans les sous-bois. Mais, *certains jours fort rares*, quand nous rentrions, il y avait bien longtemps que la commode avait perdu ses incrustations momentanées, il n'y avait plus, quand nous arrivions rue du Saint-Esprit, nul reflet du couchant étendu sur les vitres, et l'étang au pied du calvaire avait perdu sa rougeur, *quelquefois* il était déjà couleur d'opale, et un long rayon de lune, qui allait en s'élargissant et se fendillait de toutes les rides de l'eau, le traversait tout entier [2].

La première phrase pose ici un principe itératif absolu : « Nous rentrions *toujours* de bonne heure », à l'intérieur duquel s'ouvre une diversification par détermination interne : *printemps / été* [3], qui gouverne les deux phrases suivantes; enfin, une spécification interne, qui

---

1. I, p. 946-947. (Je souligne.)
2. I, p. 133.
3. Détermination elle-même itérative, puisqu'elle se répète tous les ans. L'opposition *printemps/été*, pure détermination à l'échelle d'une seule année, devient donc, si l'on embrasse la totalité du temps combraysien, un mixte de détermination et de spécification.

semble porter à la fois sur les deux sections précédentes, introduit une troisième variante exceptionnelle (mais non singulative) : *certains jours fort rares* (ce sont apparemment des jours de promenade vers Guermantes). Le système itératif complet s'articule donc selon le schéma suivant, qui fait apparaître, sous la continuité apparemment égale du texte, une structure hiérarchique plus complexe et plus enchevêtrée :

RETOURS
toujours de
bonne heure

d'ordinaire
assez tôt

printemps : crépuscule
été : soleil

(zéro)
souvent : froid

rarement
plus tard : déjà nuit

(zéro)
quelquefois : opale

(On trouvera peut-être, et à juste titre, qu'une telle schématisation ne rend pas compte de la « beauté » de cette page : mais tel n'est pas son propos. L'analyse ne se situe pas ici au niveau de ce qu'on pourrait appeler en termes chomskiens les « structures de surface », ou, en termes hjelmslévo-greimassiens, la « manifestation » stylistique, mais à celui des structures temporelles « immanentes » qui donnent au texte son ossature et ses fondations — et sans lesquelles il n'existerait pas (puisqu'en l'occurrence, sans le système de déterminations et de spécifications ici reconstitué, il se réduirait nécessairement, et platement, à sa seule première phrase). Et, comme à l'accoutumée, l'analyse des soubassements révèle sous la calme horizontalité des syntagmes successifs, le système accidenté des choix et des relations paradigmatiques. Si son objet est bien d'éclairer les conditions d'existence (de production) du texte, ce n'est donc pas, comme on le dit souvent, en réduisant le complexe au simple, mais au contraire en faisant apparaître les complexités cachées qui sont le *secret* de la simplicité.)

Ce thème « impressionniste » des variations, selon le moment et la saison, de l'éclairage et donc de la figure même du site [1] — thème de ce que Proust appelle le « paysage accidenté des heures » — commande encore les descriptions itératives de la mer à Balbec, et spécialement celle des pages 802 à 806 des *Jeunes Filles en fleurs* : « Au fur et à mesure que la saison s'avança, changea le tableau que j'y trou-

1. « La diversité de l'éclairage ne modifie pas moins l'orientation d'un paysage... que ne ferait un trajet longuement et effectivement parcouru en voyage » (I, p. 673).

vais de la fenêtre. *D'abord* il faisait grand jour... *Bientôt* les jours diminuèrent... *Quelques semaines plus tard*, quand je remontais, le soleil était déjà couché. Pareille à celle que je voyais à Combray au-dessus du Calvaire quand je rentrais de promenade et m'apprêtais à descendre avant le dîner à la cuisine, une bande de ciel rouge au-dessus de la mer... » A cette première série de variations, par détermination, en succède une autre, par spécification : « J'étais de tous côtés entouré des images de la mer. Mais *bien souvent* ce n'était, en effet, que des images... *Une fois* c'était une exposition d'estampes japonaises... J'avais plus de plaisir *les soirs où* un navire... *Parfois* l'océan... *Un autre jour* la mer... *Et parfois*... » Même motif deux pages plus loin, à propos des arrivées à Rivebelle, et plus proche encore de la version combraysienne, bien qu'elle ne soit pas rappelée cette fois-ci : « *Les premiers temps*, quand nous y arrivions, le soleil venait de se coucher, mais il faisait encore clair... Bientôt, ce ne fut plus qu'à la nuit que nous descendions de voiture... » A Paris, dans *la Prisonnière* [1], le mode de variation sera plutôt d'ordre auditif : ce sont les nuances matinales du son des cloches ou des bruits de la rue qui avertissent Marcel, encore enfoui sous ses couvertures, du *temps qu'il fait*. Reste constante l'extraordinaire sensibilité aux variations du climat, l'attention presque maniaque (que Marcel hérite métaphoriquement de son père) aux mouvements du baromètre intérieur, et, pour ce qui nous concerne ici, la liaison si caractéristique et si féconde du temporel et du météorologique, qui développe jusqu'à ses extrêmes conséquences l'ambiguïté du *temps français*, je veux dire du mot français « temps » *(time / weather)* : ambiguïté qu'exploitait déjà le titre, magnifiquement prémonitoire, d'une des sections des *Plaisirs et les Jours* : « Rêveries *couleur du Temps* ». Le *retour* des heures, des jours, des saisons, la circularité du mouvement cosmique, demeure à la fois le motif le plus constant et le symbole le plus juste de ce que j'appellerais volontiers l'*itératisme proustien*.

Telles sont les ressources de la diversification proprement itérative (détermination et spécification internes). Lorsqu'elles sont épuisées, il reste encore deux recours qui ont pour trait commun de mettre le singulatif au service de l'itératif. Le premier nous est déjà connu, c'est la convention du pseudo-itératif. Le second n'est pas une figure : il consiste, d'une manière tout à fait littérale et déclarée, à invoquer un événement singulier, soit comme illustration et confirmation d'une série itérative *(c'est ainsi que...)*, soit au contraire à titre d'exception à la règle que l'on vient d'établir *(une fois pourtant...)*. Exemple de

1. III, p. 9, 82, 116.

la première fonction, ce passage des *Jeunes Filles en fleurs* : « *Parfois* (c'est la loi itérative) une gentille attention de telle ou telle éveillait en moi d'amples vibrations qui éloignaient pour un temps le désir des autres. *Ainsi un jour* Albertine... (c'est l'illustration singulière) [1]. » Exemple de la seconde, l'épisode des clochers de Martinville, clairement présenté comme une dérogation à l'habitude : d'ordinaire, une fois rentré de promenade, Marcel oubliait les impressions qu'il avait ressenties et ne tentait pas d'en déchiffrer la signification ; « une fois pourtant [2] », il va plus loin et rédige sur-le-champ le morceau descriptif qui est sa première œuvre et le signe de sa vocation. Plus explicite encore dans son caractère d'exception, l'incident des seringas dans *la Prisonnière*, qui débute ainsi : « *Je mettrai à part,* parmi ces jours où je m'attardai chez Mme de Guermantes, un qui fut marqué par un petit incident... », et après quoi le récit itératif reprend en ces termes : « *sauf cet incident unique,* tout se passait normalement quand je remontais de chez la duchesse [3] ». Ainsi, par le jeu des « une fois », des « un jour », etc., le singulatif se trouve-t-il lui-même en quelque sorte *intégré* à l'itératif, réduit à le servir et à l'illustrer, positivement ou négativement, soit en respectant le code, soit en le transgressant, ce qui est une autre façon de le manifester.

Diachronie interne et diachronie externe.

Nous avons jusqu'à maintenant considéré l'unité itérative comme enfermée, sans aucune interférence, dans sa propre durée synthétique, la diachronie réelle (par définition singulative) n'intervenant que pour marquer les limites de la série constitutive (détermination) ou pour diversifier le contenu de l'unité constituée (déterminations internes), sans la marquer vraiment du passage du temps, sans la faire vieillir, en quelque sorte, l'*avant* et l'*après* n'étant pour nous que deux variantes du même thème. De fait, une unité itérative telle que : *nuit d'insomnie,* constituée à partir d'une série s'étendant sur plusieurs années, peut fort bien être racontée seulement dans sa successivité propre, du soir au matin, sans faire aucunement intervenir l'écoule-

---

1. I, p. 911. J'hésiterais par contre à donner pour tels les trois épisodes qui illustrent les « progrès » de Marcel auprès de Gilberte (« un jour », don de la bille d'agate, « une autre fois », don de la brochure de Bergotte, « un jour aussi » : « Vous pouvez m'appeler Gilberte », I, p. 402-403), parce que ces trois « exemples » épuisent peut-être la série, comme les « trois étapes » des progrès de l'oubli après la mort d'Albertine (III, p. 559-623). Ce qui revient à un singulatif anaphorique.
2. I, p. 180.
3. III, p. 54-55.

ment de la durée « externe », c'est-à-dire des jours et des années qui séparent la première nuit d'insomnie de la dernière : la nuit typique restera semblable à elle-même du début à la fin de la série, *variant* sans *évoluer*. C'est effectivement ce qui se passe dans les premières pages de *Swann*, où les seules indications temporelles sont, soit de type itératif-alternatif (spécifications internes) : *parfois, ou bien, quelquefois, souvent, tantôt... tantôt*, soit consacrées à la durée interne de la nuit synthétique, dont le déroulement commande la progression du texte : *à peine ma bougie éteinte... une demi-heure après... puis... aussitôt... peu à peu... puis...*, sans que rien indique que le passage des ans modifie en quoi que ce soit ce déroulement.

Mais le récit itératif peut aussi bien, par le jeu des déterminations internes, tenir compte de la diachronie réelle et l'intégrer à sa propre progression temporelle : raconter par exemple l'unité *dimanche à Combray*, ou *promenades autour de Combray*, en faisant état des modifications apportées à son déroulement par le temps écoulé (une dizaine d'années environ) au cours de la série réelle des semaines passées à Combray : modifications considérées non plus comme des variations interchangeables, mais comme des transformations irréversibles : morts (Léonie, Vinteuil), ruptures (Adolphe), maturation et vieillissement du héros : nouveaux intérêts (Bergotte), nouvelles connaissances (Bloch, Gilberte, la duchesse de Guermantes), expériences décisives (découverte de la sexualité), scènes traumatisantes (« première abdication », profanation de Montjouvain). Se pose alors inévitablement la question des rapports entre la diachronie interne (celle de l'unité synthétique) et la diachronie externe (celle de la série réelle), et de leurs interférences éventuelles. C'est ce qui se passe effectivement dans *Combray II*, et J. P. Houston a pu soutenir que le récit y avançait à la fois sur les trois durées de la journée, de la saison et des années [1]. Les choses ne sont pas tout à fait aussi nettes et systématiques, mais il est vrai que dans la section consacrée au dimanche, la matinée se situe à Pâques et l'après-midi et la soirée à l'Ascension, et que les occupations de Marcel semblent être le matin celles d'un enfant et l'après-midi celles d'un adolescent. De façon plus nette encore, les deux promenades, et particulièrement la promenade vers Méséglise, tiennent compte, dans la succession de leurs épisodes singuliers ou habituels, de l'écoulement des mois dans l'année (lilas et aubépines en fleurs à Tansonville, pluies d'automne à Roussainville), et des années dans la vie du héros, très jeune enfant à Tansonville, adolescent en proie au désir à Méséglise, la dernière

1. Art. cit., p. 38.

scène étant explicitement plus tardive encore [1]. Et nous avons déjà noté la coupure diachronique qu'introduit dans les promenades à Guermantes l'apparition de la duchesse à l'église. Dans tous ces cas, donc, Proust parvient à traiter de manière approximativement parallèle, grâce à une habile disposition des épisodes, les diachronies internes et externes, sans sortir ouvertement du temps fréquentatif qu'il a pris pour base de son récit. De même, les amours de Swann et Odette, de Marcel et Gilberte, évolueront en quelque sorte par paliers itératifs, marqués par un emploi très caractéristique de ces *dès lors*, *depuis*, *maintenant* [2], qui traitent toute histoire non comme un enchaînement d'événements liés par une causalité, mais comme une *succession d'états* sans cesse substitués les uns aux autres, sans communication possible. L'itératif est ici, plus que de l'habitude, le mode (l'aspect) temporel de cette sorte d'oubli perpétuel, d'incapacité foncière du héros proustien (Swann toujours, Marcel avant la révélation) à percevoir la continuité de sa vie, et donc la relation d'un « temps » à l'autre. Quand Gilberte, dont il est devenu l'inséparable et le « grand favori », lui montre quels ont été les progrès de leur amitié depuis l'époque des jeux de barre aux Champs-Élysées, Marcel, faute de pouvoir reconstituer en lui une situation maintenant passée, et donc anéantie, est aussi incapable de mesurer cette distance qu'il le sera plus tard de concevoir comment il a pu un jour aimer Gilberte, et imaginer si différent de ce qu'il serait en fait le temps où il ne l'aimerait plus : « ... elle parlait d'un changement que j'étais bien obligé de constater du dehors, mais que je ne possédais pas intérieurement, car il se composait de deux états que je ne pouvais, sans qu'ils cessassent d'être distincts l'un de l'autre, réussir à penser à la fois [3] ». Penser deux moments à la fois, c'est presque toujours, pour l'être proustien, les identifier et les confondre : cette étrange équation est la loi même de l'itératif.

1. « Quelques années plus tard » (I, p. 159).
2. « *Maintenant*, tous les soirs... » (I, p. 234); « Ce qui était invariable, *maintenant*... » (p. 235); «*Maintenant* (sa jalousie) avait un aliment et Swann allait pouvoir commencer à s'inquiéter chaque jour... » (p. 283); « Les parents de Gilberte, qui si longtemps m'avaient empêché de le voir, *maintenant*... » (p. 503); « *maintenant*, quand j'avais à écrire à Gilberte... » (p. 633). Laissons à l'ordinateur le soin de compléter cette liste pour l'ensemble de la *Recherche;* en voici encore trois occurrences très proches : « Il faisait déjà nuit *maintenant* quand j'échangeais la chaleur de l'hôtel... pour le wagon où nous montions avec Albertine... » (II, p. 1036); « Au nombre des habitués... comptait *maintenant*, depuis plusieurs mois, M. de Charlus... » (p. 1037); « *Maintenant*, c'était, sans s'en rendre compte, à cause de ce vice qu'on le trouvait plus intelligent que les autres » (p. 1040).
3. I, p. 538.

Alternance, transitions.

Tout se passe donc comme si le récit proustien substituait à cette forme synthétique de narration qu'est, dans le roman classique, le récit sommaire (absent de la *Recherche*, on s'en souvient), cette autre forme synthétique qu'est l'itératif : synthèse, non plus par accélération, mais par assimilation et abstraction. Aussi le rythme du récit dans la *Recherche* repose-t-il essentiellement non plus, comme celui du récit classique, sur l'alternance du sommaire et de la scène, mais sur une autre alternance, celle de l'itératif et du singulatif.

Le plus souvent, cette alternance recouvre un système de subordinations fonctionnelles que l'analyse peut et doit dégager, et dont nous avons déjà rencontré les deux types fondamentaux de relation : le segment itératif, à fonction descriptive ou explicative, subordonné à (et généralement inséré dans) une scène singulative (exemple, l'*esprit des Guermantes*, dans le dîner chez Oriane), et la scène singulative à fonction illustrative subordonnée à un développement itératif : exemple, les *clochers de Martinville*, dans la série des promenades à Guermantes. Mais il existe des structures plus complexes, lorsque par exemple une anecdote singulière vient illustrer un développement itératif lui-même subordonné à une scène singulative : ainsi, la réception de la princesse Mathilde [1], illustrant l'esprit des Guermantes; ou inversement, lorsqu'une scène singulative subordonnée à un segment itératif appelle à son tour une parenthèse itérative : c'est ce qui se passe lorsque l'épisode de la rencontre avec la Dame en rose, raconté, comme nous l'avons déjà vu, pour ses effets indirects sur les dimanches du héros à Combray, s'ouvre sur un développement consacré à la passion juvénile de Marcel pour le théâtre et les actrices, développement nécessaire pour 'expliquer sa visite inopinée chez l'oncle Adolphe [2].

Mais il arrive parfois que la relation échappe à toute analyse, et même à toute définition, le récit passant d'un aspect à l'autre sans se soucier de leurs fonctions mutuelles, et même apparemment sans les percevoir. Robert Vigneron [3] avait rencontré de tels effets

1. II, p. 468-469.
2. I, p. 72-75.
3. « Structure de *Swann* : prétentions et défaillances », *Modern Philology*, août 1946.

dans la troisième partie de *Swann*, et il avait cru pouvoir attribuer ce qui lui apparaissait comme une « confusion inextricable » à des remaniements hâtifs imposés par l'édition séparée du premier volume de l'édition Grasset : pour placer à la fin de ce volume (et donc de *Du côté de chez Swann*) le morceau brillant sur le Bois de Boulogne « aujourd'hui », et le raccorder tant bien que mal à ce qui précède, Proust aurait dû modifier très fortement l'ordre des divers épisodes situés des pages 482 à 511 de l'édition Grasset [1]. Mais ces interpolations auraient entraîné diverses difficultés chronologiques que Proust n'aurait pu marquer qu'au prix d'un « camouflage » temporel dont l'imparfait (itératif) serait le moyen grossier et maladroit : « Pour dissimuler cette confusion chronologique et psychologique, l'auteur s'efforce de camoufler des actions uniques en actions répétées et barbouille sournoisement ses verbes d'un badigeon d'imparfaits. Par malheur, non seulement la singularité de certaines actions en rend invraisemblable la répétition habituelle, mais encore par endroits de tenaces passés définis échappent au badigeon et révèlent l'artifice ». Fort de cette explication, Vigneron allait jusqu'à reconstituer par voie d'hypothèses l' « ordre primitif » du texte ainsi malencontreusement bouleversé. Reconstitution des plus hasardeuses, explication des plus fragiles : nous avons déjà rencontré plusieurs exemples de pseudo-itératif (car c'est bien de cela qu'il s'agit) et de passés simples aberrants dans des parties de la *Recherche* qui n'ont aucunement souffert de la troncation forcée de 1913, et ceux que l'on peut relever dans la fin de *Swann* ne sont pas les plus surprenants.

Considérons d'un peu plus près l'un des passages incriminés par Vigneron : ce sont les pages 486 à 489 de l'édition Grasset [2]. Il s'agit de ces jours d'hiver où les Champs-Elysées sont couverts de neige, mais où un rayon de soleil inattendu envoie dans l'après-midi Marcel et Françoise en promenade improvisée, sans espoir de rencontrer Gilberte. Comme le note Vigneron dans un autre langage, le premier paragraphe (« Et jusque dans ces jours... ») est itératif, ses verbes sont à l'imparfait de répétition. « Au paragraphe suivant, écrit Vigneron, (« Françoise avait trop froid... »), les imparfaits et les passés simples se succèdent sans raison apparente, comme si l'auteur, incapable d'adopter définitivement un point de vue plutôt que l'autre, avait laissé inachevées ses transpositions temporelles ». Pour permettre au lecteur d'en juger, je citerai ici ce paragraphe tel qu'il apparaît dans l'édition de 1913 :

1. Pléiade, p. 394-417.
2. Pléiade, p. 397-399.

171

Françoise *avait* trop froid pour rester immobile, nous *allâmes* jusqu'au pont de la Concorde voir la Seine prise, dont chacun, et même les enfants *s'approchaient* sans peur comme d'une immense baleine échouée, sans défense, et qu'on *allait* dépecer. Nous *revenions* aux Champs-Élysées; je *languissais* de douleur entre les chevaux de bois immobiles et la pelouse blanche prise dans le réseau noir des allées dont on *avait* enlevé la neige et sur laquelle la statue *avait* à la main un jet de glace ajouté qui *semblait* l'explication de son geste. La vieille dame elle-même ayant plié ses *Débats.* *demanda* l'heure à une bonne d'enfants qui *passait* et qu'elle *remercia* en lui disant : « Comme vous êtes aimable! » puis priant le cantonnier de dire à ses petits enfants de revenir, qu'elle *avait* froid, *ajouta* : « Vous serez mille fois bon. Vous savez que je suis confuse! » Tout à coup l'air se *déchirait* : entre le guignol et le cirque, à l'horizon embelli, sur le ciel entrouvert, je *venais* d'apercevoir, comme un signe fabuleux, le plumet bleu de Mademoiselle. Et déjà Gilberte *courait* à toute vitesse dans ma direction, étincelante et rouge sous un bonnet carré de fourrure, animée par le froid, le retard et le désir du jeu; un peu avant d'arriver à moi, elle se *laissa* glisser sur la glace et, soit pour mieux garder son équilibre, soit parce qu'elle *trouvait* cela plus gracieux, ou par affectation du maintien d'une patineuse, c'est les bras grands ouverts qu'elle *avançait* en souriant, comme si elle avait voulu m'y recevoir. « Brava! Brava! ça c'est très bien, je dirais comme vous que c'est chic, que c'est crâne, si je n'étais pas d'un autre temps, du temps de l'ancien régime, *s'écria* la vieille dame prenant la parole au nom des Champs-Élysées silencieux pour remercier Gilberte d'être venue sans se laisser intimider par le temps. Vous êtes comme moi, fidèle quand même à nos vieux Champs-Élysées; nous sommes deux intrépides. Si je vous disais que je les aime même ainsi. Cette neige, vous allez rire de moi, ça me fait penser à de l'hermine! » Et la vieille dame se *mit* à rire.

Convenons que dans cet « état », le texte répond assez bien à la description sévère qu'en donne Vigneron : les formes itératives et singulatives s'y enchevêtrent d'une manière qui laisse l'aspect verbal dans une totale indécision. Mais cette ambiguïté ne justifie pas pour autant l'hypothèse explicative d'une « transposition temporelle inachevée ». Je crois même apercevoir au moins une présomption du contraire.

En effet, si l'on examine plus attentivement les formes verbales soulignées ici, on constate que tous les imparfaits sauf un peuvent s'interpréter comme des imparfaits de concomitance, qui laissent définir l'ensemble du morceau comme singulatif, les verbes proprement événementiels étant tous, sauf un, au passé défini : nous *allâmes*, la vieille dame *demanda*, *remercia*, *ajouta*, Gilberte se *laissa* glisser, la vieille dame *s'écria*, se *mit* à rire. « Sauf un », disais-je, qui est évidemment : « Tout à coup l'air se *déchirait* »; la présence même de l'adverbe *tout à coup* empêche de lire cet imparfait comme duratif, et oblige donc à l'interpréter comme itératif. Lui seul [1] détonne de manière irréductible dans un contexte interprété comme singulatif, et donc lui seul introduit dans le texte cette « confusion inextricable » dont parle Vigneron. Or, il se trouve que cette forme est corrigée dans l'édition de 1917, qui donne la forme attendue : « l'air se *déchira* ». Cette correction, me semble-t-il, suffit à tirer ce paragraphe de la « confusion », et à le faire passer tout entier sous l'aspect temporel du singulatif. La description de Vigneron ne s'applique donc pas au texte définitif de *Swann*, dernier paru du vivant de l'auteur; et quant à l'explication par une « transposition inachevée » du singulatif en itératif, on voit que cette unique correction va exactement dans le sens inverse : loin d' « achever » en 1917 de « badigeonner d'imparfaits » un texte où il aurait étourdiment laissé trop de passés simples en 1913, Proust [2], au contraire, fait passer au singulatif la seule forme indéniablement itérative de cette page. L'interprétation de Vigneron, déjà fragile, devient alors insoutenable.

On ne vise ici, je me hâte de le préciser, que l'explication circonstancielle bien inutilement cherchée par Vigneron aux confusions de la fin de *Swann*, comme si tout le reste du récit proustien était un modèle de cohérence et de clarté. Le même critique a pourtant bien remarqué ailleurs [3] l'unité toute rétrospective imposée par Proust à des matériaux « hétéroclites », et qualifié la *Recherche* tout entière de « manteau d'Arlequin dont les multiples morceaux, si riche qu'en soit l'étoffe, si industrieusement qu'ils aient été rapprochés, retaillés, ajustés et cousus, trahissent encore, par des différences de texture

---

1. On peut aussi, à vrai dire, hésiter devant « nous *revenions* aux Champs-Élysées », qui ne se réduit pas sans peine à un imparfait de concomitance, puisque les événements qu'il accompagnerait lui sont un peu postérieurs (« la vieille dame demanda l'heure, etc. »). Mais la contagion du contexte peut suffire à expliquer sa présence.

2. Ou peut-être un autre : s'appuyant sur une lettre de 1919, Clarac et Ferré écrivent : « Il semble donc que Proust n'ait pas surveillé la nouvelle édition de *Swann* parue en 1917 » (I, p. xxi). Mais cette incertitude n'ôte pas toute autorité à la correction, d'ailleurs adoptée par Clarac et Ferré eux-mêmes. Au reste, Proust ne peut être totalement étranger aux variantes de 1917 : il faut bien que ce soit lui qui ait ordonné les corrections déplaçant Combray, pour les raisons que l'on sait, de Beauce en Champagne.

3. « Structure de *Swann* : Combray ou le cercle parfait », *Modern Philology*, août 1947.

et de couleur, leurs origines diverses [1] ». Cela est indéniable, et la publication ultérieure des diverses « premières versions » n'a fait et, très probablement, ne fera que confirmer cette intuition. Il y a du « collage », ou plutôt du « patchwork » dans la *Recherche*, et son unité comme récit est bien, comme selon Proust celle de la *Comédie humaine* ou de la *Tétralogie*, une unité *après coup*, d'autant plus âprement revendiquée qu'elle est plus tardive et laborieusement construite avec des matériaux de toute provenance et de toute époque. On sait que Proust, loin de la considérer comme « illusoire » (Vigneron), jugeait ce type d'unité « non factice, peut-être même plus réelle d'être ultérieure, d'être née d'un moment d'enthousiasme où elle est découverte entre des morceaux qui n'ont plus qu'à se rejoindre; unité qui s'ignorait, donc vitale et non logique, qui n'a pas proscrit la variété, refroidi l'exécution [2] ». On ne peut me semble-t-il que lui donner raison sur le fond, mais en ajoutant peut-être qu'il sous-estime ici la difficulté qu'éprouvent parfois les « morceaux » à se « rejoindre ». C'est sans doute de cette difficulté que l'épisode chaotique (selon les normes de la narration classique) des Champs-Elysées (entre autres) porte la trace, plus que d'une publication brusquée. On pourra s'en convaincre en rapprochant du passage en question ici deux de ses versions antérieures : celle de *Jean Santeuil*, qui est purement singulative, et celle de *Contre Sainte-Beuve*, qui est entièrement itérative [3]. Proust aura pu, au moment de constituer par jointure la dernière version, hésiter à choisir, et finalement se résoudre, consciemment ou non, à l'absence de choix.

En tout état de *cause*, il reste que l'hypothèse de lecture la plus pertinente est que ce passage se compose d'un début itératif (le premier paragraphe), et d'une suite singulative (le second, que nous venons d'examiner, et le troisième, dont l'aspect temporel est sans aucune ambiguïté) : ce qui serait banal, si le statut temporel de ce singulatif par rapport à l'itératif qui précède était indiqué, ne serait-ce que par un « une fois » qui l'isolerait dans la série à

---

1. « Structure de *Swann* : Balzac, Wagner et Proust », *The French Review*, mai 1946.

2. III, p. 161. Cf. *Contre Sainte-Beuve*, Pléiade, p. 274 : « Telle partie de ses grands cycles (il s'agit de Balzac) ne s'y est trouvée rattachée qu'après coup. Qu'importe? *L'Enchantement du vendredi saint* est un morceau que Wagner écrivit avant de penser à faire *Parsifal* et qu'il y introduisit ensuite. Mais les ajoutages, ces beautés rapportées, les rapports nouveaux aperçus brusquement par le génie entre les parties séparées de son œuvre qui se rejoignent, vivent et ne pourraient plus se séparer, ne sont-ce pas de ses plus belles intuitions? »

3. *J. S.*, Pléiade, 250-252; *C. S. B.*, éd. Fallois, p. 111.

laquelle il appartient [1]. Mais il n'en est rien : le récit passe sans crier gare d'une habitude à un événement singulier comme si, au lieu que l'événement se situât quelque part dans l'habitude ou par rapport à elle, l'habitude pouvait devenir, voire *être en même temps* un événement singulier — ce qui est proprement inconcevable et désigne, dans le texte proustien *tel qu'il est*, un lieu d'irréductible irréalisme. Il en est d'autres, du même ordre. Ainsi, à la fin de *Sodome et Gomorrhe*, la relation des voyages de M. de Charlus dans le petit train de la Raspelière et de ses rapports avec les autres fidèles commence en un itératif très précisément spécifié : « Régulièrement, trois fois par semaine... », puis restreint par détermination interne : « les toutes premières fois... », pour enchaîner pendant trois pages en un singulatif indéterminé : « (Cottard) *dit* par malice, etc. [2] ». On voit qu'ici il suffirait de corriger le pluriel itératif « les toutes premières fois » en un singulier (« la toute première fois ») pour que tout *rentre dans l'ordre*. Mais qui oserait s'engager sur cette voie aurait un peu plus de mal avec « Taquin le Superbe », itératif page 464 à 466, mais qui devient brusquement singulatif au bas de cette page et jusqu'à la fin de l'épisode. Et plus encore avec le récit du dîner à Rivebelle, dans les *Jeunes Filles en fleurs* [3], qui est inextricablement à la fois un dîner synthétique, raconté à l'imparfait (« Les premiers temps, quand nous y *arrivions*... »), et un dîner singulier, raconté au passé défini (« je *remarquai* un de ces servants... une jeune fille blonde me *regarda*, etc. ») et que nous pouvons dater avec précision puisqu'il s'agit du soir de la première apparition des jeunes filles, mais qu'aucune indication temporelle ne situe par rapport à la série à laquelle il appartient et où il donne l'impression — plutôt déconcertante — de *flotter*.

Le plus souvent, à vrai dire, ces points de tangence, sans relation temporelle assignable, entre itératif et singulatif, se trouvent, délibérément ou non, masqués par l'interposition de segments *neutres*, aspectuellement indéterminés, dont la fonction, comme le remarque

---

1. Le troisième paragraphe, lui, porte une telle indication : « Le premier de ces jours... » (qualifiée par Vigneron de « pénible raccord », mais habituelle chez Proust : ainsi, à l'auberge de Doncières, II, p. 98, où « le premier jour » adjoint une illustration singulative à une amorce de tableau itératif). Mais cette indication ne peut valoir rétroactivement pour le deuxième, dont elle ne fait qu'aggraver par contraste l'indétermination.
2. II, p. 1037-1040.
3. I, p. 808-822.

Houston, semble être d'empêcher le lecteur de s'apercevoir du changement d'aspect [1]. Ces segments neutres peuvent être de trois sortes : soit des excursus discursifs au présent : on en trouve par exemple un assez long dans la transition entre le début itératif et la suite singulative de *la Prisonnière* [2]; mais ce moyen est évidemment de statut extra-narratif. Il en va autrement du second type, bien observé par Houston, qui est le *dialogue* (éventuellement réduit à une seule réplique) *sans verbe déclaratif* [3]; exemple cité par Houston, la conversation entre Marcel et la duchesse sur la robe qu'elle portait au dîner Sainte-Euverte [4]. Par définition, le dialogue abruptif est sans détermination d'aspect, puisque privé de verbes. Le troisième type est plus subtil, car le segment neutre y est en fait un segment mixte, ou plus exactement ambigu : il consiste à interposer entre itératif et singulatif des imparfaits dont la valeur aspectuelle reste indéterminée. En voici un exemple pris dans *Un amour de Swann* [5] : nous sommes d'abord dans le singulatif; Odette demande un jour à Swann de l'argent pour aller sans lui à Bayreuth avec les Verdurin; « de lui, elle ne *disait* pas un mot, il *était* sous-entendu que leur présence *excluait* la sienne (imparfaits descriptifs singulatifs). Alors cette terrible réponse dont il *avait arrêté* chaque mot la veille sans oser espérer qu'elle pourrait servir jamais (plus-que-parfait ambigu), il *avait* la joie de la lui faire porter, etc. (imparfait itératif) ». Transformation plus efficace encore dans sa brièveté, le retour à l'itératif qui clôt l'épisode singulatif des arbres de Hudimesnil, dans les *Jeunes Filles en fleurs* [6] : « Quand, la voiture ayant bifurqué, je leur tournai le dos et cessai de les voir, tandis que Mme de Villeparisis me *demandait* pourquoi j'*avais* l'air rêveur, j'*étais* triste comme si je *venais* de perdre un ami, de mourir à moi-même, de renier un mort ou de méconnaître un dieu (imparfaits singulatifs). Il *fallait* songer au retour (imparfait ambigu). Mme de Villeparisis... *disait* au cocher de prendre la vieille route de Balbec... (imparfait itératif). » Plus lente

---

1. Art. cit., p. 35.
2. III, p. 82-83.
3. C'est ce que Fontanier nomme *abruption* : « Figure par laquelle on ôte les transitions d'usage entre les parties d'un dialogue, ou avant un discours direct, afin d'en rendre l'exposition plus animée et plus intéressante » (*Les Figures du discours*, p. 342-343).
4. III, p. 37. Le segment singulatif introduit ici se clôt plus loin (p. 43) par un nouveau dialogue abruptif.
5. I, p. 301.
6. I, p. 719.

au contraire, mais d'une extraordinaire habileté dans son indécision maintenue pendant une vingtaine de lignes, cette transition d'*Un amour de Swann* :

> Mais elle *vit* que ses yeux *restaient* fixés sur les choses qu'il ne *savait* pas et sur ce passé de leur amour, monotone et doux dans sa mémoire parce qu'il *était* vague, et que *déchirait* maintenant comme une blessure cette minute dans l'île du Bois, au clair de lune, après le dîner chez la princesse des Laumes. Mais il *avait* tellement *pris* l'habitude de trouver la vie intéressante — d'admirer les curieuses découvertes qu'on peut y faire — que tout en souffrant au point de croire qu'il ne pourrait pas supporter longtemps une pareille douleur, il se *disait* : « La vie est vraiment étonnante et réserve de belles surprises; en somme le vice est quelque chose de plus répandu qu'on ne le croit. Voilà une femme en qui j'avais confiance, qui a l'air si simple, si honnête, en tout cas, si même elle était légère, qui semblait bien normale et saine dans ses goûts : sur une dénonciation invraisemblable, je l'interroge, et le peu qu'elle m'avoue révèle bien plus que ce qu'on eût pu soupçonner. » Mais il ne *pouvait* pas se borner à ces remarques désintéressées. Il *cherchait* à apprécier exactement la valeur de ce qu'elle lui *avait raconté*, afin de savoir s'il *devait* conclure que ces choses, elle les *avait faites* souvent, qu'elles se *renouvelleraient*. Il se *répétait* ces mots qu'elle *avait dits* : « Je voyais bien où elle voulait en venir », « Deux ou trois fois », « Cette blague! », mais ils ne *reparaissaient* pas désarmés dans la mémoire de Swann, chacun d'eux *tenait* son couteau et lui en *portait* un nouveau coup. *Pendant bien longtemps*, comme un malade ne peut s'empêcher d'essayer à toute minute de faire le mouvement qui lui est douloureux, il se *redisait* ces mots [1]...

On voit que la transformation n'est vraiment acquise sans équivoque possible qu'à partir du « pendant bien longtemps », qui assigne à l'imparfait « il se redisait ces mots » une valeur clairement itérative, qui sera celle de toute la suite. A propos d'une transition de ce genre, mais plus développée (plus de six pages) — et à vrai dire moins pure, puisqu'elle comporte également plusieurs paragraphes de réflexions au présent du narrateur et un bref monologue intérieur du héros —, celle qui sépare et relie, dans *la Prisonnière*, le récit d'une journée parisienne « idéale » à la relation d'une certaine journée réelle de février [2], J. P. Houston évoque à juste titre « ces partitions wagnériennes où la tonalité se modifie constamment sans aucun changement à la clef [3] ». Proust a su, en effet, exploiter avec une grande subtilité

1. I, p. 366-367.
2. III, p. 81-88.
3. Art. cit., p. 37.

harmonique les capacités de *modulation* que comporte l'ambiguïté de l'imparfait français, comme s'il avait voulu, avant de le citer explicitement à propos de Vinteuil, réaliser comme un équivalent poétique du chromatisme de *Tristan*.

Tout cela, on le conçoit, ne peut être le simple résultat de contingences matérielles. Même si l'on doit faire la part (considérable) des circonstances extérieures, il reste sans doute chez Proust, à l'œuvre dans de telles pages comme nous l'avons déjà rencontrée ailleurs, une sorte de volonté sourde, à peine consciente peut-être, de libérer de leur fonction dramatique les formes de la temporalité narrative, de les laisser jouer pour elles-mêmes, et, comme il le dit à propos de Flaubert, de les *mettre en musique* [1].

Le jeu avec le Temps.

Il reste à dire un mot d'ensemble sur la catégorie du temps narratif, quant à la structure générale de la *Recherche* et quant à la place de cette œuvre dans l'évolution des formes romanesques. Nous avons pu constater plus d'une fois, en effet, l'étroite solidarité de fait des divers phénomènes que nous avions dû séparer pour des motifs d'exposition. Ainsi, dans le récit traditionnel, l'analepse (fait d'*ordre*) prend le plus souvent la forme du récit sommaire (fait de *durée*, ou de vitesse), le sommaire recourt volontiers aux services de l'itératif (fait de *fréquence*); la description est presque toujours à la fois ponctuelle, durative et itérative, sans jamais s'interdire des amorces de mouvement diachronique : et nous avons vu comment chez Proust cette tendance va jusqu'à résorber le descriptif en narratif; il existe des formes fréquentatives de l'ellipse (ainsi, tous les hivers parisiens de Marcel à l'époque de Combray); la syllepse itérative n'est pas seulement un fait de fréquence : elle touche aussi à l'ordre (puisque en synthétisant des événements « semblables » elle abolit leur succession) et à la durée (puisqu'elle élimine en même temps leurs intervalles); et l'on pourrait encore prolonger cette liste. On ne peut donc caractériser la tenue temporelle d'un récit qu'en considérant ensemble tous les rapports qu'il établit entre sa propre temporalité et celle de l'histoire qu'il raconte.

---

1. « Chez (Balzac) ces changements de temps ont un caractère actif ou documentaire. Flaubert le premier les débarrasse du parasitisme des anecdotes et des scories de l'histoire. Le premier, il les met en musique » (*Chroniques*, Pléiade, p. 595).

Nous avons observé au chapitre de l'ordre que les grandes ana-chronies de la *Recherche* se situent toutes au début de l'œuvre, essen-tiellement dans *Du côté de chez Swann*, où nous avons vu le récit prendre un départ difficile, comme hésitant, et coupé d'incessants aller-retour entre la position mémorielle du « sujet intermédiaire » et diverses positions diégétiques, parfois redoublées (*Combray I* et *Combray II*), avant de passer, à Balbec, une sorte d'accord général avec la succession chronologique. On ne peut manquer de rapprocher ce fait d'ordre d'un fait de fréquence tout aussi caractérisé, qui est la dominance de l'itératif dans cette même section du texte. Les segments narratifs initiaux sont pour l'essentiel des paliers itératifs : enfance à Combray, amour de Swann, Gilberte, qui se présentent à l'esprit du sujet intermédiaire — et, par son truchement, au narra-teur — comme autant de moments presque immobiles où le passage du temps se masque sous les apparences de la répétition. L'anachro-nisme des souvenirs (« volontaires » ou non) et leur caractère statique ont évidemment partie liée, en tant qu'ils procèdent l'un et l'autre du travail de la mémoire, qui réduit les périodes (diachroniques) en époques (synchroniques) et les événements en tableaux — époques et tableaux qu'elle dispose dans un ordre qui n'est pas le leur, mais le sien. L'activité mémorielle du sujet intermédiaire est donc un facteur (je dirais volontiers un moyen) d'émancipation du récit par rapport à la temporalité diégétique, sur les deux plans liés de l'ana-chronisme simple et de l'itération, qui est un anachronisme plus complexe. A partir de *Balbec* au contraire, et surtout de *Guermantes*, la restauration tout à la fois de l'ordre chronologique et de la domi-nance du singulatif, manifestement liée à l'effacement progressif de l'instance mémorielle, et donc à l'émancipation, cette fois, de l'histoire, qui reprend barre sur le récit [1], cette restauration nous ramène dans des voies apparemment plus traditionnelles, et il est permis de préférer la subtile « confusion » temporelle de *Swann* à l'ordonnance assagie de la série *Balbec-Guermantes-Sodome*. Mais ce sont alors les distor-sions de la durée qui vont prendre le relais, exerçant sur une tempo-ralité apparemment rétablie dans ses droits et dans ses normes une activité déformatrice (ellipses énormes, scènes monstrueuses) qui n'est plus celle du sujet intermédiaire mais, directement, celle du

---

1. Tout se passe en effet comme si le récit, pris entre ce qu'il raconte (l'histoire) et ce qui le raconte (la narration, guidée ici par la mémoire), n'avait d'autre choix qu'entre la domination de la première (c'est le récit classique) et celle de la seconde (c'est le récit moderne, qui s'inaugure chez Proust); mais nous reviendrons sur ce point au chapitre de la *voix*.

narrateur, désireux à la fois, dans son impatience et son angoisse grandissantes, de *charger* ses dernières scènes, comme Noé son arche, jusqu'à la limite de l'éclatement, et de sauter au dénouement (car c'en est un) qui enfin lui donnera l'être et légitimera son discours : c'est dire que nous touchons là à une autre temporalité, qui n'est plus celle du récit, mais qui en dernière instance la commande : celle de la narration elle-même. Nous la retrouverons plus loin [1].

Ces interpolations, ces distorsions, ces condensations temporelles [2], Proust, du moins lorsqu'il en prend conscience (il semble par exemple n'avoir jamais perçu l'importance chez lui du récit itératif), les justifie constamment, selon une tradition déjà ancienne et qui ne s'éteindra pas avec lui, par une motivation réaliste, invoquant tour à tour le souci de raconter les choses telles qu'elles ont été « vécues » sur l'instant, et telles qu'elles sont remémorées après coup. Ainsi, l'anachronisme du récit est tantôt celui de l'existence même [3], tantôt celui du souvenir, qui obéit à d'autres lois que celles du temps [4]. Les variations de tempo, de même, sont tantôt le fait de la « vie [5] »,

---

1. Chapitre v. On peut déplorer que les problèmes de la temporalité narrative soient ainsi écartelés, mais toute autre distribution aurait pour effet de sous-estimer l'importance et la spécificité de l'instance narrative. En matière de « composition », on ne choisit qu'entre des inconvénients.

2. Ces trois termes désignent évidemment ici les trois grandes sortes de « déformation » temporelle, selon qu'elles affectent l'ordre, la durée ou la fréquence : La syllepse itérative condense plusieurs événements en un seul récit; l'alternance scènes/ellipses distord la durée; rappelons enfin que Proust a lui-même appelé « interpolations » les anachronies qu'il admirait chez Balzac : « Bien montrer pour Balzac... l'interpolation des temps *(La Duchesse de Langeais, Sarrazine)* comme dans un terrain où les laves d'époques différentes sont mêlées » *(Contre Sainte-Beuve,* Pléiade, p. 289).

3. « Car souvent dans une (saison) on trouve égaré un jour d'une autre, qui nous y fait vivre... en plaçant plus tôt ou plus tard qu'à son tour ce feuillet détaché d'un autre chapitre, dans le calendrier interpolé du Bonheur » (I, p. 386-387); « Les différentes périodes de notre vie se chevauchent ainsi l'une l'autre » (I, p. 626); «... notre vie étant si peu chronologique, interférant tant d'anachronismes dans la suite des jours » (I, p. 642).

4. « Notre mémoire ne nous présente pas d'habitude nos souvenirs dans leur suite chronologique, mais comme un reflet où l'ordre des parties est inversé » (I, p. 578).

5. « Dans notre vie les jours ne sont pas égaux. Pour parcourir les jours, les natures un peu nerveuses, comme était la mienne, disposent, comme les voitures automobiles, de « vitesses » différentes. Il y a des jours montueux et malaisés qu'on met un temps infini à gravir et des jours en pente qui se laissent descendre à fond de train en chantant » (I, p. 390-391); « Le temps dont nous disposons chaque jour est élastique; les passions que nous ressentons le dilatent, celles que nous inspirons le rétrécissent, et l'habitude le remplit » (I, p. 612).

tantôt l'œuvre de la mémoire, ou plutôt de l'oubli [1]. Ces contradictions et ces complaisances nous détourneraient, s'il en était besoin, d'accorder trop de foi à ces rationalisations rétrospectives dont les grands artistes ne sont jamais avares, et ce à proportion même de leur *génie*, c'est-à-dire de l'avance de leur pratique sur toute théorie — y compris la leur. Le rôle de l'analyste n'est pas de s'en satisfaire; ni de les ignorer; mais plutôt, une fois le procédé « mis à nu », de voir comment la motivation invoquée fonctionne dans l'œuvre comme un médium esthétique. On dirait ainsi volontiers, à la manière du premier Chklovski, que, chez Proust, par exemple, la « réminiscence » est au service de la métaphore et non l'inverse; que l'amnésie sélective du sujet intermédiaire est là pour que le récit de l'enfance s'ouvre sur le « drame du coucher »; que le « train-train » de Combray sert à déclencher le *trottoir roulant* des imparfaits itératifs; que le héros fait deux séjours en maison de santé pour ménager au narrateur deux belles ellipses; que la petite madeleine a bon dos, et que Proust lui-même l'a dit clairement au moins une fois : « Sans parler en ce moment de la valeur que je trouve à ces ressouvenirs inconscients sur lesquels j'asseois, dans le dernier volume... de mon œuvre, toute ma théorie de l'art, et pour m'en tenir au point de vue de la composition, j'avais simplement pour passer d'un plan à un autre plan, usé non d'un fait, mais de ce que j'avais trouvé plus pur, plus précieux comme jointure, un phénomène de mémoire. Ouvrez les *Mémoires d'outre-tombe* ou les *Filles du feu*

---

1. « L'oubli n'est pas sans altérer profondément la notion du temps. Il y a des erreurs optiques dans le temps comme dans l'espace... Cet oubli de tant de choses... c'était son interpolation, fragmentée, irrégulière, au milieu de ma mémoire... qui détraquait, disloquait mon sentiment des distances dans le temps, là rétrécies, ici distendues, et me faisait me croire tantôt beaucoup plus loin, tantôt beaucoup plus près des choses que je ne l'étais en réalité » (III, p. 593-594). Il s'agit partout ici du temps tel qu'il est vécu ou remémoré « subjectivement », avec les « illusions d'optique dont notre vision première est faite » (I, p. 838), et dont Proust voudrait être, comme Elstir, le fidèle interprète. Mais on le voit aussi bien justifier ses ellipses, par exemple, par le souci de rendre perceptible au lecteur une fuite du temps que « la vie », d'ordinaire, nous dérobe, et dont nous n'avons qu'une connaissance livresque : « Théoriquement on sait que la terre tourne, mais en fait on ne s'en aperçoit pas, le sol sur lequel on marche semble ne pas bouger et on vit tranquille. Il en est ainsi du Temps dans la vie. Et pour rendre sa fuite sensible, les romanciers sont obligés, en accélérant follement les battements de l'aiguille, de faire franchir au lecteur dix, vingt, trente ans, en deux minutes... » (I, p. 482). On voit que la motivation réaliste s'accommode indifféremment du subjectivisme et de l'objectivité scientifique : tantôt je déforme pour montrer les choses telles qu'elles sont illusoirement vécues, tantôt je déforme pour montrer les choses telles qu'elles sont réellement, et que le vécu nous les cache.

de Gérard de Nerval. Vous verrez que les deux grands écrivains qu'on se plaît — le second surtout — à appauvrir et à dessécher par une interprétation purement formelle, connurent parfaitement ce procédé de brusque transition [1]. » La mémoire involontaire, extase de l'intemporel, contemplation de l'éternité? Peut-être. Mais aussi, lorsqu'on s'en tient au « point de vue de la composition », *jointure précieuse*, et *procédé de transition*. Et savourons au passage, en cet aveu de *fabricateur* [2], l'étrange repentir sur les écrivains « qu'on se plaît à appauvrir et à dessécher par une interprétation purement formelle ». Voilà une pierre qui retombe dans son propre jardin, mais on n'a pas encore montré en quoi l'interprétation « purement formelle » appauvrit et dessèche. Ou plutôt, Proust lui-même a prouvé le contraire en montrant par exemple sur Flaubert comment certain usage « du passé défini, du passé indéfini, du participe présent, de certains pronoms et de certaines prépositions, a renouvelé presque autant notre vision des choses que Kant, avec ses Catégories, les théories de la Connaissance et de la Réalité du monde extérieur [3] ». Autrement dit, et pour parodier sa propre formule, que *la vision peut aussi être une question de style, et de technique.*

On sait avec quelle ambiguïté, apparemment insoutenable, le héros proustien se voue à la recherche et à l' « adoration », à la fois de l' « extra-temporel » et du « temps à l'état pur »; comment il se veut tout ensemble, et avec lui son œuvre à venir, « hors du temps » et « dans le Temps ». Quelle que soit la clef de ce mystère ontologique, nous voyons peut-être mieux maintenant comment cette visée contradictoire fonctionne et s'investit dans l'œuvre de Proust : interpolations, distorsions, condensations, le roman proustien est sans doute, comme il l'affiche, un roman du Temps perdu et retrouvé, mais il est aussi, plus sourdement peut-être, un roman du Temps dominé, captivé, ensorcelé, secrètement subverti, ou mieux : *perverti.* Comment ne pas parler à son propos, comme son auteur à propos du rêve — et non peut-être sans quelque arrière-pensée de rapprochement —, du « jeu formidable qu'il fait avec le Temps [4] »?

---

1. *Contre Sainte-Beuve*, Pléiade, p. 599.
2. C'est à propos de Wagner que Proust parle de l' « allégresse du fabricateur » (III, p. 161).
3. *Contre Sainte-Beuve*, Pléiade, p. 586.
4. III, p. 912. Insistons au passage sur le verbe employé ici : « *faire* (et non : *jouer*) un jeu avec le Temps », ce n'est pas seulement *jouer avec lui*, c'est aussi *en faire un jeu.* Mais un jeu « formidable ». C'est-à-dire, aussi, dangereux.

4. Mode

Modes du récit?

Si la catégorie grammaticale du temps s'applique avec évidence à la tenue du discours narratif, celle du mode peut ici sembler a priori dépourvue de pertinence : puisque la fonction du récit n'est pas de donner un ordre, de formuler un souhait, d'énoncer une condition, etc., mais simplement de raconter une histoire, donc de « rapporter » des faits (réels ou fictifs), son mode unique, ou du moins caractéristique, ne peut être en toute rigueur que l'indicatif, et dès lors tout est dit sur ce sujet, à moins de tirer un peu plus qu'il ne convient sur la métaphore linguistique.

Sans nier l'extension (et donc la distorsion) métaphorique, on peut répondre à cette objection qu'il n'y a pas seulement une différence entre affirmer, ordonner, souhaiter, etc., mais aussi des différences de degré dans l'affirmation, et que ces différences s'expriment couramment par des variations modales : soit l'infinitif et le subjonctif de discours indirect en latin, ou en français le conditionnel qui marque l'information non confirmée. C'est à cette fonction que pense évidemment Littré lorsqu'il définit le sens grammatical de *mode :* « nom donné aux différentes formes du verbe employées pour affirmer plus ou moins la chose dont il s'agit, et pour exprimer... les différents points de vue auxquels on considère l'existence ou l'action », et cette définition de bonne compagnie nous est ici très précieuse. On peut en effet raconter *plus ou moins* ce que l'on raconte, et le raconter *selon tel ou tel point de vue;* et c'est précisément cette capacité, et les modalités de son exercice, que vise notre catégorie du *mode narratif :* la « représentation », ou plus exactement l'information narrative a ses degrés; le récit peut fournir au lecteur plus ou moins de détails, et de façon plus ou moins directe, et sembler ainsi (pour reprendre une métaphore spatiale courante et commode, à condition de ne pas la prendre à la lettre) se tenir à plus ou moins grande *distance* de ce qu'il raconte; il peut aussi choisir de régler

183

l'information qu'il livre, non plus par cette sorte de filtrage uniforme, mais selon les capacités de connaissance de telle ou telle partie prenante de l'histoire (personnage ou groupe de personnages), dont il adoptera ou feindra d'adopter ce que l'on nomme couramment la « vision » ou le « point de vue », semblant alors prendre à l'égard de l'histoire (pour continuer la métaphore spatiale) telle ou telle *perspective*. « Distance » et « perspective », ainsi provisoirement dénommées et définies, sont les deux modalités essentielles de cette *régulation de l'information narrative* qu'est le mode, comme la vision que j'ai d'un tableau dépend, en précision, de la distance qui m'en sépare, et en ampleur, de ma position par rapport à tel obstacle partiel qui lui fait plus ou moins écran.

Distance.

Ce problème a été abordé pour la première fois, semble-t-il, par Platon au IIIᵉ Livre de *la République* [1]. Comme on le sait, Platon y oppose deux modes narratifs, selon que le poète « parle en son nom sans chercher à nous faire croire que c'est un autre que lui qui parle », (et c'est ce qu'il nomme *récit pur* [2]), ou qu'au contraire « il s'efforce de donner l'illusion que ce n'est pas lui qui parle », mais tel personnage, s'il s'agit de paroles prononcées : et c'est ce que Platon nomme proprement l'imitation, ou *mimésis*. Et pour bien faire apparaître la différence, il va jusqu'à récrire en *diégésis* la fin de la scène entre Chrysès et les Achéens, qu'Homère avait traitée en *mimésis*, c'est-à-dire en paroles directes, à la manière du drame. La scène dialoguée directe devient alors un récit médiatisé par le narrateur, et dans lequel les « répliques » des personnages se fondent et se condensent en discours indirect. Indirection et condensation, nous retrouverons plus loin ces deux traits distinctifs du « récit pur » en opposition à la représentation « mimétique » empruntée au théâtre. Dans ces termes provisoirement adoptés, le « récit pur » sera tenu pour plus *distant* que l' « imitation » : il en dit moins, et de façon plus médiate.

On sait comment cette opposition, quelque peu neutralisée par Aristote (qui fait du récit pur et de la représentation directe deux variétés de la mimésis [3]) et (pour cette raison même?) négligée par la

1. 392 c à 395. Cf. *Figures II*, p. 50-56.
2. La traduction courante de *haplé diégésis* par « simple récit » me semble un peu à côté. *Haplé diégésis* est le récit *non mêlé* (en 397 b, Platon dit : *akraton*) d'éléments mimétiques : donc *pur*.
3. *Poétique*, 1448 a.

tradition classique, de toute façon peu attentive aux problèmes du discours narratif, a brusquement resurgi dans la théorie du roman, aux États-Unis et en Angleterre, à la fin du XIXᵉ et au début du XXᵉ siècle, chez Henry James et ses disciples, sous les termes à peine transposés de *showing* (montrer) vs. *telling* (raconter), vite devenus dans la vulgate normative anglo-saxonne l'Ormuzd et l'Ahriman de l'esthétique romanesque [1]. De ce point de vue normatif, Wayne Booth a critiqué de façon décisive cette valorisation néo-aristotélicienne du mimétique tout au long de sa *Rhétorique de la fiction* [2]. Du point de vue purement analytique qui est le nôtre, il faut ajouter (ce que d'ailleurs l'argumentation de Booth ne manque pas de faire apparaître au passage) que la notion même de *showing*, comme celle d'imitation ou de représentation narrative (et davantage encore, à cause de son caractère naïvement visuel) est parfaitement illusoire : contrairement à la représentation dramatique, aucun récit ne peut « montrer » ou « imiter » l'histoire qu'il raconte. Il ne peut que la raconter de façon détaillée, précise, « vivante », et donner par là plus ou moins l'*illusion de mimésis* qui est la seule mimésis narrative, pour cette raison unique et suffisante que la narration, orale ou écrite, est un fait de langage, et que le langage signifie sans imiter.

A moins, bien sûr, que l'objet signifié (narré) ne soit lui-même du langage. On a pu remarquer tout à l'heure, dans notre rappel de la définition platonicienne de la mimésis, cette clause apparemment explétive : « s'il s'agit de paroles prononcées »; mais que se passet-il donc lorsqu'il s'agit d'autre chose : non de paroles, mais d'événements et d'actions muettes ? Comment fonctionne alors la mimésis, et comment le narrateur nous donnera-t-il « l'illusion que ce n'est pas lui qui parle » ? (Je ne dis pas le poète, ou l'auteur : que le récit soit assumé par Homère ou Ulysse ne fait que déplacer le problème.) Comment, au sens littéral, faire que l'objet narratif, comme le veut Lubbock, « se raconte lui-même » sans que personne ait à parler pour lui ? Cette question, Platon se garde bien d'y répondre, et même de la poser, comme si son exercice de réécriture ne portait que sur des paroles, et n'opposait, comme diégésis à mimésis, qu'un dialogue au style indirect à un dialogue au style direct. C'est que la

---

1. Voir en particulier Percy Lubbock, *The Craft of Fiction*. Pour Lubbock, « l'art de la fiction commence seulement lorsque le romancier considère son histoire comme un objet à *montrer*, à exhiber de telle sorte qu'il se raconte luimême ».
2. Wayne C. Booth, *The Rhetoric of Fiction*, University of Chicago Press, 1961. Notons que, paradoxalement, Booth appartient à l'école néo-aristotélicienne des « Chicago critics ».

mimésis verbale ne peut être que mimésis du verbe. Pour le reste, nous n'avons et ne pouvons avoir que des degrés de diégésis. Il nous faut donc ici distinguer entre récit d'événements et « récit de paroles ».

Récit d'événements.

L' « imitation » homérique dont Platon nous propose une traduction en « récit pur » ne comporte qu'un bref segment non dialogué. Le voici d'abord dans sa version originale : « Il dit, et le vieux, à sa voix, prend peur et obéit. Il s'en va en silence, le long de la grève où bruit la mer, et quand il est seul, instamment le vieillard implore sire Apollon, fils de Létô aux beaux cheveux [1]. » Le voici maintenant dans sa réécriture platonicienne : « Le vieillard entendant ces menaces eut peur et s'en alla sans rien dire; mais une fois hors du camp il adressa d'instantes prières à Apollon [2]. »

La différence la plus manifeste est évidemment de longueur (18 mots contre 30 dans les textes grecs, 25 contre 43 dans les traductions françaises) : Platon obtient cette condensation en éliminant des informations redondantes (« il dit », « obéit », « fils de Létô »), mais aussi des indications circonstancielles et « pittoresques » : « aux beaux cheveux », et surtout « le long de la grève où bruit la mer ». Cette *grève où bruit la mer*, détail fonctionnellement inutile dans l'histoire, c'est assez typiquement, malgré le caractère stéréotypé de la formule (qui revient plusieurs fois dans l'*Iliade* et dans l'*Odyssée*), et par-delà les énormes différences d'écriture entre l'épopée homérique et le roman réaliste, ce que Barthes appelle un *effet de réel* [3]. La grève bruissante ne sert à rien, qu'à faire entendre que le récit la mentionne seulement parce qu'*elle est là*, et que le narrateur, abdiquant sa fonction de choix et de direction du récit, se laisse gouverner par la « réalité », par la présence de ce qui est là et qui exige d'être « montré ». Détail inutile et contingent, c'est le médium par excellence de l'illusion référentielle, et donc de l'effet mimétique : c'est un *connotateur de mimésis*. Aussi Platon, d'une main infaillible, le retranche-t-il de sa traduction comme un trait incompatible avec le récit pur.

Le récit d'événements, pourtant, quel qu'en soit le mode, est toujours récit, c'est-à-dire transcription du (supposé) non-verbal en verbal : sa mimésis ne sera donc jamais qu'une illusion de mimésis,

1. *Iliade*, I, trad. Mazon, v. 34-36.
2. *République*, trad. Chambry, p. 103.
3. *Communications* 11, p. 84-89.

dépendant comme toute illusion d'une relation éminemment variable entre l'émetteur et le récepteur. Il va de soi, par exemple, que le même texte peut être reçu par tel lecteur comme intensément mimétique, et par tel autre comme une relation fort peu « expressive ». L'évolution historique joue ici un rôle décisif, et il est probable que le public des classiques, qui était si sensible à la « figuration » racinienne, trouvait plus de mimésis que nous dans l'écriture narrative d'un d'Urfé ou d'un Fénelon; mais n'aurait sans doute trouvé que prolifération confuse et « fuligineux fouillis » dans les descriptions si riches et circonstanciées du roman naturaliste, et en aurait donc manqué la fonction mimétique. Il faut faire la part de cette relation variable selon les individus, les groupes et les époques, et qui ne dépend donc pas exclusivement du texte narratif.

Les facteurs mimétiques proprement textuels se ramènent, me semble-t-il, à ces deux données déjà implicitement présentes dans les remarques de Platon : la quantité de l'information narrative (récit plus développé, ou plus *détaillé*) et l'absence (ou présence minimale) de l'informateur, c'est-à-dire du narrateur. « Montrer », ce ne peut être qu'une *façon de raconter*, et cette façon consiste à la fois à *en dire* le plus possible, et ce plus, à *le dire* le moins possible : « feindre, dit Platon, que ce n'est pas le poète qui parle » — c'est-à-dire, faire oublier que c'est le narrateur qui raconte. D'où ces deux préceptes cardinaux du *showing :* la dominance jamesienne de la *scène* (récit détaillé) et la transparence (pseudo-) flaubertienne du narrateur (exemple canonique : Hemingway, *The Killers*, ou *Hills Like White Elephants*). Préceptes cardinaux, et surtout préceptes *liés :* feindre de montrer, c'est feindre de se taire, et l'on devra donc, finalement, marquer l'opposition du mimétique et du diégétique par une formule telle que : *information* $+$ *informateur* $= C$, qui implique que la quantité d'information et la présence de l'informateur sont en raison inverse, la mimésis se définissant par un maximum d'information et un minimum d'informateur, la diégésis par le rapport inverse.

Comme on le voit immédiatement, cette définition nous renvoie d'une part à une détermination temporelle : la vitesse narrative, puisqu'il va de soi que la quantité d'information est massivement en raison inverse de la vitesse du récit; et d'autre part à un fait de voix : le degré de présence de l'instance narrative. Le mode n'est ici que la résultante de traits qui ne lui appartiennent pas en propre, et nous n'avons donc pas à nous y attarder — sauf à noter immédiatement ceci : que la *Recherche du temps perdu* constitue à elle seule un paradoxe — ou un démenti — tout à fait inassimilable pour la « norme » mimétique dont nous venons de dégager la formule implicite. En effet, d'une part (comme on l'a vu au chapitre II), le récit proustien consiste presque exclusivement en « scènes » (singulatives ou itératives), c'est-à-dire en une forme narrative qui est la plus riche en information, et donc la plus « mimétique »; mais d'autre part, comme nous le verrons de plus près au chapitre suivant (mais comme la lecture la plus innocente suffit à en administrer l'évidence), la présence du narrateur y est constante, et d'une intensité tout à fait contraire à la règle « flaubertienne ». Présence du narrateur comme source, garant et organisateur du récit, comme analyste et commentateur, comme styliste (comme « écrivain », dans le vocabulaire de Marcel Muller) et particulièrement — on le sait de reste — comme producteur de « métaphores ». Proust serait donc en même temps, comme Balzac, comme Dickens, comme Dostoïevski, mais de façon encore plus marquée, et donc plus paradoxale, à l'extrême du *showing* et à l'extrême du *telling* (et même un peu plus loin, dans ce discours parfois si libéré de tout souci d'une histoire à raconter, qu'il conviendrait peut-être de le nommer simplement, dans la même langue, *talking*). Cela est à la fois bien connu et impossible à démontrer sans une analyse exhaustive du texte. Je me contenterai ici, pour illustration, d'invoquer encore une fois la scène du coucher à Combray, déjà citée au chapitre I [1]. Rien n'est plus intense que cette vision du père, « grand, dans sa robe de nuit blanche sous le cachemire de l'Inde violet et rose qu'il nouait autour de sa tête », le bougeoir à la main, avec son reflet fantastique sur la muraille de l'escalier, et que ces sanglots de l'enfant, longtemps contenus, et qui éclatent lorsqu'il se retrouve seul avec sa mère. Mais en même temps rien n'est plus explicitement médiatisé, attesté comme *souvenir*, et souvenir à la fois très ancien et très récent, de nouveau perceptible après des années d'oubli, maintenant que « la vie se tait davantage » autour d'un narrateur au seuil de la mort. On ne dira pas que ce narrateur laisse ici l'histoire se raconter elle-même, et ce serait encore trop peu dire qu'il la raconte sans aucun souci de s'effacer devant elle : ce n'est pas d'elle qu'il s'agit, mais de son « image », de sa *trace* dans une mémoire. Mais cette trace si tardive, si lointaine, si indirecte, c'est aussi la présence même. Il y a dans cette *intensité médiatisée* un paradoxe qui, bien évidemment, n'est tel que selon les normes de la théorie mimétique : une transgression décisive, un refus pur et simple — et en acte — de l'opposition millénaire entre *diégésis* et *mimésis*.

1. P. 108.

On sait que pour les partisans post-jamesiens du roman mimétique (et pour James lui-même), la meilleure forme narrative est
ce que Norman Friedman nomme « l'histoire racontée par un personnage, mais à la troisième personne » (formule maladroite qui désigne
évidemment le récit focalisé, raconté par un narrateur qui n'est pas
l'un des personnages mais qui en adopte le point de vue). Ainsi,
poursuit Friedman résumant Lubbock, « le lecteur perçoit l'action
filtrée par la conscience d'un des personnages, mais il la perçoit
directement telle qu'elle affecte cette conscience, en évitant la distance
qu'entraîne inévitablement la narration rétrospective à la première
personne [1] ». La *Recherche du temps perdu*, narration doublement,
parfois triplement rétrospective, n'évite pas, comme on le sait, cette
distance; bien au contraire, elle la maintient et la cultive. Mais
le miracle du récit proustien (comme celui des *Confessions* de Rousseau, dont nous devons ici encore la rapprocher), c'est que cette
distance temporelle entre l'histoire et l'instance narrative n'entraîne
aucune *distance modale* entre l'histoire et le récit : aucune déperdition,
aucun affaiblissement de l'illusion mimétique. Extrême médiation,
et en même temps comble de l'immédiateté. De cela aussi, l'extase
de la réminiscence est peut-être un symbole.

Récit de paroles.

Si l' « imitation » verbale d'événements non verbaux n'est qu'utopie
ou illusion, le « récit de paroles » peut sembler au contraire a priori
condamné à cette imitation absolue dont Socrate démontre à Cratyle
que, si elle présidait vraiment à la création des mots, elle ferait du
langage une réduplication du monde : « Tout serait double, sans
qu'on pût y distinguer où est l'objet lui-même et où est le nom. »

---

1. « Point of View in Fiction » (*PMLA* 1955), in Ph. Stevick, éd., *The Theory
of the Novel*, New York 1967, p. 113. Cette prétendue infirmité du récit autobiographique est décrite avec plus de précision par A. A. Mendilow : « Contrairement
à ce que l'on pourrait attendre, le roman à la première personne parvient rarement
à donner l'illusion de la présence et de l'immédiateté. Loin de faciliter l'identification du lecteur au héros, il tend à sembler éloigné dans le temps. L'essence d'un
tel roman est d'être rétrospectif, d'établir une distance temporelle reconnue entre
le temps de l'histoire (celui des événements qui ont eu lieu) et le temps réel du
narrateur, le moment où il raconte ces événements. Il y a une différence capitale
entre un récit tourné vers l'avant à partir du passé, comme dans le roman à la
troisième personne, et un récit tourné vers l'arrière à partir du présent, comme
dans le roman à la première personne. Dans le premier, on a l'illusion que l'action
est en train d'avoir lieu; dans le second, l'action est perçue comme ayant déjà
eu lieu » (*Time and the Novel*, Londres, 1952, p. 106-107).

Lorsque Marcel, à la dernière page de *Sodome et Gomorrhe*, déclare à sa mère : « Il faut absolument que j'épouse Albertine », il n'y a pas, entre l'énoncé présent dans le texte et la phrase censément prononcée par le héros, d'autre différence que celles qui tiennent au passage de l'oral à l'écrit. Le narrateur ne raconte pas la phrase du héros, on peut à peine dire qu'il l'imite : il la *recopie*, et en ce sens on ne peut parler ici de récit.

C'est pourtant bien ce que fait Platon lorsqu'il imagine ce que deviendrait le dialogue entre Chrysès et Agamemnon si Homère le rapportait « non pas comme s'il était devenu Chrysès (et Agamemnon), mais comme s'il était toujours Homère », puisqu'il ajoute ici même : « Il n'y aurait plus imitation, mais récit pur ». Il vaut la peine de revenir une fois encore à cet étrange *rewriting*, même si la traduction en laisse échapper quelques nuances. Contentons-nous d'un seul fragment, constitué par la réponse d'Agamemnon aux supplications de Chrysès. Voici quel était ce discours dans l'*Iliade :* « Prends garde, vieux, que je ne te rencontre encore près des nefs creuses, soit à y traîner aujourd'hui, ou à y revenir demain. Ton bâton, la parure même du dieu pourraient alors ne te servir de rien. Celle que tu veux, je ne te la rendrai pas. La vieillesse l'atteindra auparavant dans mon palais, en Argos, loin de sa patrie, allant et venant devant le métier et, quand je l'y appelle, accourant à mon lit. Va, et plus ne m'irrite, si tu veux partir sans dommage [1]. » Voici maintenant ce qu'il devient chez Platon : « Agamemnon se fâcha et lui intima l'ordre de s'en aller et de ne plus reparaître; car son sceptre et les bandelettes du dieu ne lui seraient d'aucun secours; puis il ajouta que sa fille ne serait pas délivrée avant d'avoir vieilli avec lui à Argos; il lui enjoignit l'ordre de se retirer et de ne pas l'irriter, s'il voulait rentrer chez lui sain et sauf [2]. »

Nous avons ici côte à côte deux états possibles du discours de personnage, que nous allons qualifier provisoirement de façon très massive : chez Homère, un discours « imité », c'est-à-dire fictivement *rapporté*, tel qu'il est censé avoir été prononcé par le personnage; chez Platon, un discours « *narrativisé* », c'est-à-dire traité comme un événement parmi d'autres et assumé comme tel par le narrateur lui-même : le discours d'Agamemnon y devient un acte, et rien n'y distingue extérieurement ce qui vient de la réplique prêtée par Homère à son héros (« il lui intima l'ordre de s'en aller ») et ce qui est emprunté aux vers narratifs qui précèdent (« il se fâcha ») : autrement dit,

1. I, v. 26-32.
2. Trad. Chambry, p. 103.

ce qui dans l'original était paroles et ce qui était geste, attitude, état d'âme. On pourrait sans aucun doute pousser plus loin la réduction du discours à l'événement, en écrivant par exemple, en tout et pour tout : « Agamemnon refusa et renvoya Chrysès ». Nous aurions là la forme pure du discours narrativisé. Dans le texte de Platon, le souci de conserver un peu plus de détails a troublé cette pureté en y introduisant des éléments d'une sorte de degré intermédiaire, écrit en style indirect plus ou moins étroitement subordonné (« il ajouta que sa fille ne serait pas délivrée... »; « car son sceptre ne lui serait d'aucun secours »), auquel nous réserverons l'appellation de discours *transposé*. Cette tripartition s'applique aussi bien au « discours intérieur » qu'aux paroles effectivement prononcées, la distinction n'étant d'ailleurs pas toujours pertinente lorsqu'il s'agit d'un soliloque : voyez par exemple ce monologue, intérieur ou extérieur? de Julien Sorel recevant la déclaration d'amour de Mathilde, ponctué de « se dit Julien », « s'écria-t-il », « ajouta-t-il », dont il serait bien vain de se demander s'il faut ou non les prendre à la lettre[1]; la convention romanesque, peut-être véridique en l'occurrence, est que les pensées et les sentiments ne sont rien d'autre que discours, sauf lorsque le narrateur entreprend de les réduire en événements et de les raconter comme tels.

Nous distinguerons donc ces trois états du discours (prononcé ou « intérieur ») de personnage, en les rapportant à notre objet actuel, qui est la « distance » narrative.

1. Le discours *narrativisé*, ou *raconté*, est évidemment l'état le plus distant et en général, comme on vient de le voir, le plus réducteur : supposons que le héros de la *Recherche*, au lieu de reproduire son dialogue avec sa mère, écrive simplement à la fin de *Sodome* : « J'informai ma mère de ma décision d'épouser Albertine. » S'il s'agissait non plus de ses paroles mais de ses « pensées », l'énoncé pourrait être encore plus bref et plus proche de l'événement pur : « Je décidai d'épouser Albertine ». En revanche, le récit du débat intérieur qui mène à cette décision, conduit par le narrateur en son propre nom, peut se développer très longuement sous la forme traditionnellement désignée sous le terme d'*analyse*, et que l'on peut considérer comme un récit de pensées, ou discours intérieur narrativisé.

2. Le discours *transposé*, au style indirect : « Je dis à ma mère qu'il me fallait absolument épouser Albertine » (discours prononcé), « Je

---

1. Garnier, p. 301. De même, Mathilde, occupée à dessiner sur son album, « *s'écria* avec transport... » (p. 355). Julien va jusqu'à « réfléchir » avec l'accent gascon : « Il y va de l'*honur*, se dit-il » (p. 333).

pensai qu'il me fallait absolument épouser Albertine » (discours intérieur). Bien qu'un peu plus mimétique que le discours raconté, et en principe capable d'exhaustivité, cette forme ne donne jamais au lecteur aucune garantie, et surtout aucun sentiment de fidélité littérale aux paroles « réellement » prononcées : la présence du narrateur y est encore trop sensible dans la syntaxe même de la phrase pour que le discours s'impose avec l'autonomie documentaire d'une citation. Il est pour ainsi dire admis d'avance que le narrateur ne se contente pas de transposer les paroles en propositions subordonnées, mais qu'il les condense, les intègre à son propre discours, et donc les *interprète* en son propre style, comme Françoise traduisant les civilités de Mme de Villeparisis [1].

Il n'en va pas tout à fait de même avec la variante connue sous le nom de « style indirect libre », où l'économie de la subordination autorise une plus grande extension du discours, et donc un début d'émancipation, malgré les transpositions temporelles. Mais la différence essentielle est l'absence de verbe déclaratif, qui peut entraîner (sauf indications données par le contexte) une double confusion. Tout d'abord entre discours prononcé et discours intérieur : dans un énoncé tel que : « J'allai trouver ma mère : il me fallait absolument épouser Albertine », la seconde proposition peut traduire aussi bien les pensées de Marcel se rendant auprès de sa mère que les paroles qu'il lui adresse. Ensuite et surtout, entre le discours (prononcé ou intérieur) du personnage et celui du narrateur. Marguerite Lips [2] en cite quelques exemples frappants, et l'on sait l'extraordinaire parti que Flaubert a tiré de cette ambiguïté, qui lui permet de faire parler à son propre discours, sans tout à fait le compromettre ni tout à fait l'innocenter, cet idiome à la fois écœurant et fascinant qu'est le langage de l'autre.

3. La forme la plus « mimétique » est évidemment celle que rejette Platon, où le narrateur feint de céder littéralement la parole à son personnage : « Je dis à ma mère (ou : je pensai) : il faut absolument que j'épouse Albertine. » Ce discours *rapporté*, de type dramatique, est adopté, dès Homère, par le genre narratif « mixte » [3] qu'est l'épopée — et que sera à sa suite le roman — comme forme fondamentale du dialogue (et du monologue), et le plaidoyer de Platon

1. « Elle a dit : ' Vous leur donnerez bien le bonjour ' » (I, p. 697). Le paradoxe est ici que la traduction se donne pour une citation littérale, accentuée par une imitation de la voix. Mais si Françoise se contentait d'un « Elle m'a dit de vous donner bien le bonjour », elle serait dans la norme du discours indirect.
2. *Le Style indirect libre*, Paris, 1926, p. 57 s.
3. De diégésis et de mimésis au sens platonicien.

pour le narratif pur aura eu d'autant moins d'effet qu'Aristote ne tarde pas, au contraire, à soutenir, avec l'autorité et le succès que l'on sait, la supériorité du mimétique pur. On ne doit pas méconnaître l'influence exercée pendant des siècles, sur l'évolution des genres narratifs, par ce privilège massivement accordé à la diction dramatique. Il ne se traduit pas seulement par la canonisation de la tragédie comme genre suprême dans toute la tradition classique, mais aussi, plus subtilement et bien au-delà du classicisme, dans cette sorte de tutelle exercée sur le narratif par le modèle dramatique, qui se traduit si bien dans l'emploi du mot « scène » pour désigner la forme fondamentale de la narration romanesque. Jusqu'à la fin du XIXe siècle, la scène romanesque se conçoit, assez piteusement, comme une pâle copie de la scène dramatique : mimésis à deux degrés, imitation d'imitation.

Curieusement, l'une des grandes voies d'émancipation du roman moderne aura consisté à pousser à l'extrême, ou plutôt à la limite, cette mimésis du discours, en effaçant les dernières marques de l'instance narrative et en donnant d'emblée la parole au personnage. Que l'on imagine un récit commençant (mais sans guillemets) par cette phrase : « Il faut absolument que j'épouse Albertine... », et poursuivant ainsi, jusqu'à la dernière page, selon l'ordre des pensées, des perceptions et des actions accomplies ou subies par le héros. « Le lecteur se trouve(rait) installé dès les premières lignes dans la pensée du personnage principal, et c'est le déroulement ininterrompu de cette pensée qui, se substituant complètement à la forme usuelle du récit, nous apprend(rait) ce que fait le personnage et ce qui lui arrive. » On a peut-être reconnu dans cette description celle que faisait Joyce des *Lauriers sont coupés* d'Édouard Dujardin [1], c'est-à-dire la définition la plus juste de ce que l'on a assez malencontreusement baptisé le « monologue intérieur », et qu'il vaudrait mieux nommer *discours immédiat* : puisque l'essentiel, comme il n'a pas échappé à Joyce, n'est pas qu'il soit intérieur, mais qu'il soit d'emblée (« dès les premières lignes ») émancipé de tout patronage narratif, qu'il occupe d'entrée de jeu le devant de la « scène » [2].

1. Rapportée par Valery Larbaud, préface, éd. 10-18, p. 8. Cette conversation eut lieu en 1920 ou peu de temps après. Rappelons que le roman date de 1887.
2. Dujardin lui-même insiste davantage sur un critère stylistique qui est le caractère selon lui nécessairement informe du monologue intérieur : « discours sans auditeur et non prononcé par lequel un personnage exprime sa pensée la plus intime, la plus proche de l'inconscient, antérieurement à toute organisation logique, c'est-à-dire en son état naissant, par le moyen de phrases directes réduites au minimum syntaxial, de façon à donner l'impression du *tout venant* » (*Le Mono-*

On sait quelle a été, quelle est encore, de Joyce à Beckett, à Nathalie Sarraute, à Roger Laporte, la postérité de cet étrange petit livre, et quelle révolution cette nouvelle forme a opérée au xxe siècle dans l'histoire du roman [1]. Il n'est pas dans notre propos d'y insister ici, mais seulement de noter le rapport, généralement méconnu, entre le discours immédiat et le « discours rapporté », qui ne se distinguent formellement que par la présence ou l'absence d'une introduction déclarative. Comme le montre l'exemple du monologue de Molly Bloom dans *Ulysse*, ou des trois premières parties du *Bruit et la Fureur* (monologues successifs de Benjy, Quentin et Jason), le monologue n'a pas besoin d'être extensif à toute l'œuvre pour être reçu comme « immédiat » : il suffit, quelle que soit son extension, qu'il se présente de lui-même, sans le truchement d'une instance narrative réduite au silence, et dont il en vient à assumer la fonction. On voit ici la différence capitale entre monologue immédiat et style indirect libre, que l'on a parfois le tort de confondre, ou de rapprocher indûment : dans le discours indirect libre, le narrateur assume le discours du personnage, ou si l'on préfère le personnage parle par la voix du narrateur, et les deux instances sont alors *confondues;* dans le discours immédiat, le narrateur s'efface et le personnage se *substitue* à lui. Dans le cas d'un monologue isolé, qui n'occupe pas la totalité du récit, comme chez Joyce ou Faulkner, l'instance narrative est maintenue (mais à l'écart) par le contexte : tous les chapitres qui précèdent le dernier dans *Ulysse*, la quatrième partie du *Bruit et la Fureur;* lorsque le monologue se confond avec la totalité du récit, comme dans les *Lauriers*, ou *Martereau*, ou *Fugue*, l'instance supérieure s'annule, et l'on se retrouve en présence d'un récit au présent et « à la première personne ». Nous voici au bord des problèmes de la *voix*. N'allons pas plus loin pour l'instant, et revenons à Proust.

Il va de soi que, sauf parti pris délibéré (comme, chez Platon réécrivant Homère, le refus de tout discours rapporté), les différentes formes que l'on vient de distinguer en théorie ne se séparent pas de façon aussi nette dans la pratique des textes : ainsi nous avons déjà pu noter dans le texte proposé par Platon (ou du moins dans sa tra-

logue intérieur, Paris, 1931, p. 59). La liaison entre l'intimité de la pensée et son caractère non logique et non articulé est ici, manifestement, un préjugé d'époque. Le monologue de Molly Bloom répond assez à cette description, mais ceux des personnages de Beckett sont plutôt, au contraire, hyperlogiques et ratiocinants.

1. Voir à ce sujet L. E. Bowling, « What is the stream of consciousness technique ? » *PMLA*, 1950; R. Humphrey, *Stream of Consciousness in the modern Novel*, Berkeley, 1954; Melvin Friedman, *Stream of Consciousness : a Study in literary Method*, New Haven, 1955.

duction française) un glissement presque imperceptible du discours
raconté au discours transposé, et du style indirect au style indirect
libre. Le même enchaînement se retrouve, par exemple, dans cette
page d'*Un amour de Swann*, où le narrateur caractérise d'abord en
son propre nom les sentiments de Swann reçu chez Odette et confron-
tant ses angoisses habituelles à sa situation présente : « Alors... *toutes
les idées* terribles et mouvantes qu'il se faisait d'Odette *s'évanouis-
saient, rejoignaient* le corps charmant que Swann avait devant lui »;
puis, introduite par la locution « Il avait le brusque soupçon... », voici
toute une série de pensées du personnage rapportées au style indirect :
« ... *que* cette heure passée chez Odette, sous la lampe, n'était peut-
être pas une heure factice... *Que* s'il n'avait pas été là, elle eût avancé
à Forcheville le même fauteuil... *que* le monde habité par Odette
n'était pas cet autre monde effroyable et surnaturel où il passait son
temps à la situer et qui n'existait peut-être que dans son imagination,
mais l'univers réel, etc. »; puis Marcel prête sa voix, en style indirect
libre (et avec les transpositions grammaticales qu'il implique) au
propre discours intérieur de Swann : « Ah! si le destin *avait permis*
qu'*il pût* n'avoir qu'une seule demeure avec Odette et que chez elle
il fût chez lui, si en demandant au domestique ce qu'il y avait à
déjeuner, c'eût été le menu d'Odette qu'*il eût* reçu en réponse, si
quand Odette voulait aller le matin se promener avenue du Bois-de-
Boulogne, son devoir de bon mari *l'avait* obligé, n'*eût-il* pas envie
de sortir, à l'accompagner... alors, combien tous les riens de la vie
de *Swann* qui *lui semblaient* si tristes, au contraire parce qu'ils auraient
en même temps fait partie de la vie d'Odette auraient pris, même les
plus familiers... une sorte de douceur surabondante et de densité
mystérieuse! »; puis, après cette sorte de climax mimétique, le texte
revient au style indirect subordonné : « Pourtant *il se doutait bien
que* ce qu'il regrettait ainsi, c'était un calme, une paix qui n'auraient
pas été pour son amour une atmosphère favorable... *Il se disait que*,
quand il serait guéri, ce que pourrait faire Odette lui serait indifférent », pour revenir enfin au mode initial du discours narrativisé
(« *il redoutait* à l'égal de la mort une telle guérison »), qui lui permet
d'enchaîner insensiblement sur le récit d'événements : « Après ces
tranquilles soirées, les soupçons de Swann étaient calmés; il bénissait
Odette et le lendemain, dès le matin, il faisait envoyer chez elle les
plus beaux bijoux, etc. [1] »

Ces gradations ou mélanges subtils de style indirect et de discours
raconté ne doivent pas faire méconnaître l'usage caractéristique que

1. I, p. 298-300. (Je souligne.)

le récit proustien fait du discours intérieur rapporté. Qu'il s'agisse de Marcel ou de Swann, le héros proustien, et surtout dans ses moments de vive émotion, articule volontiers ses pensées comme un véritable monologue, animé d'une rhétorique toute théâtrale. Voici Swann en colère : « Mais aussi, je suis trop bête, se disait-il, je paie avec mon argent le plaisir des autres. Elle fera tout de même bien de ne pas trop tirer sur la corde, car je pourrais bien ne plus rien donner du tout. En tout cas, renonçons provisoirement aux gentillesses supplémentaires! Penser que pas plus tard qu'hier, comme elle disait avoir envie d'assister à la saison de Bayreuth, j'ai eu la bêtise de lui proposer de louer un des jolis châteaux du roi de Bavière pour nous deux dans les environs. Et d'ailleurs elle n'a pas paru plus ravie que cela, elle n'a encore dit ni oui ni non; espérons qu'elle refusera, grand Dieu! Entendre du Wagner pendant quinze jours avec elle qui s'en soucie comme un poisson d'une pomme, ce serait gai [1]! » Ou Marcel essayant de se rassurer après le départ d'Albertine : « Tout cela ne signifie rien, me dis-je, c'est même meilleur que je ne pensais, car comme elle ne pense rien de tout cela, elle ne l'a évidemment écrit que pour frapper un grand coup, afin que je prenne peur. Il faut aviser au plus pressé, c'est qu'Albertine soit rentrée ce soir. Il est triste de penser que les Bontemps sont des gens véreux qui se servent de leur nièce pour m'extorquer de l'argent. Mais qu'importe? etc. [2]. » Il arrive d'ailleurs au moins à Swann de parler « seul à haute voix », et qui plus est dans la rue, rentrant chez lui furieux après s'être fait évincer de la partie à Chatou : « Quelle gaîté fétide! disait-il *en donnant à sa bouche une expression de dégoût si forte* qu'il avait lui-même la sensation musculaire de sa grimace jusque dans son cou révulsé contre le col de sa chemise... J'habite à trop de milliers de mètres d'altitude au-dessus des bas-fonds où clapotent et clabaudent de tels sales papotages, pour que je puisse être éclaboussé par les plaisanteries d'une Verdurin, *s'écria-t-il en relevant la tête*, en redressant fièrement son corps en arrière... Il avait quitté depuis bien longtemps les allées du Bois, il était presque arrivé chez lui, que, pas encore dégrisé de sa douleur et de la verve d'insincérité dont les *intonations menteuses*, la *sonorité artificielle de sa propre voix* lui versaient d'instant en instant plus abondamment l'ivresse, il continuait encore à *pérorer tout haut* dans le silence de la nuit [3]... » On voit qu'ici le son de la voix et l'intonation factice font partie de la pensée, ou plutôt la révèlent au-delà des dénégations emphatiques

---

1. I, 300-301; ce monologue est d'ailleurs pseudo-itératif.
2. III, p. 421-422.
3. I, p. 286-289. (Je souligne.)

de la mauvaise foi : « Et sans doute la voix de Swann était-elle plus clairvoyante que lui-même, quand elle se refusait à prononcer ces mots pleins de dégoût pour le milieu Verdurin et de la joie d'en avoir fini avec lui, autrement que sur un ton factice et comme s'ils étaient choisis plutôt pour assouvir sa colère que pour exprimer sa pensée. Celle-ci, en effet, pendant qu'il se livrait à ces invectives, était probablement, sans qu'il s'en aperçût, occupée d'un objet tout à fait différent... » : cet objet, plus que différent, diamétralement opposé aux discours dédaigneux que Swann s'adresse à lui-même, c'est évidemment de rentrer, coûte que coûte, en grâce auprès des Verdurin et de se faire inviter au dîner de Chatou. Telle est bien souvent la duplicité du discours intérieur, et rien ne peut mieux la révéler que ces monologues insincères proférés à haute voix, comme une scène, une « comédie » que l'on se joue à soi-même. La « pensée » est bien un discours, mais en même temps ce discours, « oblique » et mensonger comme tous les autres, est généralement infidèle à la « vérité ressentie », qu'aucun monologue intérieur ne peut restituer, et que le romancier doit se résoudre à laisser transparaître à travers les déguisements de la mauvaise foi, qui sont la « conscience » même. C'est ce qui s'énonce assez bien dans cette page du *Temps retrouvé* qui fait suite à la formule bien connue : « Le devoir et la tâche d'un écrivain sont ceux d'un traducteur » :

> Or si, quand il s'agit du langage inexact de l'amour-propre par exemple, le redressement de l'*oblique discours intérieur* (qui va s'éloignant de plus en plus de l'impression première et centrale) jusqu'à ce qu'il se confonde avec la droite qui aurait dû partir de l'impression, si ce redressement est chose malaisée contre quoi boude notre paresse, il est d'autres cas, celui où il s'agit de l'amour par exemple, où ce même redressement devient douloureux. Toutes nos feintes indifférences, toute notre indignation contre ces mensonges si naturels, si semblables à ceux que nous pratiquons nous-mêmes, en un mot tout ce que nous n'avons cessé, chaque fois que nous étions malheureux ou trahis, non seulement de dire à l'être aimé, mais même, en attendant de le voir, de nous dire sans fin à nous-même, *quelquefois à haute voix dans le silence de notre chambre* troublé par quelques : « Non, vraiment, de tels procédés sont intolérables » et « J'ai voulu te recevoir une dernière fois et je ne nierai pas que cela me fasse de la peine », ramener tout cela à la vérité ressentie dont cela s'était tant écarté, c'est abolir tout ce à quoi nous tenions le plus, ce qui a fait, seul à seul avec nous-même, dans des projets fiévreux de lettres et de démarches, notre *entretien passionné avec nous-même* [1].

1. III, p. 890-891. (Je souligne.)

On sait du reste que Proust, de qui l'on attendrait peut-être, chronologiquement situé comme il l'est entre Dujardin et Joyce, quelque mouvement dans cette direction, ne présente à peu près rien dans son œuvre que l'on puisse rapprocher du « monologue intérieur » à la manière des *Lauriers* ou d'*Ulysse* [1]. Il serait tout à fait erroné de qualifier ainsi la page au présent (« Je bois une seconde gorgée où je ne trouve rien de plus que dans la première, etc. ») qui s'intercale [2] dans l'épisode de la madeleine, et dont la tenue rappelle bien davantage le présent narratif de l'expérience philosophique, tel qu'on le trouve par exemple chez Descartes ou Bergson : le soliloque supposé du héros est ici très fortement pris en charge par le narrateur à des fins évidentes de démonstration, et rien n'est plus éloigné de l'esprit du monologue intérieur moderne, qui enferme le personnage dans la subjectivité d'un « vécu » sans transcendance ni communication. La seule occurrence où apparaissent dans la *Recherche* la forme et l'esprit du monologue immédiat est celle que relève J. P. Houston [3] en la qualifiant justement de « vraie rareté chez Proust », à la page 84 de *la Prisonnière*. Mais Houston ne cite que les premières lignes de ce passage, qui malgré toute leur animation ressortissent peut-être au style indirect libre; et ce sont les suivantes qui, abandonnant toute transposition temporelle, constituent le véritable *hapax* joycien de la *Recherche*. Voici l'ensemble de ce passage, où je souligne les quelques phrases où le monologue immédiat est incontestable :

> Ces concerts matinaux de Balbec n'étaient pas anciens. Et pourtant, à ce moment relativement rapproché, je me souciais peu d'Albertine. Même, les tout premiers jours de l'arrivée, je n'avais pas connu sa présence à Balbec. Par qui donc l'avais-je apprise? Ah! oui, par Aimé. Il faisait un beau soleil comme celui-ci. Brave Aimé! Il était content de me revoir. *Mais il n'aime pas Albertine. Tout le monde ne peut pas l'aimer. Oui, c'est lui qui m'a annoncé qu'elle était à Balbec.* Comment le savait-il donc? Ah! il l'avait rencontrée, il lui avait trouvé mauvais genre [4]...

Le traitement proustien du discours intérieur est donc somme toute fort classique, mais pour des raisons qui ne le sont pas tout à fait, avec une répugnance très marquée — et pour certains paradoxale — à l'égard de ce que Dujardin nomme le « tout-venant » mental,

---

1. Voir à ce sujet Michel Raimond, *La Crise du roman*, Paris, 1967, p. 277-282, qui examine l'opinion exprimée en 1925 par Robert Kemp d'un Proust pratiquant le monologue intérieur et conclut, comme Dujardin, à la négative : « Ces perspectives paraissent le conduire parfois sur les frontières du monologue intérieur, mais il ne les franchit jamais, et il s'en écarte la plupart du temps. »
2. I, p. 45-46. — 3. Art. cit., p. 37. — 4. III, p. 84.

la « pensée à l'état naissant », traduite par un flux infra-verbal réduit au « minimum syntaxial » : rien n'est plus étranger à la psychologie proustienne que l'utopie d'un monologue intérieur authentique dont l'inorganisation inchoative garantirait la transparence et la fidélité aux plus profonds remous du « courant de conscience » — ou d'inconscience.

Seule exception apparente, dans le rêve de Marcel à Balbec [1], la phrase finale, « Tu sais bien pourtant que je vivrai toujours près d'elle, cerfs, cerfs, Francis Jammes, fourchette » — qui contraste avec le caractère parfaitement articulé des paroles échangées jusque-là dans ce rêve [2]. Mais si l'on y regarde d'un peu plus près, ce contraste même porte un sens très précis : aussitôt après cette phrase à l'incohérence marquée, le narrateur ajoute : « Mais déjà j'avais retraversé le fleuve aux ténébreux méandres, j'étais remonté à la surface où s'ouvre le monde des vivants : aussi si je répétais encore : Francis Jammes, cerfs, cerfs, la suite de ces mots ne m'offrait plus le sens limpide et la logique qu'ils exprimaient si naturellement pour moi il y a un instant encore, et que je ne pouvais plus me rappeler. Je ne comprenais plus même pourquoi le mot Aias, que m'avait dit tout à l'heure mon père, avait immédiatement signifié : 'prends garde d'avoir froid', sans aucun doute possible. » C'est dire que la séquence infra-linguistique *cerfs, Francis Jammes, fourchette* n'est nullement donnée comme exemple du langage onirique, mais comme témoignage de rupture et d'incompréhension, au réveil, entre ce langage et la conscience vigile. Dans l'espace du rêve, tout est clair et naturel, ce qui se traduit par des discours d'une parfaite cohérence linguistique. C'est au réveil, c'est-à-dire au moment où cet univers cohérent laisse la place à un autre (dont la logique est différente), que ce qui était « limpide » et « logique » perd sa transparence. De même, quand le dormeur des premières pages de Swann sort de son premier sommeil, le thème de son rêve (être une église, un quatuor, la rivalité de François Ier et de Charles Quint) « *commence* à (lui) devenir inintelligible, comme après la métempsycose les pensées d'une existence antérieure [3] ». Le « tout-venant » infra-linguistique n'est donc jamais chez Proust le discours d'une profondeur qui serait alogique, fût-ce celle du rêve, mais seulement le moyen de figurer, par une sorte de *malentendu* transitoire et frontalier, le divorce entre deux logiques, aussi articulées l'une que l'autre.

1. II, p. 762.
2. Comme dans celui de Swann, I, p. 378-381.
3. I, p. 3. (Nous soulignons).

Quant au discours « extérieur » — soit la tenue de ce que l'on nomme traditionnellement le « dialogue », même s'il engage plus de deux personnages —, on sait que Proust, ici, se sépare tout à fait de l'usage flaubertien du style indirect libre. Marguerite Lips en a relevé deux ou trois exemples [1], mais qui restent exceptionnels. Cette transfusion ambiguë des discours, cette confusion des voix est profondément étrangère à sa diction, qui se rattache ici bien davantage au modèle balzacien, marqué par la prédominance du discours rapporté, et de ce que Proust lui-même appelle le « langage objectivé », c'est-à-dire l'autonomie de langage accordée aux personnages, ou du moins à certains d'entre eux : « Balzac, ayant gardé par certains côtés un style inorganisé, on pourrait croire qu'il n'a pas cherché à objectiver le langage de ses personnages, ou, quand il l'a fait objectif, qu'il n'a pu se tenir de faire à toute minute remarquer ce qu'il avait de particulier. Or, c'est tout le contraire. Ce même homme qui étale naïvement ses vues historiques, artistiques, etc., cache les plus profonds desseins, et laisse parler d'elle-même la vérité de la peinture du langage de ses personnages, si finement qu'elle peut passer inaperçue, et il ne cherche en rien à la signaler. Quand il fait parler la belle Mme Roguin qui, Parisienne d'esprit, pour Tours est la femme du préfet de la province, comme toutes les plaisanteries qu'elle fait sur l'intérieur des Rogron sont bien d'*elle* et non de Balzac [2]! » Cette autonomie est parfois discutée, et Malraux, par exemple, la juge

---

1. Celui des menus de Françoise, I, p. 71 : « Une barbue parce que la marchande lui en avait garanti la fraîcheur, une dinde parce qu'elle en avait vu une belle au marché de Roussainville-le-Pin, etc. », où le caractère citationnel n'est pas très marqué, sauf dans « un gigot rôti parce que le grand air creuse et qu'il avait bien le temps de descendre d'ici sept heures » (Lips, p.46), et cet autre, plus manifeste à cause de l'interjection : « Nous montions vite chez ma tante Léonie pour la rassurer et lui montrer que, contrairement à ce qu'elle imaginait déjà, il ne nous était rien arrivé, mais que nous étions allés du côté de Guermantes et dame, quand on faisait cette promenade-là, ma tante savait pourtant bien qu'on ne pouvait jamais être sûr de l'heure à laquelle on serait rentré » (I, 133; Lips, p. 99). En voici un autre où la source du discours (de nouveau Françoise) se marque de façon croissante : « Elle était toute émue parce qu'une scène terrible avait éclaté entre le valet de pied et le concierge rapporteur. Il avait fallu que la duchesse, dans sa bonté établît un semblant de paix et pardonnât au valet de pied. Car elle était bonne, et ç'aurait été la place idéale si elle n'avait pas écouté les ' racontages ' » (II, p. 307). On voit que Proust n'ose pas assumer sans guillemets le lexique de la servante : marque de grande timidité dans l'emploi du style indirect libre.

2. *Contre Sainte-Beuve*, Pléiade, p. 272.

« toute relative [1] ». Il est sans doute excessif de dire, comme Gaëtan Picon (à qui Malraux répond ici), que Balzac « cherche à donner à chaque personnage une voix personnelle », si *voix personnelle* signifie style propre et individuel. Les « mots de caractère » sont tels (comme chez Molière) par le sens plus que par le style, et les dictions les plus marquées, accent allemand de Nucingen ou de Schmucke ou parler concierge de la mère Cibot, sont plutôt des langages de groupe que des styles personnels. Reste que l'effort de caractérisation est évident et que, idiolecte ou sociolecte, le parler des personnages s'en trouve bien « objectivé », avec une différenciation marquée entre discours de narrateur et discours de personnages, et donc un effet mimétique probablement plus intense que chez aucun autre romancier antérieur.

Proust, quant à lui, poussera l'effet beaucoup plus loin, et le seul fait qu'il en ait relevé et quelque peu exagéré la présence chez Balzac montre bien, comme toutes les distorsions critiques de ce genre, quel était son propre parti. Nul, sans aucun doute, ni avant ni même après lui, et dans aucune langue à ma connaissance, n'a chargé à ce point l' « objectivation », et cette fois l'individuation du style de personnages. J'ai effleuré ailleurs ce sujet [2], dont l'étude exhaustive exigerait une analyse stylistique comparée des discours de Charlus, de Norpois, de Françoise, etc., non sans d'inévitables références à la « psychologie » de ces personnages — et une confrontation entre la technique de ces pastiches imaginaires (ou partiellement imaginaires) et celle des pastiches réels de l'*Affaire Lemoine* et d'ailleurs. Tel n'est pas ici notre propos. Qu'il suffise de rappeler l'importance du fait, mais aussi l'inégalité de sa dispersion. En effet, il serait excessif et sommaire de dire que tous les personnages de Proust ont un idiolecte, et tous avec la même constance et la même intensité. Le vrai, c'est qu'à peu près tous présentent au moins à quelque moment quelque trait erratique de langage, tournure fautive ou dialectale, ou socialement marquée, acquisition ou emprunt caractéristique, gaffe, bourde ou lapsus révélateur, etc.; à cet état minimal du rapport connotatif avec le langage, on peut dire qu'aucun d'eux n'échappe, si ce n'est peut-être le héros lui-même, qui d'ailleurs parle fort peu comme tel et dont le rôle est plutôt ici d'observation, d'apprentissage et de déchiffrement. A un second niveau se trouvent les personnages marqués d'un trait linguistique récurrent, qui leur appartient comme un tic ou un indicatif, personnel et/ou d'appartenance sociale : angli-

---

1. Gaëtan Picon, *Malraux par lui-même*, Paris, 1953, p. 40.
2. *Figures II*, p. 223-294. Cf. Tadié, *Proust et le Roman*, chap. VI.

cismes d'Odette, impropriétés de Basin, pseudo-homérismes estudiantins de Bloch, archaïsmes de Saniette, cuirs de Françoise ou du directeur de Balbec, calembours et provincialismes d'Oriane, jargon de cénacle chez Saint-Loup, style Sévigné chez la mère et la grand-mère du héros, défauts de prononciation chez la princesse Sherbatoff, Bréauté, Faffenheim, etc. : c'est ici que Proust est le plus près du modèle balzacien, et c'est cette pratique qui a été depuis le plus souvent imitée [1]. Le niveau supérieur est celui du style personnel proprement dit [2], à la fois spécifique et constant, tel qu'on le trouve chez Brichot (pédantisme et familiarismes de professeur démagogue), chez Norpois (truismes officieux et périphrases diplomatiques), chez Jupien (pureté classique), chez Legrandin (style décadent), et surtout chez Charlus (rhétorique furibonde). Le discours « stylisé » est la forme extrême de la mimésis de discours, où l'auteur « imite » son personnage non seulement dans la teneur de ses propos, mais dans cette littéralité hyperbolique qui est celle du pastiche, toujours un peu plus idiolectal que le texte authentique, comme l' « imitation » est toujours une *charge*, par accumulation et accentuation des traits spécifiques. Aussi Legrandin ou Charlus donnent-ils toujours l'impression de s'imiter, et finalement de se caricaturer eux-mêmes. L'effet mimétique est donc ici à son comble, ou plus exactement à sa limite : au point où l'extrême du « réalisme » touche à l'irréalité pure. L'infaillible grand-mère du narrateur dit bien que Legrandin parle « un peu trop comme un livre [3] » : en un sens plus large, ce risque pèse sur toute mimésis de langage trop parfaite, qui finit par s'annuler dans la circularité, déjà notée par Platon, du rapport au double : Legrandin parle comme Legrandin, c'est-à-dire comme Proust imitant Legrandin, et le discours, finalement, renvoie au texte qui le « cite », c'est-à-dire en fait le constitue.

Cette circularité explique peut-être qu'un procédé de « caractérisation » aussi efficace que l'autonomie stylistique n'aboutisse pas chez Proust à la constitution de *personnages* substantiels et déterminés au sens réaliste du terme. On sait combien les « personnages » proustiens restent, ou plutôt deviennent au fil des pages de plus en plus indéfinissables, insaisissables, « êtres de fuite », et l'incohérence

---

1. Quand ce ne serait que par Malraux, qui n'a pas manqué de donner des tics de langage à quelques-uns de ses héros (élisions de Katow, « mon bon » de Clappique, « Nong » de Tchen, « concrètement » de Pradas, manie des définitions chez Garcia, etc.).
2. Ce qui ne signifie pas que l'idiolecte soit ici dépourvu de toute valeur typique : Brichot parle en sorbonnard, Norpois en diplomate.
3. I, p. 68.

de leur conduite en est évidemment la raison essentielle, et la plus soigneusement ménagée par l'auteur. Mais la cohérence hyperbolique de leur langage, loin de compenser cette évanescence psychologique, ne fait bien souvent que l'accentuer et l'aggraver : un Legrandin, un Norpois, un Charlus même, n'échappent pas tout à fait au sort exemplaire qui est celui de comparses comme le directeur de Balbec, Céleste Albaret ou le valet de pied Périgot Joseph : se confondre, au point de s'y réduire, avec leur langage. La plus forte existence verbale est ici le signe et l'amorce d'une disparition. A la limite de l' « objectivation » stylistique, le personnage proustien trouve cette forme, éminemment symbolique, de la mort : s'abolir dans son propre discours.

Perspective.

Ce que nous appelons pour l'instant et par métaphore la perspective narrative — c'est-à-dire ce second mode de régulation de l'information qui procède du choix (ou non) d'un « point de vue » restrictif —, cette question a été, de toutes celles qui concernent la technique narrative, la plus fréquemment étudiée depuis la fin du XIXᵉ siècle, avec des aboutissements critiques incontestables, comme les chapitres de Percy Lubbock sur Balzac, Flaubert, Tolstoï ou James, ou celui de Georges Blin sur les « restrictions de champ » chez Stendhal [1]. Toutefois, la plupart des travaux théoriques sur ce sujet (qui sont essentiellement des classifications) souffrent à mon sens d'une fâcheuse confusion entre ce que j'appelle ici *mode* et *voix*, c'est-à-dire entre la question *quel est le personnage dont le point de vue oriente la perspective narrative?* et cette question tout autre : *qui est le narrateur?* — ou, pour parler plus vite, entre la question *qui voit?* et la question *qui parle?* Nous reviendrons plus loin sur cette distinction apparemment évidente, mais presque universellement méconnue : c'est ainsi que Cleanth Brooks et Robert Penn Warren proposaient en 1943 [2], sous le terme de *foyer narratif* (« focus of narration »), explicitement (et très heureusement) proposé comme équivalent de « point de vue »,

1. *Stendhal et les Problèmes du roman*, Paris, 1954, IIᵉ partie. Pour une bibliographie « théorique » de ce sujet, voir F. van Rossum, « Point de vue ou perspective narrative », *Poétique* 4. Sous l'angle historique, R. Stang, *The Theory of the Novel in England 1850-1870*, chap. III; et M. Raimond, *op. cit.*, IVᵉ partie.

2. *Understanding Fiction*, New York, 1943.

une typologie à quatre termes que résume (je traduis) le tableau suivant :

	ÉVÉNEMENTS ANALYSÉS DE L'INTÉRIEUR	ÉVÉNEMENTS OBSERVÉS DE L'EXTÉRIEUR
Narrateur présent comme personnage dans l'action	(1) Le héros raconte son histoire	(2) Un témoin raconte l'histoire du héros
Narrateur absent comme personnage de l'action	(4) L'auteur analyse ou omniscient raconte l'histoire	(3) L'auteur raconte l'histoire de l'extérieur

Or il apparaît à l'évidence que seule la frontière verticale concerne le « point de vue » (intérieur ou extérieur), tandis que l'horizontale porte sur la voix (identité du narrateur), sans aucune véritable différence de point de vue entre 1 et 4 (disons : *Adolphe* et *Armance*) et entre 2 et 3 (Watson racontant Sherlock Holmes, et Agatha Christie racontant Hercule Poirot). En 1955, F. K. Stanzel[1] distingue trois types de « situations narratives » romanesques : l'*auktoriale Erzählsituation*, qui est celle de l'auteur « omniscient » (type : *Tom Jones*), l'*Ich Erzählsituation*, où le narrateur est un des personnages (type : *Moby Dick*), et la *personale Erzählsituation*, récit mené « à la troisième personne » selon le point de vue d'un personnage (type : *the Ambassadors*). Ici encore, la différence entre la deuxième et la troisième situation n'est pas de « point de vue » (alors que la première se définit selon ce critère), puisqu'Ismahel et Strether occupent en fait la même position focale dans les deux récits, à ceci près seulement que dans l'un c'est le personnage focal lui-même qui est narrateur, et dans l'autre un « auteur » absent de l'histoire. La même année, Norman Friedman[2] présente de son côté une classification beaucoup plus complexe en huit termes : deux types de narration « omnis-

---

1. *Die typischen Erzählsituationen in Roman*, Vienne-Stuttgart, 1955.
2. « Point of view in Fiction », art. cit.

ciente », avec ou sans « intrusions d'auteurs » (Fielding ou Thomas Hardy), deux types de narration « à la première personne », je-témoin (Conrad) ou je-héros (Dickens, *Great Expectations*), deux types de narration « omnisciente sélective », c'est-à-dire à point de vue restreint, soit « multiple » (Virginia Woolf, *To the Light-house*), soit unique (Joyce, *Portrait of the Artist*), enfin deux types de narration purement objective, dont le second est hypothétique et d'ailleurs mal distinct du premier : le « mode dramatique » (Heming-way, *Hills Like White Elephants*) et « la caméra », enregistrement pur et simple, sans sélection ni organisation. De toute évidence, les troisième et quatrième types (Conrad et Dickens) ne se distinguent des autres qu'en tant que récits « à la première personne », et la diffé-rence entre les deux premiers (intrusions d'auteur ou non) est encore un fait de voix, concernant le narrateur et non le point de vue. Rap-pelons que Friedman décrit son sixième type *(Portrait de l'artiste)* comme « histoire racontée par un personnage, mais à la troisième personne », formule qui témoigne d'une évidente confusion entre le personnage focal (ce que James appelait le « réflecteur ») et le nar-rateur. Même assimilation, évidemment volontaire, chez Wayne Booth, qui intitule en 1961 « Distance et Point de vue [1] » un essai consacré en fait à des problèmes de voix (distinction entre l'*auteur implicite*, le *narrateur représenté* ou *non-représenté, digne* ou *indigne de confiance*), comme il le déclare d'ailleurs explicitement en proposant une « clas-sification plus riche des variétés des voix de l'auteur ». « Strether, dit encore Booth, « narre » en grande partie sa propre histoire, même s'il est toujours désigné à la troisième personne » : son statut serait-il donc identique à celui de César dans la *Guerre des Gaules?* On voit à quelles difficultés mène la confusion du mode et de la voix. En 1962, enfin, Bertil Romberg [2] reprend la typologie de Stanzel qu'il complète en ajoutant un quatrième type : le récit objectif de style behaviouriste (c'est le septième type de Friedman); d'où cette quadripartition : *1)* récit à auteur omniscient, *2)* récit à point de vue, *3)* récit objectif, *4)* récit à la première personne — où le quatrième type est clairement discordant par rapport au principe de classement des trois premiers. Borges introduirait sans doute ici une cinquième classe, typiquement chinoise, celle des récits écrits avec un pinceau très fin.

Il est certes légitime d'envisager une typologie des « situations narratives » qui tienne compte à la fois des données de mode et de

---

1. « Distance and Point of view », *Essays in Criticism*, 1961, trad. française in *Poétique* 4.
2. *Studies in the narrative Technique of the first-person Novel*, Lund, 1962.

voix; ce qui ne l'est pas, c'est de présenter une telle classification sous la seule catégorie du « point de vue », ou de dresser une liste où les deux déterminations se concurrencent sur la base d'une confusion manifeste. Aussi convient-il ici de ne considérer que les déterminations purement modales, c'est-à-dire celles qui concernent ce que l'on nomme couramment le « point de vue », ou, avec Jean Pouillon et Tzvetan Todorov, la « vision » ou l' « aspect [1] ». Cette réduction admise, le consensus s'établit sans grande difficulté sur une typologie à trois termes, dont le premier correspond à ce que la critique anglo-saxonne nomme le récit à narrateur omniscient et Pouillon « vision par derrière », et que Todorov symbolise par la formule *Narrateur > Personnage* (où le narrateur en sait plus que le personnage, ou plus précisément en *dit* plus que n'en sait aucun des personnages); dans le second, *Narrateur = Personnage* (le narrateur ne dit que ce que sait tel personnage) : c'est le récit à « point de vue » selon Lubbock ou à « champ restreint » selon Blin, la « vision avec » selon Pouillon; dans le troisième, *Narrateur < Personnage* (le narrateur en dit moins que n'en sait le personnage) : c'est le récit « objectif » ou « behaviouriste », que Pouillon nomme « vision du dehors ». Pour éviter ce que les termes de *vision*, de *champ* et de *point de vue* ont de trop spécifiquement visuel, je reprendrai ici le terme un peu plus abstrait de *focalisation* [2], qui répond d'ailleurs à l'expression de Brooks et Warren : « focus of narration. » [3]

Focalisations.

Nous rebaptiserons donc le premier type, celui que représente en général le récit classique, récit *non-focalisé*, ou à *focalisation zéro*. Le second sera le récit à *focalisation interne*, qu'elle soit *fixe* (exemple canonique : *les Ambassadeurs*, où tout passe par Strether, ou mieux encore,

1. J. Pouillon, *Temps et Roman*, Paris, 1946; T. Todorov, « Les catégories du récit littéraire », art. cit.
2. Déjà utilisé dans *Figures II*, p. 191, à propos du récit stendhalien.
3. On peut rapprocher de cette tripartition la classification à quatre termes proposée par Boris Uspenski (*Poétika Compozicii*, Moscou, 1970) pour le « niveau psychologique » de sa théorie générale du point de vue (voir la « mise au point » et les documents présentés par T. Todorov dans *Poétique* 9, février 1972). Uspenski distingue deux types dans le récit à point de vue, selon que ce point de vue est constant (fixé sur un seul personnage) ou non : c'est ce que je propose d'appeler focalisation interne *fixe* ou *variable*, mais ce ne sont pour moi que des sous-classes.

Ce que savait Maisie, où nous ne quittons presque jamais le point de vue de la petite fille, dont la « restriction de champ » est particulièrement spectaculaire dans cette histoire d'adultes dont la signification lui échappe), *variable* (comme dans *Madame Bovary*, où le personnage focal est d'abord Charles, puis Emma, puis de nouveau Charles [1], ou, de façon beaucoup plus rapide et insaisissable, chez Stendhal), ou *multiple*, comme dans les romans par lettres, où le même événement peut être évoqué plusieurs fois selon le point de vue de plusieurs personnages-épistoliers [2]; on sait que le poème narratif de Robert Browning, *l'Anneau et le Livre* (qui raconte une affaire criminelle vue successivement par le meurtrier, les victimes, la défense, l'accusation, etc.), a fait pendant quelques années figure d'exemple canonique de ce type de récit [3] avant d'être supplanté pour nous par le film *Rashômon*. Notre troisième type sera le récit à *focalisation externe*, popularisé entre les deux guerres par les romans de Dashiel Hammett, où le héros agit devant nous sans que nous soyons jamais admis à connaître ses pensées ou sentiments, et par certaines nouvelles d'Hemingway, comme *The Killers* ou davantage encore *Hills Like white Elephants (Paradis Perdu)*, qui pousse la discrétion jusqu'à la devinette. Mais il ne faudrait pas réduire ce type narratif à ce seul investissement littéraire : Michel Raimond remarque justement [4] que dans le roman d'intrigue ou d'aventure, « où l'intérêt naît du fait qu'il y a un mystère », l'auteur « ne nous dit pas d'emblée tout ce qu'il sait », et de fait un grand nombre de romans d'aventures, de Walter Scott à Jules Verne en passant par Alexandre Dumas, traitent leurs premières pages en focalisation externe : voyez comment Philéas Fogg est d'abord considéré de l'extérieur, par le regard intrigué de ses contemporains, et comment son mystère inhumain sera maintenu jusqu'à l'épisode qui révélera sa générosité [5]. Mais bien des romans « sérieux » du xixᵉ siècle pratiquent ce type d'*introït* énigmatique : ainsi, chez Balzac, *la Peau de chagrin* ou *l'Envers de l'histoire contemporaine*, et même *le Cousin Pons*, où le héros est longue-

---

1. Voir à ce sujet Lubbock, *The Craft of Fiction*, chap. vi, et Jean Rousset, « Madame Bovary ou le Livre sur rien », *Forme et Signification*, Paris, 1962.
2. Voir Rousset, « Le Roman par lettres », *Forme et Signification*, p. 86.
3. Voir Raimond p. 313-314. Proust s'est intéressé à ce livre : voir Tadié, p. 52.
4. *La Crise du roman*, p. 300.
5. C'est le sauvetage d'Aouda, au chap. xii. Rien n'interdit de prolonger indéfiniment ce point de vue extérieur sur un personnage qui restera mystérieux jusqu'au bout : c'est ce que fait Melville dans *Le Grand Escroc*, ou Conrad dans *Le Nègre du Narcisse*.

ment décrit et suivi comme un inconnu à l'identité problématique [1]. Et d'autres motifs peuvent justifier le recours à cette attitude narrative, comme la raison de convenance (ou le jeu coquin avec l'inconvenance) pour la scène du fiacre dans *Bovary*, qui est entièrement racontée selon le point de vue d'un témoin extérieur et innocent [2].

Comme le montre bien ce dernier exemple, le parti de focalisation n'est pas nécessairement constant sur toute la durée d'un récit, et la focalisation interne variable, formule déjà fort souple, ne s'applique pas à la totalité de *Bovary* : non seulement la scène du fiacre est en focalisation externe, mais nous avons déjà eu l'occasion de dire [3] que le tableau d'Yonville qui ouvre la deuxième partie n'est pas plus focalisé que la plupart des descriptions balzaciennes. La formule de focalisation ne porte donc pas toujours sur une œuvre entière, mais plutôt sur un segment narratif déterminé, qui peut être fort bref [4]. D'autre part, la distinction entre les différents points de vue n'est pas toujours aussi nette que la seule considération des types purs pourrait le faire croire. Une focalisation externe par rapport à un personnage peut parfois se laisser aussi bien définir comme focalisation interne sur un autre : la focalisation externe sur Philéas Fogg est aussi bien focalisation interne sur Passepartout médusé par son nouveau maître, et la seule raison pour s'en tenir au premier terme est la qualité de héros de Philéas, qui réduit Passepartout au rôle de témoin; et cette ambivalence (ou réversibilité) est aussi sensible lorsque le témoin n'est pas personnifié, mais reste un observateur impersonnel et flottant, comme au début de *la Peau de chagrin*. De même, le partage entre focalisation variable et non-focalisation est

---

1. Cette « ignorance » initiale est devenue un topos de début romanesque, même quand le mystère doit être immédiatement éclairci. Ainsi, au quatrième paragraphe de l'*Éducation sentimentale* : « Un jeune homme de dix-huit ans à longs cheveux et qui tenait un album sous son bras... » Tout se passe comme si, pour l'*introduire*, l'auteur devait feindre de ne pas le connaître; une fois ce rite accompli, il peut enchaîner sans plus de cachotteries : « M. Frédéric Moreau, nouvellement reçu bachelier, etc. » Les deux temps peuvent être très rapprochés, mais ils doivent être distincts. Ce canon joue encore, par exemple, dans *Germinal*, où le héros est d'abord « un homme », jusqu'à ce qu'il se soit présenté lui-même : « Je me nomme Étienne Lantier »; à partir de quoi Zola l'appellera Étienne. Il ne joue plus, en revanche, chez James, qui plonge d'entrée de jeu dans l'intimité de ses héros : « Le premier soin de Strether, en arrivant à l'hôtel... » *(Les Ambassadeurs)*; « Kate Croy attendait son père... » *(Les Ailes de la colombe)*; « Le Prince avait toujours aimé son Londres... » *(La Coupe d'or)*. Ces variations mériteraient une étude historique d'ensemble.

2. IIIe partie, chap. I. Cf. Sartre, *L'Idiot de la famille*, p. 1277-1282.

3. P. 135.

4. Voir R. Debray, « Du mode narratif dans les *Trois Contes* », *Littérature*, mai 1971.

parfois bien difficile à établir, le récit non focalisé pouvant le plus souvent s'analyser comme un récit multifocalisé *ad libitum*, selon le principe *qui peut le plus peut le moins* (n'oublions pas que la focalisation est essentiellement, selon le mot de Blin, une *restriction*); et pourtant, nul ne peut confondre sur ce point la manière de Fielding et celle de Stendhal ou de Flaubert [1].

Il faut aussi noter que ce que nous appelons focalisation interne est rarement appliqué de façon tout à fait rigoureuse. En effet, le principe même de ce mode narratif implique en toute rigueur que le personnage focal ne soit jamais décrit, ni même désigné de l'extérieur, et que ses pensées ou ses perceptions ne soient jamais analysées objectivement par le narrateur. Il n'y a donc pas de focalisation interne au sens strict dans un énoncé comme celui-ci, où Stendhal nous dit ce que fait et pense Fabrice del Dongo : « Sans hésiter, quoique prêt à rendre l'âme de dégoût, Fabrice se jeta à bas de son cheval et prit la main du cadavre qu'il secoua ferme; puis il resta comme anéanti; il sentait qu'il n'avait pas la force de remonter à cheval. Ce qui lui faisait horreur surtout c'était cet œil ouvert. » En revanche, la focalisation est parfaite dans celui-ci, qui se contente de décrire ce que voit son héros : « Une balle, entrée à côté du nez, était sortie par la tempe opposée, et défigurait ce cadavre d'une façon hideuse; il était resté avec un œil ouvert [2]. » Jean Pouillon relève fort bien ce paradoxe lorsqu'il écrit que, dans la « vision avec », le personnage est vu « non dans son intériorité, car il faudrait que nous en sortions alors que nous nous y absorbons, mais dans l'image qu'il se fait des autres, en quelque sorte en transparence dans cette image. En somme, nous le saisissons comme nous nous saisissons nous-mêmes dans notre conscience immédiate des choses, de nos attitudes à l'égard de ce qui nous entoure, sur ce qui nous entoure et non en nous-mêmes. Par conséquent on peut dire pour conclure : la vision en image des autres n'est pas une conséquence de la vision « avec » du personnage central, c'est cette vision « avec » elle-même [3] ». La focalisation interne n'est pleinement réalisée que dans le récit en « monologue

---

1. La position de Balzac est plus complexe. On est souvent tenté de voir dans le récit balzacien le type même du récit à narrateur omniscient, mais c'est négliger la part de la focalisation externe, que je viens de mentionner comme procédé d'ouverture; et aussi des situations plus subtiles, comme dans les premières pages d'*Une double famille*, où le récit se focalise tantôt sur Camille et sa mère, tantôt sur M. de Granville — chacune de ces focalisations internes servant à isoler l'autre personnage (ou groupe) dans son extériorité mystérieuse : chassé-croisé de curiosités qui ne peut qu'aviver celle du lecteur.

2. *Chartreuse*, Garnier (Martineau), p. 38.

3. *Temps et Roman*, p. 79.

intérieur », ou dans cette œuvre limite qu'est *la Jalousie* de Robbe-Grillet [1], où le personnage central se réduit absolument à — et se *déduit* rigoureusement de — sa seule position focale. Nous prendrons donc ce terme dans un sens nécessairement moins rigoureux, et dont le critère minimal a été dégagé par Roland Barthes dans sa définition de ce qu'il nomme le mode *personnel* du récit [2]. Ce critère, c'est la possibilité de réécrire le segment narratif considéré (s'il ne l'est déjà) à la première personne sans que cette opération entraîne « aucune autre altération du discours que le changement même des pronoms grammaticaux » : ainsi, une phrase telle que « James Bond aperçut un homme d'une cinquantaine d'années, d'allure encore jeune, etc. » est traduisible en première personne (« j'aperçus, etc. »), et relève donc pour nous de la focalisation interne. Au contraire, une phrase comme « le tintement contre la glace *sembla* donner à Bond une brusque inspiration » est intraduisible en première personne sans incongruité sémantique évidente [3]. Nous sommes ici, typiquement, en focalisation externe, à cause de l'ignorance marquée du narrateur à l'égard des véritables pensées du héros. Mais la commodité de ce critère purement pratique ne doit pas inciter à confondre les deux instances de la focalisation et de la narration, qui restent distinctes même dans le récit « à la première personne », c'est-à-dire lorsque ces deux instances sont assumées par la même personne (sauf dans le récit au présent, en monologue intérieur). Lorsque Marcel écrit : « J'aperçus un homme d'une quarantaine d'années, très grand et assez gros, avec des moustaches très noires, et qui, tout en frappant nerveusement son pantalon avec une badine, fixait sur moi des yeux dilatés par l'attention [4] », entre l'adolescent de Balbec (le héros) qui aperçoit un inconnu, et l'homme mûr (le narrateur) qui raconte cette histoire plusieurs dizaines d'années plus tard, et qui sait fort bien que cet inconnu était Charlus (et tout ce que signifie son attitude), l'identité de « personne » ne doit pas masquer la différence de fonction et — ce qui nous importe particulièrement ici — d'information. Le narrateur en « sait » presque toujours plus que le héros, même si le héros c'est lui, et donc la focalisation sur

1. Ou, au cinéma, *La Dame du lac*, de Robert Montgomery, où la place du protagoniste est tenue par la caméra.

2. « Introduction à l'analyse structurale des récits », *Communications* 8, p. 20.

3. Proust relève dans *Le Lys dans la vallée* cette phrase dont il dit bien qu'elle *s'arrange comme elle peut* : « Je descendis dans la prairie afin d'aller revoir l'Indre et ses îles, la vallée et ses coteaux, *dont je parus un admirateur passionné* » (*Contre Sainte-Beuve*, Pléiade, p. 270-271).

4. I, p. 751.

le héros est pour le narrateur une restriction de champ tout aussi artificielle à la première personne qu'à la troisième. Nous allons retrouver bientôt cette question décisive à propos de la perspective narrative chez Proust, mais il nous faut encore définir deux notions indispensables pour cette étude.

Altérations.

Les variations de « point de vue » qui se produisent au cours d'un récit peuvent être analysées comme des changements de focalisation, comme ceux que nous avons déjà rencontrés dans *Madame Bovary* : on parlera alors de focalisation variable, d'omniscience avec restrictions de champ partielles, etc. C'est là un parti narratif parfaitement défendable, et la norme de cohérence érigée en point d'honneur par la critique post-jamesienne est évidemment arbitraire. Lubbock exige que le romancier soit « fidèle à quelque parti, et respecte le principe qu'il a adopté », mais pourquoi ce parti ne serait-il pas la liberté absolue et l'inconséquence? Forster [1] et Booth ont bien montré la vanité des règles pseudo-jamesiennes, et qui prendrait aujourd'hui au sérieux les remontrances de Sartre à Mauriac [2]?

Mais un changement de focalisation, surtout s'il est isolé dans un contexte cohérent, peut aussi être analysé comme une infraction momentanée au code qui régit ce contexte, sans que l'existence de ce code soit pour autant mise en question, de même que dans une partition classique un changement momentané de tonalité, ou même une dissonance récurrente, se définissent comme modulation ou altération sans que soit contestée la tonalité d'ensemble. Jouant sur le double sens du mot *mode*, qui nous renvoie à la fois à la grammaire et à la musique, je nommerai donc en général *altérations* ces infractions isolées, quand la cohérence d'ensemble demeure cependant assez forte pour que la notion de mode dominant reste pertinente. Les deux types d'altération concevables consistent soit à donner moins d'information qu'il n'est en principe nécessaire, soit à en donner plus qu'il n'est en principe autorisé dans le code de focalisation qui régit l'ensemble. Le premier type porte un nom en rhétorique, et nous l'avons déjà rencontré [3] à propos des anachronies complétives : il s'agit de l'omission latérale ou *paralipse*. Le second ne porte pas encore de nom; nous le baptiserons *paralepse*, puisqu'il

1. *Aspects of the Novel*, Londres,1927.
2. « M. François Mauriac et la liberté » (1939), in *Situations I.*
3. P. 93.

s'agit ici non plus de laisser (-lipse, de *leipo*) une information que l'on devrait prendre (et donner), mais au contraire de prendre (-lepse, de *lambano*) et donner une information qu'on devrait laisser.

Le type classique de la paralipse, rappelons-le, c'est, dans le code de la focalisation interne, l'omission de telle action ou pensée importante du héros focal, que ni le héros ni le narrateur ne peuvent ignorer, mais que le narrateur choisit de dissimuler au lecteur. On sait quel usage Stendhal a fait de cette figure [1], et Jean Pouillon évoque justement ce fait à propos de sa « vision avec », dont le principal inconvénient lui paraît être que le personnage y est trop connu d'avance et ne réserve aucune surprise — d'où cette parade qu'il juge maladroite : l'omission volontaire. Exemple massif : la dissimulation par Stendhal, dans *Armance*, à travers tant de pseudo-monologues du héros, de sa pensée centrale, qui ne peut évidemment pas le quitter un instant : son impuissance sexuelle. Cette cachotterie, dit Pouillon, serait normale si Octave était vu du dehors, « mais Stendhal ne reste pas en dehors, il fait des analyses psychologiques, et alors il devient absurde de nous cacher ce qu'Octave doit bien savoir lui-même; s'il est triste, il en sait la cause, et ne peut ressentir cette tristesse sans y penser : Stendhal devrait donc nous l'apprendre. Ce qu'il ne fait malheureusement pas; il obtient alors un effet de surprise quand le lecteur a compris, mais ce n'est pas le but essentiel d'un personnage de roman que d'être un rébus [2] ». Cette analyse suppose tranchée, on le voit, une question qui ne l'est pas tout à fait, puisque l'impuissance d'Octave n'est pas exactement une donnée du texte, mais n'importe ici : prenons l'exemple avec son hypothèse. Elle comporte aussi des appréciations que je me garderai de prendre à mon compte. Mais elle a le mérite de bien décrire le phénomène — qui, bien entendu, n'est pas une exclusivité stendhalienne. A propos de ce qu'il nomme le « mélange des systèmes », Barthes cite à juste titre la « tricherie » qui consiste, chez Agatha Christie, à focaliser un récit comme *Cinq heures vingt-cinq* ou *le Meurtre de Roger Ackroyd* sur le meurtrier en omettant de ses « pensées » le simple souvenir du meurtre; et l'on sait que le roman policier le plus classique, quoique généralement focalisé sur le détective enquêteur, nous cache le plus souvent une partie de ses découvertes et de ses inductions jusqu'à la révélation finale [3].

1. Voir *Figures II*, p. 183-185.
2. *Temps et Roman*, p. 90.
3. Autre paralipse caractérisée, dans *Michel Strogoff* : à partir du VIᵉ chap. de la IIᵉ partie, Jules Verne nous cache ce que le héros sait fort bien, à savoir qu'il n'a pas été aveuglé par le sabre incandescent d'Ogareff.

L'altération inverse, l'excès d'information ou paralepse, peut consister en une incursion dans la conscience d'un personnage au cours d'un récit généralement conduit en focalisation externe : on peut considérer comme telle, au début de la *Peau de chagrin*, des énoncés comme « le jeune homme ne *comprit* sa ruine... » ou « il *affecta* l'air d'un anglais [1] », qui contrastent avec le très net parti de vision extérieure adopté jusque-là, et qui amorcent un passage graduel à la focalisation interne. Ce peut être également, en focalisation interne, une information incidente sur les pensées d'un personnage autre que le personnage focal, ou sur un spectacle que celui-ci ne peut pas voir. On qualifiera ainsi telle page de *Maisie*, consacrée à des pensées de Mrs Farange que Maisie ne peut connaître : « Le jour approchait, et elle le savait, où elle trouverait plus de plaisir à jeter Maisie à la tête de son père qu'à la lui arracher [2]. »

Dernière remarque générale avant d'en revenir au récit proustien : il ne faut pas confondre l'*information* donnée par un récit focalisé et l'*interprétation* que le lecteur est appelé à lui donner (ou qu'il lui donne sans y être invité). On a souvent noté que Maisie voit ou entend des choses qu'elle ne comprend pas, mais que le lecteur déchiffrera sans peine. Les yeux « dilatés par l'attention » de Charlus regardant Marcel à Balbec peuvent être pour le lecteur averti un signe, qui au contraire échappe totalement au héros, comme l'ensemble de la conduite du baron à son égard jusqu'à *Sodome I*. Bertil Romberg [3] analyse le cas d'un roman de J. P. Marquand, *H. M. Pulham, Esquire*, où le narrateur, un mari confiant, assiste à des scènes entre sa femme et un ami, qu'il rapporte sans penser à mal, mais dont la signification ne peut échapper au lecteur le moins subtil. Cet excès de l'information implicite sur l'information explicite fonde tout le jeu de ce que Barthes nomme les *indices*, qui fonctionne aussi bien en focalisation externe : dans *Paradis perdu*, Hemingway rapporte la conversation entre ses deux personnages en s'abstenant bien de l'interpréter; tout se passe donc ici comme si le narrateur, comme le héros de Marquand, ne comprenait pas ce qu'il raconte : cela n'empêche nullement le lecteur de l'interpréter conformément aux intentions de l'auteur, comme à chaque fois qu'un romancier écrit « il sentit une sueur froide lui couler dans le dos » et que nous traduisons sans hésitation : « il eut peur ». Le récit en dit toujours moins qu'il n'en sait, mais il en fait souvent savoir plus qu'il n'en dit.

1. Garnier, p. 10.
2. Trad. Yourcenar, Laffont, p. 32.
3. *Op. cit.*, p. 119.

Polymodalité.

Répétons-le encore : l'emploi de la « première personne », autrement dit l'identité de personne du narrateur et du héros [1] n'implique nullement une focalisation du récit sur le héros. Bien au contraire, le narrateur de type « autobiographique », qu'il s'agisse d'une autobiographie réelle ou fictive, est plus « naturellement » autorisé à parler en son nom propre que le narrateur d'un récit « à la troisième personne », du fait même de son identité avec le héros : il y a moins d'indiscrétion à Tristram Shandy de mêler l'exposé de ses « opinions » (et donc de ses connaissances) actuelles au récit de sa « vie » passée, qu'il n'y en a de la part de Fielding à mêler l'exposé des siennes au récit de la vie de Tom Jones. Le récit impersonnel tend donc à la focalisation interne par la simple pente (si c'en est une) de la discrétion et du respect pour ce que Sartre appellerait la « liberté » — c'est-à-dire l'ignorance — de ses personnages. Le narrateur autobiographique n'a aucune raison de ce genre pour s'imposer silence, n'ayant aucun devoir de discrétion à l'égard de soi-même. La seule focalisation qu'il ait à respecter se définit par rapport à son information présente de narrateur et non par rapport à son information passée de héros [2]. Il *peut*, s'il le souhaite, choisir cette seconde forme de focalisation, mais il n'y est nullement tenu, et l'on pourrait aussi bien considérer ce choix, quand il est fait, comme une paralipse, puisque le narrateur, pour s'en tenir aux informations détenues par le héros au moment de l'action, doit supprimer toutes celles qu'il a obtenues par la suite, et qui sont bien souvent capitales.

Il est évident (et nous en avons déjà rencontré un exemple) que Proust s'est dans une large mesure imposé cette restriction hyperbolique, et que le mode narratif de la *Recherche* est bien souvent la focalisation interne sur le héros [3]. C'est en général le « point de vue du héros » qui commande le récit, avec ses restrictions de champ, ses

1. Ou (comme on le verra au chapitre suivant) d'un personnage-témoin du type Watson.
2. Bien entendu, cette distinction n'est pertinente que pour le récit autobiographique de forme classique, où la narration est assez postérieure aux événements pour que l'information du narrateur diffère sensiblement de celle du héros. Quand la narration est contemporaine de l'histoire (monologue intérieur, journal, correspondance), la focalisation interne sur le narrateur se ramène à une focalisation sur le héros. J. Rousset le montre bien pour le roman par lettres (*Forme et Signification* p. 70). Nous reviendrons sur ce point au chapitre suivant.
3. On sait qu'il s'intéressait à la technique jamesienne du point de vue, et spécialement dans *Maisie* (W. Berry, *N.R.F., Hommage à Marcel Proust*, p. 73).

ignorances momentanées, et même ce que le narrateur considère à part soi comme des erreurs de jeunesse, des naïvetés, des « illusions à perdre ». Proust a insisté, dans une célèbre lettre à Jacques Rivière, sur le souci qu'il avait de dissimuler le fond de sa pensée (qui s'identifie ici à celle de Marcel-narrateur) jusqu'au moment de la révélation finale. La pensée apparente des dernières pages de *Swann* (dont on se rappelle pourtant qu'elles relatent une expérience en principe toute récente) est, dit-il avec force, « le contraire de ma conclusion. Elle est une étape, d'apparence subjective et dilettante, vers la plus objective et croyante des conclusions. Si on en induisait que ma pensée est un scepticisme désenchanté, ce serait absolument comme si un spectateur ayant vu, à la fin du premier acte de *Parsifal*, ce personnage ne rien comprendre à la cérémonie et être chassé par Gurnemantz, supposait que Wagner a voulu dire que la simplicité du cœur ne conduit à rien ». De même, l'expérience de la madeleine (pourtant récente elle aussi) est rapportée dans *Swann*, mais non expliquée, puisque la raison profonde du plaisir de la réminiscence n'est pas dévoilée : « je ne l'expliquerai qu'à la fin du troisième volume ». Pour l'instant, il faut respecter l'ignorance du héros, ménager l'évolution de sa pensée, le lent travail de la vocation. « Mais cette évolution d'une pensée, je n'ai pas voulu l'analyser abstraitement mais la recréer, la faire vivre. Je suis donc forcé de peindre les erreurs, sans croire devoir dire que je les tiens pour des erreurs; tant pis pour moi si le lecteur croit que je les tiens pour la vérité. Le second volume accentuera ce malentendu. J'espère que le dernier le dissipera [1]. » On sait qu'il n'a pas tout dissipé : c'est le risque évident de la focalisation, contre quoi Stendhal feignait de s'assurer par voie de notes en bas de page : « c'est l'opinion du héros, qui est fou et qui se corrigera ».

C'est évidemment sur l'essentiel, c'est-à-dire sur l'expérience de la mémoire involontaire, et la vocation littéraire qui s'y rattache, que Proust s'est le plus appliqué à ménager la focalisation, s'interdisant toute indication prématurée, tout encouragement indiscret. Les « preuves » de l'impuissance à écrire de Marcel, de son incurable dilettantisme, de son dégoût croissant pour la littérature, ne cessent de s'accumuler jusqu'à la spectaculaire péripétie de la cour de l'hôtel de Guermantes — d'autant plus spectaculaire que le suspens en a été longuement ménagé par une focalisation sur ce point très rigoureuse. Mais le principe de non-intervention porte sur bien d'autres sujets encore, comme l'homosexualité, par exemple, qui, malgré la

1. 7 février 1914, Choix Kolb, p. 197-199.

scène prémonitoire de Montjouvain, restera pour le lecteur comme pour le héros, jusqu'aux premières pages de *Sodome*, un continent cent fois rencontré mais jamais reconnu.

L'investissement le plus massif de ce parti narratif est sans doute la façon dont sont traitées les relations amoureuses du héros, et aussi de ce héros au second degré qu'est Swann dans *Un amour de Swann*. La focalisation interne retrouve ici la fonction psychologique que lui avait donnée l'abbé Prévost dans *Manon Lescaut* : l'adoption systématique du « point de vue » de l'un des protagonistes permet de laisser dans une ombre à peu près complète les sentiments de l'autre, et ainsi de lui constituer à peu de frais une personnalité mystérieuse et ambiguë, celle-là même pour laquelle Proust inventera la dénomination d' « être de fuite ». Nous n'en savons, à chaque étape de leur passion, pas davantage que Swann ou Marcel sur la « vérité » intérieure d'une Odette, d'une Gilberte, d'une Albertine, et rien ne saurait illustrer plus efficacement la « subjectivité » essentielle de l'amour selon Proust que cette évanescence perpétuelle de son objet : l'être de fuite, c'est par définition l'être aimé [1]. Ne reprenons pas ici la liste (déjà évoquée à propos des analepses à fonction corrective) des épisodes (première rencontre avec Gilberte, faux aveu d'Albertine, incident des seringas, etc.) dont la véritable signification ne sera découverte par le héros — et avec lui par le lecteur — que longtemps plus tard. Il faut ajouter à ces ignorances ou malentendus provisoires quelques points d'opacité définitive, où coïncident la perspective du héros et celle du narrateur : ainsi, nous ne saurons jamais quels ont été les « vrais » sentiments d'Odette pour Swann et d'Albertine pour Marcel. Une page des *Jeunes Filles en fleurs* illustre bien cette attitude en quelque sorte interrogative du récit face à ces êtres impénétrables, lorsque Marcel, éconduit par Albertine, se demande pour quelle raison la jeune fille a bien pu lui refuser un baiser après une série d'avances aussi claires :

> ... son attitude dans cette scène, je ne parvenais pas à me l'expliquer. Pour ce qui concerne l'hypothèse d'une vertu absolue (hypothèse à laquelle j'avais d'abord attribué la violence avec laquelle Albertine avait refusé de se laisser embrasser et prendre par moi et qui n'était du reste nullement indispensable à ma conception de la bonté, de l'honnêteté foncière de mon amie), je ne laissai pas de la remanier à plusieurs reprises. Cette hypothèse était tellement le contraire de celle que j'avais bâtie le premier jour où j'avais vu Albertine! Puis, tant d'actes différents, tous de gentillesse pour moi

1. Sur l'ignorance de Marcel à l'égard d'Albertine, voir Tadié, p. 40-42.

(une gentillesse caressante, parfois inquiète, alarmée, jalouse de ma prédilection pour Andrée) baignaient de tous côtés le geste de rudesse par lequel, pour m'échapper, elle avait tiré sur la sonnette. Pourquoi donc m'avait-elle demandé de venir passer la soirée près de son lit? Pourquoi parlait-elle tout le temps le langage de la tendresse? Sur quoi repose le désir de voir un ami, de craindre qu'il vous préfère votre amie, de chercher à lui faire plaisir, de lui dire romanesquement que les autres ne sauront pas qu'il a passé la soirée auprès de vous, si vous lui refusez un plaisir aussi simple et si ce n'est pas un plaisir pour vous? Je ne pouvais croire tout de même que la vertu d'Albertine allât jusque-là, et j'en arrivais à me demander s'il n'y avait pas eu à sa violence une raison de coquetterie, par exemple une odeur désagréable qu'elle aurait cru avoir sur elle et par laquelle elle eût craint de me déplaire, ou de pusillanimité, si par exemple elle croyait, dans son ignorance des réalités de l'amour, que mon état de faiblesse nerveuse pouvait avoir quelque chose de contagieux par le baiser [1].

C'est encore comme indices de focalisation qu'il faut interpréter ces ouvertures sur la psychologie de personnages autres que le héros, que le récit prend soin de pratiquer sous une forme plus ou moins hypothétique, comme lorsque Marcel devine ou conjecture la pensée de son interlocuteur d'après l'expression de son visage : « Je vis aux yeux de Cottard, aussi inquiets que s'il avait peur de manquer le train, qu'il se demandait s'il ne s'était pas laissé aller à sa douceur naturelle. Il tâchait de se rappeler s'il avait pensé à prendre un masque froid, comme on cherche une glace pour regarder si on n'a pas oublié de nouer sa cravate. Dans le doute et pour faire, à tout hasard, compensation, il répondit grossièrement [2]. » On a souvent noté, depuis Spitzer [3], la fréquence de ces locutions modalisantes *(peut-être, sans doute, comme si, sembler, paraître)* qui permettent au narrateur de dire hypothétiquement ce qu'il ne pourrait affirmer sans sortir de la focalisation interne, et que Marcel Muller n'a donc pas tort de considérer comme des « alibis du romancier [4] » imposant sa vérité sous une couverture quelque peu hypocrite par-delà toutes les incertitudes du héros, et peut-être aussi du narrateur : car ici encore l'ignorance est en quelque sorte partagée, ou plus exactement l'ambiguïté du texte ne nous permet pas de décider si le « peut-être » est un effet de style indirect, et donc si l'hésitation qu'il dénote est le seul fait du

---

1. I, p. 940-941.
2. I, p. 498. Cf. une scène analogue avec Norpois, I, p. 478-479.
3. « Zum Stil Marcel Prousts », *Stilstudien* (1928), *Études de style*, Paris, 1970, p. 453-455.
4. *Voix narratives*, p. 129.

héros. Encore faut-il observer que le caractère souvent *multiple* de ces hypothèses atténue fortement leur fonction de paralepse inavouée, et accentue au contraire leur rôle d'indicateurs de focalisation. Lorsque le récit nous propose, introduites par trois « peut-être », trois explications au choix de la brutalité avec laquelle Charlus répond à Mme de Gallardon [1], ou lorsque le silence du liftier de Balbec est rapporté sans préférence à huit causes possibles [2], nous ne sommes pas en fait plus « renseignés » que lorsque Marcel s'interroge devant nous sur les raisons du refus d'Albertine. Et l'on ne peut guère suivre ici Muller, qui reproche à Proust de remplacer « le secret de chaque être par une série de petits secrets [3] » en imposant l'idée que le véritable motif se trouve nécessairement parmi ceux qu'il énumère, et donc que « le comportement d'un personnage est toujours justiciable d'une explication rationnelle » : la multiplicité des hypothèses contradictoires suggère bien davantage l'insolubilité du problème, et à tout le moins l'incapacité du narrateur à le résoudre.

Nous avons déjà observé [4] le caractère fortement subjectif des descriptions proustiennes, toujours liées à une activité perceptive du héros. Les descriptions proustiennes sont rigoureusement focalisées : non seulement leur « durée » n'excède jamais celle de la contemplation réelle, mais leur contenu n'excède jamais ce qui est effectivement perçu par le contemplateur. Ne revenons pas sur ce sujet, d'ailleurs bien connu [5], et rappelons seulement l'importance symbolique dans la *Recherche* des scènes où le héros surprend par un hasard souvent miraculeux un spectacle dont il ne perçoit qu'une partie, et dont le récit respecte scrupuleusement la restriction visuelle ou auditive : Swann devant la fenêtre qu'il prend pour celle d'Odette, et qui ne peut rien voir entre les « lames obliques des volets », mais seulement entendre « dans le silence de la nuit le murmure d'une conversation [6] »; Marcel à Montjouvain, qui assiste par la fenêtre à la scène entre les deux jeunes filles, mais ne peut distinguer le regard de Mlle Vinteuil ni entendre ce que son amie lui murmure à l'oreille, et pour qui le spectacle s'arrêtera quand elle viendra, « d'un air las, gauche, affairé, honnête et triste », fermer les volets et la fenê-

1. II, p. 653.
2. « Il ne répondit pas, soit étonnement de mes paroles, attention à son travail, souci de l'étiquette, dureté de son ouïe, respect du lieu, crainte du danger, paresse d'intelligence ou consigne du directeur » (I, p. 665).
3. P. 128.
4. P. 135-138.
5. Sur le « perspectivisme » de la description proustienne, voir M. Raimond, p. 338-343.
6. I, p. 272-275.

tre [1]; Marcel encore, épiant du haut de l'escalier, puis de la boutique voisine, la « conjonction » de Charlus et de Jupien, dont la seconde partie se réduira pour lui à une perception purement auditive [2]; Marcel toujours, surprenant la flagellation de Charlus dans la maison de Jupien, par un « œil-de-bœuf latéral [3] ». On insiste généralement, et à juste titre, sur l'invraisemblance de ces situations [4], et sur l'entorse déguisée qu'elles font subir au principe du point de vue; mais il faudrait d'abord reconnaître qu'il y a là, comme en toute fraude, une reconnaissance implicite et une confirmation du code : ces indiscrétions acrobatiques, avec leurs restrictions de champ si marquées, témoignent surtout de la difficulté qu'éprouve le héros à satisfaire sa curiosité et à pénétrer dans l'existence d'autrui. Elles sont donc bien à mettre au compte de la focalisation interne.

Comme nous avons déjà eu l'occasion de le remarquer, l'observance de ce code va parfois jusqu'à cette forme d'hyper-restriction de champ qu'est la paralipse : la fin de la passion de Marcel pour la duchesse, la mort de Swann, l'épisode de la petite cousine à Combray nous en ont offert quelques exemples. Il est vrai, l'existence de ces paralipses ne nous est connue que par la révélation qui en est faite ultérieurement par le narrateur, et donc par une intervention qui relèverait pour son compte de la paralepse, si l'on considérait la focalisation sur le héros comme imposée par la forme autobiographique. Mais nous avons déjà vu qu'il n'en est rien, et que cette idée fort répandue découle seulement d'une confusion tout aussi répandue entre les deux instances. La seule focalisation logiquement impliquée par le récit « à la première personne » est la focalisation sur le narrateur, et nous allons voir que ce second mode narratif coexiste dans la *Recherche* avec le premier.

Une manifestation évidente de cette nouvelle perspective est constituée par les *annonces* que nous avons rencontrées au chapitre de l'ordre : lorsqu'on dit à propos de la scène de Montjouvain qu'elle exercera plus tard une influence décisive sur la vie du héros, cet aver-

---

1. I, p. 159-163.
2. II, p. 609-610.
3. III, p. 815.
4. A commencer par Proust lui-même, évidemment soucieux ici de prévenir la critique (et de détourner le soupçon) : « De fait, les choses de ce genre auxquelles j'assistai eurent toujours, dans la mise en scène, le caractère le plus imprudent et le moins vraisemblable, comme si de telles révélations ne devaient être la récompense que d'un acte plein de risques, quoique en partie clandestin » (II, p. 608).

tissement ne peut être le fait du héros, mais bien du narrateur, comme plus généralement toutes les formes de prolepse, qui excèdent toujours (sauf intervention du surnaturel, comme dans les rêves prophétiques) les capacités de connaissance du héros. Et c'est bien par anticipation que procèdent les informations complémentaires introduites par des locutions du type : *j'ai appris depuis* [1]..., qui relèvent de l'expérience ultérieure du héros, autrement dit de l'expérience du narrateur. Il n'est pas juste de mettre de telles interventions au compte du « romancier omniscient [2] » : elles représentent simplement la part du narrateur autobiographique dans l'exposé de faits encore inconnus du héros, mais dont le premier ne croit pas devoir pour autant différer la mention jusqu'à ce que le second en ait pris connaissance. Entre l'information du héros et l'omniscience du romancier, il y a l'information du narrateur, qui en dispose ici comme il l'entend, et ne la retient que lorsqu'il y voit une raison précise. Le critique peut contester l'opportunité de ces compléments d'information, mais non leur légitimité ou leur vraisemblance dans un récit de forme autobiographique.

Encore faut-il bien admettre que cela ne vaut pas seulement pour les prolepses d'information explicites et déclarées. Marcel Muller remarque lui-même qu'une formule comme « j'ignorais que [3]... », véritable défi à la focalisation sur le héros, « peut signifier *j'ai appris depuis*, et avec ces deux *je* nous serions sans contredit maintenus dans le plan du Protagoniste. L'ambiguïté est fréquente, ajoute-t-il, et le choix entre le Romancier et le Narrateur dans l'attribution d'une donnée est souvent arbitraire [4] ». Il me semble que la saine méthode impose ici, au moins dans un premier temps, de n'attribuer au « Romancier » (omniscient) que ce que l'on ne peut vraiment pas attribuer au narrateur. On voit alors qu'un certain nombre d'informations que Muller attribue au « romancier passe-muraille [5] » peuvent être sans dommage rapportées à la connaissance ultérieure du Protagoniste : ainsi des visites de Charlus au cours de Brichot, ou de la scène qui se déroule chez la Berma tandis que Marcel assiste

---

1. I, p. 193; II, p. 475, 579, 1009; III, p. 182, 326, 864, etc. Il n'en va pas de même des informations du type *on m'avait raconté que...* (comme pour *Un amour de Swann*), qui sont un des modes de la connaissance (par ouï-dire) du héros.

2. C'est ce qu'a bien vu M. Muller : « Nous laissons bien entendu de côté les cas, assez nombreux, où le Narrateur anticipe sur ce qui est encore l'avenir du héros en puisant dans ce qui est son passé à lui, Narrateur. Il n'est pas question dans de tels cas d'omniscience du Romancier » (p. 110).

3. II, p. 554, 1006.

4. P. 140-141.

5. P. 110.

à la matinée Guermantes, ou même du dialogue entre les parents le soir de la visite de Swann, si tant est que le héros n'ait vraiment pas pu l'entendre sur le moment [1]. De même, bien des détails sur les relations entre Charlus et Morel peuvent être parvenus d'une façon ou d'une autre à la connaissance du narrateur [2]. Même hypothèse pour les infidélités de Basin, sa conversion au dreyfusisme, sa liaison tardive avec Odette, pour les amours malheureuses de M. Nissim Bernard, etc. [3], autant d'indiscrétions et de ragots, vrais ou faux, nullement invraisemblables dans l'univers proustien. Rappelons enfin que c'est à une relation de ce genre qu'est attribuée la connaissance par le héros des amours passées de Swann et Odette, connaissance si précise que le narrateur croit devoir l'excuser d'une façon qui peut apparaître plutôt maladroite [4], et qui d'ailleurs n'économise pas la seule hypothèse capable de rendre compte de la focalisation sur Swann de ce récit dans le récit : à savoir que, quels que soient les relais éventuels, la source première n'en peut être que Swann lui-même.

La vraie difficulté commence lorsque le récit nous rapporte, sur-le-champ et sans aucun détour perceptible, les pensées d'un autre personnage au cours d'une scène où le héros est lui-même présent : Mme de Cambremer à l'Opéra, l'huissier à la soirée Guermantes, l'historien de la Fronde ou l'archiviste à la matinée Villeparisis, Basin ou Bréauté au cours du dîner chez Oriane [5]. De la même façon, nous avons, sans aucun relais apparent, accès aux sentiments de Swann à l'égard de sa femme ou de Saint-Loup à l'égard de Rachel [6], et même aux dernières pensées de Bergotte mourant [7], lesquelles — on l'a souvent remarqué — ne peuvent matériellement avoir été rapportées à Marcel, puisque personne, et pour cause, n'a pu en avoir connaissance. Voilà pour le coup une paralepse à tout jamais et en toute hypothèse irréductible à l'information du narrateur, et que nous devons bien attribuer au romancier « omniscient » — et qui suffirait à prouver que Proust est capable de transgresser les limites de son propre « système » narratif.

Mais on ne peut évidemment pas circonscrire la part de la paralepse

1. III, p. 291-292; III, p. 995-999; I, p. 35.
2. Y compris la scène scabreuse de la maison de Maineville, pour laquelle cette relation est d'ailleurs attestée, II, p. 1082.
3. II, p. 739; III, p. 115-118; II, p. 854-855.
4. I, p. 186.
5. II, p. 56-57, 636, 215, 248, 524, 429-430.
6. I, p. 522-525; II, p. 122, 156, 162-163.
7. III, p. 187.

à cette seule scène, sous prétexte qu'elle est la seule à présenter une impossibilité physique. Le critère décisif n'est pas tant de possibilité matérielle ou même de vraisemblance psychologique, que de cohérence textuelle et de tonalité narrative. Ainsi, Michel Raimond attribue au romancier omniscient la scène au cours de laquelle Charlus entraîne Cottard dans une pièce voisine et l'entretient sans témoin [1] : rien n'interdirait en principe de supposer que ce dialogue, comme d'autres [2], a été rapporté à Marcel par Cottard lui-même, mais il reste que la lecture de cette page impose l'idée d'une narration directe et sans relais, et il en va de même pour toutes celles que j'ai citées au paragraphe précédent, et quelques autres encore, où manifestement Proust oublie ou néglige la fiction du narrateur autobiographe et la focalisation qu'elle implique, et a fortiori la focalisation sur le héros qui en est la forme hyperbolique, pour traiter son récit sur un troisième mode, qui est évidemment la focalisation-zéro, c'est-à-dire l'omniscience du romancier classique. Ce qui, notons-le au passage, serait impossible si la *Recherche* était, ce que certains veulent encore y voir, une véritable autobiographie. D'où ces scènes, j'imagine scandaleuses pour les puristes du « point de vue », où *je* et les autres sont traités sur le même pied, comme si le narrateur avait exactement le même rapport à une Cambremer, un Basin, un Bréauté, et à son propre « moi » passé : « Mme de Cambremer se rappelait avoir entendu dire à Swann... / Pour moi, la pensée des deux cousines... / Mme de Cambremer essayait de distinguer... / Pour moi, je ne doutais pas... » : un tel texte est manifestement construit sur l'antithèse entre les pensées de Mme de Cambremer et celles de Marcel, comme s'il existait quelque part un point d'où ma pensée et celle d'autrui m'apparaîtraient symétriques : comble de dépersonnalisation, qui trouble un peu l'image du fameux subjectivisme proustien. D'où encore cette scène de Montjouvain, dont nous avons déjà relevé la focalisation très rigoureuse (sur Marcel) en ce qui concerne les actions visibles et audibles, mais qui en revanche, pour les pensées et les sentiments, est entièrement focalisée sur Mlle Vinteuil [3] : « elle sentit... elle pensa... elle se trouva indiscrète, la délicatesse de son cœur s'en alarma... elle feignit... elle devina... elle comprit, etc. » Tout se passe ici comme si le témoin ne pouvait ni tout voir ni tout entendre, mais devinait en revanche toutes les pensées. Mais la vérité est bien évidemment

---

1. II, p. 1071-1072; Raimond, p. 337.
2. Ainsi, la conversation entre les Verdurin concernant Saniette, III, p. 326.
3. A l'exception d'une phrase (p. 163) focalisée sur son amie et à la réserve d'un « sans doute » (p. 161) et d'un « peut-être » (p. 162).

qu'il y a là deux codes concurrents, fonctionnant sur deux plans de réalité qui s'opposent sans se rencontrer.

Cette *double focalisation* [1] répond certainement ici à l'antithèse qui organise toute cette page (comme tout le personnage de Mlle Vinteuil, « vierge timide » et « soudard fruste »), entre l'immoralité brutale des actions (perçues par le héros-témoin) et l'extrême délicatesse des sentiments, que seul peut révéler un narrateur omniscient, capable comme Dieu lui-même de voir au-delà des conduites et de sonder les reins et les cœurs [2]. Mais cette coexistence à peine pensable peut servir d'emblème à l'ensemble de la pratique narrative de Proust, qui joue sans scrupule, et comme sans y prendre garde, à la fois sur trois modes de focalisation, passant à volonté de la conscience de son héros à celle de son narrateur, et venant habiter tour à tour celle de ses personnages les plus divers. Cette triple position narrative est sans comparaison possible avec la simple omniscience du roman classique, car elle ne défie pas seulement, comme Sartre le reprochait à Mauriac, les conditions de l'illusion réaliste : elle transgresse une « loi de l'esprit » qui veut que l'on ne puisse être à la fois dedans et dehors. Pour renouer avec la métaphore musicale employée plus haut, on dirait volontiers qu'entre un système tonal (ou modal) par rapport auquel toutes les infractions (paralipses et paralepses) se laissent définir comme des altérations, et un système atonal (amodal?) où aucun code ne prévaut plus et où la notion même d'infraction devient caduque, la *Recherche* illustrerait assez bien un état intermédiaire : état pluriel, comparable au système polytonal (polymodal) qu'inaugure pour quelque temps, et précisément en cette même année 1913, le *Sacre du printemps*. On voudra bien ne pas prendre ce rapprochement en un sens trop littéral [3]; qu'il nous serve du moins à mettre en lumière ce

1. B. G. Rodgers, *Proust's Narrative Techniques*, p. 108, parle de « double vision » à propos de la concurrence entre le héros « subjectif » et le narrateur « objectif ».

2. Sur les aspects techniques et psychologiques de cette scène, voir l'excellent commentaire de Muller, p. 148-153, qui montre bien en particulier comme la mère et la grand-mère du héros se trouvent indirectement mais étroitement impliquées dans cet acte de « sadisme » filial dont les résonances personnelles chez Proust sont immenses, et qu'il faut évidemment rapprocher de la « Confession d'une jeune fille » des *Plaisirs et les Jours*, et des « Sentiments filiaux d'un parricide ».

3. On sait (Painter, II, p. 422-423) quel fiasco fut la rencontre organisée en mai 1922 entre Proust et Stravinsky (et Joyce). On pourrait d'ailleurs aussi bien rapprocher la pratique narrative proustienne de ces visions multiples et superposées que synthétise, toujours à la même époque, la représentation cubiste. Est-ce à un portrait de ce genre que réfèrent ces lignes de la préface aux *Propos de peintre* : « l'admirable Picasso, lequel a précisément concentré tous les traits de Cocteau en une image d'une rigidité si noble... » (*Contre Sainte-Beuve*. Pléiade, p. 580)?

trait typique, et fort troublant, du récit proustien, que l'on aimerait appeler sa *polymodalité*.

En effet, cette position ambiguë, ou plutôt complexe, et délibérément anomique, ne caractérise pas seulement — rappelons-le pour clore ce chapitre — le système de focalisation, mais toute la pratique modale de la *Recherche* : coexistence paradoxale de la plus grande intensité mimétique et d'une présence du narrateur en principe contraire à toute mimésis romanesque, au niveau du récit d'actions; dominance du discours direct, aggravée par l'autonomie stylistique des personnages, comble de mimésis dialogique, mais qui finit par absorber les personnages dans un immense jeu verbal, comble de gratuité littéraire, antithèse du réalisme; concurrence enfin de focalisations théoriquement incompatibles, qui ébranle toute la logique de la représentation narrative. Cette subversion du mode, nous l'avons vue à plusieurs reprises liée à l'activité, ou plutôt à la présence du narrateur lui-même, à l'intervention perturbante de la source narrative — de la narration dans le récit. C'est cette dernière instance — celle de la *voix* — qu'il nous faut maintenant considérer pour elle-même, après l'avoir si souvent rencontrée sans le vouloir.

5. Voix

L'instance narrative.

« Longtemps je me suis couché de bonne heure » : de toute évidence, un tel énoncé ne se laisse pas déchiffrer — comme, disons, « L'eau bout à cent degrés » ou « La somme des angles d'un triangle est égale à deux droits » — sans égard à celui qui l'énonce, et pour la situation dans laquelle il l'énonce ; *je* n'est identifiable que par référence à lui, et le passé révolu de l' « action » racontée n'est tel que par rapport au moment où il la raconte. Pour reprendre les termes bien connus de Benveniste, l'*histoire* ne va pas ici sans une part de *discours*, et il n'est pas trop difficile de montrer qu'il en est pratiquement toujours ainsi [1]. Même le récit historique du type « Napoléon mourut à Sainte-Hélène » implique en son prétérit une antériorité de l'histoire sur la narration, et je ne suis pas certain que le présent de « L'eau bout à cent degrés » (récit itératif) soit aussi intemporel qu'il y paraît. Reste que l'importance ou la pertinence de ces implications est essentiellement variable, et que cette variabilité peut justifier ou imposer des distinctions et oppositions à valeur au moins opératoire. Lorsque je lis *Gambara* ou *le Chef-d'œuvre inconnu*, je m'intéresse à une histoire, et me soucie peu de savoir qui la raconte, où et quand ; si je lis *Facino Cane*, je ne puis à aucun instant négliger la présence du narrateur dans l'histoire qu'il raconte ; si c'est *la Maison Nucingen*, l'auteur se charge lui-même d'attirer mon attention sur la personne du causeur Bixiou et sur le groupe d'auditeurs auquel il s'adresse ; si c'est *l'Auberge rouge*, je suivrai sans doute avec plus d'attention que le déroulement prévisible de l'histoire racontée par Hermann les réactions d'un auditeur nommé Taillefer, car le récit est à deux étages, et c'est au second — celui *où l'on raconte* — qu'est le plus passionnant du drame.

C'est ce genre d'incidences que nous allons considérer sous la

---

1. Voir à ce sujet *Figures II*, p. 61-69.

catégorie de la *voix* : « aspect, dit Vendryès, de l'action verbale considérée dans ses rapports avec le sujet » — ce sujet n'étant pas ici seulement celui qui accomplit ou subit l'action, mais aussi celui (le même
ou un autre) qui la rapporte, et éventuellement tous ceux qui parti-
cipent, fût-ce passivement, à cette activité narrative. On sait que la
linguistique a mis quelque temps à entreprendre de rendre compte
de ce que Benveniste a nommé la *subjectivité dans le langage* [1], c'est-à-
dire de passer de l'analyse des énoncés à celle des rapports entre ces
énoncés et leur instance productrice — ce que l'on nomme aujour-
d'hui leur *énonciation*. Il semble que la poétique éprouve une difficulté comparable à aborder l'instance productrice du discours narratif,
instance à laquelle nous avons réservé le terme, parallèle, de *narration*.
Cette difficulté se marque surtout par une sorte d'hésitation, sans
doute inconsciente, à reconnaître et respecter l'autonomie de cette
instance, ou même simplement sa spécificité : d'un côté, comme nous
l'avons déjà remarqué, on réduit les questions de l'énonciation narrative à celles du « point de vue »; de l'autre, on identifie l'instance
narrative à l'instance d' « écriture », le narrateur à l'auteur et le
destinataire du récit au lecteur de l'œuvre [2]. Confusion peut-être
légitime dans le cas d'un récit historique ou d'une autobiographie
réelle, mais non lorsqu'il s'agit d'un récit de fiction, où le narrateur
est lui-même un rôle fictif, fût-il directement assumé par l'auteur, et
où la situation narrative supposée peut être fort différente de l'acte
d'écriture (ou de dictée) qui s'y réfère : ce n'est pas l'abbé Prévost
qui raconte les amours de Manon et des Grieux, ce n'est pas même le
marquis de Renoncour, auteur supposé des *Mémoires d'un homme
de qualité* ; c'est des Grieux lui-même, en un récit oral où « je » ne
peut désigner que lui, et où « ici » et « maintenant » renvoient aux
circonstances spatio-temporelles de cette narration, et nullement à
celles de la rédaction de *Manon Lescaut* par son véritable auteur. Et
même les références de *Tristram Shandy* à la situation d'écriture visent
l'acte (fictif) de Tristram et non celui (réel) de Sterne; mais de façon
à la fois plus subtile et plus radicale, le narrateur du *Père Goriot*
n' « est » pas Balzac, même s'il exprime çà ou là les opinions de
celui-ci, car ce narrateur-auteur est quelqu'un qui « connaît » la
pension Vauquer, sa tenancière et ses pensionnaires, alors que Balzac,
lui, ne fait que les imaginer : et en ce sens, bien sûr, la situation narrative d'un récit de fiction ne se ramène *jamais* à sa situation d'écriture.
    C'est donc cette instance narrative qu'il nous reste à considérer,

1. *Problèmes de linguistique générale*, Paris, 1966, p. 258-266.
2. Ainsi Todorov, *Communications* 8, p. 146-147.

selon les traces qu'elle a laissées — qu'elle est censée avoir laissées — dans le discours narratif qu'elle est censée avoir produit. Mais il va de soi que cette instance ne demeure pas nécessairement identique et invariable au cours d'une même œuvre narrative : l'essentiel de *Manon Lescaut* est raconté par des Grieux, mais quelques pages reviennent à M. de Renoncour; inversement, l'essentiel de l'*Odyssée* est raconté par « Homère », mais les Chants IX à XII reviennent à Ulysse; et le roman baroque, *les Mille et une nuits, Lord Jim,* nous ont habitués à des situations beaucoup plus complexes [1]. L'analyse narrative doit évidemment assumer l'étude de ces modifications — ou de ces permanences : car s'il est remarquable que les aventures d'Ulysse soient racontées par deux narrateurs différents, il est en bonne méthode tout aussi notable que les amours de Swann et de Marcel soient racontées par le même narrateur.

Une situation narrative, comme toute autre, est un ensemble complexe dans lequel l'analyse, ou simplement la description, ne peut *distinguer* qu'en déchirant un tissu de relations étroites entre l'acte narratif, ses protagonistes, ses déterminations spatio-temporelles, son rapport aux autres situations narratives impliquées dans le même récit, etc. Les nécessités de l'exposition nous contraignent à cette violence inévitable du seul fait que le discours critique, non plus qu'un autre, ne saurait tout dire à la fois. Nous considérerons donc successivement, ici encore, des éléments de définition dont le fonctionnement réel est simultané, en les rattachant, pour l'essentiel, aux catégories du *temps de la narration,* du *niveau narratif* et de la « *personne* », c'est-à-dire des relations entre le narrateur — et éventuellement son ou ses narrataire(s) [2] — à l'histoire qu'il raconte.

---

1. Sur les *Mille et une nuits,* voir Todorov, « Les hommes-récits », *Poétique de la prose,* Paris, 1971 : « Le record (d'enchâssement) semble tenu par (l'exemple) que nous offre l'histoire de la malle sanglante. En effet ici Chahrazade raconte que le tailleur raconte que le barbier raconte que son frère raconte que... La dernière histoire est une histoire au cinquième degré » (p. 83). Mais le terme d'*enchâssement* ne rend pas justice au fait, précisément, que chacune de ces histoires est à un « degré » supérieur à celui de la précédente, son narrateur étant un personnage de celle-ci; car on peut aussi « enchâsser » des récits de même niveau, par simple digression, sans changement d'instance narrative : voyez les parenthèses de Jacques dans le *Fataliste.*
2. J'appellerai ainsi le destinataire du récit, après R. Barthes (*Communications* 8, p. 10) et sur le modèle de l'opposition proposée par A. J. Greimas entre *destinateur* et *destinataire* (*Sémantique structurale,* Paris, 1966, p. 177).

Temps de la narration.

Par une dissymétrie dont les raisons profondes nous échappent, mais qui est inscrite dans les structures mêmes de la langue (ou à tout le moins des grandes « langues de civilisation » de la culture occidentale), je peux fort bien raconter une histoire sans préciser le lieu où elle se passe, et si ce lieu est plus ou moins éloigné du lieu d'où je la raconte, tandis qu'il m'est presque impossible de ne pas la situer dans le temps par rapport à mon acte narratif, puisque je dois nécessairement la raconter à un temps du présent, du passé ou du futur [1]. De là vient peut-être que les déterminations temporelles de l'instance narrative sont manifestement plus importantes que ses déterminations spatiales. A l'exception des narrations au second degré, dont le cadre est généralement indiqué par le contexte diégétique (Ulysse devant les Phéaciens, l'hôtesse de *Jacques le fataliste* dans son auberge), le lieu narratif est fort rarement spécifié, et n'est pour ainsi dire jamais pertinent [2] : nous savons à peu près où Proust a écrit la *Recherche du temps perdu*, mais nous ignorons où Marcel est censé produire le récit de sa vie, et nous ne songeons guère à nous en soucier. En revanche, il nous importe beaucoup de savoir, par exemple, combien de temps s'écoule entre la première scène de la *Recherche* (le « drame du coucher ») et le moment où elle est évoquée en ces termes : « Il y a bien des années de cela. La muraille de l'escalier où je vis monter sa bougie n'existe plus depuis longtemps, etc. »; car cette distance temporelle, et ce qui la remplit, et ce qui l'anime, sont ici un élément capital de la signification du récit.

La principale détermination temporelle de l'instance narrative est évidemment sa position relative par rapport à l'histoire. Il semble aller de soi que la narration ne peut être que postérieure à ce qu'elle raconte, mais cette évidence est démentie depuis bien des siècles par

---

1. Certains emplois du présent connotent bien l'indétermination temporelle (et non la simultanéité entre histoire et narration), mais ils semblent curieusement réservés à des formes très particulières de récit (« histoire drôle », devinette, problème ou expérience scientifique, résumé d'intrigue) et sans investissement littéraire important. Le cas du « présent narratif » à valeur de prétérit est encore différent.

2. Il pourrait l'être, mais pour des raisons qui ne sont pas exactement d'ordre spatial : qu'un récit « à la première personne » soit produit en prison, sur un lit d'hôpital, dans un asile psychiatrique, peut constituer un élément décisif d'annonce du dénouement : voyez *Lolita*.

l'existence du récit « prédictif [1] » sous ses diverses formes (prophé-tique, apocalyptique, oraculaire, astrologique, chiromantique, carto-mantique, oniromantique, etc.), dont l'origine se perd dans la nuit des temps — et, au moins depuis *les Lauriers sont coupés*, par la pratique du récit au présent. Il faut considérer encore que la narration au passé peut en quelque sorte se fragmenter pour s'insérer entre les divers moments de l'histoire comme une sorte de reportage plus ou moins immédiat [2] : pratique courante de la correspondance et du journal intime, et donc du « roman par lettres » ou du récit en forme de journal *(Wuthering Heights, Journal d'un curé de cam-pagne)*. Il faudrait donc distinguer, du simple point de vue de la position temporelle, quatre types de narration : *ultérieure* (position classique du récit au passé, sans doute de très loin la plus fréquente), *antérieure* (récit prédictif, généralement au futur, mais que rien n'in-terdit de conduire au présent, comme le rêve de Jocabel dans *Moyse sauvé*), *simultanée* (récit au présent contemporain de l'action) et *intercalée* (entre les moments de l'action).

Le dernier type est a priori le plus complexe, puisqu'il s'agit d'une narration à plusieurs instances, et que l'histoire et la narration peuvent s'y enchevêtrer de telle sorte que la seconde réagisse sur la première : c'est ce qui se passe en particulier dans le roman épistolaire à plusieurs correspondants [3], où, comme on le sait, la lettre est à la fois medium du récit et élément de l'intrigue [4]. Il peut être aussi le plus délicat, voire le plus rebelle à l'analyse, quand la forme du journal se desserre pour aboutir à une sorte de monologue après coup à position tempo-relle indéterminée, voire incohérente : les lecteurs attentifs de *l'Étran-ger* n'ont pas manqué de rencontrer ces incertitudes qui sont l'une

1. J'emprunte ce terme à Todorov, *Grammaire du Décaméron*, La Haye, 1969, p. 48, pour désigner toute espèce de récit où la narration précède l'histoire.

2. Le reportage radiophonique ou télévisé est évidemment la forme la plus immédiate de ce type de récit, où la narration suit de si près l'action qu'elle peut être considérée comme pratiquement simultanée, d'où l'emploi du présent. On trouve une curieuse utilisation littéraire du récit simultané au chapitre XXIX d'*Ivan-hoe*, où Rebecca raconte à Ivanhoe blessé la bataille qui a lieu au pied du château, et qu'elle suit par la fenêtre.

3. Sur la typologie des romans épistolaires selon le nombre de correspondants, voir J. Rousset, « Une forme littéraire : le roman par lettres », *Forme et Signifi-cation*, et B. Romberg, *op. cit.*, p. 51 s.

4. Ainsi, dans *Les Liaisons dangereuses*, quand Mme de Volanges découvre dans le secrétaire de sa fille les lettres de Danceny; découverte dont les conséquences sont signifiées à Danceny dans la lettre 62, typiquement « performative ». Cf. Todorov, *Littérature et Signification*, p. 44-46.

des audaces, peut-être involontaire, de ce récit [1]. Enfin, la très grande proximité entre histoire et narration produit ici, le plus souvent [2], un effet très subtil de frottement, si j'ose dire, entre le léger décalage temporel du récit d'événements (« Voici ce qui m'est arrivé aujourd'hui ») et la simultanéité absolue dans l'exposé des pensées et des sentiments (« Voici ce que j'en pense ce soir »). Le journal et la confidence épistolaire allient constamment ce que l'on appelle en langage radiophonique le direct et le différé, le quasi-monologue intérieur et le rapport après coup. Ici, le narrateur est tout à la fois encore le héros et déjà quelqu'un d'autre : les événements de la journée sont déjà du passé, et le « point de vue » peut s'être modifié depuis; les sentiments du soir ou du lendemain sont pleinement du présent, et ici la focalisation sur le narrateur est en même temps focalisation sur le héros. Cécile Volanges écrit à Mme de Merteuil pour lui raconter comment elle a été séduite, la nuit dernière, par Valmont, et lui confier ses remords; la scène de séduction est passée, et avec elle le trouble que Cécile n'éprouve plus, et ne peut plus même concevoir; reste la honte, et une sorte de stupeur qui est à la fois incompréhension et découverte de soi : « Ce que je me reproche le plus, et dont il faut pourtant que je vous parle, c'est que j'ai peur de ne m'être pas défendue autant que je le pouvais. Je ne sais pas comment cela se faisait : sûrement, je n'aime pas M. de Valmont, bien au contraire; et il y avait des moments où j'étais comme si je l'aimais, etc. [3]. » La Cécile d'hier, toute proche et déjà lointaine, est vue et dite par la Cécile d'aujourd'hui. Nous avons ici deux héroïnes successives, dont la seconde (seulement) est (aussi) narratrice, et impose son point de vue, qui est celui, juste assez décalé pour faire dissonance, de l'immédiat *après coup* [4]. On sait comment, de *Paméla* à *Obermann*, le roman du XVIIIe siècle a exploité cette situation narrative propice aux contrepoints les plus subtils et les plus « agaçants » : celle de la plus petite distance temporelle.

Le troisième type, au contraire (narration simultanée), est en principe le plus simple, puisque la coïncidence rigoureuse de l'histoire et de la narration élimine toute espèce d'interférence et de jeu tempo-

1. Voir B. T. Fitch, *Narrateur et Narration dans* l'Étranger *d'Albert Camus*, Paris (1960), 1968, part. p. 12-26.
2. Mais il existe aussi des formes *différées* de la narration journalière : ainsi le « premier cahier » de la *Symphonie pastorale*, ou le complexe contrepoint de *L'Emploi du temps*.
3. Lettre 97.
4. Comparez avec la lettre 48, de Valmont à Tourvel, écrite dans le lit d'Émilie, « en direct » et, si j'ose dire, *sur le coup*.

rel. Il faut cependant observer que la confusion des instances peut fonctionner ici en deux directions opposées selon que l'accent est mis sur l'histoire ou sur le discours narratif. Un récit au présent de type « behaviouriste » et purement événementiel peut apparaître comme le comble de l'objectivité, puisque la dernière trace d'énonciation qui subsistait dans le récit de style Hemingway — la marque de distance temporelle entre histoire et narration que comporte inévitablement l'emploi du prétérit — disparaît dans une transparence totale du récit, qui achève de s'effacer au profit de l'histoire : c'est ainsi qu'ont été généralement reçues les œuvres du « Nouveau Roman » français, et particulièrement les premiers romans de Robbe-Grillet[1] : « littérature objective », « école du regard », ces dénominations traduisent bien le sentiment de transitivité absolue de la narration que favorisait l'emploi généralisé du présent. Mais inversement, si l'accent porte sur la narration elle-même, comme dans les récits en « monologue intérieur », la coïncidence joue en faveur du discours et c'est alors l'action qui semble se réduire à l'état de simple prétexte, et finalement s'abolir : effet déjà sensible chez Dujardin, et qui ne cesse de s'accentuer chez un Beckett, un Claude Simon, un Roger Laporte. Tout se passe donc comme si l'emploi du présent, en rapprochant les instances, avait pour effet de rompre leur équilibre et de permettre à l'ensemble du récit, selon le plus léger déplacement d'accent, de basculer soit du côté de l'histoire, soit du côté de la narration, c'est-à-dire du discours : et la facilité avec laquelle le roman français de ces dernières années est passé d'un extrême à l'autre illustre peut-être cette ambivalence et cette réversibilité[2].

Le deuxième type (à narration antérieure) a joui jusqu'à maintenant d'un investissement littéraire bien moindre que les autres, et l'on sait que même les récits d'anticipation, de Wells à Bradbury, qui appartiennent pourtant pleinement au genre prophétique, postdatent presque toujours leur instance narrative, implicitement postérieure à leur histoire — ce qui illustre bien l'autonomie de cette instance fictive par rapport au moment de l'écriture réelle. Le récit prédictif n'apparaît guère, dans le corpus littéraire, qu'au niveau second : ainsi, dans le *Moyse sauvé* de Saint-Amant, le récit prophétique d'Aaron (VIe partie) ou le long songe prémonitoire (IVe, Ve et VIe par-

1. Tous écrits au présent sauf *Le Voyeur*, dont le système temporel, on le sait, est plus complexe.
2. Illustration plus frappante encore, *La Jalousie*, qui peut se lire *ad libitum* sur le mode objectiviste en l'absence de tout jaloux, ou au contraire comme le pur monologue intérieur d'un mari épiant sa femme et imaginant ses aventures. On sait quel rôle charnière, précisément, a joué cette œuvre publiée en 1959.

ties) de Jocabel, tous deux relatifs à l'avenir de Moïse [1]. La caractéristique commune de ces récits seconds est évidemment d'être prédictifs par rapport à leur instance narrative immédiate (Aaron, songe de Jocabel), mais non par rapport à l'instance dernière (l'auteur implicite de *Moyse sauvé*, qui s'identifie d'ailleurs explicitement à Saint-Amant) : exemples manifestes de prédiction après coup.

La narration ultérieure (premier type) est celle qui préside à l'immense majorité des récits produits à ce jour. L'emploi d'un temps du passé suffit à la désigner comme telle, sans pour autant indiquer la distance temporelle qui sépare le moment de la narration de celui de l'histoire [2]. Dans le récit classique « à la troisième personne », cette distance est généralement comme indéterminée, et la question sans pertinence, le prétérit marquant une sorte de passé sans âge [3] : l'histoire peut être datée, comme le plus souvent chez Balzac, sans que la narration le soit [4]. Il arrive pourtant qu'une relative contemporanéité de l'action soit révélée par l'emploi du présent, soit au début, comme dans *Tom Jones* [5] ou dans *le Père Goriot* [6], soit à la fin, comme dans *Eugénie Grandet* [7] ou *Madame Bovary* [8]. Ces effets de convergence finale, les plus saisissants, jouent sur le fait que la durée même de l'histoire diminue progressivement la distance qui la sépare du moment de la narration. Mais leur force tient à la révélation inattendue d'une isotopie temporelle (et donc, dans une certaine mesure,

1. Voir *Figures II*, p. 210-211.

2. A l'exception du passé composé, qui en français connote une relative proximité : « Le parfait établit un lien vivant entre l'événement passé et le présent où son évocation trouve place. C'est le temps de celui qui relate les faits en témoin, en participant ; c'est donc aussi le temps que choisira quiconque veut faire retentir jusqu'à nous l'événement rapporté et le rattacher à notre présent » (Benveniste, *Problèmes...* p. 244). On sait tout ce que *L'Étranger* doit à l'emploi de ce temps.

3. Käte Hamburger (*Die Logik der Dichtung*, Stuttgart 1957) est allée jusqu'à dénier au « prétérit épique » toute valeur temporelle. Il y a dans cette position extrême et fort contestée une certaine vérité hyperbolique.

4. Stendhal au contraire, on le sait, aime à dater, et plus précisément à antidater pour des raisons de prudence politique, l'instance narrative de ses romans : *Le Rouge* (écrit en 1829-1830) de 1827, *La Chartreuse* (écrite en 1839) de 1830.

5. « Dans la partie occidentale de l'Angleterre appelée comté de Somerset, *vivait naguère, et peut-être vit encore*, un gentilhomme nommé Allworthy... »

6. « Madame Vauquer, née de Conflans, *est* une vieille femme qui, depuis quarante ans, *tient* à Paris une pension bourgeoise... »

7. « Son visage *est* blanc, reposé, calme, sa voix *est* douce et recueillie, ses manières *sont* simples, etc. »

8. « (M. Homais) *fait* une clientèle d'enfer ; l'autorité le *ménage* et l'opinion publique le *protège*. Il *vient de recevoir* la croix d'honneur. » Rappelons que les premières pages (« *Nous étions* à l'étude, etc. ») indiquent déjà que le narrateur est contemporain, et même condisciple, du héros.

diégétique) jusque-là masquée — ou, dans le cas de *Bovary*, oubliée depuis longtemps — entre l'histoire et son narrateur. Cette isotopie est au contraire évidente dès l'abord dans le récit « à la première personne », où le narrateur est donné d'emblée comme personnage de l'histoire, et où la convergence finale est presque de règle [1], selon un mode dont le dernier paragraphe de *Robinson Crusoe* peut nous fournir le paradigme : « Enfin, bien résolu à ne pas me harasser davantage, je suis en train de me préparer pour un plus long voyage que tous ceux-ci, ayant passé soixante-douze ans d'une vie d'une variété infinie, ayant appris suffisamment à connaître le prix de la retraite et le bonheur qu'il y a à finir ses jours en paix [2]. » Nul effet dramatique ici, à moins que la situation finale ne soit elle-même celle d'un dénouement violent, comme dans *Double Indemnity*, où le héros écrit la dernière ligne de son récit-confession avant de glisser avec sa complice dans l'Océan où les attend un requin : « Je n'ai pas entendu s'ouvrir la porte de la cabine, mais elle est à côté de moi, tandis que j'écris. Je la sens. La lune s'est levée. »

Pour que l'histoire vienne ainsi rejoindre la narration, il faut bien entendu que la durée de la seconde n'excède pas celle de la première. On connaît l'aporie bouffonne de Tristram : n'ayant réussi à raconter, en une année d'écriture, que la première journée de sa vie, il constate qu'il a pris trois cent soixante-quatre jours de retard, qu'il a donc plutôt reculé qu'avancé, et que, vivant trois cent soixante-quatre fois plus vite qu'il n'écrit, il s'ensuit que plus il écrit plus il lui reste à écrire, et que, bref, son entreprise est désespérée [3]. Raisonnement sans faille, et dont les prémisses ne sont nullement absurdes. Raconter prend du temps (la vie de Schéhérazade tient à ce seul fil), et lorsqu'un romancier met en scène, au second degré, une narration orale, il manque rarement d'en tenir compte : il se passe bien des choses dans l'auberge tandis que l'hôtesse de *Jacques* raconte l'histoire du marquis des Arcis, et la première partie de *Manon Lescaut* se termine sur cette observation, que le chevalier a employé plus d'une heure à son récit, et qu'il a bien besoin de souper pour « prendre un

---

1. Le picaresque espagnol semble faire une exception notable à cette « règle »; à tout le moins *Lazarillo*, qui s'achève en suspens (« C'était le temps de ma prospérité, et j'étais au comble de toute bonne fortune »). *Guzman* et le *Buscon* aussi, mais en promettant une « suite et fin » qui ne viendra pas.

2. Trad. Borel. Ou, sur un mode plus ironique, celui de *Gil Blas:* « Il y a trois ans de cela, ami lecteur, que je mène une vie délicieuse avec des personnes si chères. Pour comble de satisfaction, le ciel a daigné m'accorder deux enfants, dont l'éducation va devenir l'amusement de mes vieux jours, et dont je crois pieusement être le père. »

3. Livre IV, chap. 13.

peu de relâche ». Nous avons quelques raisons de penser que Prévost, lui, a mis beaucoup plus d'une heure à écrire ces quelque
cent pages, et nous savons par exemple qu'il a fallu près de cinq ans
à Flaubert pour écrire *Madame Bovary*. Pourtant, et fort curieusement
en somme, la narration fictive de ce récit, comme dans presque tous
les romans du monde, excepté *Tristram Shandy*, est censée n'avoir
aucune durée, ou plus exactement tout se passe comme si la question
de sa durée n'avait aucune pertinence : une des fictions de la narration
littéraire, la plus puissante peut-être, parce qu'elle passe pour ainsi dire
inaperçue, est qu'il s'agit là d'un acte instantané, sans dimension
temporelle. On le date parfois, mais on ne le mesure jamais : nous
savons que M. Homais vient de recevoir la croix d'honneur au moment
où le narrateur écrit cette dernière phrase, mais non ce qui se passait
tandis qu'il écrivait la première; nous savons même que cette question
est absurde : rien n'est censé séparer ces deux moments de l'instance
narrative, que l'espace intemporel du récit comme texte. Contrairement à la narration simultanée ou intercalée, qui vit de sa durée et des
relations entre cette durée et celle de l'histoire, la narration ultérieure
vit de ce paradoxe, qu'elle possède à la fois une situation temporelle
(par rapport à l'histoire passée) et une essence intemporelle, puisque
sans durée propre [1]. Comme la réminiscence proustienne, elle est
extase, « durée d'un éclair », miraculeuse syncope, « minute affranchie
de l'ordre du Temps ».

L'instance narrative de la *Recherche* répond évidemment à ce
dernier type : nous savons que Proust a passé plus de dix ans à écrire
son roman, mais l'acte de narration de Marcel ne porte aucune marque
de durée, ni de division : il est instantané. Le présent du narrateur,
que nous trouvons, presque à chaque page, mêlé aux divers passés
du héros, est un moment unique et sans progression. Marcel Muller
a bien cru trouver chez Germaine Brée l'hypothèse d'une double
instance narrative : avant et après la révélation finale, mais cette
hypothèse ne repose sur rien, et à vrai dire je ne vois chez Germaine
Brée qu'un emploi abusif (quoique courant) de « narrateur » pour
héros qui a peut-être induit Muller en erreur sur ce point [2]. Quant

1. Les indications temporelles du genre « nous avons *déjà* dit », « nous verrons
plus tard », etc., ne réfèrent pas en fait à la temporalité de narration, mais à l'espace
du texte (= *nous avons dit plus haut, nous verrons plus loin...*) et à la temporalité
de lecture.
2. Muller p. 45; G. Brée, *Du temps perdu au temps retrouvé*, Paris, 1969, p. 38-40.

aux sentiments exprimés dans les dernières pages de *Swann*, dont nous savons qu'ils ne correspondent pas à la conviction finale du narrateur, Muller montre fort bien lui-même [1] qu'ils ne prouvent en rien l'existence d'une instance narrative antérieure à la révélation : la lettre à Jacques Rivière, déjà citée [2], montre au contraire que Proust a tenu ici à accorder le discours du narrateur aux « erreurs » du héros, et donc à lui attribuer une opinion qui n'est pas la sienne pour éviter de dévoiler trop tôt sa propre pensée. Même le récit fait par Marcel de ses débuts d'écrivain après la soirée Guermantes (réclusion, premières esquisses, premières réactions de lecteurs), qui tient nécessairement compte de la durée d'écriture (« Moi, c'était autre chose que j'avais à écrire, de plus long, et pour plus d'une personne. Long à écrire. Le jour, tout au plus pourrais-je essayer de dormir. Si je travaillais, ce ne serait que la nuit. Mais il me faudrait beaucoup de nuits, peut-être cent, peut-être mille [3] ») et de l'angoisse de la mort interruptrice, même ce récit ne contredit pas l'instantanéité fictive de sa narration : car le livre que Marcel commence alors d'écrire *dans l'histoire* ne se confond pas en droit avec celui que Marcel a alors presque fini d'écrire *comme récit* — et qui est la *Recherche* elle-même. Le livre fictif, objet de récit, est, comme tout livre, « long à écrire ». Mais le livre réel, le livre-récit, ne connaît pas sa propre « longueur » : il abolit sa durée.

Le présent de la narration proustienne correspond — de 1909 à 1922 — à bien des « présents » d'écriture, et nous savons que près d'un tiers, dont justement les dernières pages, était écrit dès 1913. Le moment fictif de la narration s'est donc déplacé *en fait* au cours de la rédaction réelle, il n'est plus aujourd'hui ce qu'il était en 1913, au moment où Proust croyait son œuvre terminée pour l'édition Grasset. Ainsi, les distances temporelles qu'il avait à l'esprit — et voulait signifier — lorsqu'il écrivait par exemple, à propos de la scène du coucher, « il y a bien des années de cela », ou à propos de la résurrection de Combray par la madeleine, « j'éprouve la résistance et j'entends la rumeur des distances traversées » —, ces distances ont augmenté de plus de dix ans du seul fait de l'allongement du temps d'histoire : le signifié de ces phrases n'est plus le même. D'où certaines contradictions irréductibles comme celle-ci : l'*aujourd'hui* du narrateur est évidemment, pour nous, postérieur à la guerre, mais le « Paris aujourd'hui » des dernières pages de Swann reste dans ses déterminations historiques (son contenu référentiel) un Paris d'avant-guerre, tel qu'il avait été vu et décrit en son temps. Le *signifié* romanesque

1. P. 46. — 2. P. 215. — 3. III, p. 1043.

(moment de la narration) est devenu quelque chose comme 1925, mais le *référent* historique, qui correspond au moment de l'écriture, n'a pas suivi et continue de dire : 1913. L'analyse narrative doit enregistrer ces déplacements — et les discordances qui peuvent en résulter — comme effets de la genèse réelle de l'œuvre; mais elle ne peut finalement considérer l'instance narrative que telle qu'elle se donne dans le dernier état du texte, comme un moment unique et sans durée, nécessairement situé plusieurs années après la dernière « scène », donc après la guerre, et même, nous l'avons vu [1], après la mort de Marcel Proust. Ce paradoxe, rappelons-le, n'en est pas un : Marcel n'est pas Proust, et rien ne l'oblige à mourir avec lui. Ce qui oblige en revanche, c'est que Marcel passe « beaucoup d'années » après 1916 en maison de santé, ce qui place nécessairement son retour à Paris et la matinée Guermantes au plus tôt en 1921, et la rencontre avec Odette « ramollie » en 1923 [2]. La conséquence s'impose.

Entre cet instant narratif unique et les divers moments de l'histoire, la distance est nécessairement variable. S'il s'est écoulé « bien des années » depuis la scène du coucher à Combray, il y a « peu de temps » que le narrateur recommence à percevoir ses sanglots d'enfant, et la distance qui le sépare de la matinée Guermantes est évidemment moindre que celle qui le sépare de sa première arrivée à Balbec. Le système de la langue, l'emploi uniforme du passé, ne permettent pas de marquer ce raccourcissement progressif dans le tissu même du discours narratif, mais nous avons vu que Proust avait réussi dans une certaine mesure à le faire sentir par des modifications dans le régime temporel du récit : disparition progressive de l'itératif, allongement des scènes singulatives, discontinuité croissante, accentuation du rythme — comme si le temps de l'histoire tendait à se dilater et à se singulariser de plus en plus en se rapprochant de sa fin, *qui est aussi sa source.*

On pourrait s'attendre, selon la pratique courante, nous l'avons vu, de la narration « autobiographique », à voir le récit conduire son héros jusqu'au point où l'attend le narrateur, pour que ces deux hypostases se rejoignent et se confondent enfin. C'est ce qu'on a parfois prétendu un peu vite [3]. En fait, comme le marque bien Marcel Muller, « entre

---

1. P. 127.
2. Cet épisode a lieu (p. 951) « moins de trois ans » — donc plus de deux ans — après la matinée Guermantes.
3. En particulier Louis Martin-Chauffier : « Comme dans les mémoires, celui qui tient la plume et celui que nous voyons vivre, distincts dans le temps, tendent à se rejoindre; ils tendent vers ce jour où le cheminement du héros en action aboutit à cette table où le narrateur, désormais sans intervalle et sans mémoire, l'invite à

le jour de la réception chez la princesse et celui où le Narrateur raconte cette réception, toute une ère s'étend qui maintient entre le Héros et le Narrateur un intervalle que rien ne permet de franchir : les formes verbales dans la conclusion du *Temps retrouvé* sont toutes au passé [1] ». Le narrateur conduit précisément l'histoire de son héros — sa propre histoire — jusqu'au point où, dit Jean Rousset, « le héros va devenir le narrateur [2] » — je dirais plutôt *commence de devenir* le narrateur, puisqu'il entre effectivement dans son travail d'écriture. Muller écrit que « si le Héros rejoint le Narrateur, c'est à la façon d'une asymptote : la distance qui les sépare tend vers zéro; elle ne s'annulera jamais », mais l'image connote un jeu sternien sur les deux durées qui en fait n'est pas chez Proust : il y a simplement arrêt du récit au point où le héros a trouvé la vérité et le sens de sa vie, et donc où s'achève cette « histoire d'une vocation » qui est, rappelons-le, l'objet déclaré du récit proustien. Le reste, dont l'aboutissement nous est déjà connu par le roman même qui s'achève ici, n'appartient plus à la « vocation », mais au travail qui lui fait suite, et ne doit donc être qu'esquissé. Le sujet de la *Recherche* est bien « Marcel devient écrivain », non « Marcel écrivain » : la *Recherche* reste un roman de formation, et ce serait en fausser les intentions et surtout en forcer le sens que d'y voir un « roman du romancier », comme dans les *Faux Monnayeurs*; c'est un roman du futur romancier. « La suite, disait Hegel à propos, justement, du *Bildungsroman*, n'a plus rien de romanesque... »; il est probable que Proust aurait volontiers appliqué cette formule à son propre récit : le romanesque, c'est la quête, c'est la *recherche*, qui s'achève en trouvaille (la révélation), non l'usage qui sera fait ensuite de cette trouvaille. La découverte finale de la vérité, la rencontre tardive de la vocation, comme le bonheur des amants réunis, ne peut être qu'un dénouement, non une étape; et en ce sens, le sujet de la *Recherche* est bien un sujet traditionnel. Il est donc nécessaire que le récit s'interrompe avant que le héros n'ait rejoint le narrateur, il n'est pas concevable qu'ils écrivent ensemble le mot : Fin. La dernière phrase du second, c'est quand — c'est *que* — le premier en arrive enfin à sa première. La distance entre

---

s'asseoir près de lui pour qu'ils écrivent ensemble le mot : Fin. » (« Proust ou le double Je de quatre personnes » (*Confluences*, 1943), in Bersani, *Les Critiques de notre temps et Proust*, Paris, 1971, p. 56.)

1. P. 49-50. Rappelons cependant que certaines anticipations (comme la dernière rencontre avec Odette) couvrent une partie de cette « ère ».

2. *Forme et Signification* p. 144.

la fin de l'histoire et le moment de la narration, c'est donc le temps qu'il faut au héros pour écrire ce livre, qui est et n'est pas celui que le narrateur, à son tour, nous révèle en la durée d'un éclair.

Niveaux narratifs.

Quand des Grieux, parvenu à la fin de son récit, déclare qu'il vient de faire voile de la Nouvelle-Orléans au Havre-de-Grâce, puis du Havre à Calais pour retrouver son frère qui l'attend à quelques lieues, la distance temporelle (et spatiale) qui jusque-là séparait l'action racontée de l'acte narratif s'amenuise progressivement au point de se réduire finalement à zéro : le récit en est arrivé à l'*ici* et au *maintenant*, l'histoire a rejoint la narration. Subsiste pourtant, entre ces derniers épisodes des amours du chevalier et la salle du *Lion d'or* avec ses occupants, dont lui-même et son hôte, où il les raconte après souper au marquis de Renoncour, une distance qui n'est ni dans le temps ni dans l'espace, mais dans la différence entre les relations que les uns et les autres entretiennent alors avec le récit de des Grieux : relations que l'on distinguera de façon grossière et forcément inadéquate en disant que les uns sont dedans (dans le récit, s'entend) et les autres dehors. Ce qui les sépare est moins une distance qu'une sorte de seuil figuré par la narration elle-même, une différence de *niveau*. Le *Lion d'or*, le marquis, le chevalier en fonction de narrateur sont pour nous dans un certain récit, non celui de des Grieux, mais celui du marquis, les *Mémoires d'un homme de qualité;* le retour de Louisiane, le voyage du Havre à Calais, le chevalier en fonction de héros sont dans un autre récit, celui de des Grieux cette fois, qui est *contenu* dans le premier, non pas seulement en ce sens que celui-ci l'encadre d'un préambule et d'une conclusion (d'ailleurs absente ici), mais en ce sens que le narrateur du second est déjà un personnage du premier, et que l'acte de narration qui le produit est un événement raconté dans le premier.

Nous définirons cette différence de niveau en disant que *tout événement raconté par un récit est à un niveau diégétique immédiatement supérieur à celui où se situe l'acte narratif producteur de ce récit.* La rédaction par M. de Renoncour de ses *Mémoires* fictifs est un acte (littéraire) accompli à un premier niveau, que l'on dira *extradiégétique;* les événements racontés dans ces Mémoires (dont l'acte narratif de des Grieux) sont dans ce premier récit, on les qualifiera donc de *diégétiques*, ou *intradiégétiques;* les événements racontés dans le récit de des Grieux, récit au second degré, seront dits *méta-*

diégétiques [1]. De la même façon, M. de Renoncour en tant qu'« auteur » des *Mémoires* est extradiégétique : il s'adresse, quoique fictif, au public réel, tout comme Rousseau ou Michelet ; le même marquis en tant que héros des mêmes *Mémoires* est diégétique, ou intradiégétique, et avec lui des Grieux narrateur à l'auberge du *Lion d'or*, ainsi d'ailleurs que Manon aperçue par le marquis lors de la première rencontre à Pacy; mais des Grieux héros de son propre récit, et Manon héroïne et son frère, et comparses, sont métadiégétiques : ces termes désignent non des êtres, mais des situations relatives et des fonctions [2].

L'instance narrative d'un récit premier est donc par définition extradiégétique, comme l'instance narrative d'un récit second (métadiégétique) est par définition diégétique, etc. Insistons sur le fait que le caractère éventuellement fictif de l'instance première ne modifie pas plus cette situation que le caractère éventuellement « réel » des instances suivantes : M. de Renoncour n'est pas un « personnage » dans un récit assumé par l'abbé Prévost, il est l'*auteur fictif* de Mémoires dont nous savons d'autre part que l'auteur réel est Prévost, tout comme Robinson Crusoe est l'auteur fictif du roman de Defoe qui porte son nom : après quoi, chacun d'eux devient personnage dans son propre récit. Ni Prévost ni Defoe n'entrent dans l'espace de notre question, qui porte, rappelons-le encore une fois, sur l'instance narrative, et non sur l'instance littéraire. M. de Renoncour et Crusoe sont des narrateurs-auteurs, et comme tels ils sont au même niveau narratif que leur public, c'est-à-

---

1. Ces termes ont été déjà proposés dans *Figures II*, p. 202. Le préfixe *méta*-connote évidemment ici, comme dans « métalangage », le passage au second degré : le *métarécit* est un récit dans le récit, la *métadiégèse* est l'univers de ce récit second comme la *diégèse* désigne (selon un usage maintenant répandu) l'univers du récit premier. Il faut toutefois convenir que ce terme fonctionne à l'inverse de son modèle logico-linguistique : le métalangage est un langage dans lequel on parle d'un autre langage, le métarécit devrait donc être le récit premier, à l'intérieur duquel on en raconte un second. Mais il m'a semblé qu'il valait mieux réserver au premier degré la désignation la plus simple et la plus courante, et donc renverser la perspective d'emboîtement. Bien entendu, l'éventuel troisième degré sera un méta-métarécit, avec sa méta-métadiégèse, etc.

2. Le même personnage peut d'ailleurs asssumer deux fonctions narratives identiques (parallèles) à des niveaux différents : ainsi, dans *Sarrasine*, le narrateur extradiégétique devient lui-même narrateur intradiégétique lorsqu'il raconte à sa compagne l'histoire de Zambinella. Il nous raconte donc qu'il raconte cette histoire, dont au surplus il n'est pas le héros : situation exactement inverse de celle (beaucoup plus courante) de *Manon*, où le narrateur premier devient au niveau second l'auditeur d'un autre personnage qui raconte sa propre histoire. La situation de *double narrateur* ne se trouve à ma connaissance que dans *Sarrasine*.

dire vous et moi. Ce n'est pas le cas de des Grieux, qui ne s'adresse jamais à nous, mais seulement au patient marquis ; et inversement, quand bien même ce marquis fictif aurait rencontré à Calais un personnage réel, disons Sterne en voyage, ce personnage n'en serait pas moins diégétique, quoique réel — tout comme Richelieu chez Dumas, Napoléon chez Balzac, ou la princesse Mathilde chez Proust. Bref, on ne confondra pas le caractère extra-diégétique avec l'existence historique réelle, ni le caractère dié-gétique (ou même métadiégétique) avec la fiction : Paris et Balbec sont au même niveau, bien que l'un soit réel et l'autre fictif, et nous sommes tous les jours objets de récit, sinon héros de roman.

Mais toute narration extradiégétique n'est pas nécessairement assumée comme œuvre littéraire et son protagoniste un narrateur-auteur en position de s'adresser, comme le marquis de Renoncour, à un public qualifié comme tel[1]. Un roman en forme de journal intime, comme le *Journal d'un curé de campagne* ou la *Symphonie pastorale*, ne vise en principe aucun public, sinon aucun lecteur, et il en va de même du roman par lettres, qu'il comporte un seul épis-tolier, comme *Paméla*, *Werther* ou *Obermann*, que l'on qualifie souvent de journaux déguisés en correspondances[2], ou plusieurs, comme *la Nouvelle Héloïse* ou *les Liaisons dangereuses* : Bernanos, Gide, Richardson, Gœthe, Senancour, Rousseau ou Laclos se pré-sentent ici comme simples « éditeurs », mais les auteurs fictifs de ces journaux intimes ou de ces « lettres recueillies et publiées par... » ne se considèrent évidemment pas (à la différence de Renoncourt, ou Crusoe, ou Gil Blas) comme des « auteurs ». Qui plus est, la narra-tion extradiégétique n'est même pas forcément assumée comme narration écrite : rien ne prétend que Meursault ou Malone aient écrit le texte que nous lisons comme leur monologue intérieur, et il va de soi que le texte des *Lauriers sont coupés* ne peut être qu'un « courant de conscience » — ni écrit, ni même parlé — mystérieusement capté et transcrit par Dujardin : c'est le propre du discours immédiat que d'exclure toute détermination de forme de l'instance narrative qu'il constitue.

Inversement, toute narration intradiégétique ne produit pas néces-sairement, comme celle de des Grieux, un récit oral : elle peut consis-ter en un texte écrit, comme le mémoire sans destinataire rédigé par Adolphe, voire en un texte littéraire fictif, œuvre dans l'œuvre,

---

1. Voir l' « Avis de l'Auteur » publié en tête de *Manon Lescaut*.
2. Il subsiste cependant une différence sensible entre ces « monodies épisto-laires », comme dit Rousset, et un journal intime : c'est l'existence d'un destina-taire (même muet), et ses traces dans le texte.

comme l' « histoire » du *Curieux Impertinent*, découverte dans une malle par le curé de *Don Quichotte*, ou la nouvelle *l'Ambitieux par amour*, publiée dans une revue fictive par le héros d'*Albert Savarus*, auteur intradiégétique d'une œuvre métadiégétique. Mais le récit second peut lui aussi n'être ni oral ni écrit, et se donner, ouvertement ou non, comme un récit intérieur : ainsi le rêve de Jocabel dans *Moyse sauvé*, ou, de façon plus fréquente et moins surnaturelle, toute espèce de souvenir remémoré (en rêve ou non) par un personnage : c'est ainsi (et l'on sait combien Proust a été frappé par ce détail) qu'intervient au second chapitre de *Sylvie* l'épisode (« souvenir à moitié rêvé ») du chant d'Adrienne : « Je regagnai mon lit et je ne pus y trouver le repos. Plongé dans une demi-somnolence, toute ma jeunesse repassait en mes souvenirs... Je me représentais un château du temps de Henri IV, etc. [1] » Il peut enfin être assumé par une représentation non-verbale (le plus souvent visuelle) que le narrateur convertit en récit en décrivant lui-même cette sorte de document iconographique (c'est la toile peinte représentant l'abandon d'Ariane, dans les *Noces de Thétis et de Pélée*, ou la tapisserie du déluge dans *Moyse sauvé*), ou, plus rarement, en le faisant décrire par un personnage, comme les tableaux de la vie de Joseph commentés par Amram dans le même *Moyse sauvé*.

Le récit métadiégétique.

Le récit au second degré est une forme qui remonte aux origines mêmes de la narration épique, puisque les chants IX à XII de l'*Odyssée*, comme nous le savons de reste, sont consacrés au récit fait par Ulysse devant l'assemblée des Phéaciens. Via Virgile, l'Arioste et le Tasse, ce procédé (dont on sait d'autre part l'énorme investissement dans les *Mille et une nuits*) entre à l'époque baroque dans la tradition romanesque, et une œuvre comme l'*Astrée*, par exemple, se compose en majeure partie de récits procurés par tel ou tel personnage. La pratique s'en maintient au XVIIIᵉ siècle, malgré la concurrence de formes

---

1. On a donc là une analepse métadiégétique, ce qui n'est évidemment pas le cas de toute analepse. Ainsi, dans la même *Sylvie*, la rétrospection des chap. IV, V et VI est assumée par le narrateur lui-même et non procurée par la mémoire du héros : « Pendant que la voiture monte les côtes, recomposons les souvenirs du temps où j'y venais si souvent. » L'analepse est ici purement diégétique — ou, si l'on veut marquer plus nettement l'égalité de niveau narratif, *isodiégétique*. (Le commentaire de Proust est dans *Contre Sainte-Beuve*, Pléiade, p. 235, et *Recherche*, III, p. 919.)

nouvelles comme le roman par lettres ; on le voit bien dans *Manon Lescaut*, ou *Tristram Shandy*, ou *Jacques le fataliste*, et même l'avènement du réalisme ne l'empêche pas de se survivre chez Balzac *(la Maison Nucingen, Autre étude de femme, l'Auberge rouge, Sarrasine, la Peau de chagrin)* et Fromentin *(Dominique)* ; on peut même observer une certaine exacerbation du topos chez Barbey, ou dans *Wuthering Heights* (récit d'Isabelle à Nelly, rapporté par Nelly à Lockwood, noté par Lockwood dans son journal), et surtout dans *Lord Jim*, où l'enchevêtrement atteint les limites de l'intelligibilité commune. L'étude formelle et historique de ce procédé déborderait largement notre propos, mais il est au moins nécessaire, pour la suite, de distinguer ici les principaux types de relation qui peuvent unir le récit métadiégétique au récit premier dans lequel il s'insère.

Le premier type est une causalité directe entre les événements de la métadiégèse et ceux de la diégèse, qui confère au récit second une fonction *explicative*. C'est le « voici pourquoi » balzacien, mais assumé ici par un personnage, que l'histoire qu'il raconte soit celle d'un autre *(Sarrasine)* ou, le plus souvent, la sienne propre (Ulysse, des Grieux, Dominique). Tous ces récits répondent, explicitement ou non, à une question du type « Quels événements ont conduit à la situation présente ? ». Le plus souvent, la curiosité de l'auditoire intradiégétique n'est qu'un prétexte pour répondre à celle du lecteur, comme dans les scènes d'exposition du théâtre classique, et le récit métadiégétique une simple variante de l'analepse explicative. D'où certaines discordances entre la fonction prétendue et la fonction réelle — généralement résolues au profit de la seconde : ainsi, au chant XII de l'*Odyssée*, Ulysse interrompt son récit à l'arrivée chez Calypso, bien que la majeure partie de son auditoire ignore la suite ; le prétexte est qu'il l'a sommairement racontée la veille à Alkinoos et Arété (chant VII) ; la vraie raison est évidemment que le lecteur la connaît en détail par le récit direct du chant V ; « Quand l'histoire est connue, dit Ulysse, je hais de la redire » : cette répugnance est d'abord celle du poète lui-même.

Le deuxième type consiste en une relation purement *thématique*, qui n'implique donc aucune continuité spatio-temporelle entre métadiégèse et diégèse : relation de contraste (malheur d'Ariane abandonnée, au milieu des joyeuses noces de Thétis) ou d'analogie (comme lorsque Jocabel, dans *Moyse sauvé*, hésite à exécuter l'ordre divin et qu'Amram lui raconte l'histoire du sacrifice d'Abraham). La fameuse structure *en abyme*, si prisée naguère par le « nouveau roman » des années 60, est évidemment une forme extrême de ce rapport d'analogie, poussée jusqu'aux limites de l'identité. La relation thématique peut d'ailleurs, lorsqu'elle est perçue par l'auditoire, exercer une influence sur la situation diégétique : le récit d'Amram a pour effet immédiat (et du reste pour but) de convaincre Jocabel, c'est un *exemplum* à fonction persuasive. On sait que de véritables genres, comme la parabole ou l'apologue (la fable), reposent sur cette action monitive de l'analogie : devant la plèbe révoltée, Ménénius Agrippa raconte l'histoire des *Membres et l'estomac;* puis, ajoute Tite-Live, « montrant à quel point la sédition intestine du corps était *semblable* à la révolte de la plèbe contre le Sénat, il réussit à les convaincre [1] ». Nous trouverons chez Proust une illustration moins curative de cette *vertu de l'exemple.*

Le troisième type ne comporte aucune relation explicite entre les deux niveaux d'histoire : c'est l'acte de narration lui-même qui remplit une fonction dans la diégèse, indépendamment du contenu métadiégétique : fonction de distraction, par exemple, et/ou d'obstruction. L'exemple le plus illustre s'en trouve à coup sûr dans les *Mille et une nuits,* où Schéhérazade repousse la mort à coup de récits, quels qu'ils soient (pourvu qu'ils intéressent le sultan). On peut remarquer que, du premier au troisième type, l'importance de l'instance narrative ne fait que croître. Dans le premier, la relation (d'enchaînement) est directe, elle ne passe pas par le récit, et pourrait fort bien s'en dispenser : qu'Ulysse la raconte ou non, c'est la tempête qui l'a jeté sur le rivage de Phéacie, la seule transformation introduite par son récit est d'ordre purement cognitif. Dans le second, la relation est indirecte, rigoureusement médiatisée par le récit, qui est indispensable à l'enchaînement : l'aventure des membres et de l'estomac calme la plèbe *à condition* que Ménénius la lui raconte. Dans le troisième, la relation n'est plus qu'entre l'acte narratif et la situation présente, le contenu métadiégétique n'importe (presque) pas plus que le message biblique lors d'une action de *flibuster* à la tribune du Congrès. Cette relation confirme bien, s'il en était besoin, que la narration est un *acte* comme un autre.

Métalepses.

Le passage d'un niveau narratif à l'autre ne peut en principe être assuré que par la narration, acte qui consiste précisément à introduire dans une situation, par le moyen d'un discours, la connaissance d'une autre situation. Toute autre forme de transit est, sinon

---

1. *Histoire romaine,* II, ch. 32.

toujours impossible, du moins toujours transgressive. Cortazar raconte quelque part [1] l'histoire d'un homme assassiné par l'un des personnages du roman qu'il est en train de lire : c'est là une forme inverse (et extrême) de la figure narrative que les classiques appelaient la *métalepse de l'auteur*, et qui consiste à feindre que le poète « opère lui-même les effets qu'il chante [2] », comme lorsqu'on dit que Virgile « fait mourir » Didon au chant IV de l'*Énéide*, ou lorsque Diderot, d'une manière plus équivoque, écrit dans *Jacques le fataliste* : « Qu'est-ce qui m'empêcherait de *marier* le Maître et de le *faire cocu ?* », ou bien, s'adressant au lecteur, « Si cela vous fait plaisir, *remettons* la paysanne en croupe derrière son conducteur, *laissons*-les aller et *revenons* à nos deux voyageurs [3] ». Sterne poussait la chose jusqu'à solliciter l'intervention du lecteur, prié de fermer la porte ou d'aider Mr. Shandy à regagner son lit, mais le principe est le même : toute intrusion du narrateur ou du narrataire extradiégétique dans l'univers diégétique (ou de personnages diégétiques dans un univers métadiégétique, etc.), ou inversement, comme chez Cortazar, produit un effet de bizarrerie soit bouffonne (quand on la présente, comme Sterne ou Diderot, sur le ton de la plaisanterie) soit fantastique.

Nous étendrons à toutes ces transgressions le terme de *métalepse narrative* [4]. Certaines, aussi banales et innocentes que celles de la rhétorique classique, jouent sur la double temporalité de l'histoire et de la narration; ainsi Balzac, dans un passage déjà cité d'*Illusions perdues* : « *Pendant que* le vénérable ecclésiastique monte les rampes d'Angoulême, il n'est pas inutile d'expliquer... », comme si la narration était contemporaine de l'histoire et devait meubler ses temps morts. C'est sur ce modèle très répandu que Proust écrit par exemple : « Je n'ai plus le temps, *avant mon départ pour Balbec*, de commencer des peintures du monde... », ou « Je me contente ici, *au fur et à mesure que le tortillard s'arrête et que l'employé crie Doncières, Grattevast, Maineville, etc.*, de noter ce que la petite plage ou la garnison m'évoquent », ou encore : « *mais il est temps de rattraper* le baron qui

---

1. « Continuidad de los Parques », in *Final del Juego*.
2. Fontanier, *Commentaire des Tropes*, p. 116. *Moyse sauvé* inspire à Boileau (*Art poétique*, I, v. 25-26) cette métalepse sans indulgence : *Et* (Saint-Amant) *poursuivant Moïse au travers des déserts | Court avec Pharaon se noyer dans les mers.*
3. Garnier, p. 495 et 497.
4. *Métalepse* fait ici système avec *prolepse, analepse, syllepse* et *paralepse*, avec le sens spécifique de : « prendre (raconter) en changeant de niveau ».

s'avance [1]... » On sait que les jeux temporels de Sterne sont un peu plus hardis, c'est-à-dire un peu plus *littéraux*, comme lorsque les digressions de Tristram narrateur (extradiégétique) obligent son père (dans la diégèse) à prolonger sa sieste de plus d'une heure [2], mais ici encore le principe est le même [3]. D'une certaine façon, le pirandellisme de *Six personnages en quête d'auteur* ou de *Ce soir on improvise*, où les mêmes acteurs sont tour à tour héros et comédiens, n'est qu'une vaste expansion de la métalepse, comme tout ce qui en dérive dans le théâtre de Genet par exemple, et comme les changements de niveau du récit robbe-grilletien : personnages échappés d'un tableau, d'un livre, d'une coupure de presse, d'une photographie, d'un rêve, d'un souvenir, d'un fantasme, etc. Tous ces jeux manifestent par l'intensité de leurs effets l'importance de la limite qu'ils s'ingénient à franchir au mépris de la vraisemblance, *et qui est précisément la narration (ou la représentation) elle-même*; frontière mouvante mais sacrée entre deux mondes : celui où l'on raconte, celui que l'on raconte. D'où l'inquiétude si justement désignée par Borges : « De telles inventions suggèrent que si les personnages d'une fiction peuvent être lecteurs ou spectateurs, nous, leurs lecteurs ou spectateurs, pouvons être des personnages fictifs [4]. » Le plus troublant de la métalepse est bien dans cette hypothèse inacceptable et insistante, que l'extradiégétique est peut-être toujours déjà diégétique, et que le narrateur et ses narrataires, c'est-à-dire vous et moi, appartenons peut-être encore à quelque récit.

Une figure moins audacieuse, mais que l'on peut rattacher à la métalepse, consiste à raconter comme diégétique, au même niveau narratif que le contexte, ce que l'on a pourtant présenté (ou qui se laisse aisément deviner) comme métadiégétique en son principe, ou si l'on préfère, à sa source : comme si le marquis de Renoncourt, après avoir reconnu qu'il tient de des Grieux lui-même l'histoire de ses amours (ou même après l'avoir laissé parler pendant quelques pages) reprenait ensuite la parole pour raconter cette histoire lui-même, sans plus « feindre, dirait Platon, qu'il est devenu des Grieux ». L'archétype de ce procédé est sans doute le *Théétète*, dont nous savons qu'il consiste en une conversation entre Socrate, Théodore

---

1. II, p. 742; II, p. 1076; III, p. 216. Ou encore, II, p. 1011 : « Disons simplement, pour l'instant, *tandis qu'Albertine m'attend...* »
2. III, chap. 38 et IV, chap. 2.
3. Je dois la lointaine révélation du jeu métaleptique à ce lapsus, peut-être volontaire, d'un professeur d'histoire : « Nous allons étudier maintenant le Second Empire depuis le Coup d'État jusqu'aux vacances de Pâques. »
4. *Enquêtes*, p. 85.

et Théétète rapportée par Socrate lui-même à Euclide, qui la rapporte à Terpsion. Mais, pour éviter, dit Euclide, « l'ennui de ces formules intercalées dans le discours, quand par exemple Socrate dit en parlant de lui-même : 'et moi, je dis', ou 'et moi, je répondis', et en parlant de son interlocuteur : 'il en tomba d'accord' ou 'il n'en convint pas' », l'entretien a été rédigé sous forme d'un « dialogue direct de Socrate avec ses interlocuteurs [1] ». Ces formes de narration où le relais métadiégétique, mentionné ou non, se trouve immédiatement évincé au profit du narrateur premier, ce qui fait en quelque sorte l'économie d'un (ou parfois plusieurs) niveau narratif, nous les appellerons *métadiégétique réduit* (sous-entendu : au diégétique), ou *pseudo-diégétique*.

A vrai dire, la réduction n'est pas toujours évidente, ou plus exactement la différence entre métadiégétique et pseudo-diégétique n'est pas toujours perceptible dans le texte narratif littéraire, qui (contrairement au texte cinématographique) ne dispose pas de traits capables de marquer le caractère métadiégétique d'un segment [2], sauf changement de personne : si M. de Renoncour prenait la place de des Grieux pour raconter les aventures de celui-ci, la substitution se marquerait immédiatement dans le passage du *je* au *il;* mais lorsque le héros de *Sylvie* revit en rêve un moment de sa jeunesse, rien ne permet de décider si le récit est alors récit de ce rêve ou, directement et par-delà l'instance onirique, récit de ce moment.

De Jean Santeuil à la Recherche, ou le triomphe du pseudo-diégétique.

Après ce nouveau détour, il nous sera plus facile de caractériser le choix narratif opéré, délibérément ou non, par Proust dans la *Recherche du temps perdu*. Mais il faut d'abord rappeler quel avait été celui de la première grande œuvre narrative de Proust, ou plus exactement de la première version de la *Recherche*, c'est-à-dire *Jean Santeuil*. L'instance narrative y est dédoublée : le narrateur extradiégétique, qui ne porte pas de nom (mais qui est une première hypostase du héros, et que nous voyons dans des situations attribuées plus tard à Marcel), est en vacances avec un ami sur la baie de Concarneau; les deux jeunes

---

1. 143 *c.* Trad. Chambry.
2. Tels que le flou, le ralenti, la voix off, le passage de la couleur au noir et blanc ou inversement, etc. On aurait d'ailleurs pu établir des conventions de ce genre en littérature (italiques, caractères gras, etc.).

gens se lient avec un écrivain nommé C. (seconde hypostase du héros) qui entreprend à leur demande de leur lire chaque soir les pages écrites pendant la journée d'un roman en cours de rédaction. Ces lectures fragmentaires ne sont pas transcrites, mais quelques années plus tard, après la mort de C., le narrateur, qui dispose on ne sait comment d'une copie du roman, se décide à la publier : c'est *Jean Santeuil*, dont le héros est évidemment une troisième esquisse de Marcel. Cette structure décrochée est passablement archaïsante, à ces deux nuances près par rapport à la tradition représentée par *Manon Lescaut*, que le narrateur intradiégétique ne raconte pas ici sa propre his- toire, et que son récit n'est pas oral, mais écrit, et même littéraire, puisqu'il s'agit d'un roman. Nous reviendrons plus loin sur la première différence, qui touche au problème de la « personne », mais il faut insister ici sur la seconde, qui témoigne, à une époque où ces procédés ne sont plus guère à l'honneur, d'une certaine timidité devant l'écri- ture romanesque et d'un évident besoin de « distanciation » par rap- port à cette biographie de Jean — beaucoup plus proche que la *Recherche* de l'autobiographie. Le dédoublement narratif est encore aggravé par le caractère littéraire, et qui plus est « fictif » (puisque romanesque) du récit métadiégétique.

Il faut retenir de cette première étape que Proust n'ignorait pas la pratique du récit « à tiroirs », et qu'il en avait subi la tentation. Il fait d'ailleurs allusion à ce procédé dans une page de *la Fugitive* : « Les romanciers prétendent souvent dans une introduction qu'en voyageant dans un pays ils ont rencontré quelqu'un qui leur a raconté la vie d'une personne. Ils laissent alors la parole à cet ami de rencontre, et le récit qu'il leur fait c'est précisément leur roman. Ainsi la vie de Fabrice del Dongo fut racontée à Stendhal par un chanoine de Padoue. Combien nous voudrions, quand nous aimons, c'est-à-dire quand l'existence d'une autre personne nous semble mystérieuse, trouver un tel narrateur informé! Et certes il existe. Nous-même, ne racontons- nous pas souvent, sans aucune passion, la vie de telle ou telle femme à un de nos amis ou à un étranger qui ne connaissaient rien de ses amours et nous écoutent avec curiosité [1]? » On voit que la remarque ne concerne pas seulement la création littéraire, mais qu'elle s'étend à l'activité narrative la plus courante, telle qu'elle peut s'exercer, entre autres, dans l'existence de Marcel : ces récits faits par X à Y à propos de Z sont le tissu même de notre « expérience », dont une grande part est d'ordre narratif.

Ces antécédents et cette allusion ne donnent que plus de relief

1. III, p. 551.

à ce trait dominant de la narration dans la *Recherche*, qui est l'*élimination presque systématique du récit métadiégétique*. Tout d'abord, la fiction du manuscrit recueilli disparaît au profit d'une narration directe où le héros-narrateur présente ouvertement son récit comme œuvre littéraire, et assume donc le rôle d'auteur (fictif), comme Gil Blas ou Robinson, en contact immédiat avec le public. D'où l'emploi du terme « ce livre », ou « cet ouvrage [1] » pour désigner son récit; ces pluriels académiques [2]; ces adresses au lecteur [3]; et même ce pseudo-dialogue plaisant dans la manière de Sterne ou de Diderot : « Tout ceci, dira le lecteur, ne nous apprend rien sur... — C'est très fâcheux en effet, Monsieur le lecteur. Et plus triste que vous ne croyez... — Enfin, Mme d'Arpajon vous présenta-t-elle au prince? — Non, mais taisez-vous et laissez-moi reprendre mon récit [4]. » Le romancier fictif de *Jean Santeuil* ne s'en permettait pas autant, et cette différence mesure le progrès accompli dans l'émancipation du narrateur. Ensuite, les insertions métadiégétiques sont à peu près complètement absentes de la *Recherche* : on ne peut guère citer à ce titre que le récit fait par Swann à Marcel de sa conversation avec le prince de Guermantes converti au dreyfusisme [5], les rapports d'Aimé sur la conduite passée d'Albertine [6], et surtout le récit attribué aux Goncourt d'un dîner chez les Verdurin [7]. On notera d'ailleurs que dans ces trois cas l'instance narrative est mise en vedette et le dispute en importance à l'événement rapporté : la partialité naïve de Swann intéresse Marcel bien davantage que la conversion du prince; le style écrit d'Aimé, avec ses parenthèses et ses guillemets intervertis, est un pastiche imaginaire; et le pseudo-Goncourt, pastiche réel, est ici comme page de littérature et témoignage sur la vanité des Lettres beaucoup plus que comme document sur le salon Verdurin; pour ces raisons diverses, il n'était pas possible de *réduire* ces récits métadiégétiques, c'est-à-dire de les faire reprendre en charge par le narrateur.

Partout ailleurs, en revanche, la pratique constante du récit dans la *Recherche* est ce que nous avons baptisé le pseudo-diégétique, c'est-à-

1. « La vocation invisible dont *cet ouvrage* est l'histoire » (II, p. 397); « Les proportions de *cet ouvrage*... » (II, p. 642); « *ce livre* où il n'y a pas un seul fait qui ne soit fictif... » (III, p. 846).

2. « *Nous croyons* que M. de Charlus... » (II, p. 1010).

3. « Prévenons *le lecteur*... » (III, p. 40); « Avant de revenir à la boutique de Jupien, l'auteur tient à dire combien il serait contristé que *le lecteur* s'offusquât... » (III, p. 46).

4. II, p. 651-652.

5. II, p. 705-712.

6. III, p. 515-516, 524-525.

7. III, p. 709-717.

dire un récit second en son principe, mais immédiatement ramené au niveau premier et pris en charge, quelle qu'en soit la source, par le héros-narrateur. La plupart des analepses relevées au premier chapitre procèdent soit de souvenirs remémorés par le héros, et donc d'une sorte de *récit intérieur* à la manière nervalienne, soit de relations qui lui ont été faites par un tiers. Ressortissent au premier type, par exemple, les dernières pages des *Jeunes Filles en fleurs.* qui évoquent les matinées ensoleillées de Balbec, mais à travers le souvenir qu'en a gardé le héros rentré à Paris : « Ce que je revis presque invariablement quand je pensai à Balbec, ce furent les moments où, chaque matin, pendant la belle saison... »; après quoi l'évocation oublie son prétexte mémoriel et se développe pour elle-même, en récit direct, jusqu'à la dernière ligne, en sorte que bien des lecteurs ne remarquent pas le détour spatio-temporel qui lui avait donné naissance, et croient à un simple « retour en arrière » isodiégétique, sans changement de niveau narratif; ou le retour à 1914, pendant le séjour à Paris de 1916, introduit par cette phrase : « *Je songeais que* je n'avais pas revu depuis bien longtemps aucune des personnes dont il a été question dans cet ouvrage. En 1914 seulement [1]... » : suit un récit direct de ce premier retour, comme si ce n'était pas là un souvenir évoqué pendant le second, ou comme si ce souvenir n'était ici qu'un prétexte narratif, ce que Proust appelle justement un « procédé de transition »; quelques pages plus loin, le passage consacré à la visite de Saint-Loup [2], qui commence comme une analepse isodiégétique, se termine sur cette phrase qui révèle après coup sa source mémorielle : « Tout en *me rappelant ainsi* la visite de Saint-Loup... » Mais il faut surtout rappeler que *Combray I* est une rêverie d'insomnie, que *Combray II* est un « souvenir involontaire » provoqué par le goût de la madeleine, et que tout ce qui suit, à partir d'*Un amour de Swann,* est de nouveau une évocation de l'insomniaque : toute la *Recherche* est en fait une vaste analepse pseudo-diégétique au titre des souvenirs du « sujet intermédiaire », aussitôt revendiqués et assumés comme récit par le narrateur final.

Du second type relèvent tous ces épisodes, évoqués au chapitre précédent à propos des problèmes de focalisation, qui ont eu lieu hors de la présence du héros, et dont le narrateur n'a donc pu être informé que par un *récit intermédiaire :* ainsi, les circonstances du mariage de Swann, les tractations entre Norpois et Faffenheim, la mort de Bergotte, la conduite de Gilberte après la mort de Swann,

---

1. III, p. 737.
2. III, p. 756-762.

la réception manquée chez la Berma [1] : comme nous l'avons vu, la source de ces informations est tantôt déclarée, tantôt implicite, mais dans tous les cas Marcel incorpore jalousement à son récit ce qu'il tient de Cottard, de Norpois, de la duchesse, ou de Dieu sait qui, comme s'il ne supportait pas de laisser à un autre la moindre part de son privilège narratif.

Le cas le plus typique, et naturellement le plus important, est ici celui d'*Un amour de Swann*. En son principe, cet épisode est doublement métadiégétique, puisque tout d'abord les détails en ont été rapportés à Marcel par un narrateur et à un moment indéterminés, et ensuite parce que Marcel se remémore ces détails au cours de certaines nuits d'insomnie : souvenirs de récits antérieurs, donc, à partir de quoi, une fois de plus, le narrateur extradiégétique ramasse toute la mise et raconte en son propre nom toute cette histoire survenue avant sa naissance, non sans y introduire de subtiles marques de son existence ultérieure [2], qui y sont comme une signature et empêchent le lecteur de l'oublier trop longtemps : bel exemple d'égocentrisme narratif. Proust avait goûté dans *Jean Santeuil* aux plaisirs désuets du métadiégétique, tout se passe comme s'il avait juré de n'y plus revenir, et de se réserver (ou de réserver à son porte-parole) la totalité de la fonction narrative. *Un amour de Swann* raconté par Swann lui-même aurait compromis cette unité d'instance et ce monopole du héros. Swann, ex-hypostase de Marcel [3], ne doit plus être, dans l'économie définitive de la *Recherche*, qu'un précurseur malheureux et imparfait : il n'a donc pas droit à la « parole », c'est-à-dire au récit — et moins encore (nous y reviendrons) au discours qui le porte, l'accompagne et lui donne son sens. Voilà pourquoi c'est Marcel, et Marcel seul, qui doit en dernière instance, et au mépris de toutes les autres, raconter cette aventure qui n'est pas la sienne.

Mais qui la préfigure, comme chacun sait, et dans une certaine mesure la détermine. Nous retrouvons ici l'influence indirecte, analysée plus haut, de certains récits métadiégétiques : l'amour de Swann pour Odette n'a en principe aucune incidence directe sur le

---

1. I, p. 467-471; II, p. 257-263; III, p. 182-188, 574-582, 995-998.
2. « *Je* me suis souvent fait raconter bien des années plus tard, quand *je* commençai à m'intéresser à son caractère à cause des ressemblances qu'en de tout autres parties il offrait avec le *mien*... » (p. 193); « Et il n'avait pas, comme *j'eus* à Combray dans *mon* enfance... » (p. 295); « comme *je devais l'être moi-même* (p. 297); « *mon* grand-père » (p. 194, p. 310); « *mon* oncle » (p. 311-312), etc.
3. Dans *Jean Santeuil*, les deux personnages paraissent confondus; et encore dans certaines esquisses des *Cahiers*. Voir par exemple Maurois, p. 153.

destin de Marcel [1], et à ce titre, la norme classique le jugerait sans doute purement *épisodique;* mais son incidence indirecte, c'est-à-dire l'influence de la connaissance qu'en prend Marcel par le truchement d'un récit, est en revanche considérable, et c'est lui-même qui en témoigne dans cette page de *Sodome :*

> Je pensais alors à tout ce que j'avais appris de l'amour de Swann pour Odette, de la façon dont Swann avait été joué toute sa vie. Au fond, si je veux y penser, l'hypothèse qui me fit peu à peu construire tout le caractère d'Albertine et interpréter douloureusement chaque moment d'une vie que je ne pouvais pas contrôler tout entière, ce fut le souvenir, l'idée fixe du caractère de Mme Swann, tel qu'on m'avait *raconté* qu'il était. Ces *récits* contribuèrent à faire que, dans l'avenir, mon imagination faisait le jeu de supposer qu'Albertine aurait pu, au lieu d'être la bonne jeune fille qu'elle était, avoir la même immoralité, la même faculté de tromperie qu'une ancienne grue, et je pensais à toutes les souffrances qui m'auraient attendu dans ce cas si j'avais jamais dû l'aimer [2].

Ces récits contribuèrent... : c'est *à cause* du récit d'un amour de Swann que Marcel pourra effectivement un jour imaginer une Albertine semblable à Odette : infidèle, vicieuse, inaccessible, et *par conséquent* s'éprendre d'elle. On sait la suite. Puissance du récit...

N'oublions pas, après tout, que si Œdipe peut faire ce que chacun, dit-on, ne fait que désirer, c'est parce qu'un oracle a *raconté* d'avance qu'il tuerait un jour son père et épouserait sa mère : sans oracle, pas d'exil, donc pas d'incognito, donc pas de parricide et pas d'inceste. L'oracle d'*Œdipe-Roi* est un récit métadiégétique au futur, dont la seule énonciation va déclencher la « machine infernale » capable de l'accomplir. Ce n'est pas une prophétie qui se réalise, c'est un piège en forme de récit, et qui « prend ». Oui, puissance (et ruse) du récit. Il en est qui font vivre (Schéhérazade), il en est qui tuent. Et l'on ne juge pas bien d'*Un amour de Swann* si l'on ne comprend que cet amour *raconté* est un instrument du Destin.

Personne.

On a pu remarquer jusqu'ici que nous n'employions les termes de « récit à la première — ou à la troisième — personne » qu'assortis de guillemets de protestation. Ces locutions courantes me semblent

---

1. A moins de compter pour telle l'existence même de Gilberte, « fruit » de cet amour...
2. II, p. 804.

en effet inadéquates en ce qu'elles mettent l'accent de la variation sur l'élément en fait invariant de la situation narrative, à savoir la présence, explicite ou implicite, de la « personne » du narrateur qui ne peut être dans son récit, comme tout sujet de l'énonciation dans son énoncé, qu'à la « première personne » — sauf énallage de convention comme dans les *Commentaires* de César : et précisément, l'accent mis sur la « personne » laisse croire que le choix — purement grammatical et rhétorique — du narrateur est constamment du même ordre que celui de César décidant d'écrire ses Mémoires « à » telle ou telle personne. On sait bien qu'en fait la question n'est pas là. Le choix du romancier n'est pas entre deux formes grammaticales, mais entre deux attitudes narratives (dont les formes grammaticales ne sont qu'une conséquence mécanique) : faire raconter l'histoire par l'un de ses « personnages [1] », ou par un narrateur étranger à cette histoire. La présence de verbes à la première personne dans un texte narratif peut donc renvoyer à deux situations très différentes, que la grammaire confond mais que l'analyse narrative doit distinguer : la désignation du narrateur en tant que tel par lui-même, comme lorsque Virgile écrit « Arma virumque *cano*... », et l'identité de personne entre le narrateur et l'un des personnages de l'histoire, comme lorsque Crusoe écrit : « En 1632, *je* naquis à York... » Le terme « récit à la première personne » ne se réfère, bien évidemment, qu'à la seconde de ces situations, et cette dissymétrie confirme son impropriété. En tant que le narrateur peut à tout instant intervenir *comme tel* dans le récit, toute narration est, par définition, virtuellement faite à la première personne (fût-ce au pluriel académique, comme lorsque Stendhal écrit : « *Nous avouerons* que... *nous avons* commencé l'histoire de *notre* héros... »). La vraie question est de savoir si le narrateur a ou non l'occasion d'employer la première personne pour désigner *l'un de ses personnages*. On distinguera donc ici deux types de récits : l'un à narrateur absent de l'histoire qu'il raconte (exemple : Homère dans l'*Iliade*, ou Flaubert dans l'*Éducation sentimentale*), l'autre à narrateur présent comme personnage dans l'histoire qu'il raconte (exemple : *Gil Blas*, ou *Wuthering Heights*). Je nomme le premier type, pour des raisons évidentes, *hétérodiégétique*, et le second *homodiégétique*.

---

1. Ce terme est employé ici faute d'un autre plus neutre, ou plus extensif, qui ne connoterait pas indûment comme celui-ci la qualité d' « être humain » de l'agent narratif, alors que rien n'empêche en fiction de confier ce rôle à un animal (*Mémoires d'un âne*), voire à un objet « inanimé » (je ne sais s'il faut ranger dans cette catégorie les narrateurs successifs des *Bijoux indiscrets*...).

Mais les exemples choisis font sans doute déjà apparaître une dissymétrie dans le statut de ces deux types : Homère et Flaubert sont l'un et l'autre totalement, et donc ils sont *également* absents des deux récits en question; on ne peut dire, en revanche, que Gil Blas et Lockwood aient une égale présence dans leurs récits respectifs : Gil Blas est incontestablement le héros de l'histoire qu'il raconte, Lockwood ne l'est incontestablement pas (et l'on trouverait aisément des exemples de « présence » encore plus faible : j'y reviens à l'instant). L'absence est absolue, mais la présence a ses degrés. Il faudra donc au moins distinguer à l'intérieur du type homodiégétique deux variétés : l'une où le narrateur est le héros de son récit *(Gil Blas)*, et l'autre où il ne joue qu'un rôle secondaire, qui se trouve être, pour ainsi dire toujours, un rôle d'observateur et de témoin : Lockwood, déjà cité, le narrateur anonyme de *Louis Lambert*, Ismahel dans *Moby Dick*, Marlow dans *Lord Jim*, Carraway dans *Great Gatsby*, Zeitblom dans *Doktor Faustus* — sans oublier le plus illustre et le plus typique, le transparent (mais indiscret) Dr Watson de Conan Doyle [1]. Tout se passe comme si le narrateur ne pouvait être dans son récit un comparse ordinaire : il ne peut être que vedette, ou simple spectateur. Nous réserverons pour la première variété (qui représente en quelque sorte le degré fort de l'homodiégétique) le terme, qui s'impose, d'*autodiégétique*.

La relation du narrateur à l'histoire, définie en ces termes, est en principe invariable : même quand Gil Blas ou Watson s'effacent momentanément comme personnages, nous savons qu'ils appartiennent à l'univers diégétique de leur récit, et qu'ils réapparaîtront tôt ou tard. Aussi le lecteur reçoit-il immanquablement comme infraction à une norme implicite, du moins lorsqu'il le perçoit, le passage d'un statut à l'autre : ainsi la disparition (discrète) du narrateur-témoin initial du *Rouge* ou de *Bovary*, ou celle (plus bruyante) du narrateur de Lamiel, qui sort ouvertement de la diégèse « afin de devenir homme de lettres. Ainsi, ô lecteur bénévole, adieu, vous n'entendrez plus parler de moi [2] ». Transgression plus forte encore, le changement de personne grammaticale pour désigner le même personnage : ainsi, dans *Autre étude de femme*, Bianchon passe-t-il

---

1. Une variante de ce type est le récit à narrateur témoin collectif : l'équipage du *Nègre du Narcisse*, les habitants de la petite ville dans *A Rose for Emily*. On se rappelle que les premières pages de *Bovary* sont écrites sur ce mode.
2. Divan 1948, p. 43. Le cas inverse, apparition brusque d'un *je* autodiégétique dans un récit hétérodiégétique, semble plus rare. Les « je crois » stendhaliens (*Leuwen*, p. 117, *Chartreuse*, p. 76) peuvent rester au compte du narrateur comme tel.

subitement du « je » au « il [1] », comme s'il abandonnait soudain le rôle de narrateur; ainsi, dans *Jean Santeuil*, le héros passe-t-il inversement du « il » au « je [2] ». Dans le champ du roman classique, et encore chez Proust, de tels effets ressortissent évidemment à une sorte de pathologie narrative, explicable par des remaniements hâtifs et des états d'inachèvement du texte; mais on sait que le roman contemporain a franchi cette limite comme bien d'autres, et n'hésite pas à établir entre narrateur et personnage(s) une relation variable ou flottante, vertige pronominal accordé à une logique plus libre, et à une idée plus complexe de la « personnalité ». Les formes les plus poussées de cette émancipation [3] ne sont peut-être pas les plus perceptibles, du fait que les attributs classiques du « personnage » — nom propre, « caractère » physique et moral — y ont disparu, et avec eux les points de repère de la circulation grammaticale. C'est sans doute Borges qui nous offre l'exemple le plus spectaculaire de cette transgression — justement parce qu'elle s'inscrit ici dans un système narratif tout à fait traditionnel qui accentue le contraste —, dans le conte intitulé *la Forme de l'épée* [4], où le héros commence par raconter son aventure infâme en s'identifiant à sa victime, avant d'avouer qu'il est en fait *l'autre*, le lâche dénonciateur jusque-là traité, avec le mépris qu'il faut, en « troisième personne ». Le commentaire « idéologique » de ce procédé narratif est donné par Moon lui-même : « Ce que fait un homme, c'est comme si tous les hommes le faisaient... Je suis les autres, n'importe quel homme est tous les hommes. » Le fantastique borgésien, emblématique en cela de toute une littérature moderne, est *sans acception de personne*.

Je ne prétends pas tirer en ce sens la narration proustienne, encore que le processus de désintégration du « personnage » y soit largement (et notoirement) engagé. La *Recherche* est fondamentalement un récit autodiégétique, où le héros-narrateur ne cède pour ainsi dire jamais à quiconque, nous l'avons vu, le privilège de la fonction narrative. Le plus important n'est pas ici la présence de cette forme tout à fait traditionnelle, mais tout d'abord la conversion dont elle résulte, et ensuite les difficultés qu'elle rencontre dans un roman comme celui-ci.

1. Skira, p. 75-77.
2. Pléiade, p. 319.
3. Voir par exemple J. L. Baudry, *Personnes*, Seuil, 1967.
4. *Fictions*, p. 153-161.

« Autobiographie déguisée », il paraît généralement tout naturel et comme allant de soi que la *Recherche* soit un récit de forme autobiographique écrit « à la première personne ». Ce naturel est d'une évidence trompeuse, car le dessein initial de Proust, comme Germaine Brée le soupçonnait dès 1948 et comme la publication de *Jean Santeuil* l'a confirmé depuis, ne faisait aucune place, sinon liminaire, à ce parti narratif. *Jean Santeuil*, rappelons-le, est de forme délibérément hétérodiégétique. Ce détour interdit donc de considérer la forme narrative de la *Recherche* comme le prolongement direct d'un discours authentiquement personnel, dont les discordances par rapport à la vie réelle de Marcel Proust ne constitueraient que des déviations secondaires. « Le récit à la première personne, écrit justement Germaine Brée, est le fruit d'un choix esthétique conscient, et non le signe de la confidence directe, de la confession, de l'autobiographie [1]. » Faire raconter la vie de « Marcel » par « Marcel » lui-même, après avoir fait raconter celle de « Jean » par l'écrivain « C. », relève en effet d'un choix narratif aussi marqué, et donc aussi significatif — et même davantage, à cause du détour — que celui de Defoe pour *Robinson Crusoe* ou de Lesage pour *Gil Blas*. Mais de plus on ne peut manquer d'observer que cette conversion de l'hétérodiégétique à l'autodiégétique accompagne, et complète, l'autre conversion, déjà notée, du métadiégétique au diégétique (ou pseudo-diégétique). De *Santeuil* à la *Recherche*, le héros pouvait passer du « il » au « je » sans que disparût pour autant la stratification des instances narratives : il suffisait que le « roman » de C. fût autobiographique, ou même simplement de forme autodiégétique. Inversement, la double instance pouvait se réduire sans modifier la relation entre héros et narrateur : il suffisait de supprimer le préambule et de commencer par quelque chose comme : « Longtemps Marcel s'était couché de bonne heure... » Il faut donc considérer dans sa pleine signification la double conversion que constitue le passage du système narratif de *Jean Santeuil* à celui de la *Recherche*.

Si l'on définit, en tout récit, le statut du narrateur à la fois par son niveau narratif (extra- ou intradiégétique) et par sa relation à l'histoire (hétéro- ou homodiégétique), on peut figurer par un tableau à double entrée les quatre types fondamentaux de statut du narrateur : *1) extradiégétique-hétérodiégétique*, paradigme : Homère, narrateur au premier degré qui raconte une histoire d'où il est absent; *2) extradiégétique-homodiégétique*, paradigme : Gil Blas, narrateur au premier degré qui raconte sa propre histoire; *3) intradiégétique-*

---

1. *Op. cit.*, p. 27.

hétérodiégétique, paradigme : Schéhérazade, narratrice au second degré qui raconte des histoires d'où elle est généralement absente; *4) intradiégétique-homodiégétique,* paradigme : Ulysse aux Chants IX à XII, narrateur au second degré qui raconte sa propre histoire. Dans ce système, le narrateur (second) de la quasi-totalité du récit de *Santeuil*, le romancier fictif C., se range dans la même case que Schéhérazade comme intra-hétérodiégétique, et le narrateur (unique) de la *Recherche* dans la case diamétralement (diagonalement) opposée (quelle que soit la disposition donnée aux entrées) de Gil Blas, comme extra-homodiégétique :

NIVEAU RELATION	Extradiégétique	Intradiégétique
Hétérodiégétique	Homère	Schéhérazade C.
Homodiégétique	Gil Blas *Marcel*	Ulysse

Il s'agit là d'un renversement absolu, puisque l'on passe d'une situation caractérisée par la dissociation complète des instances (premier narrateur-auteur extradiégétique : « je » — deuxième narrateur, romancier intradiégétique : « C. » — héros métadiégétique : « Jean ») à la situation inverse, caractérisée par la réunion des trois instances en une seule « personne » : le héros-narrateur-auteur Marcel. La signification la plus manifeste de ce retournement est celle de l'assomption tardive, et délibérée, de la *forme* de l'autobiographie directe, qu'il faut immédiatement rapprocher du fait, apparemment contradictoire, que le contenu narratif de la *Recherche* est moins directement autobiographique que celui de *Santeuil* [1] : comme si Proust avait dû vaincre d'abord une certaine adhérence à soi, se détacher de lui-même pour conquérir le droit de dire « je », ou plus précisément le droit de faire dire « je » à ce héros qui n'est ni tout à fait lui-même ni tout à fait un autre. La conquête du *je* n'est donc pas ici retour et présence à soi, installation dans le confort de la

---

1. Voir Tadié, p. 20-23.

« subjectivité [1] », mais peut-être exactement le contraire : l'expérience difficile d'un rapport à soi vécu comme (légère) distance et décentrement, rapport que symbolise à merveille cette semi-homonymie plus que discrète, et comme accidentelle, du héros-narrateur et du signataire [2].

Mais cette explication, on le voit, rend surtout compte du passage de l'hétérodiégétique à l'autodiégétique, et laisse un peu en retrait la suppression du niveau métadiégétique. La condensation brutale des instances était peut-être déjà amorcée dans ces pages de *Jean Santeuil* où le « je » du narrateur (mais lequel?) se substituait comme par inadvertance au « il » du héros : effet d'impatience, sans doute, mais non pas tant impatience de « s'exprimer » ou de « se raconter » en levant le masque de la fiction romanesque; agacement, plutôt, devant les obstacles, ou chicanes, opposés par la dissociation des instances à la tenue du discours — qui, déjà dans *Santeuil*, n'est pas seulement un discours narratif. Rien n'est plus gênant sans doute, pour un narrateur si désireux d'accompagner son « histoire » de cette sorte de commentaire perpétuel qui en est la justification profonde, que de devoir sans cesse changer de « voix », raconter les expériences du héros « à la troisième personne » et les commenter ensuite en son propre nom, par une intrusion constamment réitérée et toujours discordante : d'où la tentation de sauter l'obstacle, et de revendiquer, et d'annexer finalement l'expérience elle-même, comme en cette page où le narrateur, après avoir raconté les « impressions retrouvées » par Jean lorsque le paysage du lac de Genève lui rappelle la mer à Beg Meil, enchaîne sur ses propres réminiscences, et sa résolution de n'écrire « que quand un passé ressuscitait soudain dans une odeur, dans une vue qu'il faisait éclater et au-dessus duquel palpitait l'imagination et quand cette joie *me* donnait l'inspiration [3] ». On voit qu'il

---

1. Le fameux « subjectivisme » proustien n'est rien moins qu'une assurance sur la subjectivité. Et Proust lui-même ne manquait pas de s'irriter des conclusions trop faciles que l'on tirait de son choix narratif : « Comme j'ai eu le malheur de commencer mon livre par *je* et que je ne pourrai plus changer, je suis ' subjectif ' in aeternum. J'aurais commencé à la place ' Roger Mauclair occupait un pavillon ', j'étais classé ' objectif ' » (à J. Boulanger, 30-XI-1921, *Corr. Gén.* III, 278).

2. Sur cette question controversée, voir M. Suzuki, « Le ' je ' proustien », *BSAMP*, 9 (1959), H. Waters, « The Narrator, not Marcel », *French Review* févr. 1960 et Muller p. 12 et 164-165. On sait que les deux seules occurrences de ce prénom dans la *Recherche* sont tardives (III, 75 et 157), et que la première n'est pas sans réserve. Mais il me semble que cela ne suffit pas à le faire rejeter. Si l'on devait contester tout ce qui n'est dit qu'une fois... D'autre part, nommer le héros Marcel, ce n'est évidemment pas l'identifier à Proust; mais cette coïncidence partielle et fragile est éminemment symbolique.

3. Pléiade, p. 401.

ne s'agit plus ici d'inadvertance : c'est le parti narratif d'ensemble adopté dans *Santeuil* qui se révèle inadéquat, et qui finit par céder aux nécessités et aux *instances* les plus profondes du discours. De tels « accidents » préfigurent tout à la fois l'échec, ou plutôt l'abandon prochain de *Santeuil*, et sa reprise ultérieure dans la voix propre de la *Recherche*, celle de la narration autodiégétique directe.

Mais, comme nous l'avons vu au chapitre du mode, ce nouveau parti ne va pas lui-même sans difficultés, puisqu'il faut maintenant intégrer à un récit de forme autobiographique toute une chronique sociale qui dépasse souvent le champ des connaissances directes du héros, et qui parfois même, comme c'est le cas d'*Un amour de Swann*, n'entre pas sans mal dans celles du narrateur. En fait, comme l'a bien montré B. G. Rodgers [1], le roman proustien ne réussit qu'à grand-peine à concilier deux postulations contradictoires : celle d'un discours théorique omniprésent, qui ne s'accommode guère de la narration « objective » classique et qui exige que l'expérience du héros se confonde avec le passé du narrateur, qui pourra ainsi la commenter sans apparence d'intrusion (d'où l'adoption finale d'une narration autodiégétique directe où peuvent se mêler et se fondre les voix du héros, du narrateur et de l'auteur tourné vers un public à enseigner et à convaincre) — et celle d'un contenu narratif très vaste, débordant largement l'expérience intérieure du héros, et qui exige par moments un narrateur quasi « omniscient » : d'où les embarras et les pluralités de focalisation que nous avons déjà rencontrés.

Le parti narratif de *Jean Santeuil* était sans doute intenable, et son abandon nous apparaît rétrospectivement comme « justifié »; celui de la *Recherche* est mieux adapté aux besoins du discours proustien, mais il n'est pas, à beaucoup près, d'une parfaite cohérence. En fait, le dessein proustien ne pouvait pleinement se satisfaire ni de l'un ni de l'autre : ni de l' « objectivité » trop distante du récit hétérodiégétique, qui tenait le discours du narrateur à l'écart de l' « action », et donc de l'expérience du héros, ni de la « subjectivité » du récit autodiégétique, trop personnelle et comme trop étroite pour embrasser sans invraisemblance un contenu narratif qui déborde largement cette expérience. Il s'agit ici, précisons-le, de l'expérience fictive *du héros*, que Proust a voulue, pour des raisons bien connues, plus restreinte que la sienne propre : en un sens, rien dans la *Recherche* n'excède l'expérience de Proust, mais tout ce qu'il en a cru devoir attribuer à Swann, à Saint-Loup, à Bergotte, à Charlus, à Mlle Vinteuil, à Legrandin, à bien d'autres encore, excède évidemment celle de

---

1. *Proust's narrative Techniques*, p. 120-141.

Marcel : dispersion délibérée de la « matière » autobiographique, qui est donc responsable de certaines difficultés narratives. Ainsi — et pour ne revenir que sur les deux paralepses les plus flagrantes — on peut trouver étrange que Marcel ait eu communication des dernières pensées de Bergotte, mais non pas que Proust y ait accès, puisqu'il les a lui-même « vécues » au Jeu de Paume certain jour de mai 1921; de même, on peut s'étonner que Marcel lise si bien dans les sentiments ambigus de Mlle Vinteuil à Montjouvain, mais beaucoup moins, je pense, que Proust ait su les lui prêter. Tout cela, et bien d'autres choses, vient de Proust, et nous ne pousserons pas le dédain du « référent » jusqu'à feindre de l'ignorer; mais de tout cela, nous le savons aussi, il a voulu se décharger en en déchargeant son héros. Il lui faut donc à la fois un narrateur « omniscient » capable de dominer une expérience morale maintenant *objectivée*, et un narrateur autodiégétique capable d'assumer personnellement, d'authentifier et d'éclairer de son propre commentaire l'expérience spirituelle qui donne son sens final à tout le reste, et qui demeure, elle, le privilège du héros. D'où cette situation paradoxale, et pour certains scandaleuse, d'une narration « à la première personne » et cependant parfois omnisciente. Ici encore, c'est sans le vouloir, peut-être sans le savoir, et pour des raisons qui tiennent à la nature profonde — et profondément contradictoire — de son propos, que la *Recherche* attente aux conventions les mieux établies de la narration romanesque en faisant craquer non seulement ses « formes » traditionnelles, mais — ébranlement plus secret et donc plus décisif — la logique même de son discours.

Héros/narrateur.

Comme en tout récit de forme autobiographique [1], les deux actants que Spitzer nommait *erzählendes Ich* (Je narrant) et *erzähltes Ich* (Je narré) sont séparés dans la *Recherche* par une différence d'âge et d'expérience qui autorise le premier à traiter le second avec une sorte de supériorité condescendante ou ironique, très sensible par exemple dans la scène de la présentation manquée de Marcel à Albertine, ou dans celle du baiser refusé [2]. Mais le propre de la *Recherche*, ce qui la distingue ici de presque toutes les autres auto-

---

1. Il s'agit ici de l'autobiographie classique, à narration ultérieure, et non du monologue intérieur au présent.
2. I, p. 855-856 et 933-934.

biographies, réelles ou fictives, c'est qu'à cette différence essentiellement variable, et qui diminue fatalement à mesure que le héros s'avance dans l' « apprentissage » de la vie, s'ajoute une différence plus radicale et comme absolue, irréductible à un simple « progrès » : celle que détermine la révélation finale, l'expérience décisive de la mémoire involontaire et de la vocation esthétique. Ici, la *Recherche* se sépare de la tradition du *Bildungsroman* pour se rapprocher de certaines formes de la littérature religieuse, comme les *Confessions* de saint Augustin : le narrateur n'en sait pas seulement, et tout empiriquement, *davantage* que le héros; il *sait*, dans l'absolu, il connaît la Vérité — une vérité dont le héros ne s'approche pas par un mouvement progressif et continu, mais qui, bien au contraire, et malgré les présages et annonces dont elle s'est fait çà et là précéder, fond sur lui au moment où il s'en trouve d'une certaine manière plus éloigné que jamais : « On a frappé à toutes les portes qui ne donnent sur rien, et la seule par où on peut entrer et qu'on aurait cherchée en vain pendant cent ans, on y heurte sans le savoir, et elle s'ouvre. »

Cette particularité de la *Recherche* entraîne une conséquence décisive pour les relations entre le discours du héros et celui du narrateur. Jusqu'à ce moment en effet, ces deux discours s'étaient juxtaposés, entrelacés, mais, à deux ou trois exceptions près [1], jamais tout à fait confondus : la voix de l'erreur et de la tribulation ne pouvait s'identifier à celle de la connaissance et de la sagesse : celle de Parsifal à celle de Gurnemanz. A partir, au contraire, de la *révélation dernière* (pour retourner le terme appliqué par Proust à *Sodome I*), les deux voix peuvent se fondre et se confondre, ou se relayer dans un même discours, puisque désormais le *je pensais* du héros peut s'écrire « je comprenais », « je remarquais », « je devinais », « je sentais », « je savais », « je sentais bien », « je m'avisai », « j'étais déjà arrivé à cette conclusion », « je compris », etc. [2], c'est-à-dire coïncider avec le *je sais* du narrateur. D'où cette prolifération soudaine du discours indirect, et son alternance sans opposition ni contraste

1. La plupart constituées par des moments de méditation esthétique, à propos d'Elstir (II, p. 419-422), de Wagner (III, p. 158-162), ou de Vinteuil (III, p. 252-258), où le héros pressent ce que lui confirmera la révélation finale. *Gomorrhe I*, qui est en un sens une première scène de révélation, présente aussi des traits de coïncidence des discours, mais le narrateur y prend soin, au moins une fois, de corriger une erreur du héros (II, p. 630-631). Exception inverse, les dernières pages de *Swann*, où c'est le narrateur qui feint de partager le point de vue du personnage.

2. III, p. 869-899.

avec le discours présent du narrateur. Comme nous l'avons déjà noté, le héros de la matinée ne s'identifie pas encore *en acte* au narrateur final, puisque l'œuvre écrite du second est encore à venir pour le premier; mais les deux instances se rejoignent déjà en « pensée », c'est-à-dire en parole, puisqu'elles partagent la même vérité, qui peut maintenant glisser sans rectification, et comme sans heurt, d'un discours à l'autre, d'un temps (l'imparfait du héros) à l'autre (le présent du narrateur) : comme le manifeste bien cette dernière phrase si souple, si libre — si *omnitemporelle*, dirait Auerbach —, parfaite illustration de son propre propos : « Du moins, si elle m'*était laissée* assez longtemps pour accomplir mon œuvre, ne *manquerais*-je pas d'abord d'y décrire les hommes (cela *dût*-il les faire ressembler à des êtres monstrueux) comme occupant une place si considérable, à côté de celle si restreinte qui leur *est* réservée dans l'espace, une place au contraire prolongée sans mesure — puisqu'ils *touchent* simultanément, comme des géants plongés dans les années, à des époques si distantes, entre lesquelles tant de jours *sont venus* se placer — dans le Temps. »

Fonctions du narrateur.

Cette modification finale engage donc de façon très sensible une des fonctions essentielles du narrateur proustien. Il peut sembler étrange, à première vue, d'attribuer à quelque narrateur que ce soit un autre rôle que la narration proprement dite, c'est-à-dire le fait de raconter l'histoire, mais nous savons bien en fait que le discours du narrateur, romanesque ou autre, peut assumer d'autres fonctions. Peut-être vaut-il la peine d'en faire rapidement le tour afin de mieux apprécier la spécificité, à cet égard, de la narration proustienne. Il me semble que l'on peut distribuer ces fonctions (un peu comme Jakobson distribue les fonctions du langage [1]) selon les divers aspects du récit (au sens large) auxquels elles se rapportent.

Le premier de ces aspects est évidemment l'*histoire*, et la fonction qui s'y rapporte est la *fonction* proprement *narrative*, dont aucun narrateur ne peut se détourner sans perdre en même temps sa qualité de narrateur, et à quoi il peut fort bien tenter — comme l'ont fait certains romanciers américains — de réduire son rôle. Le second est le *texte* narratif, auquel le narrateur peut se référer dans un discours en quelque sorte métalinguistique (métanarratif en l'occurrence)

1. *Essais de linguistique générale*, p. 213-220.

pour en marquer les articulations, les connexions, les inter-relations, bref l'organisation interne : ces « organisateurs » du discours [1], que Georges Blin nommait des « indications de régie [2] », relèvent d'une seconde fonction que l'on peut appeler *fonction de régie*.

Le troisième aspect, c'est la *situation narrative* elle-même, dont les deux protagonistes sont le narrataire, présent, absent ou virtuel, et le narrateur lui-même. A l'orientation vers le narrataire, au souci d'établir ou de maintenir avec lui un contact, voire un dialogue (réel, comme dans *la Maison Nucingen*, ou fictif, comme dans *Tristram Shandy*), correspond une fonction qui rappelle à la fois la fonction « phatique » (vérifier le contact) et la fonction « conative » (agir sur le destinataire) de Jakobson. Rodgers nomme ces narrateurs, de type shandien, toujours tournés vers leur public et souvent plus intéressés par le rapport qu'ils entretiennent avec lui que par leur récit lui-même, des « raconteurs [3] ». On les aurait plutôt appelés autrefois des « causeurs », et peut-être doit-on nommer la fonction qu'ils tendent à privilégier *fonction de communication;* on sait quelle importance elle prend dans le roman par lettres, et spécialement peut-être dans ces formes que Jean Rousset nomme « monodies épistolaires », comme évidemment les *Lettres portugaises*, où la présence absente du destinataire devient l'élément dominant (obsédant) du discours.

L'orientation du narrateur vers lui-même, enfin, détermine une fonction très homologue à celle que Jakobson nomme, un peu malen-contreusement, la fonction « émotive » : c'est celle qui rend compte de la part que le narrateur, en tant que tel, prend à l'histoire qu'il raconte, du rapport qu'il entretient avec elle : rapport affectif, certes, mais aussi bien moral ou intellectuel, qui peut prendre la forme d'un simple témoignage, comme lorsque le narrateur indique la source d'où il tient son information, ou le degré de précision de ses propres souvenirs, ou les sentiments qu'éveille en lui tel épisode [4]; on a là quelque chose qui pourrait être nommé fonction *testimoniale*, ou *d'attestation*. Mais les interventions, directes ou indirectes, du narrateur à l'égard de l'histoire peuvent aussi prendre la forme

---

1. R. Barthes, « Le discours de l'histoire », *Information sur les sciences sociales*, août 1967, p. 66.
2. *Regiebemerkungen* (*Stendhal et les Problèmes du roman*, p. 222).
3. *Op. cit.*, p. 55.
4. « Je sens en écrivant ceci que mon pouls s'élève encore; ces moments me seront toujours présents quand je vivrais cent mille ans » (Rousseau, *Confessions*, déjà cité p. 106). Mais le témoignage du narrateur peut également porter sur des événements contemporains de l'acte de narration, et sans rapport avec l'histoire qu'il raconte : ainsi les pages de *Docteur Faustus* sur la guerre qui fait rage tandis que Zeitblom rédige ses souvenirs sur Leverkühn.

plus didactique d'un commentaire autorisé de l'action : ici s'affirme ce qu'on pourrait appeler la *fonction idéologique* du narrateur [1], et l'on sait combien Balzac, par exemple, a développé cette forme de discours explicatif et justificatif, véhicule chez lui, comme chez tant d'autres, de la motivation réaliste.

Cette répartition en cinq fonctions n'est certes pas à recevoir dans un esprit de trop rigoureuse étanchéité : aucune de ces catégories n'est tout à fait pure et sans connivence avec d'autres, aucune sauf la première n'est tout à fait indispensable, et en même temps aucune, quelque soin qu'on y mette, n'est tout à fait évitable. C'est là plutôt une question d'accent et de poids relatif : chacun sait que Balzac « intervient » dans son récit davantage que Flaubert, que Fielding s'adresse au lecteur plus souvent que Mme de La Fayette, que les « indications de régie » sont plus indiscrètes chez Fenimore Cooper [2] ou Thomas Mann [3] que chez Hemingway, etc., mais on ne prétendra pas en tirer quelque encombrante typologie.

Nous ne reviendrons pas non plus sur les diverses manifestations, déjà rencontrées ailleurs, des fonctions extra-narratives du narrateur proustien : adresses au lecteur, organisation du récit par voie d'annonces et de rappels, indications de source, attestations mémorielles. Ce qui reste à souligner ici, c'est la situation de quasi-monopole du narrateur à l'égard de ce que nous avons baptisé la fonction idéologique, et le caractère délibéré (non obligatoire) de ce monopole. En effet, de toutes les fonctions extra-narratives, celle-ci est la seule qui ne revienne pas nécessairement au narrateur. On sait combien de grands romanciers idéologues, comme Dostoïevski, Tolstoï, Thomas Mann, Broch, Malraux, ont pris soin de transférer à certains de leurs personnages la tâche du commentaire et du discours didac-

---

1. Qui n'est pas nécessairement celle de l'auteur : les jugements de des Grieux n'engagent pas a priori l'abbé Prévost et ceux du narrateur-auteur fictif de *Leuwen* ou de la *Chartreuse* n'engagent nullement Henry Beyle.

2. « Pour éviter de donner à notre récit une étendue qui pourrait fatiguer le lecteur, nous le prions de se figurer qu'il s'est écoulé une semaine entre la scène qui termine le chapitre précédent et les événements pour la relation desquels nous nous proposons de reprendre dans celui-ci le fil de notre histoire »; « Il est à propos que le cours de notre narration s'arrête un instant pour nous donner le temps de remonter aux causes dont les conséquences avaient amené à leur suite la singulière aventure dont nous venons de rendre compte. Nous ne donnerons à cette digression... », etc. (*La Prairie*, chap. VII, XV).

3. « Le précédent chapitre étant gonflé outre mesure, je fais bien d'en entamer un autre... »; « Le chapitre qui vient de se clore est, lui aussi, beaucoup trop gonflé à mon goût... »; « Je ne regarde pas en arrière et m'interdis de compter le nombre des feuillets accumulés entre les chiffres romains précédents et ceux que je viens de tracer... » (*Docteur Faustus*, chap. IV, V, IX).

tique — jusqu'à transformer telles scènes des *Possédés*, de *la Montagne magique* ou de *l'Espoir* en véritables colloques théoriques. Rien de tel chez Proust, qui ne s'est donné, hors Marcel, aucun « porte-parole ». Un Swann, un Saint-Loup, un Charlus, malgré toute leur intelligence, sont des objets d'observation, non des organes de vérité, ni même de véritables interlocuteurs (on sait d'ailleurs ce que Marcel pense des vertus intellectuelles de la conversation et de l'amitié) : leurs erreurs, leurs ridicules, leurs échecs et leurs déchéances sont plus instructifs que leurs opinions. Même ces figures de la création artistique que sont Bergotte, Vinteuil ou Elstir n'interviennent pour ainsi dire pas comme détenteurs d'un discours théorique autorisé : Vinteuil est muet, Bergotte réticent ou futile, et la méditation sur leur œuvre revient à Marcel [1]; Elstir commence, symboliquement, par les pitreries de rapin de M. Biche, et les propos qu'il tient à Balbec importent moins que l'enseignement silencieux de ses toiles. La conversation intellectuelle est un genre manifestement contraire au goût proustien. On sait le dédain que lui inspire tout ce qui « pense », comme selon lui le Hugo des premiers poèmes, « au lieu de se contenter, comme la nature, de donner à penser [2] ». Toute l'humanité, de Bergotte à Françoise et de Charlus à Mme Sazerat, est devant lui comme une « nature », chargée de provoquer la pensée, non de l'exprimer. Cas extrême de solipsisme intellectuel. Finalement, et à sa façon, Marcel est un autodidacte.

La conséquence en est que nul, sinon parfois le héros dans les conditions susdites, ne peut et ne doit contester au narrateur son privilège de commentaire idéologique : d'où la prolifération bien connue de ce discours « auctorial », pour emprunter aux critiques de langue allemande ce terme qui indique à la fois la présence de l'auteur (réel ou fictif) et l'*autorité* souveraine de cette présence dans son œuvre. L'importance quantitative et qualitative de ce discours psychologique, historique, esthétique, métaphysique, est telle, malgré les dénégations [3], qu'on peut sans doute lui attribuer la responsabilité — et en un sens le mérite — du plus fort ébranlement donné dans

---

1. Non à Swann, même en ce qui concerne la Sonate : « Était-ce cela, ce bonheur proposé par la petite phrase de la sonate à Swann qui *s'était trompé* en l'assimilant au plaisir de l'amour et *n'avait pas su* le trouver dans la création artistique... » (III, p. 877).

2. II, p. 549.

3. « D'où la grossière tentation pour l'écrivain d'écrire des œuvres intellectuelles. Grande indélicatesse. Une œuvre où il y a des théories est comme un objet sur lequel on laisse la marque du prix » (III, p. 882). Le lecteur de la *Recherche* ne sait-il pas ce qu'il en coûte?

cette œuvre, et par cette œuvre, à l'équilibre traditionnel de la forme romanesque : si la *Recherche du temps perdu* est ressentie par tous comme n'étant « plus tout à fait un roman », comme l'œuvre qui, à son niveau, clôt l'histoire du genre (des genres) et inaugure, avec quelques autres, l'espace sans limites et comme indéterminé de la *littérature* moderne, elle le doit évidemment — et cette fois encore en dépit des « intentions de l'auteur » et par l'effet d'un mouvement d'autant plus irrésistible qu'il fut involontaire — à cette invasion de l'histoire par le commentaire, du roman par l'essai, du récit par son propre discours.

Le narrataire.

Un tel impérialisme théorique, une telle certitude de vérité, pourraient incliner à penser que le rôle du destinataire est ici purement passif, qu'il se borne à recevoir un message à prendre ou à laisser, à « consommer » après coup une œuvre achevée loin de lui et sans lui. Rien ne serait plus contraire aux convictions de Proust, à sa propre expérience de la lecture, et aux exigences les plus fortes de son œuvre.

Avant de considérer cette dernière dimension de l'instance narrative proustienne, il faut dire un mot plus général de ce personnage que nous avons nommé le narrataire, et dont la fonction dans le récit paraît si variable. Comme le narrateur, le narrataire est un des éléments de la situation narrative, et il se place nécessairement au même niveau diégétique; c'est-à-dire qu'il ne se confond pas plus a priori avec le lecteur (même virtuel) que le narrateur ne se confond nécessairement avec l'auteur.

A narrateur intradiégétique, narrataire intradiégétique, et le récit de des Grieux ou de Bixiou ne s'adresse pas au lecteur de *Manon Lescaut* ou de *la Maison Nucingen*, mais bien au seul M. de Renoncour, aux seuls Finot, Couture et Blondet, que désignent seuls les marques de « deuxième personne » éventuellement présentes dans le texte, tout comme celles qu'on trouvera dans un roman par lettres ne peuvent désigner que le correspondant épistolaire. Nous, lecteurs, ne pouvons pas plus nous identifier à ces narrataires fictifs que ces narrateurs intradiégétiques ne peuvent s'adresser à nous, ni même supposer notre existence [1]. Aussi bien ne pouvons-nous ni interrompre Bixiou ni écrire à Mme de Tourvel.

1. Un cas particulier est celui de l'œuvre littéraire méta-diégétique, du type *Jaloux impertinent* ou *Jean Santeuil*, qui peut éventuellement viser un lecteur, mais lecteur en principe lui-même fictif.

Le narrateur extradiégétique, au contraire, ne peut viser qu'un narrataire extradiégétique, qui se confond ici avec le lecteur virtuel, et auquel chaque lecteur réel peut s'identifier. Ce lecteur virtuel est en principe indéfini, bien qu'il arrive à Balzac de se tourner plus particulièrement tantôt vers le lecteur de province, tantôt vers le lecteur parisien, et que Sterne l'appelle parfois Madame, ou Monsieur le Critique. Le narrateur extradiégétique peut aussi feindre, comme Meursault, de ne s'adresser à personne, mais cette attitude assez répandue dans le roman contemporain ne peut évidemment rien contre le fait qu'un récit, comme tout discours, s'adresse nécessairement à quelqu'un, et contient toujours en creux l'appel au destinataire. Et si l'existence d'un narrataire intradiégétique a pour effet de nous maintenir à distance en l'interposant toujours entre le narrateur et nous, comme Finot, Couture et Blondet s'interposent entre Bixiou et l'indiscret auditeur derrière la cloison, à qui ce récit n'était pas destiné (mais, dit Bixiou, « il y a toujours du monde à côté »), plus transparente est l'instance réceptrice, plus silencieuse son évocation dans le récit, plus facile sans doute, ou pour mieux dire plus irrésistible s'en trouve rendue l'identification, ou substitution, de chaque lecteur réel à cette instance virtuelle.

C'est bien ce rapport, malgré quelques rares et fort inutiles interpellations déjà signalées, que la *Recherche* entretient avec ses lecteurs. Chacun d'eux se sait le narrataire virtuel, et combien anxieusement attendu, de ce récit tournoyant qui, plus qu'aucun autre sans doute, a besoin pour exister dans sa vérité propre d'échapper à la clôture du « message final » et de l'achèvement narratif pour reprendre sans fin le mouvement circulaire qui toujours le renvoie de l'œuvre à la vocation qu'elle « raconte » et de la vocation à l'œuvre qu'elle suscite, et ainsi sans trêve.

Comme le manifestent les termes mêmes de la fameuse lettre à Rivière [1], le « dogmatisme » et la « construction » de l'œuvre proustienne ne se dispensent pas d'un incessant recours au lecteur, chargé de les « deviner » avant qu'ils ne s'expriment, mais aussi, une fois révélés, de les interpréter et de les replacer dans le mouvement qui tout à la fois les engendre et les emporte. Proust ne pouvait s'excepter de la règle qu'il énonce dans le *Temps retrouvé*, et qui donne au lecteur le droit de traduire en ses termes l'univers de l'œuvre pour « donner ensuite à ce qu'il lit toute sa généralité » : quelque apparente infidélité

---

1. « Enfin je trouve un lecteur qui *devine* que mon livre est un ouvrage dogmatique et une construction ! » (Choix Kolb, p. 197).

qu'il commette, « le lecteur a besoin de lire d'une certaine façon pour bien lire ; l'auteur n'a pas à s'en offenser mais au contraire à laisser la plus grande liberté au lecteur », car l'œuvre n'est finalement, selon Proust lui-même, qu'un instrument d'optique que l'auteur offre au lecteur pour l'aider à lire en soi. « L'écrivain ne dit que par une habitude prise dans le langage insincère des préfaces et des dédicaces ' mon lecteur '. En réalité, chaque lecteur est, quand il lit, le propre lecteur de soi-même [1]. »

Tel est le statut vertigineux du narrataire proustien : invité, non comme Nathanaël à « jeter ce livre », mais à le réécrire, totalement infidèle et miraculeusement exact, comme Pierre Ménard inventant mot pour mot le *Quichotte*. Chacun comprend ce que dit cette fable, passée de Proust à Borges et de Borges à Proust, et qui s'illustre parfaitement dans les petits salons contigus de *la Maison Nucingen* : le véritable auteur du récit n'est pas seulement celui qui le raconte, mais aussi, et parfois bien davantage, celui qui l'écoute. Et qui n'est pas nécessairement celui à qui l'on s'adresse : il y a toujours du monde *à côté*.

1. III, p. 911.

Après-propos

Pour (en) terminer sans récapitulations inutiles, quelques mots d'autocritique, ou si l'on veut d'apologie. Les catégories et les procédures proposées ici ne sont certes pas à mes yeux sans défaut : il s'agissait, comme souvent, de choisir entre des inconvénients. Dans un domaine habituellement concédé à l'intuition et à l'empirisme, la prolifération notionnelle et terminologique aura sans doute irrité plus d'un, et je n'attends pas de la « postérité » qu'elle retienne une trop grande part de ces propositions. Cet arsenal, comme tout autre, sera inévitablement périmé avant quelques années, et d'autant plus vite qu'il sera davantage pris au sérieux, c'est-à-dire discuté, éprouvé, et révisé à l'usage. C'est un des traits de ce que l'on peut appeler l'effort scientifique que de se savoir essentiellement caduc et voué au dépérissement : marque toute négative, certes, et d'une considération plutôt mélancolique pour l'esprit « littéraire », toujours porté à escompter quelque gloire posthume, mais si le critique peut rêver d'une œuvre au second degré, le poéticien, lui, sait qu'il travaille dans — disons plutôt à — l'éphémère, ouvrier d'avance dés-œuvré.

Je pense donc, j'espère que toute cette technologie, assurément barbare pour les amateurs de Belles-Lettres — prolepses, analepses, itératif, focalisations, paralipses, métadiégétique, etc. — apparaîtra demain comme des plus rustiques, et ira rejoindre d'autres emballages perdus dans les décharges de la Poétique : souhaitons seulement qu'elle n'y aille pas sans avoir eu quelque utilité transitoire. Déjà inquiet des progrès de la pollution intellectuelle, Occam interdisait de jamais inventer sans nécessité des êtres de raison, on dirait aujourd'hui des objets théoriques. Je m'en voudrais d'avoir manqué à ce principe, mais il me semble au moins que certaines des formes littéraires désignées et définies ici appellent des recherches à venir, qui n'étaient, pour des raisons évidentes, qu'à peine effleurées dans ce travail. J'espère donc avoir fourni à la théorie littéraire, et à l'histoire de la littérature, quelques objets d'étude sans doute mineurs, mais un peu plus dégrossis que les entités traditionnelles, telles que « le roman » ou « la poésie ».

L'application spécifique de ces catégories et procédures à la Recherche du temps perdu *était peut-être plus choquante encore, et je ne puis nier que le propos de ce travail se définisse presque exactement par le contre-pied de cette déclaration liminaire d'une récente et excellente étude sur l'art du roman chez Proust, déclaration qui rallie sans doute d'emblée l'unanimité des bons esprits :* « *Nous n'avons pas voulu imposer à l'œuvre de Proust des catégories extérieures à elle, une idée générale du roman, ou de la manière dont on doit étudier un roman; non pas un traité du roman, dont les illustrations seraient empruntées à la* Recherche, *mais des concepts nés de l'œuvre, et qui permettent de lire Proust comme celui-ci a lu Balzac et Flaubert. Il n'y a de théorie de la littérature que dans la critique du singulier* [1]. »

On ne peut certes soutenir que les concepts ici utilisés soient exclusivement « *nés de l'œuvre* », *et cette description du récit proustien ne peut guère passer pour conforme à l'idée que s'en faisait Proust lui-même. Une telle distance entre la* théorie indigène *et la* méthode critique *peut sembler déraisonnable, comme tous les anachronismes. Il me semble pourtant qu'on ne doit pas se fier aveuglément à l'esthétique explicite d'un écrivain, fût-il un critique aussi génial que l'auteur du* Contre Sainte-Beuve. *La conscience esthétique d'un artiste, quand il est grand, n'est pour ainsi dire jamais au niveau de sa pratique, et ceci n'est qu'une des manifestations de ce que Hegel symbolisait par l'envol tardif de l'oiseau de Minerve. Nous n'avons pas à notre disposition le centième du génie de Proust, mais nous avons sur lui cet avantage (qui est un peu celui de l'âne vivant sur le lion mort) de le lire à partir de ce précisément qu'il a contribué à faire naître — cette littérature moderne qui lui doit tant — et donc de percevoir clairement dans son œuvre ce qui n'y était qu'à l'état naissant, — d'autant que la transgression des normes, l'invention esthétique, nous l'avons vu, sont le plus souvent chez lui involontaires et parfois inconscientes : son dessein était ailleurs, et ce contempteur de l'avant-garde est presque toujours révolutionnaire malgré lui (je dirais bien que c'est ici la meilleure façon de l'être, si je n'avais le vague soupçon que c'est la seule). Pour le répéter une fois de plus et après tant d'autres, nous lisons le passé à la lumière du présent, et n'est-ce pas ainsi que Proust lui-même lisait Balzac et Flaubert, et croit-on vraiment que ses concepts critiques étaient* « *nés de* » *la* Comédie humaine *ou de l'*Éducation sentimentale?*

De la même façon, peut-être, la sorte de balayage *(au sens optique)* « *imposé* » *ici à la* Recherche *nous a permis, j'espère, d'y faire apparaître sous cet éclairage nouveau des reliefs souvent méconnus de*

---

1. Tadié, *Proust et le Roman*, p. 14.

Proust lui-même et jusqu'ici de la critique proustienne (l'importance du récit itératif, par exemple, ou du pseudo-diégétique), ou de caractériser de façon plus précise des traits déjà repérés, tels que les anachronies ou les focalisations multiples. La « grille » tant décriée n'est pas un instrument d'incarcération, d'émondage castrateur ou de mise au pas : c'est une procédure de découverte, et un moyen de description.

Cela ne signifie pas — peut-être s'en est-on déjà aperçu — que son utilisateur s'interdit toute préférence et toute évaluation esthétique, voire tout parti pris. Il est sans doute apparu que, dans cette confrontation du récit proustien au système général des possibles narratifs, la curiosité et la prédilection de l'analyste allaient régulièrement aux aspects les plus déviants du premier, transgressions spécifiques ou amorces d'une évolution future. Cette valorisation systématique de l'originalité et de la novation a peut-être quelque chose de naïf et, somme toute, d'encore romantique, mais nul aujourd'hui n'y peut échapper tout à fait. Roland Barthes en donne dans S/Z[1] une justification fort convaincante : « Pourquoi le scriptible (ce qui peut être aujourd'hui écrit) est-il notre valeur? Parce que l'enjeu du travail littéraire (de la littérature comme travail), c'est de faire du lecteur, non plus un consommateur, mais un producteur du texte. » La préférence pour ce qui, dans le texte de Proust, est non seulement « lisible » (classique) mais « scriptible » (traduisons grossièrement : moderne) exprime peut-être le désir du critique, voire du poéticien, de jouer, au contact des points esthétiquement « subversifs » du texte, un rôle obscurément plus actif que celui du simple observateur et analyste. Le lecteur, ici, croit participer, et peut-être, par la seule reconnaissance — ou plutôt la mise au jour de traits inventés par l'œuvre souvent à l'insu de son auteur —, participe effectivement, et dans une infime mesure (infime, mais décisive) contribue à la création. Cette contribution, voire cette intervention, étaient, rappelons-le encore, un peu plus que légitimes aux yeux de Proust. Le poéticien lui aussi est le « propre lecteur de soi-même », et découvrir (nous dit aussi la science moderne), c'est toujours quelque peu inventer.

Un autre parti pris, en l'occurrence un parti refusé, expliquera peut-être pourquoi cette « conclusion » n'en est pas une — je veux dire : pourquoi l'on ne trouvera pas ici une « synthèse » finale où se rejoindraient et se justifieraient les uns les autres tous les traits caractéristiques du récit proustien relevés au cours de cette étude. Lorsque de telles

1. P. 10.

convergences ou corrélations se manifestaient de manière irrécusable (ainsi, entre la disparition du sommaire et l'émergence de l'itératif, ou entre l'élimination du métadiégétique et la polymodalité), nous n'avons pas manqué de les reconnaître et de les mettre en lumière. Mais il me paraîtrait fâcheux de chercher l' « unité » à tout prix, et par là de forcer la cohérence de l'œuvre — ce qui est, on le sait, l'une des plus fortes tentations de la critique, l'une des plus banales (pour ne pas dire des plus vulgaires), et aussi l'une des plus aisées à satisfaire, n'exigeant qu'un peu de rhétorique interprétative.

Or, si l'on ne peut nier chez Proust la volonté de cohérence et l'effort de construction, tout aussi indéniable est dans son œuvre la résistance de la matière et la part de l'incontrôlé — peut-être de l'incontrôlable. On a déjà noté le caractère rétroactif, ici comme chez Balzac ou chez Wagner, d'une unité tardivement conquise sur un matériau hétérogène et originellement non concerté. Tout aussi évidente est la part de l'inachèvement dû au travail en quelque sorte supplémentaire apporté à l'œuvre par le sursis accidentel de 1914. La Recherche du temps perdu a été, sans doute, dans l'esprit de Proust du moins, une œuvre « achevée » : c'était en 1913, et la parfaite composition ternaire de cette époque (Côté de chez Swann, Côté de Guermantes, Temps retrouvé) en témoigne à sa façon. Mais on sait ce qu'il en est advenu, et nul ne peut prétendre que la structure actuelle de la Recherche soit l'effet d'autre chose que des circonstances : une cause active, la guerre, une cause négative, la mort. Rien, certes, n'est plus facile que de justifier le fait du hasard et de « démontrer » que la Recherche a enfin trouvé le 18 novembre 1922 le parfait équilibre et l'exacte proportion qui lui manquaient jusque-là, mais c'est justement cette facilité que nous refusons ici. Si la Recherche a été achevée un jour, elle ne l'est plus aujourd'hui, et la façon dont elle a admis l'extraordinaire amplification ultérieure prouve peut-être que cet achèvement provisoire n'était, comme tout achèvement, qu'une illusion rétrospective. Il faut rendre cette œuvre à son incomplétude, au frisson de l'indéfini, au souffle de l'imparfait. La Recherche n'est pas un objet clos : elle n'est pas un objet.

Ici encore, sans doute, la pratique (involontaire) de Proust surpasse sa théorie et son dessein — disons du moins qu'elle répond mieux à notre désir. L'harmonieux triptyque de 1913 a doublé de surface, mais d'un seul côté, le premier volet restant, par force, conforme au plan primitif. Ce déséquilibre, ou décentrement, nous agrée comme tel et dans son imprémédité, et nous nous garderons bien de le motiver en « rendant compte » d'une clôture inexistante et d'une construction illusoire, et de réduire abusivement ce que Proust, à propos d'autre chose, appelait la « contingence du récit [1] ». Les « lois » du récit proustien sont, comme ce récit même, partielles, défectives, peut-être hasardeuses : lois coutumières et tout empiriques, qu'il ne faut pas hypostasier en un Canon. Le code, ici, comme le message, a ses lacunes, et ses surprises.

Mais sans doute ce refus de motivation est-il à sa manière une motivation. On n'échappe pas à la pression du signifié : l'univers sémiotique a horreur du vide, et nommer la contingence, c'est déjà lui assigner une fonction, lui imposer un sens. Même — ou surtout ? — quand il se tait, le critique en dit toujours trop. Le mieux serait peut-être, comme le récit proustien lui-même, de ne jamais « finir », c'est-à-dire en un sens de ne jamais commencer.

1. *Jean Santeuil*, Pléiade, p. 314.

Liste des ouvrages utilisés

1. Œuvres de Proust.

A la recherche du temps perdu, texte établi par Pierre Clarac et André Ferré, collection de la Pléiade, Gallimard, t. I : nov. 1955; II : janv. 1956; III : mai 1956.

Jean Santeuil, précédé des *Plaisirs et les Jours*, texte établi par Pierre Clarac et Yves Sandre, Pléiade, Gallimard, 1971.

Contre Sainte-Beuve, précédé de *Pastiches et Mélanges* et suivi de *Essais et Articles*, texte établi par Pierre Clarac et Yves Sandre, Pléiade, Gallimard, 1971.

Correspondance générale, Plon, 1930-1936.

Choix de lettres, présenté par Philip Kolb, Plon, 1965.

Pour diverses variantes ou ébauches de la Recherche :

Du côté de chez Swann, Grasset, 1914.

Chroniques, Gallimard, 1927.

Contre Sainte-Beuve, suivi de *Nouveaux Mélanges*, texte établi par Bernard de Fallois, Gallimard, 1954.

Textes retrouvés, recueillis et présentés par Philip Kolb et L. B. Price, Univ. of Illinois Press, Urbana, 1968; et *Cahiers Marcel Proust*, Gallimard, 1971.

André Maurois, *A la recherche de Marcel Proust*, Hachette, 1949.

Maurice Bardèche, *Marcel Proust romancier*, I, Les Sept Couleurs, 1971.

2. Études critiques et théoriques.

Aristote, *Poétique*, éd. Hardy, les Belles Lettres, 1932.

Auerbach (Erich), *Mimesis* (1946), trad. fr., Gallimard, 1968.

Balzac (Honoré de), *Études sur M. Beyle* (1840), Skira, Genève, 1943.

Bardèche (Maurice), *Marcel Proust romancier*, I, Les Sept Couleurs, 1971.

* Sauf indication, le lieu d'édition est Paris.

Barthes (Roland), « Introduction à l'analyse structurale des récits », *Communications* 8.

— « Le discours de l'Histoire », *Information sur les sciences sociales*, août 1967.

— « L'effet de réel », *Communications* 11.

— *S/Z*, Seuil, 1970.

Bentley (Phyllis), « Use of summary », in *Some observations on the art of narrative*, 1947, repris in Philip Stevick, éd., *The Theory of the Novel*, The Free Press, New York, 1967.

Benveniste (Émile), *Problèmes de linguistique générale*, Gallimard, 1966.

Blin (Georges), *Stendhal et les Problèmes du roman*, Corti, 1954.

Borges (Jorge Luis), *Enquêtes*, Gallimard, 1957.

— *Discussions*, Gallimard, 1966.

Booth (Wayne), « Distance and Point of view », *Essays in Criticism*, 1961, trad. fr., « Distance et point de vue », *Poétique* 4.

— *The Rhetoric of Fiction*, Univ. of Chicago Press, 1961.

Bowling (L. E.), « What is the stream-of-consciousness technique? », *PMLA*, 1950.

Brée (Germaine), *Du temps perdu au temps retrouvé* (1950), Les Belles Lettres, 1969.

Brooks (Cleanth) & Warren (Robert Penn), *Understanding Fiction*, New York, 1943.

Daniel (Georges), *Temps et Mystification dans A.L.R.T.P.*, Nizet, 1963.

Debray-Genette (Raymonde), « Les figures du récit dans *Un cœur simple* », *Poétique* 3.

— « Du mode narratif dans les *Trois Contes* », *Littérature* 2.

Dujardin (Edouard), *Le Monologue intérieur*, Messein, 1931.

Feuillerat (Albert), *Comment Proust a composé son roman*, Yale Univ. Press, New Haven, 1934.

Fitch (Bryan T.), *Narrateur et Narration dans* l'Étranger *d'Albert Camus*, Archives des Lettres modernes (1960), 1968.

Forster (E. M.), *Aspects of the Novel*, Londres, 1927.

Friedman (Melvin), *Stream of Consciousness : a Study in literary Method*, Yale Univ. Press, New Haven, 1955.

Friedman (Norman), « Point of view in Fiction », *PMLA*, 1955, repris in Stevick, éd., *The Theory of the Novel*, The Free Press, New York, 1967.

Genette (Gérard), *Figures*, Seuil, 1966.

— *Figures II*, Seuil, 1969.

Greimas (A. J.), *Sémantique structurale*, Larousse, 1966.

Guiraud (Pierre), *Essais de stylistique*, Klincksieck, 1971.

Hachez (Willy), « La chronologie et l'âge des personnages de *A.L.A.R.T.P.* », *Bulletin de la Société des amis de Marcel Proust*, 1956; « Retouches à une chronologie », *ibid*, 1961; « Fiches biographiques de personnages de Proust », *ibid*, 1965.

Hamburger (Käte), *Die Logik der Dichtung*, Ernst Klett Verlag, Stuttgart, 1957.

Houston (J. P.), « Temporal patterns in *A.L.R.T.P.* », *French Studies*, janv. 1962.

Huet (J. B.), *Traité de l'origine des romans*, 1670.

Jakobson (Roman), « A la recherche de l'essence du langage », *Problèmes du langage* (*Diogène* 51), Gallimard, 1966.

Jauss (H. R.), *Zeit und Erinnerung in Marcel Prousts A.L.R.T.P.* (1965), Carl Winter, Heidelberg, 1970.

Lämmert (Eberhart), *Bauformen des Erzählens*, J. B. Metzlersche Verlag, Stuttgart, 1955.

Lefebve (Maurice-Jean), *Structure du discours de la poésie et du récit*, La Baconnière, Neuchâtel, 1971.

Lips (Marguerite), *Le Style indirect libre*, Payot, 1926.

Lubbock (Percy), *The Craft of Fiction*, Londres, 1921.

Martin-Chauffier (Louis), « Proust et le double ' Je ' de quatre personnes », *Problèmes du roman (Confluences)*, 1943, partiellement repris in Jacques Bersani, éd., *Les Critiques de notre temps et Proust*, Garnier, 1971.

Maurois (André), *A la recherche de Marcel Proust*, Hachette, 1949.

Mendilow (A. A.), *Time and the Novel*, Londres, 1952.

Metz (Christian), *Essais sur la signification au cinéma*, I, Klincksieck, 1968.

Müller (Gunther), « Erzählzeit und erzählte Zeit », *Festschrift für P. Kluckhorn*, 1948, repris in *Morphologische Poetik*, Tübingen, 1968.

Muller (Marcel), *Les Voix narratives dans A.L.R.T.P.*, Droz, Genève, 1965.

Painter (G. D.), *Marcel Proust* (1959 et 1965), trad. fr., Mercure, 1966.

Picon (Gaétan), *Malraux par lui-même*, Seuil, 1953.

Platon, *La République*, éd. Chambry, Les Belles Lettres, 1946-1947.

Pouillon (Jean), *Temps et Roman*, Gallimard, 1946.

Raible (Wolfgang), « Linguistik und Literaturkritik », *Linguistik und Didaktik*, 8 (1971).

Raimond (Michel), *La Crise du roman, des lendemains du naturalisme aux années 20*, Corti, 1966.

Ricardou (Jean), *Problèmes du nouveau roman*, Seuil, 1967.

Richard (Jean-Pierre), *Proust et le monde sensible*, Seuil, 1974.

Rodgers (B. G.), *Proust's narrative techniques*, Droz, Genève, 1965.

Romberg (Bertil), *Studies in the narrative Technique of the first person Novel*, Lund, 1962.

Rossum-Guyon (Françoise Van), « Point de vue ou perspective narrative », *Poétique* 4.

— *Critique du roman*, Gallimard, 1970.

Rousset (Jean), *Forme et Signification*, Corti, 1962.

Sartre (Jean-Paul), « M. François Mauriac et la liberté » (1939), in *Situations I*, Gallimard, 1947.

— *L'Idiot de la famille*, Gallimard, 1971.

Spitzer (Leo), « Le style de Marcel Proust » (1928), trad. fr. in *Études de style*, Gallimard, 1970.

Stang (R.), *The Theory of the Novel in England 1850-1870*, New York-Londres, 1959.

Stanzel (F. K.), *Die typischen Erzählsituationen in Roman*, Vienne-Stuttgart, 1955.

Suzuki (M.), « Le ' je ' proustien », *BSAMP*, 1959.

Tadié (Jean-Yves), *Proust et le Roman*, Gallimard, 1971.

Todorov (Tzvetan), « Les catégories du récit littéraire », *Communications* 8.

— *Littérature et Signification*, Larousse, 1967.

— « Poétique », in *Qu'est-ce que le structuralisme?*, Seuil, 1968.

— *Grammaire du Décaméron*, Mouton, La Haye, 1969.

— *Poétique de la prose*, Seuil, 1971.

— « La poétique en U.R.S.S. », *Poétique* 9.

Uspenski (Boris), *Poétika Kompozicii*, Moscou, 1970; cf. « Poétique de la composition », *Poétique* 9.

Vigneron (Robert), « Genèse de Swann », *Revue d'histoire de la philosophie*, janv. 1937; « Méthodes de composition : Proust, Balzac, Wagner », *French Review*, mai 1946; « Structure de *Swann* : prétentions et défaillances », *Modern Philology*, nov. 1946; « Structure de Swann : *Combray* ou le cercle parfait », *ibid.*, fév. 1948.

Waters (Harold), « The Narrator, not Marcel », *French Review*, fév. 1960.

Wellek (René) & Warren (Austin), *La Théorie littéraire* (1949), trad. fr., Seuil, 1971.

Zeraffa (Michel), *Personne et Personnage, le romanesque des années 1920 aux années 1950*, Klincksieck, 1969.

Index des matières

Sont recensés ici les termes, reçus ou forgés, que j'ai employés dans un sens technique. Les chiffres qui suivent renvoient aux occurrences les plus importantes, en négligeant les simples mentions. Les chiffres en italiques indiquent les pages où apparaît une définition explicite ou implicite : ce répertoire fonctionne donc indirectement comme un glossaire terminologique.

achronie, structure achronique : *119*-121.
altération : *211*-213; v. paralepse, paralipse.
amorce : *112*-114.
amplitude (d'anachronie) : *89*, 100-105 (analepses), 114 (prolepses).
anachronie : *79-82-121*; v. analepse, prolepse.
analepse (ou rétrospection) : *82*-105
— externe : *90*-91
— interne : *90*-100
— — hétérodiégétique : *91*
— — homodiégétique : *92*-100
— — — complétive (ou renvoi) : *92*-95
— — — répétitive (ou rappel) : *95*-100, 147
— partielle : *101*-103
— complète : *101*, 103-105.
anaphorique (singulatif —) : *146*.
anisochronie : *122-123*-144.
annonce : v. prolepse.
anticipation : v. prolepse.
autodiégétique : *253*.

détermination : *157*
— interne : 159-161, 164-165.
diégèse : v. histoire, intradiégétique.

diégétique : dans l'usage courant, la diégèse est l'univers spatio-temporel désigné par le récit; donc, dans notre terminologie, en ce sens général, diégétique = « qui se rapporte ou appartient à l'histoire »; dans un sens plus spécifique, diégétique = intradiégétique; v. ce terme.

discours (de personnage) : 189-203
— rapporté : *190*-191, 192-203
— transposé : *191*-192
— raconté (ou narrativisé) : *190, 191*.

distance : *183*, 184-203.
durée (ou vitesse) : *78*, 122-144.

ellipse: 92-95, 101, *128-129*, 139-141
— indéterminée : *139*
— déterminée : *139*
— explicite : 139
— qualifiée : 140
— implicite : 140
— hypothétique : 141.

extension : *158*-167.
extradiégétique (niveau —) : *238*-240.

focalisation : *206*-223
— zéro : *206*, 221-222
— interne : *206*
— — fixe : *206*
— — — sur le héros : 214-219
— — — sur le narrateur : 219-221
— — variable : *207*
— — multiple : *207*
— externe : *207*-208.

fréquence : *78*, 145-182.

hétérodiégitique (récit —) : *91* (analepses), *109* (prolepses), *252*-254.
histoire (ou diégèse) : *72*.
homodiégétique (récit) : *92*-100 (analepses), *109*-114 (prolepses), *252*-259.

intradiégétique (ou diégétique) (niveau —) (ou diégèse) : *238-239*, 240-241.
isochronie (du récit) : *123*.
isodiégétique : *241*, 249.
itératif (récit) : *147-148*-178.
itération externe (ou généralisante) : *150*.
— interne (ou synthétisante) : *150*.

leurre : *114*.

métadiégétique (niveau) (ou métadiégèse) : *238-239*, 241-243
       — réduit : v. pseudo-diégétique.
métalepse : 135, *243-245*.
mode : *75-76, 183-184*, 185-224.
mouvement : *129*-144.

narrataire : *227*, 265-267.
narration : *72*, 225-267
    — ultérieure : *229*, 232-238
    — antérieure : *229*, 231-232
    — simultanée : *229*, 230-231
    — intercalée : *229*-230.
niveau (narratif) : *238*-251, 255-259, 265-266.

ordre : *78*-121.

paralepse : *211, 213*, 221-222.
paralipse : *93*-94, *211*-212.
pause (descriptive) : *128-129*, 133-138.
personne : *251-252*-261.
perspective : *184, 203*-224.
portée (d'anachronie) : *89*, 90-100 (analepses), 106-114 (prolepses).
prédictif (récit) : *229*.
prolepse (ou anticipation) : *82, 105*-114
    — externe : 106-109
    — interne : 109-114
    — — hétérodiégétique : 109.
    — — homodiégitique : 109-114
    — — — complétive : 109-111
    — — — répétitive (ou annonce) : 111-114, 147, 219
    — complète : 114
    — partielle : 114.
pseudo-diégétique (ou métadiégétique réduit) : *245-246*-251.
pseudo-itératif : 152-153.

rappel : v. analepse.
récit : *71-72*.
renvoi : v. analepse.

répétitif (récit) : 147.
rétrospection : v. analepse.

scène : *122-123*, *129*, 141-144.
singulatif (récit) : *146*-178
    —   anaphorique : *146-147*
    —   intégré : *167*
sommaire : *129*, 130-133.
spécification : *157*-158
    —   interne : 161-166.
syllepse : *121*, 143, 147, 150, 178, 180.

temps : *75*, *77-78*-182
    — de la narration : *228*-238.

vitesse : v. durée.
voix : *76*, *225-227*-267.

Table

Critique et poétique 9

Poétique et histoire....................... 13

La rhétorique restreinte................... 21

Métonymie chez Proust................... 41

Discours du récit

Avant-propos............................. 67

Introduction............................. 71

1. Ordre................................. 77

Temps du récit?, 77. — Anachronies, 78. — Portée,
amplitude, 89. — Analepses, 90. — Prolepses, 105.
— Vers l'achronie, 115.

2. Durée................................. 122

Anisochronies, 122. — Sommaire, 130. — Pause, 133. —
Ellipse, 139. — Scène, 141.

3. Fréquence............................. 145

Singulatif/Itératif, 145. — Détermination, spécification,
extension, 157. — Diachronie interne et diachronie
externe, 167. — Alternance, transitions, 170. — Le jeu
avec le Temps, 178.

4. Mode 183

Modes du récit?, 183. — Distance, 184. — Récit d'événements, 186. — Récit de paroles, 189. — Perspective,
203. — Focalisations, 206. — Altérations, 211. — Polymodalité, 214.

5. **Voix**   225

   L'instance narrative, 225. — Temps de la narration, 228.
   — Niveaux narratifs, 238. — Le récit métadiégétique,
   241. — Métalepses, 243. — Le triomphe du pseudo-diégétique, 246. — Personne, 251. — Héros/narrateur, 259.
   — Fonctions du narrateur, 261. — Le narrataire, 265.

Après-propos   269

Liste des ouvrages utilisés   275

Index des matières   279

COMPOSITION : FIRMIN-DIDOT AU MESNIL
IMPRESSION : HÉRISSEY À ÉVREUX (12-88)
DÉPÔT LÉGAL : 3ᵉ TR. 1972. Nᵒ 3023-9 (46991)

DANS LA MÊME COLLECTION

ARISTOTE
La Poétique

MICHEL BEAUJOUR
Miroirs d'encre

LEO BERSANI
Baudelaire et Freud

CLAUDE BREMOND
Logique du récit

MICHEL CHARLES
Rhétorique de la lecture
L'Arbre et la Source

HÉLÈNE CIXOUS
Prénoms de personne

DORRIT COHN
La Transparence intérieure

LUCIEN DÄLLENBACH
Le Récit spéculaire

RAYMONDE DEBRAY GENETTE
Métamorphoses du récit

NORTHROP FRYE
Le Grand Code

GÉRARD GENETTE
Figures III
Mimologiques
Introduction à l'architexte
Palimpsestes
Nouveau Discours du récit
Seuils

KÄTE HAMBURGER
Logique des genres littéraires

ROMAN JAKOBSON
Questions de poétique
Russie folie poésie

ANDRÉ JOLLES
Formes simples

ABDELFATTAH KILITO
L'Auteur et ses doubles

PH. LACOUE-LABARTHE ET J.-L. NANCY
L'Absolu littéraire

PHILIPPE LEJEUNE
Le Pacte autobiographique
Je est un autre
Moi aussi

THOMAS PAVEL
Univers de la fiction

VLADIMIR PROPP
Morphologie du conte
coll. Points

JEAN RICARDOU
Nouveaux Problèmes du roman

JEAN-PIERRE RICHARD
Proust et le Monde sensible
Microlectures
Pages Paysages

MICHAEL RIFFATERRE
La Production du texte
Sémiotique de la poésie

NICOLAS RUWET
Langage, Musique, Poésie

JEAN-MARIE SCHAEFFER
L'Image précaire

TZVETAN TODOROV
Introduction à la littérature fantastique
coll. Points
Poétique de la prose
coll. Points
Théories du symbole
coll. Points
Symbolisme et Interprétation
Les Genres du discours
Mikhaïl Bakhtine le principe dialogique
Critique de la critique

HARALD WEINRICH
Le Temps

RENÉ WELLEK ET AUSTIN WARREN
La Théorie littéraire

PAUL ZUMTHOR
Essai de poétique médiévale
Langue, Texte, Énigme
Le Masque et la Lumière
Introduction à la poésie orale
La Lettre et la Voix